CHRISTINE VON BRÜHL

Anmut
im
märkischen
Sand

atb aufbau taschenbuch

CHRISTINE VON BRÜHL, geboren 1962, studierte Slawistik, Geschichte und Philosophie in Lublin, Heidelberg und Wien. Nach Stationen bei der »Zeit«, »Sächsische Zeitung« und »Das Magazin« lebt sie heute als freischaffende Autorin in Berlin.

Im Aufbau Taschenbuch Verlag ist ihre Biographie »Die preußische Madonna. Auf den Spuren der Königin Luise« lieferbar.

Friedrich I. (1371–1440), engagierte sich treu in der unspektakulären Region am äußersten Rand des Heiligen Römischen Reiches, seine Nachfahren taten es ihm gleich und bauten peu à peu die Vormachtstellung des lange Zeit ärmsten und rückständigsten Kurfürstentums aus. Mehr als fünfhundert Jahre in Folge hielt sich die Familie in der Mark. Unter ihrer Ägide wurde aus dem kargen, wenig ertragreichen Landstrich eine europäische Großmacht. Was an Preußen heute fasziniert, ist vor allem das kulturelle Erbe, das seine Regenten hinterlassen haben und das Land weit über seine Grenzen hinaus bekannt machte. Seien es herrliche Schloss- und Parkanlagen wie Charlottenburg oder Sanssouci, die Schinkelbauten, die bis heute die Straßen im Herzen Berlins säumen, Theater, Museen oder Universitäten. Seien es bedeutende Komponisten wie Johann Sebastian Bach oder Carl Maria von Weber, die sich hier inspirieren ließen, oder Texte von Novalis oder E. T. A. Hoffmann, die hier entstanden. All dies strahlt bis in unsere Gegenwart hinein. Christine von Brühl zeigt erstmals auf, wie groß hierbei der Einfluss der Frauen der Familien Hohenzollern war.

CHRISTINE VON BRÜHL

Anmut im märkischen Sand

*Die Frauen
der Hohenzollern*

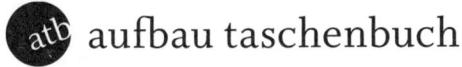

aufbau taschenbuch

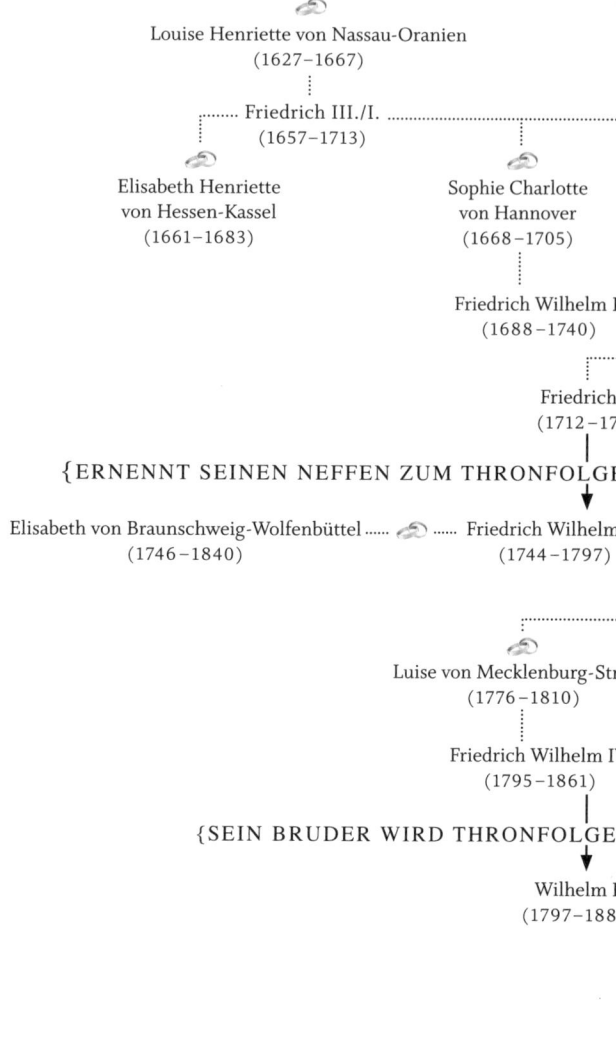

KURFÜRS

Friedrich Wilhe
(1620–1688)

Louise Henriette von Nassau-Oranien
(1627–1667)

Friedrich III./I.
(1657–1713)

Elisabeth Henriette
von Hessen-Kassel
(1661–1683)

Sophie Charlotte
von Hannover
(1668–1705)

Friedrich Wilhelm I.
(1688–1740)

Friedrich
(1712–178

{ERNENNT SEINEN NEFFEN ZUM THRONFOLGE

Elisabeth von Braunschweig-Wolfenbüttel .... Friedrich Wilhelm
(1746–1840)   (1744–1797)

Luise von Mecklenburg-Stre
(1776–1810)

Friedrich Wilhelm IV
(1795–1861)

{SEIN BRUDER WIRD THRONFOLGE

Wilhelm I.
(1797–188

Auguste Victoria von Schleswig-Holste
Sonderburg-Augustenburg
(1858–1921)

… (marriage)
Dorothea von Schleswig-Holstein-
Sonderburg-Glücksburg
(1636–1689)

… (marriage)
Sophie Luise
von Mecklenburg-Schwerin
(1685–1735)

… Sophie Dorothea von Hannover
(1687–1757)

… Elisabeth Christine
von Braunschweig-Wolfenbüttel-Bevern
(1715–1797)

… Friederike Luise von Hessen-Darmstadt
(1751–1805)

Friedrich Wilhelm III.
(1770–1840)
Auguste von Harrach
(1800–1873)

… Elisabeth Ludovika von Bayern
(1801–1873)

… Augusta von Sachsen-Weimar
(1811–1890)

Friedrich III. … Victoria von Großbritannien
(1831–1888)   (1840–1901)

Wilhelm II.
(1859–1941)
Hermine von Reuß ältere Linie
(1887–1947)

Für Gisela Pucher,
Spezialistin für Königinnen, Prinzessinnen und
manch anderweitig gekröntes Haupt

Inhalt

I.

Vorwort

Mit Preußen wird gemeinhin soldatische Strenge und Disziplin assoziiert. Unvergessen bleibt das Urteil, mit dem Soldatenkönig Friedrich Wilhelm I. (1688–1740) seinen Ältesten, Friedrich (1712–1786), bestrafte, weil der Junge mit seinem Freund Hans Hermann Katte (1704–1730) versucht hatte, dem Militärdienst zu entfliehen. Friedrich musste dabei zusehen, wie der Leutnant zum Tod verurteilt und enthauptet wurde.

Ungerecht waren auch die Anschuldigungen, mit denen derselbe Friedrich später, als er König geworden war, seinen Bruder August Wilhelm von Preußen (1722–1758) im Siebenjährigen Krieg mit seinen Generälen konfrontierte. Der König behauptete, der Bruder habe den Abzug seiner Soldaten verzögert und sie absichtlich ins Verderben geführt, dabei war es Friedrich selbst gewesen, der den Aufenthalt befohlen hatte. Sie hätten alle miteinander verdient, ließ Friedrich seinen Stab wissen, die Köpfe zu verlieren. Die öffentliche Abfuhr löste bei August Wilhelm ein seelisches Debakel aus, von dem er sich nie wieder erholte. Noch vor Ende des Krieges verstarb er.

Wer jedoch heute das Land besucht, in dem die Hohenzollern einst herrschten, interessiert sich weder für Disziplin noch für soldatische Strenge. Er besichtigt Potsdam mit seinen Schlössern und Parks, besucht die Museumsinsel in Berlin mit ihren Sammlungen von Weltrang, spaziert die Prachtstraße Unter den Linden entlang und bewundert die klassizistischen Bauten. Eine Vielzahl dieser Schönheiten des Landes verdanken wir allerdings nicht seinen Herrschern, sondern deren Ehefrauen. Während sich die Kurfürsten, Könige und Kaiser um Politik und Machterhalt kümmerten, bemühten sich ihre Ehegattinnen um den Bau von Schlössern, Gärten und Kirchen, die Förderung von Künstlern und Literaten oder stifteten soziale Einrichtungen. Wenn die Bürger eine neue Kirche brauchten, wandten sie sich nicht an den König, sondern an die Königin.

So ist es der Initiative von Louise Henriette von Oranien, der Frau des Großen Kurfürsten (1620–1688), zu verdanken, dass eine Fülle bedeutender Architekten und Landschaftsgestalter, Künstler und Gelehrter, ja nicht zuletzt von Ingenieuren und Fachleuten im 17. Jahrhundert ihren Weg aus den wirtschaftlich blühenden Niederlanden nach Brandenburg fand. Sie bauten das nach dem Dreißigjährigen Krieg zerstörte und entvölkerte Land wieder auf, halfen beim Einrichten von Wohnbauten und Entwässerungsanlagen und brachten Gewerke und Fertigkeiten in die Region, die hierzulande noch keiner kannte. Auch Sophie Charlotte von Hannover, zweite Ehefrau Friedrichs I. (1657–1713), konnte einbringen, was sie ihren neuen Untertanen an Bildung und Weltoffenheit voraus hatte. Sie ließ sich in Lietzenburg ein Lustschlösschen bauen und gründete dort einen Musenhof von europäischem Rang. Nach ihrem Tod wurde das Anwesen nach ihr Charlottenburg genannt. Luise von Mecklenburg-Strelitz subventionierte Heinrich von Kleists literarisches Schaffen mit Geldern aus ihrer Privatschatulle. Victoria von Großbritannien ließ das Neue Palais in Potsdam renovieren und englische Bäder einrichten und Auguste Victoria von Schleswig-Holstein-Sonderburg-Augustenburg, die sogenannte »Kirchenjuste«, sorgte für den Bau und die Einweihung unzähliger neuer Kirchen.

Dieses Engagement war keine Selbstverständlichkeit, denn ursprünglich stammte keine dieser Frauen aus Preußen. Meist waren sie bei ihrer Heirat noch sehr jung, Sophie Charlotte war beispielsweise erst fünfzehn, und selbstverständlich galten solch eine Heirat und die damit verbundene Trennung von der Familie für die Ewigkeit, denn Scheidung war eigentlich keine Option. Hinzu kam, dass das neue Zuhause meist weit weg und mangels guter Straßen und moderner Fortbewegungsmittel schwer erreichbar war. Je weiter die einstige Heimat von der neuen Residenzstätte entfernt war, desto unwahrscheinlicher war es, dass die junge Braut ihre Familie jemals wiedersehen würde.

Fortan hatte der Ehemann für sie zu sorgen, und sie hatte dem Angetrauten und seinen Verwandten treu ergeben zu sein, denn sie gehörte von einem Tag auf den anderen zu einer neuen Familie. Sie musste die vielen Gesichter kennen lernen, die durch ihre Heirat neu in ihr Leben gekommen waren, die Zusammenhänge und Verwandtschaftsgrade zwischen den unterschiedlichen Menschen erfassen, die dazu gehörten, und sich bald auch in der Geschichte und den Traditionen der Schwiegerfamilie auskennen. Sie musste lernen, ihre Sprache zu sprechen und sich den Ritualen unterzuordnen, die hier herrschten. Manch eine wechselte dafür sogar ihre Konfession.

Das war insbesondere von Bedeutung, da jede von ihnen gerade den Ältesten der Familie geheiratet hatte. Er übernahm traditionsgemäß die Hauptverantwortung für den Fortbestand der Familie, verwaltete das Erbe und war überdies der Thronfolger. Früher oder später würden diese Frauen an der Seite ihres Mannes über die Geschicke eines ganzen Landes mitbestimmen.

Ihre vorrangigste Aufgabe war, möglichst bald möglichst viele Kinder zu gebären, insbesondere Jungen. Viele Herrscherinnen, von denen in diesem Buch die Rede sein wird, brachten Jahr um Jahr ein Neugeborenes zur Welt. Das war eine Selbstverständlichkeit. Wer als Frau diese Aufgabe, deren glücklichen Ausgang schließlich niemand in der Hand hat, nicht erfüllen konnte, hatte ein unlösbares Problem.

Bei jeder Geburt ging es um Leben und Tod – sowohl für den Säugling als auch für die Mutter. Doch bei der hohen Rate an Säuglings- und Kindersterblichkeit durfte es keinesfalls nur einen möglichen Thronfolger geben. Bei der Heirat Luises von Mecklenburg-Strelitz wurde beispielsweise vertraglich vereinbart, dass sie eine festgelegte Summe zur Disposition erhalten solle, die sich bei der Geburt eines Sohnes erheblich erhöhen würde. Bei der Geburt einer Tochter war derlei nicht vorgesehen.

Aus der Perspektive einer Monarchie waren Frauen, die keine Kinder gebaren, eine Existenzbedrohung. Es ging um den unbedingten Erhalt der Familie, gleichzeitig um die wachsende Zahl ihrer Mitglieder. Nur dann waren die jeweiligen Erstgeborenen in der Lage, den Hegemonialanspruch ihres Hauses dauerhaft aufrecht zu erhalten. Erbe wurde immer nur der älteste Sohn, der aus der Verbindung mit der standesgemäß ersten, rechtmäßigen Ehefrau entstanden war. Lieblingsneffen galten nicht, Kinder, die in außerehelichen Verbindungen entstanden waren, gleich gar nicht, Adoptionen waren ausgeschlossen. Starb der Älteste, rückte der im Alter nächste Bruder nach. Die Verantwortung wurde nie geteilt. Diese Regelung war, insbesondere in Preußen, oberstes Gesetz.

Darüber hinaus hatte die Eheschließung mit einem Thronfolger ihre eigene Brisanz. Heirat war immer auch mit Politik verbunden, mit Macht und der Erschließung dauerhafter Netzwerke. Von Gefühlen konnte hier kaum die Rede sein. Es war die Möglichkeit, zwei Herrschaften im Frieden miteinander zu vereinen und den Besitz eines der beiden Häuser zu mehren. Während es in dieser Zeit primär um den Erhalt einer Herrschaft ging, war es in zweiter Linie wichtig, sie geographisch zu erweitern und ihre Einflussnahme zu vergrößern.

Hatten die Frauen alle Anfangsschwierigkeiten überwunden, hatten sie sich im Haus und vor ihren Angestellten Respekt und Ansehen erworben und einen ersten potentiellen Thronfolger geboren, hatten sie eine Persönlichkeit entwickelt, die ihnen kraftvolles Auftreten und ein selbstbestimmtes Wesen erlaubte, konnten sie sich schließlich vielleicht auch noch dem Bau von Schlössern und Kirchen widmen. Dabei halfen ihnen die finanziellen Mittel, die sie mit in die Ehe gebracht hatten. Um ihnen den Neubeginn zu erleichtern, waren sie – im besten Fall – mit kostbaren Gütern und hohen Geldbeträgen ausgestattet worden: der sogenannten Mitgift. Sie war innerhalb der Familie gesammelt und angeschafft worden, während die Braut heranwuchs. Vorzugsweise handelt es sich um Gegenstände von besonders guter Qualität und hohem Wert, denn sie sollten möglichst lang, wenn nicht gar ewig halten. Es waren, was das Wort Mit-Gift auch etymologisch bedeutet, Geschenke, kostenlose Gaben, die keinesfalls zurückgefordert werden konnten.

Die Eheschließung fand auf der Basis eines Vertrags statt. Die Lebensumstände der jungen Frau wurden genau festgelegt. Es sollte ihr auch in Zukunft an nichts mangeln. Je vornehmer und wohlhabender das Haus war, aus dem sie stammte, je umfassender die Mitgift und reicher die Geschenke, desto präziser waren die Verträge. Alle Einzelheiten wurden vorab geregelt und festgeschrieben, Ausstattung, Anzahl des Personals, Schmuck und andere Gegenstände, die auch nach der Heirat im Besitz der Frau zu verbleiben hatten – jedes Detail wurde vereinbart und gesichert. Insbesondere der Witwensitz und seine angemessene Qualität wurden vorab festgehalten.

Die Mitgift war viel wert, manche Frauen brachten ganze Ländereien und Güter mit in die Ehe. Es waren Geschenke für ihre neuen Familien. Sie wurden der Herrschaft des Ehemannes zugeschlagen und gingen der ursprünglichen Kernfamilie verloren. Es waren nun keine Oranier, keine Welfen mehr, die in diesen Gebieten regierten, sondern Brandenburger. Die dortigen Bewohner hatten sich damit abzufinden. Preußen verdankt sogar seine Ursprünge, das Land, von dem es seinen Namen bekam, dem Mitbringsel einer Ehefrau. Anna von Preußen (1576–1625) brachte das Herzogtum mit in die Ehe, auf dessen Basis später das Königreich Preußen entstand. 1594 heiratete sie Johann Sigismund von Hohenzollern (1572–1619), Kurfürst von Brandenburg, und da ihre Brüder das Erwachsenenalter nicht erreichten, erbte sie 1618, als ihr Vater verstorben war, das Land ihrer Herkunft. Obwohl es dorthin keine geographische Verbindung gab, nannten sich die Hohenzollern fortan Kurfürsten von Brandenburg und Herzöge von Preußen.

Die Herrschaft war erblich. Zahlreiche Erstgeborene der Familie kamen in Königsberg, der Residenzstadt Preußens, auf die Welt. 1701 ließ sich Friedrich I. dort als erstes Mitglied der Dynastie zum König *in* Preußen krönen. Sämtliche Thronfolger der Familie Hohenzollern folgten diesem Beispiel und reisten zu ihrer Krönung nach Königsberg.

Anna war eine eigenwillige Frau. Sie galt nicht als sonderlich attraktiv, hatte einen starken Willen und war äußerst temperamentvoll. Wenn sich ihr Mann, der Kurfürst, ausschweifenden Trinkgelagen hingab, bewarf sie ihn gelegentlich vor Wut mit Tellern und Krügen. Sie war zudem schlau und ihrem Mann intellektuell überlegen. Nicht nur das Herzogtum Preußen brachte sie mit in ihre Ehe, sondern auch Ansprüche auf die vereinigten Herzogtümer Jülich, Kleve, Berg, die Grafschaften Mark und Ravensberg sowie die Herrschaft Ravenstein im Westen des Landes. Bei den Verhandlungen um die Erbfolge saß sie mit am Tisch, setzte sich erfolgreich gegen ihre Konkurrenten durch und musste ihre Rechte am Ende lediglich mit den Fürsten von Pfalz-Neuburg teilen. Im Vertrag von Xanten wurden Brandenburg 1614 zusätzlich zu Preußen die Herrschaften Kleve, Mark und Ravensberg zugesprochen.

Selbstredend kam die eigenwillige Anna auch ihren Fähigkeiten als Lebensstifterin nach. Sie gebar acht Kinder, von denen die drei Jüngsten allerdings kurz nach der Geburt wieder verstarben.

Doch zurück zum Thema Mitgift: Was für Gedanken müssen die Eltern bewogen haben, wenn ihre Töchter derart ausgestattet von dannen zogen? Wie müssen sie sich gefühlt haben, da sie wussten, dass die Güter, die sie ihnen mitgaben, der eigenen Familie für immer verloren gingen, nicht zuletzt ihr wohlerzogenes, im besten Fall hervorragend ausgebildetes Kind? Und was muss die Tochter empfunden haben, wenn sie ihre Familie zum letzten Mal sah? Nach außen hin zeigten sie sicherlich Stolz und Freude, doch auch von der Einsamkeit und dem Heimweh, mit denen sich die jungen Bräute zu Beginn ihrer Ehe plagten, zeugen unzählige Korrespondenzen. Nicht allen gelang es, sich vor Ort durchzusetzen. Allein gut ausgebildete Frauen mit einem starken Charakter kamen mit der Herausforderung zurecht und entwickelten sich zu selbstbestimmten, kraftvollen Herrschersgattinnen.

Daher wird im Folgenden keineswegs nur von materiellen Gütern die Rede sein. Eindeutig ist, dass auch oder gerade der Teil der Mitgift den Töchtern zu Rang und Ansehen verhalf, der eher im ideellen, persönlichkeitsstiftenden Bereich anzusiedeln ist: Bildung, Charakterstärke, Herzensgüte. Gerade daran hat es Preußens Herrschern aufgrund der rigiden Vorstellungen von Erziehung und Strenge in diesem Land immer gemangelt. Die ideellen Mitbringsel der Frauen, die Liebe zur Musik und zur Literatur, die Überzeugung, dass Hilfsbereitschaft unabdingbar ist und Bildung ein Zeichen von Niveau, waren letztlich die Eigenschaften, die dem Land zu Ansehen und kultureller Blüte verhalfen.

Dazu zählt, auch wenn es zweitrangig erscheint, die Art der Erziehung der Kinder, das Zeremoniell und die Umgangsformen, auf die einzelne Herrscherinnen in ihrer Entourage Wert legten (oder eben nicht!), ihr Stil und ihre Vorlieben, die Einrichtung der Räumlichkeiten und Salons, die Wahl ihrer Gäste, der intellektuelle Austausch mit Denkern aus anderen Regionen und Ländern. Allein durch den intensiven, persönlichen Kontakt Sophie Charlottes zu dem Universalgelehrten Gottfried Wilhelm Leibniz (1646–1716) kam dieser auf die Idee, 1700 in Berlin nach englischem und französischem Vorbild eine Akademie der Wissenschaften zu gründen. Nachdem Luise auf Anhieb Karl Friedrich Schinkel (1781–1841) ins Herz geschlossen hatte und diese Freundschaft sich dem König als Erinnerung an seine geliebte Frau einprägte, erhielt der Künstler selbst über ihren Tod hinaus zahlreiche Aufträge und fand Gelegenheit, seine künstlerischen Ambitionen in Preußen zu verwirklichen. Bis heute prägen seine Bauten das historische Zentrum Berlins.

Das Gute an dem fremden Blick, den die Frauen nach Preußen mitbrachten, war, dass sie vor Ort Tendenzen und Strömungen aufspüren sowie Besonderheiten entdecken konnten, die den Alteingesessenen nicht auffielen. Sie konnten Stile und Neuheiten einführen, die sie aus ihrer Heimat kannten, Wissen nutzen, das dort längst bekannt war. Sie waren diejenigen, die Kleider- und Frisurmoden kreierten, phantasievolle Feste initiierten und stimmungsvolle Konzerte veranstalteten. Sie zeichneten Theateraufführungen und Ausstellungen durch ihren Besuch aus, stifteten Preise und wirkten im gesamten Land und weit über dessen Grenzen hinaus stilbildend und kulturfördernd.

Wenn die Herrscherin starb, weinte das ganze Land.

Manch kostbares Grabmal wurde gestiftet, kunstvolle Sarg-
monumente wurden für sie gefertigt, die wiederum die kulturelle Blüte des Landes spiegelten. Einzelne Königinnen
hinterließen Stiftungen und Gelder, die über ihren Tod
hinaus soziale Einrichtungen förderten oder Kunst und
Künstler unterstützten.

Von all diesen guten und großen Taten soll in diesem
Buch ebenso die Rede sein wie von Missgriffen und Un-
geschicklichkeiten. Sämtliche 16 Herrscherinnen wurden
in Augenschein genommen, die in den letzten dreihun-
dert Jahren bis Ende der Monarchie in das Haus Hohenzollern einheirateten. Angefangen mit Louise Henriette von
Oranien bis in die Neuzeit zu Hermine Reuß ältere Linie,
der zweiten Frau Wilhelms II. (1859–1941), wird jede der
Frauen einzeln vorgestellt und beschrieben, was sie neben
ihrer Tätigkeit als Mutter und Repräsentantin des Landes
kulturell zu dessen Fortbestand beigetragen hat. Um ihr
Wirken zu versinnbildlichen, wurde jeder Einzelnen die
Abbildung eines kunsthistorisch bedeutenden Baus zur
Seite gestellt, der unmittelbar mit ihrem Dasein zu tun hat.
Geachtet wurde darauf, dass es sich dabei möglichst um Anlagen handelt, die heute noch existieren. Daran lässt sich
zeigen, wie lange die Wirkung der Frauen andauerte und
Bestand hatte. Einige der genannten Schlösser trugen gerade nach der Wende wieder neu zur Bildung eines kulturellen Selbstverständnisses bei. In Zeiten von Umbrüchen und
starken Veränderungen stifteten sie dauerhaft Identität.

Interessant ist, wie unterschiedlich ausgeprägt das Vergnügen einzelner Herrscherinnen an der persönlichen
Einflussnahme war und wie stark das jeweilige persönliche Engagement divergierte, unabhängig davon, ob sie gut
oder schlecht auf ihre Aufgabe vorbereitet worden war.
Eine Ehefrau wie Augusta von Sachsen-Weimar-Eisenach
beispielsweise, die mit Wilhelm I. (1797–1888) verheiratet
und für die Position einer Regentin exzellent ausgebildet

worden war, bewies bei der Erfüllung ihrer Aufgaben kein sonderliches Geschick. Auguste Harrach hingegen, zweite Frau Friedrich Wilhelms III. (1770–1840), traf der Heiratsantrag des Königs vollkommen überraschend. Gänzlich unvorbereitet gelangte sie in die Position einer königlichen Ehefrau. Gerade sie aber führte als Herrscherin eine Kultur des Umgangs miteinander ein, die in seiner Bescheidenheit und Zurückhaltung beispielgebend war. Am ungewöhnlichsten war dahingehend zweifelsohne Luise, doch auch eine Frau wie Friederike Luise überraschte alle Welt nach dem Tod ihres Mannes mit ihrem plötzlich erwachenden Gestaltungseifer. Erst als Friedrich Wilhelm II. (1744–1797) nicht mehr lebte, war sie mental dazu in der Lage.

Louise Henriette von Oranien macht in dem Reigen den Anfang, denn sie sticht in allem hervor. Kaum eine eingeheiratete Herrschergattin hat derart selbstverständlich und bescheiden ihr Wissen, ihr Vermögen und ihre persönliche Charakterstärke genutzt, um dem Land ihres Mannes Gutes zu bringen. Keine andere wusste den Raum, der ihr dank ihrer neuen Position zur Verfügung stand, sinnvoller zu nutzen. Dem Gestaltungswillen solcher Frauen wie ihr ist es zu verdanken, dass die Region, die einst Preußen hieß, bis heute eine fruchtbare und reiche Kulturlandschaft geblieben ist.

II.

Wie kamen die Hohenzollern nach Brandenburg?

Eine Einführung

Kaum eine Dynastie hat die Geschichte Deutschlands so geprägt wie die Familie der Hohenzollern. 1415 dank der Gunst Kaiser Sigismunds I. (1368–1437) zum Lehnherr der Markschaft Brandenburg geworden, engagierte sich Friedrich I. von Hohenzollern (1371–1440) für die unspektakuläre Region am äußersten Rand des Heiligen Römischen Reiches, seine Nachfahren taten es ihm gleich und bauten peu à peu ihre Vormachtstellung aus. Mehr als fünfhundert Jahre in Folge hielt sich die Familie in der Mark. Unter ihrer Ägide entstand aus dem kargen, wenig ertragreichen Landstrich eine klar strukturierte, gut funktionierende europäische Großmacht. Jeweils der Älteste in der Familie wurde Kurfürst von Brandenburg, später nannte er sich König in Preußen, und schließlich war er außerdem noch Deutscher Kaiser. Als es mit der Monarchie in Deutschland 1918 für immer vorbei war, war es ebenfalls ein Mitglied dieser Familie, das die Abdankungsurkunde unterschrieb: Wilhelm II.

Als Friedrich I. die Markschaft übernahm, waren die Hohenzollern im Vergleich zu den Welfen, Wettinern, Wittelsbachern oder Habsburgern ein verhältnismäßig unbedeutendes Herrscherhaus. Ursprünglich aus dem Allgäu stammend, wo sich heute noch weithin sichtbar über bewaldeten Hügeln bei Hechingen die Burg Hohenzollern erhebt, wurden sie wahrscheinlich schon 1191 mit der Burggrafenschaft Nürnberg belehnt. Daraufhin teilte sich die Familie: Friedrich IV. (1188–1255) verblieb im Südwesten und übernahm die schwäbische Linie mit heute noch so bekannten Namen wie Hohenzollern-Hechingen und Hohenzollern-Sigmaringen. Sein älterer Bruder Konrad I. (1186–1260) nahm sich des neuen Lehens an und gründete die fränkische Linie. Durch Ankauf oder Belehnung weiterer Territorien wie Bayreuth, Ansbach und schließlich Kulmbach entwickelten sich die Nachkommen dieser Linie allmählich zu einflussreichen und vor allem vermögenden Regenten. Zentrum ihrer Herrschaft wurde die mächtige Plassenburg.

Auch Brandenburgs Geschichte war wechselvoll gewesen, bevor die Hohenzollern sich hier engagierten. Die Langobarden hatten dort gesiedelt und die Burgunder. Nach der Völkerwanderung drangen slawische Stämme ein, wie die Askanier. Als sie 1320 ausstarben, gelangte Brandenburg in den Besitz der bayerischen Wittelsbacher und schließlich der Luxemburger. 1378 erbte es Sigismund I., selbst ein Luxemburger, und schenkte es Friedrich von Hohenzollern als Dank für seine Unterstützung bei der Bewerbung um die römisch-deutsche Königskrone.

Attraktiv an dieser Herrschaft war, dass Brandenburg seit 1356 zu den sieben Kurfürstentümern gehörte, deren Herren das ausschließliche Recht der Königswahl zustand. Dieses Privileg gab dem Kurfürsten von Brandenburg eine Bedeutung, die über die Grenzen seines Landes hinaus wirksam war, außerdem einen direkten Zugang zur Macht, denn der römisch-deutsche König war zugleich Kaiser des Heiligen Römischen Reiches. Durch ihren Aufstieg zu Kurfürsten von Brandenburg gehörten die fränkischen Hohenzollern damit unverhofft zu einer kleinen Elite deutscher

Fürsten. Sie hatten nicht nur das Privileg, den Kaiser zu bestimmen, sondern damit theoretisch auch selbst die Möglichkeit, dieses Amt zu erlangen. In der Praxis fiel die Wahl vom Ende des Mittelalters bis zur offiziellen Auflösung des Reiches 1806 allerdings fast immer auf den ältesten männlichen Habsburger.

Die Brandenburger Hohenzollern arbeiteten hart und unablässig daran, ihrer neuen Bedeutung gerecht zu werden. Nähe zur Macht war in jenen Jahren, in denen die Wege lang und die Probleme vor Ort für Land und Leute existenziell waren, nicht nur ein Privileg, sondern musste auch durch steten Respekt vor der Machtstellung des Kaisers unter Beweis gestellt werden. Wem es nicht gelang, die Verbundenheit mit der politischen Ordnung, die er verkörperte, in seinem eigenen Territorium unter Beweis zu stellen, konnte dessen auch rasch für unwürdig erklärt werden.

Gleichzeitig bedeutete es nicht, dass der Kaiser die Politik im Reich eigenmächtig bestimmen oder kontrollieren konnte. Es gab keine kaiserliche Zentralregierung, kein kaiserliches Recht auf Steuererhebung, kein stehendes Heer und keine Reichspolizei. Wollte der Kaiser das Reich nach seinem Willen lenken, so kam er nicht umhin, mit den Territorialfürsten zu verhandeln, zu feilschen und geschickt zu taktieren. Umso wichtiger war es, dass die einzelnen Fürsten sich ihrer Position im eigenen Land und auch im Zusammenspiel mit den anderen Kurfürstentümern gewiss sein konnten – ein höchst komplexes Unterfangen und ein ständiger Balanceakt.

Auch Brandenburg hieß seinen neuen Lehnsherrn keineswegs willkommen. Hier herrschten Anfang des 15. Jahrhunderts anarchische Zustände. Faustrecht und Fehdewesen ersetzten ein friedliches Miteinander. Kein Wunder, dass es die Hohenzollern vorzogen, vorläufig im heimischen Franken zu residieren. Erst allmählich konnte sich Friedrich I. gegen alteingesessene Adelsfamilien wie Putlitz und die Quitzows durchsetzen, nicht ohne militärischen Einsatz und den Gebrauch einer besonders starken Kanone namens »Faule Grete«.

Als besonders unwillig erwiesen sich die Bürger der autonomen Städte Berlin und Cölln. Als auf der Spreeinsel eine Burg errichtet werden sollte, widersetzten sich die Berliner Friedrichs Beamten, verwüsteten das Baugelände und setzten die Baugrube unter Wasser. Erst 1448 fanden die Übergriffe ein Ende. Es entstand eine mittelalterliche Burganlage, von der aus die Kurfürsten die Handelswege kontrollieren konnten, die sich auf der Spreeinsel kreuzten. Die Auseinandersetzungen gingen unter dem Begriff »Berliner Unwille« in die Annalen der Geschichtsschreibung ein.

Auch Friedrichs Nachfolger Albrecht Achilles (1414–1486) residierte nicht an der Spree. Er schickte seinen fünfzehnjährigen Sohn Johann Cicero (1455–1499) vor, stellte ihm geschulte fränkische Räte zur Seite und regierte das Land erfolgreich aus der Ferne. Entscheidend für die weitere Geschichte des Landes war das Hausgesetz, das Albrecht verabschiedete, die sogenannte »Dispositio Achillea«, die ausdrücklich untersagte, die Mark aufzuteilen. Ferner legte er für alle Zeiten fest, dass jeweils der älteste Sohn des letzten Herrschers die Kurfürstenwürde erben sollte. Es ist davon auszugehen, dass dieses Gesetz und die Tatsache, dass sich die meisten Nachkommen daran gehalten haben, einer der wesentlichen Gründe dafür ist, dass sich die Familie derart lange in Brandenburg und später Preußen halten konnte. Sobald einer wagte, daran zu rütteln, geriet seine Herrschaft prompt in eine Krise.

Johann Cicero war der erste der Hohenzollern, der seinen Lebensmittelpunkt in Berlin hatte. Die fränkische Herrschaft überließ er seinem Bruder Friedrich II. (1460–1536) und dessen Nachfahren. Es folgte Joachim I. Nestor

(1484–1535), bekannt für seine Härte und Entschlossenheit. Er schrieb sich den Kampf gegen das Raubrittertum auf die Fahnen und stärkte so die Macht der Hohenzollern gegen die alteingesessenen Familien, die ihm die Gefolgschaft verweigerten. 1506 ließ er siebzig Raubritter zum Tod durch den Strang verurteilen, darunter vierzig Adlige. In seine Regentschaft fiel auch die Gründung der ersten Landesuniversität, der Alma Mater Viadrina in Frankfurt an der Oder. Sie hatte eine juristische, eine theologische, eine medizinische und eine philosophische Fakultät. Gleich im ersten Jahr immatrikulierten sich 900 Studenten, darunter auch Polen, Schweden und Dänen.

Joachims Sohn und Erbe Joachim II. Hector (1505–1571) wurde vor allem für seine emsige Bautätigkeit bekannt, die allerdings zu einer permanenten Verschuldung des Kurfürstentums führte. Von den zahlreichen Burgen, die unter seiner Ägide entstanden, wird wiederholt die Rede sein. Die mittelalterliche Burg auf der Spreeinsel ließ er zu großen Teilen abtragen und eine prächtige Renaissanceresidenz errichten: das Berliner Schloss.

In seine Regentschaft fiel ferner das Zeitalter der Reformation. Entscheidend für die weitere Geschichte Brandenburgs war die Tatsache, dass sich der Kurfürst auf die Seite Martin Luthers (1483–1546) schlug. Feierlich nahm er im November 1539 in der Spandauer Nikolaikirche das protestantische Abendmahl. Damit zählte er neben den regierenden Häusern in Sachsen und Hessen bald zu den bedeutendsten evangelisch-lutherischen Territorialfürsten des Reiches. Bis 1918 hatten die preußischen Monarchen das Amt des obersten Bischofs der evangelisch-lutherischen Landeskirche inne.

Das Auftreten der Hohenzollern war diesbezüglich weder absolut noch herrisch, denn sie wussten von Beginn an, dass es galt, Brandenburgs und später Preußens Position im Gefüge des mehrheitlich katholischen Reiches nicht zu gefährden. Sie verstanden sich vielmehr als Mittler zwischen den Religionen und gaben diese grundsätzliche Haltung auch ihren eigenen Landsleuten weiter. Bei konfessionellen Auseinandersetzungen im eigenen Land, sei es zwischen den lutherischen Protestanten sowie den Reformierten, die zu Tausenden aus Frankreich gekommen waren, nachdem Preußen ihnen 1685 im Edikt von Potsdam Aufnahme gewährt hatte, sei es zwischen den Reformierten und den Pietisten, bis heute bekannt durch ihren Hallenser Vorreiter August Hermann Francke (1663–1727), suchte das Herrscherhaus immer nach friedlichen Einigungen. Nicht zuletzt diese Haltung zeichnete Preußen als ein Land aus, das nicht nur geprägt war von militärischen Attributen, sondern auch von Eigenschaften, die nichts mit Krieg gemein hatten, wie Toleranz und Bürgernähe. Das Herrscherhaus selbst zählte seit dem 17. Jahrhundert zu den Reformierten. 1817 suchte Friedrich Wilhelm III. mit seinem Aufruf eine Vereinigung der lutherischen mit den reformierten Gemeinden zu erwirken. Die Gemeinden, die dem Aufruf folgten, bezeichneten sich als Mitglieder der »unierten« Kirche.

Joachim Hectors Urenkel war der schon eingangs erwähnte Kurfürst Johann Sigismund, dessen Frau Anna Preußen mit in die Ehe brachte. Annas ältester Sohn und Erbe hieß Georg Wilhelm (1595–1640), ihr Urenkel war Friedrich Wilhelm (1620–1688), der Herrscher über Brandenburg, der nach seinem Sieg über die Schweden in der Schlacht bei Fehrbellin (1675) zum Großen Kurfürsten gekürt wurde. Damit wären wir bei Louise Henriette angelangt, seiner tüchtigen niederländischen Ehefrau.

1.

*Die Große Kurfürstin – Louise Henriette
von Nassau-Oranien
(1627–1667)
Erste Ehefrau von Friedrich Wilhelm
Kurfürst von Brandenburg
(1620–1688)*

Schloss Oranienburg, etwa vierzig Autominuten nördlich von Berlin gelegen, bildet mit seiner cremeweißen Fassade und der weitläufigen Platz- und Brückenanlage, die man passieren muss, um zu dem herrschaftlichen Bau zu gelangen, ein wahres Schmuckstück der Region. Links ist hinter hohen Mauern und schmiedeeisernem Tor ein Lustgarten auszumachen, rechts vom Schloss öffnet sich der Blick weit in Richtung Havellandschaft und erinnert daran, dass der Bau ursprünglich auf einer Schwemmsandinsel errichtet wurde und noch bis ins 18. Jahrhundert komplett von dem Fluss umgeben war. Der wuchtigen Architektur merkt man die einstige Wasserburg noch an.

Im Schatten alter Linden, die den gepflasterten Platz vor dem Eingang schmücken, steht, weithin sichtbar, eine Statue, geschaffen von Bildhauer Wilhelm Wolff (1814–1887). Sie stellt Louise Henriette von Nassau-Oranien dar, erste Frau Friedrich Wilhelms von Brandenburg, jenes Regenten aus der langen Linie der Hohenzollern, dessen reformfreudige und entschlossene Politik den Weg zur Großmacht Brandenburg-Preußen ebnete. Louise Henriette konnte maßgeblich dazu beitragen.

Sie stammte aus den Niederlanden, und ihr Großvater war Wilhelm I. von Nassau-Oranien (1533–1584), bekannt als der Befreier seines Landes. In jahrzehntelangen Kämpfen hatte er für seine Landsleute die Unabhängigkeit von der spanischen Krone erworben. Im Rahmen der Verhandlungen um den Westfälischen Frieden (1648) wurde sie dem Land endlich gewährt. Bis heute stimmen die Niederländer bei festlichen Anlässen das Loblied auf diesen Mann an, eine Melodie, die zart klingt, aber auf einen Reim komponiert wurde, der von trotzigem Stolz zeugt: »Wilhelm von Nassau bin ich, von deutschem Blut, dem Vaterland treu bleib ich bis in den Tod. Ein Prinz von Oranien bin ich, frei, unerschrocken, den König von Spanien hab' ich immer geehrt.« Es ist die Nationalhymne des Landes.

Aus der Familie Nassau-Oranien stammen auch die Mitglieder des heutigen Königshauses, der junge König Willem-Alexander mit seiner ausgesprochen beliebten Frau Máxima und seine Mutter Beatrix, die 2013 nach 43 Jahren Regentschaft ihrem Sohn den Thron übergab. Königin Beatrix galt als Monarchin, die nicht nur repräsentieren wollte. Sie empfand ihr Amt als Pflicht, das mit regelmäßiger Büroarbeit verbunden war. Jeden Montagmorgen traf sie sich mit ihrem Stab und ging alle anstehenden Aufgaben bis ins Detail durch. Nichts wurde dem Zufall überlassen.

Da in den Niederlanden für gewöhnlich keine Partei klar dominiert, war es jahrelang an Königin Beatrix, nach Neuwahlen einen bestimmten Politiker mit der Regierungsbildung zu beauftragen. Nach langen Diskussionen beschloss das niederländische Parlament im Jahr 2012, seinem Staatsoberhaupt diese Aufgabe zu entziehen – eine herbe Enttäuschung für die Regentin.

Zu dieser Familie gehörte nicht zuletzt auch Wilhelmina Königin der Niederlande (1880–1962), die Regentin, die Wilhelm II. von Preußen nach Ende des Ersten Weltkriegs politisches Exil gewährte. Das Land, aus dem die Ehefrau des Großen Kurfürsten einst stammte, wurde 300 Jahre später für dessen Nachfahren Zufluchtsort und Heimatersatz. Hier unterschrieb der Kaiser seine Abdankungsurkunde, hier verstarb er und fand hier auch seine letzte Ruhestätte. Bis heute befindet sich das Grabmal des letzten Hohenzollernherrschers nicht in Berlin oder Brandenburg, sondern im niederländischen Doorn.

Hübsch anzusehen ist Kurfürstin Louise Henriette auf ihrem steinernen Sockel vor dem Oranienburger Schloss. Sie wirkt kräftig und ähnlich entschlossen, wie ihr Großvater es gewesen sein muss. In der rechten Hand hält sie eine Stiftungsurkunde, während die Linke das Kleid schürzt, damit es sie nicht am Vorwärtsschreiten hindert. Die Haare sind hochgesteckt, gehalten von einem schmuckvollen Reif, während einige der dichten Locken auf die Schultern herabfallen.

Die Einweihung des Denkmals am 18. Juni 1858 geriet zum Volksfest, derart groß war die Beliebtheit der Herrscherin. In der Festrede des Oranienburger Bürgermeisters Wilhelm Kahlbaum (1822–1884) hieß es: »Die Stadt hat hier ein Denkmal errichtet, damit der Wanderer an dieser Stelle still stehe und erfahre, dass dies der Schauplatz sei, auf welchem eine Frau in Diadem und Fürstenmantel gewandelt und welchen sie in dem Tempel christlicher Liebestätigkeit als Hohepriesterin ihre Opfer dargebracht. Kurfürstin Luise Henriette gehörte zu den Frauen, welche die Zierde der Krone und einen Segen der Völker bilden und deren Vorbild allen späteren Geschlechtern zur Leuchte dienen könne.«[1]

In Wahrheit war Louise Henriette schmal und zierlich gebaut sowie von kleinem Wuchs. Erst später, nach den ersten Geburten, nahm sie zu, aber sie blieb schlank und zart. Auch gesundheitlich war die Kurfürstin nicht sonderlich stabil, sie hatte eine schwache Lunge und litt unter dem rauen Klima in Brandenburg. Wiederholt musste sie in ihre niederländische Heimat zurückkehren, um dort im heute noch für seine Kuren bekannten belgischen Spa zu regenerieren. In den knapp 21 Jahren, in denen sie Kurfürstin von Brandenburg war, erlitt sie mehrere Fehlgeburten und gebar sechs Kinder, von denen aber nur drei das Erwachsenenalter erreichten: Karl Emil (1655–1674), Friedrich (1657–1713) und Ludwig (1666–1687). Unendlich groß war der Schmerz schon beim Tod ihres Erstgeborenen Wilhelm Heinrich (1648–1649), der nur siebzehn Monate alt wurde. Aber Louise Henriette war zäh und fleißig, sie hatte einen starken Willen und ließ sich keinesfalls unterkriegen.

Am 7. Dezember 1646 heiratete sie Friedrich Wilhelm, der sich gegen drei Mitbewerber durchgesetzt hatte, darunter der Franzose Henri Charles de la Trémoille, Prinz von Talmont und Tarent (1620–1672), dem Louise Henriette glühende Liebesbriefe geschrieben hatte – bis ihre Mutter eingeschritten war, denn die Verbindung entsprach nicht im geringsten den politischen Interessen des Landes. Louise Henriettes Vater, Friedrich Heinrich von Oranien (1584–1647), war Statthalter der Niederlande und nebst Ehefrau Amalie streng darauf bedacht, das Ansehen des Hauses Oranien durch die Eheschließungen seiner Kinder zu mehren. Entsprechend großzügig war seine Mitgift. Anlässlich der Hochzeit erhielt seine Älteste 120 000 Reichstaler sowie eine umfassende Aussteuer. Dazu gehörte Silberzeug, das allein auf 60 000 Gulden geschätzt wurde. Auch der Bräutigam zeigte sich nicht kleinlich: Sein Hochzeitsgeschenk umfasste 80 000 Gulden. Als Witwensitz wurden Louise Henriette die niederrheinischen Ämter Huyssen, Lobith, Dinslaken und Orsoy zugesprochen.

Derart vortrefflich ausgestattet machte sich die Niederländerin nach der Hochzeit auf den Weg in ihre neue Heimat. Ihre erste Station war Kleve, gar nicht weit von Den Haag entfernt. Die Stadt war nach dem jülisch-klevischen Erbfolgestreit 1614 Brandenburg zugesprochen worden, und Friedrich Wilhelm hatte beschlossen, hier während der westfälischen Friedensverhandlungen in Osnabrück und Münster zu residieren. Um die Verbindung zu seinem Stammland aufrechtzuerhalten, installierte er einen regelmäßigen Postdienst über Hamm, Bielefeld, Minden und Magdeburg bis nach Berlin.

Der junge Kurfürst hatte keine einfache Herrschaft angetreten. Als er das Land 1640 im Alter von zwanzig Jahren von seinem Vater übernahm, war sein weitläufiges und keineswegs zusammenhängendes Regierungsgebiet durch die Folgen des Dreißigjährigen Krieges verwüstet und teilweise völlig entvölkert. Die Finanzen waren zerrüttet, die Söldner begehrten auf, und schwedische Truppen hielten

Brandenburg besetzt. Der Fortbestand Preußens hing von der Gunst des polnischen Königs ab.

Friedrich Wilhelms Eltern hatten allerdings Weitsicht bewiesen und ihren Sohn mit vierzehn Jahren zur Ausbildung in die Niederlande geschickt. Er hatte in dem damals wirtschaftlich florierenden Land an der Universität Leiden studiert und konnte sich von der Handelsmacht mit ihrem hoch entwickelten Staatswesen vieles abschauen. Nach der Regierungsübernahme entledigte sich der junge Kurfürst kurzerhand seines Intimfeindes, des Grafen Adam von Schwarzenberg (1583–1641), der sich in Berlin gegenüber den Ständen eine Vormachtstellung ausgebaut hatte. Im Westfälischen Frieden einigte sich Friedrich Wilhelm – in Absprache mit dem Kaiser und den anderen Kurfürsten – mit Schweden und sicherte sich in lang andauernden Verhandlungen mit seinem Landtag finanzielle Unterstützung von den Vertretern der Stände zwecks Aufbaus eines stehenden Heeres. Dank dieses innenpolitischen Erfolges konnte er dem Land dauerhaft Schutz und militärische Sicherheit bieten.

Glockengeläut und Böllerschüsse begleiteten den Einzug des jungen Kurfürstenpaares in die hübsche Residenzstadt Kleve. Die beiden bezogen Quartier auf der Schwanenburg, damals noch »het slot van Cleef« genannt, und Louise Henriette schloss die hübsche Stadt bald ins Herz. Dort wurde ihr erster Sohn geboren, und mehrfach noch kehrte sie hierher zurück. Allein die Hochzeitsfeierlichkeiten von zwei ihrer Schwestern, die beide hier auf der Burg stattfanden, gaben ihr dafür Grund genug.

Kleve, knapp vor der holländischen Grenze, wirkt heute verzagt und leicht destrukturiert. Zu heftig haben hier die Luftangriffe des Zweiten Weltkriegs gewütet. Zwei Angriffe im Oktober 1944 und Februar 1945 legten einen Teppich aus Spreng- und Brandbomben über die Ansiedlung und zerstörten die 700-jährige Stadt zu achtzig Prozent. Hunderte von Menschen kamen dabei ums Leben. Die Häuser, Wohnanlagen und Plätze, die aus den Ruinen erstanden sind, insbesondere die verkehrsberuhigte Einkaufszone im Zentrum, entsprechen dem schaurigen Geschmack der Nachkriegszeit, doch die Schwanenburg hebt sich trutzig und prächtig wie eh und je weithin sichtbar über den vielen Dächern. Hat man den steilen Weg dorthin erklommen, findet sich tatsächlich auf dem Platz vor der Burg ein mächtiges Standbild des Großen Kurfürsten zu Pferd. Zwischen Berlin und Kleve liegen gut 600 Kilometer, doch hier wie dort wird der erfolgreiche Hohenzoller hoch geehrt.

Von der Schwanenburg gäbe es viel zu berichten, heißt es doch, dass von hier der Schwanenritter gestammt haben soll, den Richard Wagner (1813–1883) in seiner Oper *Lohengrin* verewigte. Auf einem Schwan wird der Ritter der Herzogin von Brabant zur Hilfe geschickt, die von Friedrich von Telramund bedrängt wurde. Doch selbst wer sich bei der Spurensuche in Kleve allein auf die Geschichte Preußens konzentriert, wird schon reich belohnt. Hier nahm vieles seinen Anfang.

In den drei Jahren, in denen das Kurfürstenpaar in Kleve lebt, ist Johann Moritz Fürst von Nassau-Siegen (1604–1679) ihr Gastgeber, ein Mann, dessen Biographie derart abenteuerlich und atemberaubend ist, dass man sich kaum vorstellen kann, dass ein Mensch des 17. Jahrhunderts all das in einem einzigen Leben hat vereinen können. Johann Moritz stammte aus dem Siegerland und wurde als dreizehntes Kind seines Vaters in Dillenburg geboren. Nach Lehrjahren an der Universität Basel und der Ritterschule Collegium Mauritianum in Kassel begab er sich mit sechzehn Jahren in die prosperierenden Niederlande und trat 1621 ins Kavallerieregiment ein. Dank seiner militärischen Erfolge wurde er 1636 zum Generalgouverneur der Niederländischen Westindien-Kompanie ernannt, schiffte sich nach Brasilien ein und ließ in unmittelbarer Nähe der

Stadt Recife eine Residenz errichten. Von dort aus verwaltete er erfolgreich die Besitzungen der niederländischen Krone und widmete sich gleichzeitig ausgiebig der Erforschung von Fauna und Vegetation des Landes. Seine umfangreiche in Brasilien zusammengetragene naturhistorische und ethnographische Sammlung – nicht zuletzt erfasst und verbreitet durch das zwölfbändige Druckwerk *Historia Naturalis Brasiliae* – veränderte im alten Europa das Bild von der Neuen Welt nachhaltig.

1644 kehrte er nach Holland zurück. Seine Freundschaft zu Friedrich Wilhelm, den er 1635 in Den Haag kennen gelernt hatte, brachte ihm den Posten als Statthalter von Kleve ein.

Der kunstsinnige Abenteurer jedoch setzte sich hier keinesfalls zur Ruhe. Er ließ die Schwanenburg zu einem bequemen Wohnsitz ausweiten, bezog die hügelige und waldreiche Gegend in seine Park- und Gartengestaltung mit ein und machte Kleve zu einem Herrschersitz europäischen Ranges. Heute noch zeugen Anlagen wie der Lust- und der Tiergarten am Rande der Stadt, Alleen mit weit gespannten Sichtachsen und Kanal- und Wasserbeckensymmetrien von seinem überbordenden Verschönerungsdrang.

Louise Henriette sah sich die Errungenschaften Johann Moritz' bei ihrem Gastaufenthalt ausführlich an und ließ sich davon nachhaltig inspirieren. Im Herbst 1648 nun, als der Dreißigjährige Krieg zu Ende war und der Westfälische Frieden unterzeichnet wurde, konnte sich die Kurfürstin Anfang des Jahres allmählich auf die Reise Richtung Brandenburg begeben. Unterwegs wurde sie mehrfach aufgehalten, nicht zuletzt durch die Folgen einer Fehlgeburt. Monatelang musste sie in Wesel am Rhein ausharren, bis sie wieder bei Kräften war, doch endlich, am 10. März 1650, zog sie an der Seite ihres Mannes in Berlin ein.

Die Bewohner der Stadt hießen sie stürmisch willkommen. Drei Jahrzehnte lang hatten die Menschen hier unter dem grausamsten Krieg aller Zeiten gelitten, ihre Häuser waren zerstört, viele ihrer Angehörigen und Nachbarn gestorben oder vertrieben. Die Ankunft der jungen Kurfürstin war ein Fanal für den Wiederaufbau. Nun würde endlich wieder Frieden im Land herrschen.

Louise Henriette enttäuschte ihre Erwartungen nicht. Sie war eine kluge und wohlausgebildete Frau, die bereit war, sich sowohl für die sozialen als auch die politischen Belange des Landes einzusetzen. Neben einer perfekten Ausbildung in Wort und Schrift ihrer niederländischen Muttersprache hatte sie ebenso fließende Kenntnisse in Französisch erworben. Auch die »Brandenburgische Landessprache« hatte sie gelernt, zumindest bemühte sie sich, auf Deutsch zu beten. Ihre Eltern waren darauf bedacht gewesen, ihre Kinder von Luxus und Zerstreuungen des sogenannten »Pariser Lebens«, das in einigen herrschaftlichen Häusern gepflegt wurde, tunlichst fernzuhalten, kein einfaches Vorhaben, denn der Hof des Statthalters war zu jener Blütezeit des Landes ein wahrlich wohlhabendes Haus. Zentraler Bestandteil der Erziehung war das Fach Religion. Louise Henriette war streng calvinistisch geprägt, ihr Lehrer André Rivet (1572–1651) war Dozent an der namhaften Universität Leiden und Prediger des Hofes gewesen. Bis an ihr Lebensende blieb Louise Henriette ihrer Religion treu ergeben und besuchte mit ihrem Mann regelmäßig den Gottesdienst.

Was immer Louise Henriette in ihren zwanzig ersten Lebensjahren in ihrem Heimatland gelernt und erfahren hatte, kam Brandenburg nun zugute. In Absprache mit dem Kurfürsten engagierte sie zahlreiche niederländische Handwerker und Architekten und ließ sich von ihnen beim Wiederaufbau beraten. Sie nahmen direkt und unmittelbar Einfluss auf die Neugestaltung der Stadt. Friedrich Wilhelm hatte nichts dagegen einzuwenden, hatte er in seinen Lehrjahren schließlich selbst erfahren, wie entschieden die Entwicklungen in den Niederlanden denen seines Heimatlandes zu diesem Zeitpunkt voraus waren. Eine Adaption der Fremden fiel auch nicht sonderlich schwer, denn rein geographisch fanden die Niederländer in Berlin und Umgebung ähnliche Gegebenheiten vor wie in ihrer Heimat. Hier wie dort ist das Land flach, und wer bauen möchte, muss sich erst darüber Gedanken machen, wie er den wasserreichen, bisweilen sumpfigen Grund trocken legt. Nicht zuletzt sprachen die Fachleute dieselbe Sprache wie die Kurfürstin.

Die damalige Einflussnahme der Niederländer ist in Berlin und Umgebung bis heute nachhaltig spür- und sichtbar. Sie bestimmt Stadt und Land, sowohl in der Gesamtheit als auch in vielen Details. In Potsdam wurde ein ganzes Stadtviertel nach den ausländischen Handwerkern genannt, das sogenannte Holländische Viertel. In Berlin legten die Fachleute nach niederländischem Vorbild eine Straße an, die das Zentrum bis heute nachhaltig beherrscht: den Prachtboulevard Unter den Linden. Johann Moritz hatte dem Kurfürstenpaar den Rat mit auf den Weg gegeben, in ihrer Residenzstadt nach niederländischem Vorbild eine Allee anzulegen. 2000 Nussbäume und Linden sollten in sechs Reihen gepflanzt werden und so eine Sichtachse bilden, die vom Tiergarten direkt auf das Schloss zuführte. Der Kurfürst ließ die Idee umgehend in die Tat umsetzen. Zwar konnten die Brandenburger Förster nicht schnell genug eine derartig große Zahl an Bäumen liefern, doch als das Kurfürstenpaar in die Stadt einzog, war die neue Anlage schon zu bewundern. Auch in zahlreichen anderen Fragen der Gestaltung und Architektur beriet der Klever Statthalter den Kurfürsten und vermittelte ihm und seiner Frau zuverlässige Helfer. So wurde auch das Berliner Schloss mit Hilfe niederländischer Baumeister und Steinmetze instand gesetzt, die neuen Räume der Kurfürstin mit Holz von eigens aus ihrer Heimat importierten Obstbäumen ausgestattet. Die Kamine erhielten eiserne Platten aus Kleve.

Johann Gregor Memhardt (1607–1678) wurde mit der Neugestaltung des Lustgartens beauftragt. Der kurfürstliche Ingenieur war zwar in Linz geboren, doch mit fünfzehn Jahren in die Niederlande emigriert und dort zum Bauzeichner und Festungsarchitekten ausgebildet worden. In Berlin stieg er zum führenden Architekten auf und übernahm ab 1656 die Aufsicht über alle kurfürstlichen Bauten. Sein neuer Lustgarten entstand gleich neben dem Residenzschloss entlang der Spree. In dem weitläufigen Areal kombinierte er nach niederländischem Vorbild Terrassen auf unterschiedlicher Höhe mit einem Blumengarten, Buchsbaumhecken und einem Untergarten, dessen Wege Ulmen und Ligusterbüsche säumten. In der Mitte erhob sich ein Wasserbecken, in dem ein Neptun mit Dreizack auf einem Sandgestein saß. Krönendes Bauwerk war ein zweigeschossiges Gartenhaus mit Kuppeldach, ausgestattet wie eine Grotte mit Muscheln und Korallen. Entlang der Wege ließ Memhardt Skulpturen aus Blei und Marmor postieren.

Nicht nur Handwerker und Spezialisten folgten dem Ruf des Kurfürstenpaares aus den Niederlanden nach Berlin, sondern auch zahlreiche Künstler wie das Brüderpaar Gerard (1590–1656) und Willem van Honthorst (1594–1666), Pieter Nason (1612–1688) oder auch Jacques Vaillant (1625–1691). Der Klever Beamte Joachim Hübner (gest. 1666) erhielt den Auftrag, die Geschichte des Hauses Hohenzollern aufzuschreiben und eine Bibliothek aufzubauen. Das Jahr 1659, in dem die Kurfürstliche Bibliothek erstmals für die Öffentlichkeit zugänglich war, gilt auch als Gründungsdatum für die heutige Staatsbibliothek in Berlin.

Doch Louise Henriettes Engagement führte noch weiter. Bei einem Jagdausflug mit dem Kurfürsten im Sommer

1650 – beide waren begeisterte Anhänger der Falkenjagd – fiel ihre Aufmerksamkeit auf die Gegend rund um die Ansiedlung Bötzow im Norden Berlins. Mit ihren weiten Wäldern, den flachen Wiesen und Weiden, den zahlreichen Wasserflächen, die, gespeist von der Havel, sich manchmal breit wie ein See über das Land ausdehnten, dann wieder schmal wie ein Bach verliefen oder schnurgerade wie ein Graben, muss diese Region Louise Henriette an ihre Heimat erinnert haben. Insbesondere das verfallene Jagdschloss Joachims II. Hektor, das sich auf einer der Inseln inmitten der Havellandschaft befand, hatte es ihr angetan. Sie beschloss, sich hier einen Landsitz zu errichten.

Zurück in Berlin, bat die Kurfürstin ihren Mann, ihr das Amt Bötzow zu überlassen. Zum Tausch bot sie ihm eine der zahlreichen Ländereien an, die sie zu ihrer Hochzeit bekommen hatte. Ohne lange zu zögern, ging der Kurfürst auf den Handel ein. Er hatte offensichtlich nicht die geringsten Zweifel an den wirtschaftlichen Fähigkeiten seiner Frau. Eine umfangreiche Urkunde bestätigte die Abmachung. Der neue Besitz der Kurfürstin war wesentlich größer als zu erwarten. Bötzow umfasste zahlreiche Dörfer, Äcker, Vorwerke, Schäfereien, Mühlen, Weiden, die Fischereien an der Havel, an den Seen und den Karpfenteichen sowie die Gerichtsbarkeit. Neben dem Land und den Betrieben standen ihr die Einkünfte aus den Pachten, Steuern und Zöllen des Amtes zu. Wie alle Grundbesitzer musste sie dafür Abgaben an den Landesherrn entrichten, sie würde also nicht nur anordnen, sondern auch ernsthaft wirtschaften müssen, würde Einnahmen und Ausgaben abgleichen und entsprechende Zu- oder Abverkäufe veranlassen müssen. Dieser persönlichen Anforderungen war sich Louise Henriette voll und ganz bewusst. Brisant an der Regelung war lediglich, dass der Landesherr ihr eigener Ehemann war.

Doch die Kurfürstin war nicht aufzuhalten. Sie nahm einen Kredit auf und erweiterte ihren Besitz zunächst.

Nacheinander erstand sie zwei Rittergüter in Vehlefanz, weitere Vorwerke und Kirchlehen in Kremmen und Flatow sowie jeweils den sechsten Teil der Straßengerichte von Vehlefanz, Flatow, Staffelde, Tiezow und Kremmen – alles Ortschaften in nächster Umgebung. Im April 1651 erwarb sie zusätzlich weiter östlich Gut Zehlendorf, später Rittergüter und Dörfer südlich und nördlich des Amtes. Hinzu kamen Birkenwerder, Hohen Neuendorf, Borgsdorf, Stolpe, Beetz, Teschendorf, Löwenberg, Linde, Radensleben, Rüthnik, Zühlsdorf und Sommerfeld.

Friedrich Wilhelm verfolgte die Investitionen mit größtem Interesse. Als Zeichen seiner Anerkennung schenkte er Louise Henriette noch weitere Ortschaften dazu, nebst entsprechender Dienste und Pachten. Sie erhielt von ihm die Dörfer Wensickendorf, Nassenheide, Quaden-Germendorf, Falkenhagen und Schönerlinde.

Im Schloss von Oranienburg hängt heute ein Gemälde, das mutmaßlich von Willem van Honthorst stammt. Es muss um 1660 entstanden sein und trägt den Titel *Allegorie auf die Gründung Oranienburgs*. Zentral ist ein überaus stolzer, junger Kurfürst mit Zepter und Krone im bodenlangen Hermelin zu sehen, daneben eine nicht minder prächtig gekleidete Louise Henriette, die mit ihrem Zepter auf eine Kuhhaut zeigt, die gerade zerschnitten wird. Ein Zettel trägt die Aufschrift: »Plus outre« (frz.: immer mehr). Das Bild erinnert an die sagenhafte Dido, Gründerin von Karthago. Es heißt, sie habe sich damals von den Einwohnern Nordafrikas nur eben so viel Land erbeten, wie mit einer Kuhhaut zu umspannen sei. Das hörte sich beileibe nicht viel an, und so gewährten ihr die Bewohner die Bitte gern. Daraufhin ließ Dido die Haut in Riemen zerschneiden und konnte plötzlich Anspruch auf wesentlich mehr Raum erheben. Auch wenn von Honthorst das Gemälde erst zehn Jahre nach Louise Henriettes Tausch mit dem Kurfürsten angefertigt hat – ihre Landkäufe müssen ähnlich großen

Eindruck gemacht haben wie Didos Trick mit der Kuhhaut.

Neben der Vergrößerung ihres Besitzes widmete sich die Kurfürstin insbesondere dem Bau ihrer neuen Residenz. Sie ließ das alte Jagdschloss abtragen und an seiner Stelle einen prächtigen Barockbau errichten. Wieder bat sie Memhardt um Hilfe. Er brachte seinen wichtigsten Mitarbeiter mit, den Wasserbauingenieur und Schiffszimmermann Michael Mathias Smids (1626–1692) – auch er ein Niederländer – und machte sich an die Entwürfe. Zu Abriss und Neuaufbau verpflichtete Louise Henriette Obrist Hans Georg von Ribbeck (1601–1666), Kommandant der Spandauer Festung in Berlin. Ribbeck erwies sich als überaus zuverlässiger Helfer, der seiner Auftraggeberin selbstverständlich respektvoll und treu ergeben war. Auch zu Zeiten, in denen Louise Henriette aus gesundheitlichen oder politischen Gründen nicht im Lande sein konnte, erstattete er ihr regelmäßig über alle Vorkommnisse Bericht. Überhaupt bewies die Kurfürstin bei der Wahl ihrer Mitarbeiter Einfühlungsvermögen und Geschick. Sie schien zu wissen, dass eine Herrscherin nur gerade so gut ist wie ihre besten Berater.

Zum Amthauptmann von Bötzow berief sie Geheimrat Otto von Schwerin (1616–1679), den sie schon in Kleve zu ihrem Vertrauten auserkoren hatte. Ihm und seiner Frau hatte sie die Erziehung ihrer Söhne anvertraut. Mit dem Aufbau der neuen Verwaltung in Bötzow beauftragte sie Pensionsrat Christoph Vogelsang. Der gebürtige Amsterdamer übernahm den Posten des Amtschreibers und war somit unmittelbar Schwerin unterstellt. Die Vertreter der neuen Obrigkeit wurden der Stadt- und den Dorfgemeinden des Amtes am 23. April 1651 präsentiert und leisteten Louise Henriette hier den Huldigungseid. Durch die Schenkungen und Ankäufe hatte Bötzow eine solche Ausdehnung erlangt, dass die Einstellung eines Schloss- und

Mühlenhauptmanns mit entsprechenden Gehilfen erforderlich wurde. Diese Aufgabe überließ die Kurfürstin Zacharias Friedrich von Götze.

Anfang 1651 begannen die Bauarbeiten. Als Baumaterial wurden unter anderem Abrisssteine aus dem ehemaligen Jagdschloss verwendet. Auch Ziegel des nahen Zisterzienserinnenklosters in Lindow, das im Dreißigjährigen Krieg zerstört worden war, brachte man herbei. Darüber hinaus bestellte die Kurfürstin neue Steine, vor allem holländische Dachziegel. Gerade von außen betrachtet sollte das Schloss an die Häuser ihrer Heimat erinnern. Zuständig für Herstellung und Lieferung war der niederländische Ziegelbrenner Julius Arendsen, wie in den Büchern der Kurfürstin präzise festgehalten. Später bezog Louise Henriette Steine und holländische Dachpfannen für weitere Bauten vom Ziegelbäcker Jacob Plohn aus dem benachbarten Hohenschöpping. Ziegelerde gewann der Handwerker bei Velten und Stolpe, wo die Qualität des Materials am besten war.

Rasch war das Bauwerk fertiggestellt. Das Hauptgebäude hatte drei Stockwerke und ein steiles, oben abgeflachtes Walmdach. Die Rückseite zierte ein Turm. An den vier Ecken des Altans befanden sich Schornsteine, die mit Hauben versehen waren. Drei kleinere Häuser wurden symmetrisch zum Hauptbau auf der Insel angeordnet. Vor dem Eingang befand sich ein Hof, umgeben von einem überdachten Gang, dessen Mauern von Nischen unterbrochen waren. Die Schlossmauer zierte ein hohes Tor, durch das man mit Hilfe einer Zugbrücke zur Stadt gelangen konnte. Ein weiterer, wesentlich schmalerer Steg über das Wasser verband das Schlossensemble nordwestwärts mit dem Ufer.

Zu dem Schlossbau gehörte ein Lustgarten, den Louise Henriette auf dem Festland anlegen ließ. Wer Oranienburg heute besichtigt, kann die ursprüngliche Anordnung mühelos nachvollziehen. Der Garten bestand aus streng parallel verlaufenden Wegen, die insgesamt neun eigens gestaltete Quadrate bildeten. In der Mitte befand sich ein Lusthaus, das von Grotte, Portalen, Alleen und Wasserkünsten umgeben war. Auch eine Orangerie war vorhanden. Hinzu kam ein Küchen- und Kräutergarten, in denen Kartoffeln angebaut wurden oder Spargel, eine Gemüsesorte, die hierzulande bislang fremd gewesen war. Auch Karpfenteiche wurden angelegt, deren Ablassen die Kurfürstin offenbar mit besonderem Vergnügen beiwohnte. Die Art und Weise, wie sie Lust- und Nutzgarten miteinander zu verbinden wusste, hatte sie sich übrigens bei Johann Moritz in Kleve abgeschaut.

In dem 37 Morgen umfassenden Areal, das sie weit nördlich des Lustgartens erschließen ließ, legte sie einen Tiergarten an, durchquert von einer breiten Lindenallee. Zum Schutz der Rehe und Hirsche vor Wölfen wurde der Park eingezäunt. Auch hierbei folgte sie ihrem Klever Lehrmeister.

Gemessen an der Wüstenei, die an dieser Stelle noch bis vor kurzem geherrscht hatte und die das Land rundherum auch weitgehend bestimmte, wirkte dieser Lustgarten überaus artifiziell. Doch die Kurfürstin ließ sich in ihren Visionen nicht beirren. Sie war getrieben von dem Gedanken, das Land urbar zu machen und zu kultivieren. Im Nachhinein wirkt es so, als habe sie sich und allen anderen damals etwas beweisen wollen. Es war weniger ihre Macht, die sie zeigen wollte, die Qualität ihres Geschmacks oder gar ihr finanzielles Vermögen, als vielmehr die Möglichkeit, dass in diesem geschundenen Land für seine demoralisierte Bevölkerung wieder eine neue, fruchtbringende Zukunft Realität werden könne.

Zur Betreuung der Anlagen stellte die Kurfürstin im April 1651 einen holländischen Gartenmeister ein. Ihm standen zwei Gehilfen, ein Laufbursche, zwei Soldaten und sechs Kossäten aus dem Umland zur Seite. Sie bestaunten die neuartigen Gewächse, ließen sich aber in ihrer Pflege sorgfältig unterrichten. Gerade die Einbindung der Einheimischen in derlei Dienste zeigt, dass die Kurfürstin ein Exempel statuieren wollte. Sie wusste aus ihrer Heimat, wie es eine flache und seenreiche Gegend zu bewirtschaften galt, sie hatte die Erfahrung gemacht, was in solch einem Land alles möglich war. Das wollte sie auch hier in Brandenburg unter Beweis stellen.

Ein Jahr nach Erwerb des Amtes lud Louise Henriette den Kurfürst ein, um ihm ihr neues Anwesen vorzuführen und ihre Pläne zu veranschaulichen. Er zeigte sich über die Maßen beeindruckt. Zu Ehren seiner Frau ließ er das Schloss »Oranienburgk« taufen. In der Urkunde vom 2. Januar 1652, die das Ereignis manifestierte, wurde die Ortschaft Bötzow gleich mit umbenannt. Dieser Tag gilt bis heute als Geburtsstunde der Stadt Oranienburg.

Nachdem die Schlossanlage, der Park und die Gärten fertiggestellt worden waren, widmete sich die Kurfürstin der näheren Umgebung. Sie ließ eine Meierei und eine Molkerei bauen und in der Amtsfreiheit, heute Oranienburg-Mittelstadt, eine Schäferei anlegen, die bereits nach kurzer Zeit 1400 Schafe umfasste. Die Verantwortung für die Mustergüter legte sie wieder in die Hände bewährter Fachleute aus ihrer Heimat.

Rechtsseitig der Havel ließ sie darüber hinaus eine Brauerei bauen und kurzfristig alle in ihrem Amtsbereich liegenden Dorfkrüge aufkaufen. Sie legte fest, dass das Bier künftig nur noch von der Oranienburger Brauerei zu beziehen sei. Damit sorgte sie für ideale Absatzmöglichkeiten. Bald hatte sich das Brauerei- und Brennereiwesen zu einem gewinnbringenden Wirtschaftszweig in der Region entwickelt, und sie musste gar eine eigenständige Verwaltung dafür einrichten. Als leitenden Brau- und Backmeister setzte sie Berthold Rührmund ein. Gegen Ende ihrer

Regierungszeit wurden jährlich etwa 1200 Fässer Bier im Amtsbereich verkauft.

Louise Henriettes Sorge galt ferner den vom Krieg zerstörten Häusern im Stadtgebiet von ehemals Bötzow. Für den Wiederaufbau stellte sie einen gewissen Hans Perger als Hofmaurer ein, der über alle Neubauten die Aufsicht zu führen hatte. Bis 1657 entstanden im Umfeld des Schlosses folgende Bauten: ein Amthauptmannshaus, das heute noch in Oranienburg zu besichtigen ist, ein Marschallhaus, das später als Rathaus diente, ein Brauhaus, ein Haus zum Trocknen von Getreide, ein Malzhaus, ein Backhaus, Wohnungen für den Hopfen- und den Lustgärtner, ein Vorwerk sowie das Molkenhaus. In den Dörfern Birkenwerder, Bärenklau, Vehlefanz, Bergfelde, Schönerlinde, Stolpe und Zehlendorf ließ Louise Henriette darüber hinaus Wohnungen, Gartenhäuser und Mühlen errichten. Damit erwies sich das Amt Oranienburg als treibende Kraft für den Neuaufbau. Trotz der hohen Ausgaben für die Wohnhäuser fand Louise Henriette noch ausreichend finanzielle Mittel für den Bau einer kleinen Barockkirche. 1664 wurde das Gotteshaus eingeweiht. Es stand genau an der Stelle, an der sich heute die evangelische St.-Nicolai-Kirche befindet.

Doch in Brandenburg mangelte es nach dem Dreißigjährigen Krieg nicht nur an Bauten, sondern vor allem an Menschen. Auch dahingehend suchte das junge Kurfürstenpaar Abhilfe zu schaffen. Eine der wesentlichen Regierungsmaßnahmen war seine sogenannte Peuplierungspolitik. Sukzessive wurden Bewohner anderer Regionen und Länder eingeladen und angeregt, nach Brandenburg zu kommen und hier zu siedeln. Louise Henriette nahm zu diesem Zweck eigens Kontakt zur VOC auf, der Niederländischen Ostindien-Kompanie, die sich nicht nur um den Handel mit Übersee kümmerte, sondern auch bemüht war, ihre Landsleute in den Kolonien anzusiedeln. Mit entsprechend guten Angeboten suchte die Kurfürstin ihrerseits, Niederländer zu sich in den Osten zu locken, insbesondere Handwerker und Fachleute. Den Neuankömmlingen versprach sie 1277 Hektar Land sowie kostenloses Holz zum Aufbau der Gehöfte. Hinzu kamen dreißig Scheffel Korn und je eine Kuh pro Familie. Selbst die Kosten für den Bau eines Grabens, sollte er zwecks Entwässerung für das Siedlungsland notwendig sein, übernahm die Kurfürstin. Die Siedler hatten erst nach sechs Jahren erstmals Steuern zu zahlen, und zwar einen Taler pro Morgen.

Einer der ersten Spezialisten, den die Kurfürstin nach Oranienburg holte, war der Lackenbereiter Volkert. In seinem Vertrag vom 8. April 1651 stellte sie ihm eine wüste Hausstelle samt Baumaterialien sowie Ackerland zur Verfügung. Außerdem erhielt er ein Darlehen über 100 Taler, das er erst nach sechs Jahren in Raten von zwei Talern jährlich zurückzahlen musste. Von derlei Bedingungen konnte ein Handwerker zu jener Zeit nur träumen.

Schon nach wenigen Jahren zeigte sich, dass Louise Henriette überaus erfolgreich wirtschaften konnte. Während der Kurfürst seiner Frau zu Beginn Kredit gegeben hatte, machte Oranienburg inzwischen derart Gewinn, dass sie ihre Schulden mühelos zurückzahlen konnte. Jetzt war es der Kurfürst, der seine Frau wiederholt um Kredit bitten musste. So wurden Butter und Käse für den Schlossbedarf in Berlin fast ausschließlich aus Oranienburg bezogen, sollten aber zu offiziellen Marktpreisen bezahlt werden. Die Kurfürstin führte über ihre Ein- und Ausgaben präzise Buch. Ihre Einträge machte sie auf Niederländisch, die Anweisungen, die sie an ihren Amtshauptmann Schwerin entsandte, verfasste sie auf Französisch.

Konnte Louise Henriette längere Zeit nicht nach Oranienburg kommen, ließ sie sich alle vierzehn Tage über den Fortgang der Arbeiten am Schloss, die erzielten Einnahmen und Ausgaben sowie Sorgen und Nöte der Einwohner

Bericht erstatten. Sie blieb mit ihrem Amt und den Menschen, die dort wohnten und arbeiteten, ständig in Verbindung.

Was Louise Henriette hier in wenigen Jahren für Land und Leute leistete, war absolut ungewöhnlich. Fern der Heimat und von Natur aus zart gebaut, zumal als Frau und eigentlich vermählt, um zu repräsentieren und die Zahl der Familienmitglieder zu vermehren, engagierte sie sich auf eine Weise, wie es für Mitglieder ihres Standes absolut ungewöhnlich war. Sie erwies sich als selbständig handelnde und entschlossene Herrscherin, als Frau, die ihr Amt nicht durch Heirat, sondern quasi wie ein Erbe erlangt hatte. Zeit ihres Lebens mühte sie sich, die Zustände im Land ständig zu verbessern.

Gegenüber des Oranienburger Schlosses befindet sich heute ein altes, herrschaftliches Haus niederländischer Prägung. Die Stiftungsurkunde, die Louise Henriettes steinernes Abbild auf dem Schlossplatz in der Hand hält, weist zu diesem Backsteinbau hinüber. Einst befand sich darin ein Waisenhaus. Als der Kurfürstin 1655 mit Karl Emil ein gesunder Sohn geboren wurde, freute sie sich dermaßen, dass sie gelobte, ein Haus für elternlose Kinder zu stiften. Zehn Jahre später machte sie ihr Versprechen wahr: Das Gebäude, dass sie gegenüber vom Oranienburger Schloss errichten ließ, bot Platz für 24 Kinder, zwölf Jungen und zwölf Mädchen, und sie stattete es derart großzügig mit Schenkungen aus, dass die Versorgung aller Bewohner garantiert war. Das war für eine Einrichtung dieser Art deutschlandweit ein Novum. Den Kindern stand ein Elternpaar vor, das für ihre Erziehung verantwortlich war. Sie lernten Lesen, Schreiben sowie den Katechismus und hatten einen von der Kurfürstin eigens angeordneten ausgewogenen Speiseplan. Die Mädchen wurden zu Haushaltshilfen ausgebildet, die Jungen durften ein Handwerk erlernen. Auch dazu steuerte die Kurfürstin das nötige

Lehrgeld bei. Bei entsprechender Eignung durften sie sogar das Gymnasium besuchen. Das Oranienburger Waisenhaus war keine Kinderverwahrstätte, sondern eine umfassend durchdachte soziale Einrichtung. Es war im Grunde genommen ein Internat, seine Stifterin eine weltliche Fürstin. Bis ins 20. Jahrhundert blieb das Haus erhalten.

Wenig nur konnte die Kurfürstin von ihrem Engagement für Bötzow und schließlich Oranienburg abhalten, doch wenn Friedrich Wilhelm ihrer Unterstützung bedurfte, war sie selbstverständlich zur Stelle. Die beiden führten eine überaus glückliche Ehe. Für Friedrich Wilhelm erschöpfte sich sein Amt als Kurfürst nicht im Tragen eines prestigeträchtigen Titels oder in einem Bündel an Vorrechten und Einkünften, sondern er spürte so etwas wie eine Berufung. »Während sich Johann Sigismund und Georg Wilhelm nur sporadisch den Regierungsgeschäften gewidmet hatten, arbeitete Friedrich Wilhelm härter als ein Sekretär. Zeitgenossen erkannten darin etwas Neues und Bemerkenswertes. Seine Minister staunten über sein großes Detailwissen, sein Urteilsvermögen und seine Fähigkeit, ganztägige Arbeitssitzungen durchzustehen. (…) Die ersten Historiographen seiner Regierungszeit etablierten das Bild dieses Kurfürsten als ein Muster der vollkommenen und uneingeschränkten Hingabe an das Amt. Sein Vorbild wurde zu einer einflussreichen Ikone in der Tradition der Hohenzollern, zur Messlatte, an der seine Nachfolger im Amt des Kurfürsten sich entweder maßen oder gemessen wurden.«[2]

Das spiegelte auch die respektvolle Haltung Friedrich Wilhelms gegenüber seiner Frau. So konnte sie ihm politische Beraterin und pragmatisch handelnde Partnerin sein. Auch wenn es ihre schwache Konstitution nicht immer zuließ, begleitete sie ihn wiederholt auf seinen Reisen und sogar einige Male auf seinen Feldzügen bis nach Warschau, Königsberg und Jütland.

Mit großem Ehrgeiz setzte sich Louise Henriette für die Aussöhnung mit Polen ein. Dank ihres Briefwechsels mit der polnischen Königin Luisa Maria (1611–1667) beeinflusste sie den Koalitionswechsel Brandenburgs im Nordischen Krieg zugunsten Polens. Auf ihre verbindliche zuverlässige Art sorgte Louise Henriette für eine anhaltende Freundschaft mit dem Nachbarland und sicherte damit die Souveränität der Kurfürsten von Brandenburg im Herzogtum Preußen.

Unabhängig von der offenkundig grundliberalen Haltung des Kurfürstenpaares war seine Rechtsprechung von streng-konservativem Stil geprägt. Vergehen wie Diebstahl, Mord und Falschmünzerei wurden drakonisch bestraft. Berichtet wurde von über 120 öffentlichen Hinrichtungen zwischen 1650 bis 1700. 20 Männer und 25 Frauen wurden gehängt, 62 Personen, darunter 43 Soldaten, enthauptet, acht Personen ertränkt, vier Personen gerädert, zwei zu Tode gemartert und einer lebendig verbrannt. Einige der Verurteilten suchten bei der Kurfürstin Gnade, und sie half, soweit sie konnte.

In den letzten Jahren ihres Lebens hielt sich Louise Henriette wiederholt im ehemaligen Zisterzienserkloster in Lehnin, südwestlich Berlins, auf. Friedrich Wilhelm hatte es zu seinem Sommersitz auserkoren, den Westflügel der Klausur verlängern und die Anlage zu einem Jagdschloss erweitern lassen. Am 9. Mai 1667 nahm die kurfürstliche Familie hier von der schwer an Tuberkulose erkrankten Fürstin Abschied. Wenige Wochen später starb sie in Berlin-Cölln und wurde im Dom bestattet. Bis heute erinnert das Diakonissenhaus Louise-Henrietten-Stift in Lehnin an die Aufenthalte der Kurfürstin.

Drei minderjährige Kinder hinterließ Louise Henriette ihrem Mann. Als sie starb, war Karl Emil zwölf Jahre alt, Friedrich war zehn und Ludwig zählte kaum ein Jahr. Sie blieben vorerst in der Obhut Otto von Schwerins, der sich gemeinsam mit seiner Frau liebevoll um sie kümmerte. Der Älteste war ein kräftiger und unternehmungslustiger Junge. Der Vater sah in ihm den vielversprechenden Thronfolger und machte sich um sein Erbe keine Sorgen. Friedrich hingegen war in seiner Beweglichkeit eingeschränkt. Bei einem Sturz im Kleinkindalter war er so unglücklich auf die Schulter gefallen, dass sie brach und nicht mehr richtig zusammenwuchs. Auch der Arm war davon stark in Mitleidenschaft gezogen. Zeit seines Lebens hatte Friedrich einen Buckel und behielt eine insgesamt krumme Haltung. Die Berliner tauften ihn deswegen den »Schiefen Fritz«. Seine zweite Frau Sophie Charlotte fand einen poetischeren Namen. Sie sagte zu ihm: »Mein schiefer Äsop«.

Während sich Louise Henriette dem Jungen hingebungsvoll widmete, nahm ihn sein Vater in den ersten Jahren kaum wahr. Als Louise Henriette starb, verlor Friedrich mit ihr nicht nur die Mutter, sondern den einzigen Menschen, der seine Kindheit mit Liebe begleitet hatte und stets für ihn da gewesen war. Sein Leben lang empfand er für sie größte Verehrung.

Im Alter von neunzehn Jahren verstarb Karl Emil. Der Vater war verzweifelt. Auch Ludwig segnete vor Ableben des Großen Kurfürsten das Zeitliche, und unverhofft wurde Friedrich, ausgerechnet der Bucklige, alleiniger Thronerbe. Nach Erhalt der Kurfürstenwürde krönte er sich, wie schon erwähnt, 1701 in Königsberg zum König. War der Hohenzoller als Kurfürst noch Friedrich III., nannte er sich von nun an Friedrich I.

1688 zu Amt und Würden gekommen, ließ er Schloss Oranienburg auf das Prunkvollste erweitern. Hier wollte er seiner geliebten Mutter ein ewig währendes Andenken stiften. Der Bau erhielt zwei zusätzliche Flügel, die an ihren jeweiligen Enden mit Pavillons versehen wurden, die Räume wurden mit aufwändigen Innendekorationen geschmückt. Neu hinzu kamen der Orange-Saal und die Porzellangalerie. Nach seiner Krönung ließ es sich Friedrich nicht nehmen, als erster königlicher Herrscher des Landes 1701 zuerst majestätisch in Oranienburg einzuziehen, bevor er Berlin ähnliche Ehren zuteil werden ließ. Das Schloss und die gesamte Anlage galten in dieser Zeit als prächtigstes Anwesen der preußischen Monarchie – alles dank der Initiative einer einzelnen, aus der Fremde eingeheirateten Frau. Heute noch glänzt an der Fassade die lateinische Inschrift in goldenen Lettern, die Friedrich damals am Corps der Logis anbringen ließ: »Dieses von Louise der Prinzessin von Oranien, der besten Mutter, erbaute und durch den Namen ihres Geschlechts ausgezeichnete Schloss hat Kurfürst Friedrich III. zum Gedächtnis der sehr frommen Mutter erweitert, geschmückt und vermehrt. 1690.«

Auf die glanzvolle Zeit folgten Jahre wechselvoller und nicht immer passender Nutzungen. 1802 kaufte der Apotheker Johann Gottfried Hempel (1752–1817) das Schloss der Familie Hohenzollern ab und richtete dort erst eine Baumwollweberei, dann eine Schwefelsäurefabrik ein. Die ätzenden Dämpfe beschädigten Wände und Böden nachhaltig. Entsetzt schrieb der Schriftsteller Theodor Fontane (1819–1898) in seinem Buch *Wanderungen durch die Mark Brandenburg*: »Wo die Edeldamen auf Tabourets von rotem Damast gesessen und der Vorlesung des alten Pöllnitz gelauscht hatten, während die Königinmutter Goldfäden aus alten Brokaten zog, klapperten jetzt die Webstühle und lärmte der alltägliche Betrieb. Aber noch tristere Tage kamen, Krieg und Feuer, bis endlich in den zwanziger Jahren ein chemisches Laboratorium, eine Schwefelsäurefabrik, hier einzog. Die Schwefeldämpfe ätzten und beizten den letzten Rest alter Herrlichkeit hinweg. Ich entsinne mich der Jahre, wo ich als Kind dieses Weges kam und von Platz und Brücke aus ängstlich nach dem unheimlichen alten

Bau herüberblickte, der, grau und verkommen, in Qualm und Rauch dalag, wie ein Gefängnis oder Landarmenhaus, aber nicht wie der Lieblingssitz Friedrichs I.«[3]

Nach aufwändigen Sanierungsarbeiten wurde das Schloss 1999 feierlich wiedereröffnet und erinnert nun wieder an Louise Henriettes Zeiten. Einzelne Räume sind eigens der Kurfürstin gewidmet, andere erinnern an die Pracht, die ihr Sohn hier erstehen ließ. Eine Besichtigung lohnt sich durchaus, zumal hier äußerst kundige Führungen geboten werden. So wurde die ehemalige Porzellangalerie mit fünf prächtigen Gobelins ausgestattet. Die bedeutende Tapisserie-Serie war vom Großen Kurfürst selbst in Auftrag gegeben worden und erinnert an seine bedeutenden militärischen Einsätze, wie beispielsweise die Schlacht bei Fehrbellin, durch die er sich seinen Namenszusatz verdient hat. Interessanter noch als die dargestellten Themen ist das handwerkliche Geschick, mit dem sie ausgeführt wurden. Nach Entwürfen der führenden Hofmaler wurden sie in der damals gerade neu gegründeten Manufaktur des Hugenotten Pierre Merciers in Berlin über Jahre gefertigt. Einige Gobelins konnten erst nach dem Tod des Kurfürsten geliefert werden.

Gleich das nächste Zimmer steht im Zeichen der Freundschaft des Kurfürstenpaares zu Statthalter Johann Moritz. Hier finden sich eine Bank, ein Armlehnstuhl mit dem Monogramm des Statthalters und ein kleiner Hocker aus feinstem Elfenbein. Der Statthalter hatte sie um 1640 in Brasilien erstanden. Die exotischen Möbelstücke gehören zu den herausragenden Kunstwerken der Sammlung.

Die weiße Schlafkammer erinnert an die Kurfürstin selbst. Sie hatte den Betthimmel aus bunt besticktem, weißem Satin, der diesem Raum den Namen gab, selbst gefertigt. Die Wände waren mit rotem Damast, verziert »mit grünem Laubwerck«, bespannt. Die Gemälde, die hier hängen, zeigen direkte Angehörige der Kurfürstin, wie ihre Mutter, ihre Kinder oder ihre Schwestern.

Ein weiterer Raum der kurfürstlichen Wohnung erinnert an die Leidenschaft Louise Henriettes für das »Weiße Gold«. 1663 hat sie hier in Schloss Oranienburg das erste brandenburgische Porzellankabinett eingerichtet. Sie griff dabei die Gepflogenheit aus ihrer niederländischen Heimat auf, Kaminmäntel mit Porzellanen zu schmücken.

Ihr Sohn baute das Kabinett später zur bedeutendsten Sammlung seiner Zeit aus. Er ließ Wandpilaster und freistehende Säulen einbauen, die sich streng an der ornamentalen Ausstattung mit Porzellan orientierten. Etwa 5000, vorwiegend blau-weiße Stücke ostasiatischer Provenienz waren in langen Reihen und geometrischen Figuren in die Raumarchitektur eingefügt. Wandfelder zwischen Türen und Fenstern waren mit kleinen Spiegeln versehen, die den Raum und seine prächtige Ausstattung tausendfach zu vervielfältigen schienen.

Damit das Porzellan nicht nur entlang der Wände ausgestellt werden konnte, hatte der König frei stehende Etagèren anfertigen lassen, die man, arrangiert mit einzelnen Exponaten, mitten in den Raum stellen konnte. Sie stellten, allein für sich, ein bildhauerisches Kunstwerk dar. Auf einem tischartigen Sockel erhob sich, gestützt durch kräftiges Akanthusschnitzwerk, ein sechsstufiger, pyramidenartiger Aufbau. Auch ohne Porzellane sind es eindrucksvolle Objekte.

1743 überführte Friedrich II. die Möbel ins Schloss Charlottenburg. Angesichts des dortigen Porzellankabinetts kann man sich vorstellen, wie prachtvoll die Galerie Friedrichs I. einst ausgesehen haben muss. Heute erinnert an die einstige Ausstattung in Oranienburg nur noch eine Fotoinstallation. Immerhin ist darauf auch eine der alten Etagèren zu sehen.

Ähnlich eindrucksvoll wie das Schloss ist an schönen Tagen der Oranienburger Lustgarten. Hinter hohen Mauern verborgen, von außen nur durch ein schmiedeeisernes Gitter zu erkennen, befinden sich hier gepflegte Rasenflächen und geharkte Pfade. Der alte Baumbestand zeugt von jahrhundertealter Pflege. Man spürt deutlich, wie die Zeit vergangen ist. Ein Spaziergang durch diesen Teil des Gartens ist wie ein Ausflug in die Vergangenheit.

2009 fand in Oranienburg die Landesgartenschau statt und zog Tausende von Besuchern an die Wirkungsstätte Louise Henriettes. Naturgemäß waren weitere Parkflächen im ehemaligen Gelände des Tiergartens hinzugewonnen worden. Bis an den neuen Hafen hinter dem Schlossgelände reichten die weitläufigen Freizeitflächen. Blumenrabatten mit farbig ausgestatteten Kieswegen, moderne Spielplätze und Schmuckelemente aus Holz zeugten von zeitgenössischem Geschmack und dem Versuch, traditioneller Gartenkunst Aktuelles hinzuzufügen. Mit Interesse wurde die innovative Gestaltung betrachtet, mit Freude stürzten sich die Kinder auf Schaukeln, kunterbunte Kletterhäuser und Karussells. Weite Rasenflächen boten Raum für Geburtstagsfeste mit Hüpf- und Wettspielen.

Trotz der großen Mühe, die sich die Gartengestalter bei der Landesschau gegeben hatten, war deutlich zu spüren,

was den alten Park, einst von Louise Henriettes niederländischen Baumeistern angelegt, auszeichnet. Während auf
den neueren Flächen Licht, aber auch brütende Hitze vor-
herrschte, konnte man in dem Lustgarten auf schattigen
Wegen wandeln. Er strahlte himmlische Ruhe aus. Während der jüngere Teil mit starker Farbgebung und auffal-
lender Schönheit glänzte, übte sich der historische Part
mit seinen hohen, alten Bäumen und dem struppigen
Buschwerk in Gleichmut und vornehmer Zurückhaltung.
Ein Unterschied wie Tag und Nacht.

2.

Die Tabakpflanzerin – Dorothea
von Schleswig-Holstein-Sonderburg-Glücksburg,
verwitwete Herzogin von Lüneburg-Celle
(1636–1689)
Zweite Ehefrau von Friedrich Wilhelm
Kurfürst von Brandenburg
(1620–1688)

Nach Louise Henriettes Tod war kein Jahr vergangen, da heiratete der Kurfürst erneut. Er war inzwischen 48 Jahre alt und wollte nicht mehr ohne Gefährtin sein. Auch seine zweite Frau sollte ihn auf seinen Regierungsreisen, Jagden oder Feldzügen begleiten. Darüber hinaus sollte sie sich seiner drei minderjährigen Söhne aus der ersten Ehe annehmen. Er entschied sich für Dorothea von Schleswig-Holstein-Sonderburg-Glücksburg. Sie war die jüngste Tochter von Herzog Philipp (1584–1663) und galt mit ihren 32 Jahren als reife und besonnene Frau.

Als sie siebzehn Jahre alt war, hatte ihr Vater sie mit Herzog Christian Ludwig von Braunschweig-Lüneburg in Celle (1622–1665) verheiratet, doch das war keine glückliche Entscheidung gewesen. Die Ehe war unerfreulich, und die beiden blieben kinderlos. Nach zwölf Jahren starb der Herzog, und Dorothea lebte allein und zurückgezogen auf ihrem Witwensitz auf Schloss Herzberg im westlichen Harz.

Umso glücklicher war die Verbindung, die sie mit Friedrich Wilhelm einging. Am 24. Juni 1668 fand die Hochzeit in Gröningen statt, und nur wenige Tage später trafen die beiden in Oranienburg ein, wo sie feierlich willkommen geheißen wurden. Begleitet von seinem Hofstaat ritt der Kurfürst, die neue Braut an seiner Seite, in Berlin ein. In den folgenden Monaten widmete sich Dorothea erfolgreich der Nachkommenschaft. Sie gebar jedes Jahr ein Kind, alles in allem drei Töchter und vier Söhne.

Dorothea war keineswegs eine Schönheit. Das Porträt, im Jahre 1675 vom Niederländer Jan de Baen (1633–1702) gemalt, zeigt sie mit dichten dunklen Locken und einem strengen Gesichtsausdruck. Sie wirkt wie ein Mann in Frauenkleidern. Ein Mittelscheitel versucht die Macht der Haare zu bändigen, doch es sieht aus, als könne diese Frisur nicht lange halten. Ein Windstoß – und die Locken stünden wieder kreuz und quer. Zu dem maskulinen Eindruck trägt die Perlenkette bei, die derart eng anliegt, dass der Hals kurz und stämmig wirkt. Allein die Hände der Kurfürstin sind lang und schmal, das Dekolleté schneeweiß und makellos. Ihre Haut schimmert matt wie Alabaster.

Doch die Kurfürstin war gebildet und schlau, ausgestattet mit einer anständigen Mitgift und wusste, ebenso wie ihre Vorgängerin, ausgezeichnet zu wirtschaften. Schnell begriff sie, dass ihre eigenen Kinder von der Thronfolge für immer ausgeschlossen sein würden. In Brandenburg galt nun einmal die Dispositio Achillea: Selbst wenn der Herrscher verwitwet war und ein zweites Mal geheiratet hatte, selbst wenn aus der zweiten Ehe scheinbar kräftigere und überzeugendere Nachkommen hervorgingen – allein der Erstgeborene durfte dem Vater in sein Amt folgen. Dorotheas Kinder würden zwar am Hof des Kurfürsten aufwachsen und eine ähnlich hervorragende Ausbildung genießen wie ihre Stiefbrüder, sie würden denselben Umgang haben und ähnliche Ehrerbietungen genießen, doch ihre Stellung bei Hofe und die spätere finanzielle Versorgung waren ungewiss.

Ein Jahr nach der Geburt Philipp Wilhelms (1669–1711), Dorotheas erstem Sohn, wurde eine Pfandsumme fällig, die Gustav Adolf Graf von Varrensbach aus Schlesien (1629–1689) dem Kurfürsten sechs Jahre zuvor geliehen hatte. Als Pfand hatte der Graf dafür das Amt Schwedt-Vierraden im Osten Brandenburgs erhalten. Der Kurfürst musste 26 500 Reichstaler aufbringen, um die Schuld zu begleichen. Da er nicht genug Geld hatte, bat er Dorothea, ihm die Summe zu borgen. Seine Gattin erkannte die Gunst der Stunde und ging sofort darauf ein, wünschte sich als Gegenleistung allerdings die Herrschaft über das Amt Schwedt.

Friedrich Wilhelm war einverstanden. Mit dem Überlassungsvertrag vom 28. Juni 1670 wurde eine Art Pfandfideikomiss zugunsten der Nachkommenschaft Friedrich

Wilhelms aus zweiter Ehe begründet. Gegenstand waren sämtliche grundherrlichen Rechte. Sollte die Kurfürstin weitere Güter erwerben, würden auch diese der Herrschaft Schwedt zugeschlagen werden, allein die Landes- und Steuerhoheit sollte bei der Kurlinie verbleiben.

Auf der Basis dieser Vereinbarung entstand eine neue Nebenlinie der Hohenzollern, die Markgrafen von Brandenburg-Schwedt. Sie besaßen eine halbsouveräne, mit Besitztümern gut ausgestattete Grafschaft, die innerhalb der Familie weiter vererbbar blieb. Sollte der älteste Sohn der Kurfürstin keine männlichen Erben bekommen, würde der Zweitälteste den Besitz übernehmen. Das Amt fiel nicht zurück an den Kurfürst oder dessen Sohn aus erster Ehe, sondern verblieb bei Dorotheas Kindern.

Die Abmachung klingt nach einer mittelprächtigen Palastrevolution, geschah allerdings im besten Einvernehmen und ebnete die Wege für einen Kompromiss, der sich für alle Beteiligten später als großes Glück erweisen würde. Der Thron blieb den Nachkommen aus erster Ehe sicher, und die Halbbrüder gingen trotzdem nicht leer aus. Nicht zuletzt gab es Dorothea, ähnlich wie ihrer Vorgängerin Louise Henriette mit Bötzow und dann Oranienburg, die Freiheit, ein eigenes Vorhaben zu verwirklichen.

Schwedt befindet sich in der Uckermark, einer Teilregion Brandenburgs unweit der deutsch-polnischen Grenze. Die Stadt liegt direkt an der Hohensaaten-Friedrichsthaler-Wasserstraße, ein Kanal, der parallel zur Oder verläuft und für die Schifffahrt aktuell bessere Bedingungen bietet als der in heißen Sommern oft Niedrigwasser führende Hauptstrom. Sie macht heute den wichtigsten Hafen an dieser Kanalstrecke aus, doch die direkte Verbindung über die Oder zur Havel, zur Neiße und – nicht zuletzt – bis an die Ostsee bot schon im 17. Jahrhundert einen wesentlichen Vorteil für die wirtschaftliche Entwicklung dieser Region. Die extreme Lage der Stadt unweit der

Grenze nach Osten barg für ihre Bevölkerung allerdings auch eine ständige Bedrohung.

Als Dorothea im Juli 1670 das Amt Schwedt-Vierraden übernahm, umfasste ihre Herrschaft die Stadt Schwedt mit dem Dammvorwerk, zwölf Dörfer, Vierraden und neun Vorwerke. Dabei sollte es nicht bleiben. Schon wenige Jahre später kaufte die Kurfürstin zwei Dörfer und zwei Vorwerke dazu. 1680 ergänzte sie für den Preis von 120 000 Reichstalern ihren Besitz um das Amt und Schloss Wildenbruch in Pommern nebst fünfzehn Dörfern und acht Vorwerken. Sukzessive baute sie ihre Herrschaft aus und vermehrte die Einkünfte. Grundstock ihrer Investitionen war ihr ehevertraglich vereinbartes Jahreseinkommen von 8400 Reichstalern. Der Kurfürst ließ seine Frau gewähren.

Am 8. Oktober 1670 beauftragte Dorothea Cornelis Ryckwaert (1693 verstorben), für Schwedt ein Schloss zu entwerfen. Es sollte ein repräsentativer Mittelpunkt entstehen, ein Bau, der die Ortschaft zur Residenzstadt erhob. Ryckwaert war, wie viele andere, ein niederländischer Baumeister, den der Große Kurfürst gemeinsam mit seiner ersten Frau 1667 aus Utrecht berufen hatte. Eigentlich war er für den Bau der Festung von Küstrin eingesetzt worden, ein wuchtiges Bollwerk, das der Kurfürst weit östlich von Berlin zur Grenzsicherung errichten ließ. Dort fand der Niederländer später auch seinen Lebensmittelpunkt. Die Festung wurde später als Gefängnis genutzt, nicht zuletzt für Kronprinz Friedrich und seinen Freund Leutnant Katte, der hier im Hof seinen Tod fand.

Für Schwedt konzipierte Ryckwaert ein Lustschloss am Ufer der Wasserstraße, das nach Dorotheas Tod von ihren Söhnen noch weiter ausgebaut wurde und sich mit der Zeit zu einer wahrlich prächtigen Barockresidenz entwickelte. Kaum war das Schloss gebaut, ließ Dorothea vor dem Haus und parallel zu der breiten Zufahrt – frei nach Berliner respektive Klever Vorbild – 2000 Linden pflanzen. So entstand eine Schlossfreiheit, und das Anwesen war für den aus der Ferne anreisenden Besucher weithin sichtbar. Auch heute säumen wieder Linden die Magistrale, die zentral auf den Schlosspark zuführt.

Und es sollte keineswegs bei dieser einen Anlage bleiben. Auch die Stadt und ihre nächste Umgebung bezog die Kurfürstin in ihre Neuordnung mit ein. Zum leitenden Architekten kürte sie Smids, denselben Mann, den Memhardt und damit Louise Henriette schon beim Bau des Oranienburger Schlosses zu Rate gezogen hatten. Der niederländische Ingenieur beschloss, die mittelalterliche Bebauung vollständig aufzugeben und den Ortskern nach barockem Muster komplett neu zu gestalten. Er ließ Häuser abreißen und die Straßen so begradigen, dass im Zentrum ein paralleles, streng symmetrisches Wegenetz entstand. Dabei achtete er darauf, dass die Straßen sich – nach niederländischem Vorbild – zum Wasser hin öffneten und der Wind freie Bahn hatte. Gleichzeitig bestimmte er zwei Hauptachsen, die Berliner und die Vierradener Straße, die sich im rechten Winkel kreuzten und direkt auf die vier Stadttore zuführten. Dadurch konnten Sichtachsen frei geschlagen werden, die Transparenz und Überlegenheit vermittelten. Die Vorgaben Ryckwaerts zur Planung von Schloss und Schlossfreiheit waren in dieser Struktur direkt integriert.

Wer das Ensemble heute auf alten Stichen betrachtet, glaubt seinen Augen nicht zu trauen. Entstanden war ein Gesamtensemble erster Güte, eine vorbildliche, harmonisch komponierte Anlage, die sowohl geographische Gegebenheiten wie die Nähe zum Oderstrom wohlwollend berücksichtigte als auch unmittelbar in der Nähe liegenden Ortschaften, Straßen, ja, nicht zuletzt den Lebensraum zahlreicher Menschen, die hier seit Jahren siedelten, selbstverständlich miteinbezog. Die neue Ordnung spiegelte das Selbstbildnis einer absolutistischen Regentin, die ihr Land einerseits machtvoll beherrscht und sich andererseits wohlwollend der Menschen annimmt, die dort leben. Dank dieses Eingriffs sicherte die Herrscherin sich die Wirtschaftlichkeit ihres Handelns, gab den Bewohnern aber auch die Freiheit und Ruhe, ihr Tagwerk friedlich zu verrichten.

Schwedt war eine der ersten Städte dieser Art in Brandenburg. Die Grundstruktur der Anlage blieb bis nach dem Zweiten Weltkrieg nahezu unverändert erhalten und ist, mit einiger Vorkenntnis, heute noch zu erkennen. Dabei hatte Dorothea eigentlich »nur« an ihre Söhne gedacht. Neben all dem Großen und Guten, das sie in den noch folgenden Jahren für diese Region und ihre Bewohner im Einzelnen leistete, war es in erster Linie ihr Ziel gewesen, ihre Machtansprüche gegenüber dem Kurfürsten und dem Land Brandenburg zu demonstrieren. Wollte sie die Existenz ihrer Nachkommenschaft nachhaltig sichern, musste sie ein Parallelimperium zu Berlin und Potsdam errichten. Thronfolger Friedrich empfand diese Ansprüche als durchaus bedrohlich. Das lag nicht zuletzt daran, dass sein Vater kurz vor seinem Tod noch versuchte, das Erbe unter seinen Söhnen aus erster und zweiter Ehe aufzuteilen.

Ortschaft und Bewohnern der Grenzstadt im Osten ist der Wettstreit mit Berlin in all den Jahren nur zugute gekommen. Kurfürstin Dorotheas Regentschaft wurde, das zeigt die Stadtchronik, von den Schwedtern als glückliche Fügung empfunden. Zwar waren die Veränderungen, die ihre Herrschaft mit sich brachte, gravierend, doch die Regentin ließ es an Unterstützung für die Bevölkerung nicht mangeln. Gleich zu Beginn, am 16. Januar 1671, hob sie die persönliche Dienstbarkeit der Schwedter auf und verwandelte sie in eine Geldabgabe, das sogenannte Dienstgeld. Ziel war es, die Bürger von ihren bisherigen Handdiensten zu befreien. Allein der Jagddienst, die Arbeiten am Oderdamm oder Teichen und Mühlendämmen blieben aufrecht erhalten, weil sie, wie die Kurfürstin in der neuen Rechtsprechung festhielt, »ihnen allen zum Besten und Nutzen geschieht«.[4]

Für die Bürger war das ein Privileg. Es hob sie von Bewohnern anderer Regionen ab und verlieh ihnen besondere Bedeutung. Das Selbstverständnis und die Sicherheit, die sie über die Jahre daraus entwickelten, waren bis in die nachfolgenden Generationen spürbar.

Damit für die Neubauten in Schwedt hinreichend Baumaterial zur Verfügung stand, ließ die Kurfürstin einen Ziegelofen bauen, der 1673 in Betrieb genommen wurde. Nachdem der Eigenbedarf an Baumaterial gedeckt war, wurde fleißig weiter produziert, und Schwedt begann einen schwunghaften Handel mit Ziegelsteinen. Bis nach Stettin lieferte die Stadt ihre Ware. Der für die Produktion notwendige Baustoff Kalk kam über den 1668 neu angelegten Friedrich-Wilhelm-Kanal per Schiff aus Rüdersdorf. Die Gelder, die an den Schleusen zu entrichten gewesen wären, mussten die Schwedter nicht bezahlen. Der Kurfürst hatte sie seiner Frau erlassen.

Nach einem Großbrand, der 1681 eine Vielzahl der Häuser vernichtete, untersagte die Kurfürstin den Schwedtern, die Dächer weiterhin mit Schilfrohr zu decken. Innerhalb der Stadt waren nur noch Ziegel erlaubt. Die Scheunen wurden vor die Stadtmauer verlegt.

Sämtlichen Bürgern wurde im Zuge der Umbauten kostenfrei Bauholz zur Verfügung gestellt. Einzelne Baumaßnahmen wurden zusätzlich bezuschusst.

Und noch ein weiterer Akt kam Schwedt dauerhaft zugute: 1685 verabschiedete der Große Kurfürst das Edikt von Potsdam. Daraufhin zogen Tausende von Hugenotten auf der Flucht vor den Franzosen in die Mark. Von den gut 40 000 Refugiés, die nach Deutschland kamen, nahm das Kurfürstentum Brandenburg mit 20 000 Flüchtlingen am meisten von allen anderen auf. 5000 siedelten allein in Berlin, 2000 in der Uckermark.

Dank ihres protestantischen Glaubens hatten die Brandenburger keinerlei Berührungsängste mit den Fremden. Der Kurfürst war im Gegenteil froh, dass der Bevölkerungsnotstand, der durch den Dreißigjährigen Krieg entstanden war, dadurch weiter ausgeglichen wurde. Die Hugenotten erhielten Land und Subventionen und wurden für zehn Jahre von allen Abgabeleistungen, wie Steuern und Zöllen, befreit. Auch ihre französischen Pfarrer entlohnte der Kurfürst.

Schwedt wurde mit Vierraden eines der wichtigsten Siedlungsgebiete für die Fremden. Auf Initiative der Kurfürstin siedelten sich bis Ende des 17. Jahrhunderts allein vierzig Familien in der Stadt an. Weitere Kolonien entstanden 1686 in Vierraden, Groß-Ziethen und Klein-Ziethen. Am 22. Juli 1688 fand in der französisch-reformierten Gemeinde die erste Taufe statt. Verzeichnet ist die Aufnahme in die Glaubensgemeinschaft von Godefroy Boulangér, Sohn des Abrahme Boulangér.

Die Hugenotten brachten hervorragende Kenntnisse in zahlreichen handwerklichen Berufen mit. Sie arbeiteten als Weber, Strumpfwirker, Wollkämmerer, Schlosser, Gerber, Schuhmacher, Schneider, Holzschuhmacher oder Seidenraupenzüchter. Sie führten auch Gemüsesorten ein, die bis dato in der Uckermark wenig oder gar nicht bekannt gewesen waren, wie Spargel oder Bohnen.

Die Siedlungspolitik der Kurfürstin brachte der Region einen Wirtschaftszweig, von dem Schwedt noch bis ins 20. Jahrhundert profitierte: die Tabakfabrikation. Führend in Anbau und Herstellung waren auch hier die Niederländer. Sie hatten davon in ihren Handelsstützpunkten in Übersee erfahren, handelten mit Tabak und brachten die Pflanze sogar nach Holland, um sie dort zu kultivieren. Schon 1615 wurde in ihrem Heimatland der erste Tabakanbau zu Erwerbszwecken gegründet. Man rauchte Holländischen Knaster in der Delfter Thonpfeife und nutzte Schnupftabak. Tabak fand auch medizinische Anwendung, beispielsweise bei feuchten Umschlägen. Er galt als reinigend für Gaumen und Haupt, ja, es hieß damals sogar, er vertreibe Kopf- und Zahnschmerzen sowie Läuse und bewahre den Menschen vor der Pest. Sein Konsum galt durchweg als gesundheitsfördernd.

Kurfürstin Dorothea hatte festgestellt, dass das Klima in der Uckermark besonders günstig für den Anbau von Tabak war. 1686 berief sie den Niederländer Cournelis van Couverden nach Brandenburg und beauftragte ihn, ihre Schwedter Hugenotten im Tabakanbau zu unterweisen. Zu seinem Dienstantritt schenkte Couverden seiner neuen Arbeitgeberin erstklassige Saat aus Holland. Dann machte er sich an die Arbeit. Die Einwanderer erhielten dreizehn Ackerstücke direkt vor den Toren der Stadt mit eigens dort errichteten Gartenhäusern und je einen Scheffel Tabaksamen. Die sogenannten Französischen Gärten waren fortan Eigentum der französisch-reformierten Gemeinde und durften nur innerhalb der Kolonie den Besitzer wechseln.

Unter den Händen der geschickten Hugenotten ging die Saat gut auf, und die Pflanzen entwickelten sich prächtig. Schon ein Jahr später konnte erstmals Tabak verkauft und exportiert werden. Die Chronik der Stadt Schwedt verzeichnet für den 26. Dezember 1687 das Ausstellen eines Freipasses für dreizehn tabakbeladene Wagen. Sie wurden nach Greifswald gebracht und dort von dem Kaufmann Moses Helmstädt zwecks Weiterverkaufs übernommen. Dreizehn Wagen voll mit Tabak – was für ein Erfolg für das kleine Schwedt!

Der Anbau der beliebten Rauchware wurde zu einem der wirtschaftlichen Schwerpunkte der Region. So ist in der Stadtchronik zu lesen, 1924 seien in der Stadt 209 Tabakpflanzer registriert worden. Auf einer Anbaufläche von

148 Hektar hätten sie einen Ertrag von 2014 Doppelzentnern erwirtschaftet, das seien über 200 Tonnen. Der Preis von hundert Gramm Tabak lag damals bei 82 Reichsmark.

Auch nach dem Zweiten Weltkrieg wurde in der Region weiterhin Tabak geerntet, der VEB Rohtabak in Schwedt zu einer festen Größe. Der neu gegründete Volkseigene Betrieb in der Berliner Straße startete am 26. Oktober 1953 mit seiner Produktion. 1960 gehörten 130 Beschäftigte zur Stammbelegschaft, zumeist waren es Frauen. Zwischen den Monaten Oktober und Mai kamen jeweils 170 Saisonkräfte hinzu. Heute noch wird in Schwedt regelmäßig eine Tabakkönigin gekürt.

Erst nach der Wende, Anfang der neunziger Jahre, wurde die Tabakproduktion für unrentabel erklärt und der Betrieb geschlossen. Als am 12. April 1995, kurz vor acht Uhr morgens der 84 Meter hohe Schornstein gesprengt wurde, ging eine Ära zu Ende. Innerhalb weniger Sekunden war es mit der jahrhundertealten Tradition vorbei. Allein an einzelnen Fachausdrücken der Branche französischen Ursprungs blieb erkennbar, wie weit zurück in die Vergangenheit sie gereicht hatte.

Bis heute sind die Ausdrücke fester Bestandteil der Umgangssprache in der Uckermark. Wer dort in seinem Garten die ein- oder andere Tabakpflanze hegt, nennt sich stolz »Planteur« (Tabakbauer), und wer die Blätter sogar erntet und zum Trocknen aufhängt, macht das mit Hilfe eines »Bandeliers«, einem etwa einen Meter langen Schnur- oder Garnstück. Auch Begriffe wie »Markör« (Furchenzieher) und »Kutsche« verweisen auf das alte Handwerk, das von den Hohenzollern angeregt, den Niederländern eingeführt und den Hugenotten dauerhaft den Eigenheiten dieser Region hinzugefügt worden war.

Nach dem Tod der Kurfürstin übernahm ihr ältester Sohn Philipp Wilhelm 1689 als erster Markgraf von Brandenburg die Herrschaft über Schwedt-Wildenbruch. In langen Verhandlungen mit seinem Stiefbruder, nunmehr rechtmäßiger Kurfürst Friedrich III., verzichtete er auf seinen väterlichen Erbanteil. Auch in Zukunft hatte er den Thronfolger bei jeglichen Ankäufen um Erlaubnis zu bitten. Als Ausgleich erhielt Philipp Wilhelm doppelte Apanagen sowie die Einkünfte aus dem Fürstentum Halberstadt. Darüber hinaus schenkte ihm Friedrich das nahe Schwedt gelegene Dorf Reichenfelde (heute: Garnowo). Damit verfügte der 23-jährige Markgraf über hinreichende finanzielle Mittel, sowohl seine Existenz bei Hofe gemäß den Anforderungen seines Standes zu bestreiten, als auch seine Schwedter Besitztümer weiter auszubauen.

Insgesamt bewiesen die Hohenzollern in dieser Auseinandersetzung, die schließlich nicht nur den Frieden einer einzelnen Familie, sondern vor allem eines ganzen Landes bedrohte, großes Geschick. Die Sachlage hätte durchaus das Potential zu dauerhaften innenpolitischen Auseinandersetzungen gehabt. Doch alles ging gut aus: Der Markgraf akzeptierte die Forderungen Friedrichs, und die Schwedter folgten seiner Entscheidung. Obwohl sie dank der Zuwendungen der Kurfürstin über die Jahre einen Sonderstatus erlangt hatten und, nicht zuletzt, wirtschaftlich erfolgreich geworden waren, kündigten sie dem neuen Kurfürsten nicht die Gefolgschaft auf.

Die Berliner Stadtwohnung der Markgrafen befand sich im Weiler'schen Palais, dem späteren Palais Wilhelms I. Vorerst behielt er seinen Hauptsitz und kümmerte sich von hier aus um die Belange der Schwedter. Er ließ 1699 den Marktplatz pflastern und das Rathaus wiederaufbauen. 1701 begann er mit dem Ausbau des Schlosses. Nach eigenen Entwürfen entstand mit Hilfe des Architekten Christian Nicolaus von Linger (1669–1755) eine Dreiflügelanlage, die an Pracht und Herrlichkeit anderen Residenzen des Kurfürstentums in nichts nachstand. Während sich zur Stadt hin ein großzügiger Ehrenhof öffnete, umkränzt mit einem eleganten Barockgitter, ging der Blick aus den Fenstern der rückwärtigen Seite weit über die Flussland- schaft mit den vorbeifahrenden Schiffen und Segelbooten, den Wiesen und Auen hinaus.

Zwei lange Treppenrampen führten auf dieser Seite hi- nunter in den terrassenförmig angelegten Garten, durch den man über wenige breite Stufen das Ufer mit seiner Promenade erreichte. Rechts und links befanden sich die Lust- und Nutzgärten, großzügig angelegt, ohne Sorge, zu wenig Platz zur Verfügung zu haben. Vom Ufer aus, und das war die eigentliche Sensation, führte eine schmale Brücke hinaus ins Wasser, in dem sich, mitten im Fluss, ein rechteckiges Bellevue mit Fenstern zu allen vier Seiten befand. Von dort konnte man die Schiffe aus der Nähe be- trachten oder auch einen Blick zurück auf die prächtige Schlossanlage werfen, die sich von hier aus in ihrer Ge- samtheit präsentierte.

1708 kam an der westlichen Seite eine Orangerie hin- zu. Die durch die Schlossfreiheit vorgegebene Achse wurde Richtung Nordwesten verlängert. Dort entstanden ein ba- rocker Park und das Jagdschlösschen »Mon plaisir«.

1711 verstarb Philipp Wilhelm, doch sein Sohn und Erbe Friedrich Wilhelm (1700–1771) übertraf den Vater geradezu an Macht- und Prachtentwicklung in der Re- gion Schwedt. Das Schloss wurde noch weiter ausgebaut, die Schlossfreiheit jetzt mit vier Reihen von Bäumen be- pflanzt und mit Skulpturen und Steinbänken versehen. Je- der Bauer im Umland wurde verpflichtet, eine bestimmte Anzahl junger Bäume zu pflanzen und zu pflegen. Ein Ge- samtkunstwerk entstand, auf das Reisende schon von wei- tem aufmerksam gemacht, von dem alle Besucher beein- druckt wurden. Zahlreiche Meister der Architektur und Baukunst verhalfen dem Schwedter Schloss über die Jahr- zehnte zu weiteren Verschönerungen. Martin Heinrich Böhme (1676–1725) verdingte sich hier als Architekt, der

Maler Rudolf Heinrich Richter (1709–1771) erstellte eine Reihe von zwölf Ansichten und Plänen, die 1741 allesamt in Kupfer gestochen wurden, Friedrich Gilly (1772–1800), gebürtiger Schwedter und überaus begabter Sohn des Landbaumeisters und Oberbaurates David Gilly (1748–1808), erhielt hier seinen ersten Auftrag. Unter seiner Leitung wurden Ende des 18. Jahrhunderts fünf Räume im Schloss renoviert und neu gestaltet. Vater und Sohn Gilly erlangten unter anderem für ihre Gestaltung der Garten- und Schlossanlage von Paretz Bekanntheit, Sommerresidenz Friedrich Wilhelms III. und seiner Frau Luise. Ausführlich wird davon noch zu hören sein. Die Gillys stammten aus einer Hugenottenfamilie und waren Mitglieder der französisch-reformierten Gemeinde in Schwedt.

Wer heute nach historischen Spuren der Kurfürstin Dorothea sucht, hat in Schwedt kaum eine Chance, fündig zu werden. Mit dem Tod des letzten Markgrafen Friedrich Heinrich (1709–1788) fiel die Grafschaft an das preußische Königshaus zurück. Im Zuge der Bodenreform fand sie 1945 auch ihr juristisches Ende. Die anmutige Residenz, Frontstadt im Zweiten Weltkrieg, war komplett zerstört worden. Was nach dem flächendeckenden Bombardement noch stand, wurde später dem Erdboden gleich gemacht, das Schloss 1962 gesprengt.

Neue Vision war eine Trabantenstadt nach sozialistischem Vorbild: breit angelegte Magistralen, Plattenbauriegel und zentral organisierte Einkaufsgelände. Das »Centrum Warenhaus« mit seiner modernistischen Fassade im Zentrum der Stadt ist Teil der Architekturgeschichte geworden, allerdings im Zeichen einer Formensprache gänzlich anderer Natur.

So stolpert man heute durch eine entleerte Innenstadt. Die durchaus zahlreichen Menschen, die hier einkaufen oder flanieren, wirken ob der weiten unbebauten Flächen vereinzelt und klein. Auf den breiten Straßen fühlt man sich, ob zu Fuß, auf dem Fahrrad oder im Auto, einsam und verlassen. Die Innenstadt wirkt, als habe gerade noch ein Umzug oder eine Parade stattgefunden, zu der man aber leider zu spät gekommen sei. Platz dafür wäre hinreichend vorhanden.

Nun lässt sich über Geschmack bekanntlich gut streiten, fest steht allerdings, dass hier aufs Neue eine Vision in Stein gemeißelt wurde. Ausgerechnet in Schwedt entstand die Vorzeige- und Musterstadt eines Systems, das sich von den alten Machtzentren deutlich absetzen wollte. Wer hier nach dem Krieg bauen durfte, konnte sich getrost zu den führenden Architekten des Landes zählen. Die Kurfürstin Dorothea hatte kulturelle Maßstäbe gesetzt, der sich auch die nachfolgenden Generationen offenbar nicht entziehen konnten. Das zeigt auch die Tatsache, dass anstelle des einstigen Barockschlosses ein imposantes Theater entstand. Die Haupteinflugschneise der Stadt, die Lindenallee, einst von Dorothea angelegt, um zu demonstrieren, wie sehr ihr an dieser Stadt und ihrer Residenz gelegen war, führt zentral auf diesen monumentalen Bau zu.

Schon bald nach der Eröffnung des Theaters erlangten seine Aufführungen Beachtung und Anerkennung. Anhänger progressiver Bühnenkunst pilgerten aus allen Teilen der DDR hierher. Bis heute machen die Uckermärkischen Bühnen Schwedt mit ihren Inszenierungen von sich reden. In diesem Ort, so unwirtlich er auch erscheinen mag, hat Kultur also, das will die Stadtplanung zeigen, weiterhin Priorität.

Einzelnen Bürgern von Schwedt reichte diese Art der Akzentsetzung nicht. Sie drangen darauf, sich stärker auf die historischen Wurzeln der Stadt zu besinnen. Nach dem Ende der DDR entstanden Initiativen und Aktionsbündnisse, die sich dafür einsetzten, das kulturelle Erbe aus der Zeit Kurfürstin Dorotheas wieder sichtbar zu machen. Eine davon ist der Schlossgitterverein. Dank seines Einsatzes konnten die Mitglieder einige wenige Stücke des Gitters, das einst Hof und Areal vor und neben dem Schloss umkränzte, bergen, reinigen und wieder aufstellen lassen. Es steht links vom Theater und grenzt – geschmückt von steinernen Podesten – den Park zur Straße hin ab. Am 4. Juli 2010, viele Vereinsmitglieder hatten eigens historische Gewänder angelegt, wurde das Schmuckwerk feierlich der Stadt übergeben. Besonders stolz waren die Mitglieder darauf, dass sie keinerlei Fördermittel in Anspruch hatten nehmen müssen. Ähnlich erging es der originalen Sonnenuhr von 1740, die nach der Wende wieder einen Platz auf dem Westplateau des Schlossparks fand.

Die barocke Gartenanlage rund um das Theater, in der man wie eh und je am Wasser entlang spazieren kann, wurde nach alten Plänen neu gestaltet, Wege und Treppen angelegt sowie Sandsteinfiguren aufgestellt. Sie entsprechen dem Skulpturenschmuck, den der königliche Hofbildhauer Carl Philipp Glume (1724–1776) einst für die Attika des Schlosses fertigte. So finden sich dort eine Diana mit einem lächelnd hechelnden Hund, eine heroisch blickende Minerva oder auch eine barbusige Flora.

Im Mai 2012 wurden Schautafeln, Gedenksteine und zeitgenössische Gestaltungselemente eingeweiht, die an die Zeit der Hugenotten in der Region erinnern. Eine Gartenmauer entstand, und ein Laubengang wurde gepflanzt und angelegt, der das historische Bild des einstigen Schlossgartens entlang der breiten Wasserstraße nachempfinden lässt. Ein wenig vom Glanz der markgräflichen Residenzstadt ist damit zurückgekehrt.

Will man heute authentische Spuren der Kurfürstin Dorothea finden, muss man nach Caputh fahren. Der beliebte Ferienort am Schwielowsee unweit von Potsdam ist ins-

besondere bekannt dafür, dass der Physiker Albert Einstein (1879–1955) hier Anfang der dreißiger Jahre sein Wochenendhaus hatte. Kultureller Höhepunkt ist jedoch das Caputher Schloss. Es befindet sich einigermaßen zentral im Ort gegenüber der Kirche in einem hübschen Landschaftspark, der sich zum See hin öffnet, und ist das einzige komplett erhaltene Gebäude aus der Zeit des Großen Kurfürsten. In den Räumen im Obergeschoss wird seiner zweiten Gemahlin ausführlich gedacht. Hier verbrachte sie ihr letztes Lebensjahr.

1671 überschrieb der Kurfürst das 1662 erbaute elegante Herrenhaus seiner zweiten Frau als Sommersitz, und sie veranlasste gleich einige bauliche Veränderungen. Die Südseite erhielt zwei quadratische Pavillonanbauten, und an der Gartenfassade wurde eine doppelläufig geschwungene Freitreppe hinzugefügt, die direkt in die im Obergeschoss liegenden Wohnräume führt.

Hat man das Gebäude von der Hofseite aus betreten, kann man schon im Treppenhaus Spuren aus Dorotheas Zeit entdecken. Es ist ein sogenanntes Kastentreppenhaus und durchzieht das Gebäude geschlossen wie ein Fahrstuhl zentral vom untersten bis ins oberste Stockwerk. Zwischen Erdgeschoss und erster Etage ist auf den Holzpaneelen an der Decke eine zart-farbige Ölbemalung zu entdecken. Putti tragen das Monogramm der Kurfürstin, den Kurhut und das Zepter. Grisaille nennt man die Technik, mit der die Medaillons auf das Holz aufgetragen wurden. Sie stammen aus dem 17. Jahrhundert.

Oben angekommen, geht es dann durch die Gemächer der Kurfürstin und ihres Mannes, die Schlafzimmer und Kabinette. Sie waren damals mit kostbaren Ledertapeten, Brokat- oder Atlasstoffen ausgestattet. Zur Einrichtung gehörten Lackmöbel, große Spiegel, Marmorskulpturen, Porzellane, Fayencen, Silbergerät und über 300 Gemälde. Heute ist die Einrichtung reduzierter, doch eines der Zimmer ist derart eingerichtet, die Wände dicht mit Bildern behängt, dass man sich gut vorstellen kann, wie die Räume damals aussahen. Auch das Porzellankabinett hinter dem Schlafzimmer der Kurfürstin verweist auf ihren Kunstsinn. Es birgt Vasen, Kannen und Tassen, Skulpturen und Teile eines Teeservices und stellte nach dem Porzellankabinett Louise Henriettes, das sich in Schloss Oranienburg befand, das zweitälteste dieser Art in Brandenburg dar.

Auffallend sind die prächtigen Deckengemälde, die vergoldeten Wandstuckaturen, auf die schon Fontane Bezug nahm. In seinen *Wanderungen durch die Mark Brandenburg* schrieb er: »Caputh fiel an den Kurfürsten zurück, und er verschrieb es nunmehr seiner Gemahlin Dorothea, die es – insbesonderheit nach dem Tode ihres Gemahls (1688) – zu ihrem bevorzugten Wohnsitz machte. Das Schloss, um seinem neuen Zwecke zu dienen, mußte eine erhebliche Umgestaltung erfahren. Was für den in Kriegszeiten hart gewordenen de Chièze[5] gepaßt hatte, reichte nicht aus für eine Fürstin; außerdem wuchsen damals – unter dem unmittelbaren Einflusse niederländischer Meister – rasch die Kunstansprüche in märkischen Landen. Erst funfzig Jahre später, unter Friedrich Wilhelm I. – obwohl er sich rühmte, ein ›treuholländisch Herz‹ zu haben –, hörten diese Einflüsse wieder auf, und wir verfielen, auf geraume Zeit hin, in die alte Nacht. Schloß Caputh rüstete sich also zum Empfang einer neuen Herrin. (…) Besonders bemerkenswert war die Ausschmückung des ›großen Saales‹, ein Deckengemälde, das, seinem Gedankengange nach, an spätere Arbeiten Antoine Pesnes erinnert. Minerva mit Helm, Schild und Speer führt die Künste: Baukunst, Skulptur und Malerei, in die brandenburgischen Lande ein; ein gehörntes Ungetüm, halb Luzifer, halb Caliban, entweder den *Krieg* oder die *Rohheit* oder beides zugleich darstellend, entweicht in Dunkel vor dem aufgehenden Licht.«[6]

Auch der Caputher Schlossgarten zeugte von künstlerischem Ehrgeiz. Im 17. Jahrhundert entsprach er einer barocken Anlage mit symmetrischen Wege- und Sichtachsen, Springbrunnen und gestutzten Hecken. Unten am Wasser befand sich am Ende der Mittelachse des Gartens eine Anlegestelle. Man pflegte per Schiff anzureisen. Wer sich dort heute ans Ufer stellt, kann schräg gegenüber die blassgrüne Kuppel der Potsdamer Nikolaikirche erkennen. Wenn die Bäume kein Laub tragen, ist sogar das wiederaufgebaute Potsdamer Schloss zu sehen.

Ein weiterer Erinnerungsort befindet sich inmitten von Berlin. Er heißt Dorotheenstadt und entspricht dem Viertel rund um die Prachtmagistrale Unter den Linden. Es wurde nach der Kurfürstin benannt. 1670 schenkte es der Große Kurfürst seiner zweiten Frau, damals war es noch eine Insel, und sie ließ es nach Entwürfen des Ingenieurs Joachim Ernst Blesendorf (1640–1677), ähnlich wie das Stadtinnere von Schwedt, mit einem regelmäßigen, rechtwinkligen Straßennetz überziehen. Zentrum des Viertels war die Dorotheenstädtische Kirche, erbaut von Rutger von Langerfeld (1635–1695) und 1687 fertiggestellt. Auf ausdrücklichen Wunsch des Kurfürsten stand sie sowohl den ansässigen Lutheranern als auch den Refugiés, also reformierten Christen offen, mit dem Ergebnis, dass schon wenige Jahre später gut die Hälfte der Bewohner der Dorotheenstadt aus französischen Hugenotten bestand. Zur feierlichen Einweihung der Kirche fanden zwei Gottesdienste statt: Morgens predigte ein Geistlicher für die Reformierten, nachmittags sprach der Lutheraner.

Trotz starker Zerstörung im Zweiten Weltkrieg gerade dieses Viertels und Wiederaufbau lediglich einzelner Gebäude zu DDR-Zeiten wie Staatsoper, Alter Bibliothek und Palais des Prinzen Heinrich (1726–1802), in dem sich jetzt die Humboldt-Universität befindet, ist das Wegenetz aus dem 17. Jahrhundert immer noch präzise nachvollziehbar. Die Straßen verlaufen schnurgerade und streng parallel zueinander, die Kreuzungen haben rechte Winkel. Nur die Kirche ist leider nicht mehr vorhanden. Die Überreste wurden 1965 gesprengt und abgetragen.

Ähnlich wie der Große Kurfürst fand Dorothea ihre letzte Ruhestätte im Berliner Dom. Ihr Sarg steht in ein und derselben Nische wie sein Grabmal, das seinerseits auf der anderen Seite von dem Sarkophag Louise Henriettes geschmückt wird. Zwei stattliche Gattinnen hatte der Kurfürst dem Land beschert. Beide brachten ihm dank ihres selbstbestimmten Handelns kulturelle Blüte und halfen beim Wiederaufbau nach dem Dreißigjährigen Krieg. Ihren Nachkommen hinterließen sie prächtige Anwesen, von deren Schönheit sie noch lange zehrten.

3.

Heirat aus Liebe – Elisabeth Henriette
von Hessen-Kassel
(1661–1683)
Erste Ehefrau von Friedrich III.
Kurfürst von Brandenburg
(1657–1713)

Wer Köpenick hört, der gleichnamige Berliner Bezirk liegt am östlichen Rand der Metropole, muss meist gleich an Friedrich Wilhelm Voigt (1849–1922) denken, den »Hauptmann von Köpenick«. Die Geschichte von dem Schuhmacher und Kleinkriminellen, der sich aus Trödlerware eine Uniform zusammenflickt, einen Trupp Wachsoldaten hinter sich bringt, am 16. Oktober 1906 das Rathaus überfällt und die Stadtkasse raubt, erregte ein derartiges Aufsehen, dass sogar ausländische Zeitungen darüber berichteten. Bis heute lebt sie fort in der gleichnamigen Tragikomödie von Carl Zuckmayer (1896–1977) oder auch der wunderbar altmodischen Verfilmung von Helmut Käutner (1956) mit Heinz Rühmann in der Hauptrolle. Immer wieder aufs Neue fasziniert die Tatsache, dass damals allein eine Uniform, mochte sie auch noch so schäbig sein, dem Einzelnen so viel Autorität verlieh, dass sofort jedermann tat, was deren Träger von ihm verlangte.

Doch in Köpenick befindet sich auch ein hübsches Schloss, und es hat nachhaltig mit dem Leben Elisabeth Henriettes von Hessen-Kassel zu tun, der ersten Frau Friedrichs III. Das Anwesen liegt auf einer Insel, prächtig anzuschauen in Gelb und Weiß mit leuchtend rotem Dach, schon von Weitem zu sehen, wenn man sich der Altstadt über die Lange Brücke nähert. Über einen schmalen Steg und durch ein steinernes Tor gelangt man auf eine weitere Insel, die sogenannte Schlossinsel, und hat inzwischen gänzlich kapituliert vor der Frage, wo man sich in Köpenick eigentlich auf Festland befindet und wo nicht. Zur allgemeinen Verwirrung trägt die Tatsache bei, dass hier zwei Flüsse, Dahme und Spree, ineinander fließen und dabei derart breit laufen, dass sie eher Seen ähneln als zügig parallel verlaufenden Strömen. Doch das nur nebenbei.

Still liegt der Hof in der Sonne, geziert von gestutzten Bosketten und runden Rasenflächen. Links ist eine kleine Kirche zu sehen, beidseitig eingefasst von direkt angrenzenden Wirtschaftsgebäuden, rechts steht das Schloss. Hat man es durch das Eingangsportal betreten, eine verhältnismäßig bescheidene Tür, und steht im Foyer des Hauses, verliert die Prachtfassade, mit der es sich dem Ankommenden von der Brücke aus präsentiert hat, plötzlich an Bedeutung. Die Räumlichkeiten scheinen zum Hof hin ausgerichtet zu sein, so ansehnlich und elegant sind sie gehalten. Allein die beiden Säle im ersten Stock, der Wappensaal und der Saal im Südpavillon, der als repräsentatives Schlafzimmer genutzt wurde, profitieren von der herrlichen Lage des Hauses direkt am Wasser. Eine großzügig angelegte Fensterfront erlaubt von hier oben einen weiten Ausblick über die Dahme bis hinüber zum anderen Ufer und eben auch auf die Lange Brücke, über die sich in stetem Strom Autos, Fußgänger und, nicht zu vergessen, zahlreiche Fahrradfahrer der Altstadt nähern.

Bis 1688 schmückte ein mächtiger Renaissancebau die Schlossinsel. Der Kupferstich von 1652, den Caspar Merian (1627–1686) anfertigte, wirkt derart lebendig, dass man glaubt, die Fahnen auf den Turmspitzen flattern zu hören. Auch eine ansehnliche Brücke ist darauf erkennbar, wenn auch aus Holz gezimmert und längst nicht so massiv wie heute. Allerdings ist die Lage der Wohnflügel auf dem Stich falsch dargestellt. Das Schloss müsste um 45 Grad gedreht werden. Möglicherweise wussten die Lage des Anwesens und die Frage nach dem Festland den Betrachter schon damals zu verwirren.

Auftraggeber des Renaissancebaus war Joachim II. Hector gewesen, derselbe Kurfürst, der auch das Jagdschloss in Bötzow errichten ließ, aus dessen Überresten Schloss Oranienburg entstanden ist. Neben Köpenick und Bötzow entstand in seiner Zeit auch das Jagdschloss Grunewald, das bis heute gut erhalten ist – ein Anziehungspunkt für jung und alt. Insbesondere Hundebesitzer treffen sich hier, denn in dem Wald und auf den Spazierwegen rund um das Jagdschloss darf man seine Vierbeiner ohne Leine laufen lassen.

1669 übertrug der Große Kurfürst seinen beiden Söhnen Karl Emil und Friedrich das Amt Köpenick zur Nutzung. Als der ältere 1674 tragischerweise mit neunzehn Jahren starb, wurde Friedrich Kurprinz und das Schloss zu seiner alleinigen Residenz auserkoren. Zu diesem Zweck sollte es ausgebaut und erweitert werden. Der Kurfürst beauftragte damit Rutger von Langerfeld, schon erwähnt im Zusammenhang mit der Dorotheenstädtischen Kirche. Der Architekt stammte aus Nimwegen, war also wie zahlreiche andere Handwerker und Künstler im damaligen Brandenburg Niederländer. Im Original schrieb sich sein Name Langervelt. In Berlin hatte er sich als Hofmaler und Hofarchitekt etabliert. Gemeinsam mit Joseph Casteels entwarf er die Gobelins über die militärischen Heldentaten des Großen Kurfürsten, die heute das Oranienburger Schloss schmücken, brachte den älteren Söhnen des Kurfürsten aus zweiter Ehe aber auch das Zeichnen bei und unterrichtete sie in Mathematik und Befestigungsbau. Nach Übernahme der Regentschaft bestätigte Friedrich III. Langerfeld in seinen Ämtern. Der Architekt starb hoch angesehen im Alter von sechzig Jahren. Wie für viele Niederländer war Brandenburg seine Wahlheimat geworden.

Heute ist die intensive Verbindung zu den einstigen Landsleuten Louise Henriettes in Berlin nur noch Geschichte, aber sie dauerte noch viele Jahre an. Erst Anfang des 18. Jahrhunderts nahm ihr Einfluss auf die Architektur und Kunst des Landes ab. Diese Veränderung kann man, wie noch zu zeigen sein wird, unter anderem an der Baugeschichte von Schloss Köpenick ablesen.

1679 heiratete der Kurprinz Elisabeth Henriette von Hessen-Kassel. Es war eine Kinderhochzeit, wie sie in Herrscherfamilien die Regel war, denn Friedrich war erst 22 Jahre alt und seine Braut zählte achtzehn Lenze, doch die beiden mussten keineswegs dazu gezwungen werden. Sie hatten den Tag ihrer Hochzeit voller Ungeduld erwartet. Elisabeth Henriette war Friedrichs Cousine ersten Grades, und die beiden kannten sich von Kindesbeinen an. Die Mutter, Hedwig Sophie von Brandenburg (1623–1683), eine Schwester des Großen Kurfürsten, hatte Landgraf Wilhelm VI. von Hessen-Kassel (1629–1663) geheiratet, ihr Mann war früh verstorben, und es war ihr erklärter Wunsch, die jüngste Tochter mit dem Sohn ihres Bruders zu vermählen.

Friedrich und Elisabeth Henriette waren sich zärtlich zugetan. Als die Cousine zwölf war, verlobte sich der Vetter heimlich mit ihr, da war er sechzehn, und als er achtzehn wurde, machte er seine Verlobung offiziell. Elisabeth war für ihn der Himmel, er liebte sie unendlich. Sie ersetzte ihm die Mutter, war ihm eine Lieblingsschwester und folgte dem Vetter in allem, was er für sie und sich plante. Seine körperliche Behinderung, die verkümmerte Schulter und die durchweg schiefe Haltung des jungen Mannes nahm sie wie selbstverständlich an. Die Beiden waren unzertrennlich.

In Schloss Charlottenburg hängen vier Porträts: Der Kurprinz Friedrich, später Kurfürst und König, ist umgeben von den drei Ehefrauen, die er nacheinander heiraten würde: Elisabeth Henriette, Sophie Charlotte von Hannover und Sophie Luise von Mecklenburg-Schwerin (1685–1735). Das Bild Elisabeth Henriettes zeigt sie als konzentriert blickende Kurprinzessin mit ernster Miene. Ihre langen schwarzen Haare sind zu zwei Zöpfen geflochten und liegen rechts und links über ihre Schultern, so dass sie ihr Dekolleté vornehm umrahmen. Sie trägt eine einreihige Perlenkette, schwere Ohrringe, die ebenso aus Perlen gefertigt wurden, und ein matt glänzendes grauweißes Kleid. Drei Schließen aus kostbaren Edelsteinen halten es über Brust und Taille zusammen. Der schwere Hermelin-

mantel zeichnet die junge Frau als Mitglied der kurfürstlichen Familie aus.

Charakteristischer noch wirkt ein zweites Porträt. Es
ist von 1680 und zeigt Elisabeth Henriette ebenfalls in
prächtigem Gewand aus Seide und schwerem, bodenlan-
gem Hermelin, doch sie spielt mit ihrem Haar, hält ihren
Zopf in der Linken und blickt den Betrachter verträumt
und anmutig an. Alles wirkt ein wenig linkisch, sowohl die
herrschaftliche Geste als auch der kokette Blick. Was man
spürt, ist die unglaubliche Jugend dieser Frau. Sie war ein
Kind und wirkt auf diesem Bild, als würde sie diesem Alter
nie entwachsen.

Am 13. August 1679 wurde Hochzeit gefeiert, der Kurfürst selbst führte die beiden wie zwei Geschwister an der
Hand zu dem provisorischen Altar, den man kurzerhand
im Speisesaal des Potsdamer Schlosses errichtet hatte. Sie
knieten auf der Bank davor nieder und gaben sich das Jawort. Hofbeamter Dieterich Sigismund von Buch (1646–
1687) beschrieb das Ereignis in seinem Tagebuch: »S. K. D.
lag mit der Frau Kurfürstin noch im Bette, als er ihr sagt,
er sei jetzt ganz entschlossen, heut noch die Hochzeit des
Kronprinzen auszurichten, was die Frau Kurfürstin sofort
durch ein kleines Billet der Frau Landgräfin meldet, die
sich dessen außerordentlich freute; gegen Mittag theilte
man es dem ganzen Hofe mit. Am Abend fand sich S. K. D.
mit allen anderen hohen Personen im Zimmer der Frau
Kurfürstin ein, nahm die Prinzeß von Hessen an die Rechte, den Kronprinzen an die Linke, und führte beide in den
kleinen Saal, wo man für gewöhnlich speist, dahin hatte
man einen kleinen mit einem Teppich behangenen Tisch
gestellt, und vor denselben eine Bank, um zu knien. Der
Prediger Contius erwartete sie hier. S. K. D. hatte sie auf
den Teppich geführt, ließ sie dort und zog sich zurück zur
Frau Landgräfin und Kurfürstin. Nachdem der Prediger
sie getraut, soupierte man ohne großen Pomp, es wurde

etwas spät, worauf man die Neuvermählten in ihre Zimmer führte.«[7]

Die Umbauten von Schloss Köpenick, 1677 begonnen, waren zu diesem Zeitpunkt schon weit gediehen, und während das junge Glück 1680 den Renaissancebau bezog, entstand anstelle eines der Wehrtürme der sogenannte Nordpavillon, ein quadratisch-massiver Bau mit drei Etagen. 1682 erhielt er ein Dach, und in den darauf folgenden Jahren begann man mit der reichhaltigen Innenausstattung.

Auf ausdrücklichen Wunsch der Kurprinzessin wurde der Bau einer Schlosskirche geplant. Die Verantwortung dafür übernahm der Architekt Johann Arnold Nering (1659–1695). Auch dieser kurfürstliche Baumeister, geboren in Wesel am Niederrhein, hatte seine Ausbildung in den Niederlanden gemacht. Bildungsreisen führten ihn jedoch auch nach Italien. Neben Köpenick machte er sich später in Berlin um den Gendarmenmarkt, den Bau der Langen Brücke und die Entwürfe für Schloss Charlottenburg verdient.

Die Grundsteinlegung für Elisabeth Henriettes Schlosskirche, so nimmt man an, muss 1682 gewesen sein. An den Seiten des Risalits der Kirchfassade befinden sich zwei datierte Inschriftsteine, die wohl darauf verweisen. Die Kirche stand jenseits des Renaissancebaus. Während das heutige Schloss teilweise auf seinen Grundfesten errichtet wurde, stellte die Kirche mit ihren beiden Flügelbauten von Beginn an ein eigenständiges Gebäude dar.

Von außen besehen wirkt sie quadratisch. Das kuppelartige Dach trägt ein achteckiges Türmchen, einen sogenannten Tambour, der den Bau durch seine schlanke Form nachgerade in den Himmel zu ziehen scheint. Er wirkt insgesamt bescheiden. Die goldglänzende Königskrone, die auf dem Tambour thront, ist klein. Betritt man die Kirche, hat sie im Gegensatz zu ihrem quadratischen Äußeren eine elliptische Form. Wo auch immer die Gläubigen in den Bänken Platz genommen haben, lenkt der ovale Innenraum die Blicke direkt zu der Kanzel, die zentral im Altarraum steht.

In Köpenick fand Elisabeth Henriette mit ihrem Mann ein Refugium vor den Erbstreitigkeiten bei Hofe. Viele Jahre hatte Friedrich fürchten müssen, sein Vater werde ihn von der Erbfolge ausschließen, um seine Söhne aus zweiter Ehe mit Anwartschaften auf seinen Thron zu bedenken. Der Kurfürst wollte sein Land nicht allein einem Mann hinterlassen, der nicht mit den besten Gaben der Natur ausgestattet war. Brandenburg brauchte, wie er meinte, einen starken Herrscher, der auch körperlich in der Lage war, Kraft und Sicherheit zu vermitteln.

Doch in seinem Köpenicker Anwesen fühlte sich das junge Kurprinzenpaar sicher. Im September 1680 gebar Elisabeth Henriette ihr erstes Kind, eine Tochter, die sie nach ihren Großmüttern Luise Dorothea Sophie taufte. Die Kleine wuchs heran, sie war gesund und fröhlich. Es war eine unbeschwerte Zeit.

Dann brach Unglück über Friedrich herein. Elisabeth Henriette erkrankte, sie bekam die Blattern, heute Pocken genannt, und er durfte nicht einmal mehr in ihre Nähe, weil die Krankheit so ansteckend war. Es war eines der schlimmsten Übel dieser Zeit, das nur wenige überlebten und den Kranken überdies entsetzlich entstellte. Erst mehr als hundert Jahre später würden englische Ärzte auf die Idee kommen, die Menschen dagegen zu immunisieren, indem sie sie mit einem Minimum des Wirkstoffs, der die Krankheit hervorruft, infizieren. Indem sie das Fieber überstanden, das daraufhin ausbrach, war die Ansteckungsgefahr gebannt. Königin Luise war eine der ersten Herrscherinnen, die es in Absprache mit ihrem Mann Friedrich Wilhelm III. wagte, ihre eigenen Kinder, ja selbst den potentiellen Thronfolger des Hauses dieser Impfung auszusetzen. Nächtelang verbrachte sie am Bett ihres schwer kranken Sohnes, und er überstand die Prozedur. Nie wieder konnte er sich anstecken.

Zu Elisabeth Henriettes Lebzeiten war dieses Verfahren noch nicht bekannt. Sie kam nicht wieder zu Kräften. Als sie starb, war sie 21 Jahre alt, die Tochter drei. Die Ehe hatte gerade einmal vier Jahre gedauert. Friedrich brach zusammen. In den letzten Wochen vor ihrem Tod hatte Elisabeth Henriette gebeten, ihn und die Tochter nicht mehr in ihr Krankenzimmer zu lassen. Er hatte sich nicht einmal mehr verabschieden können.

Der jungen Kurprinzessin wurden sämtliche Ehren zuteil, die ihr als zukünftiger Herrscherin des Landes zugestanden hätten. Sie wurde feierlich im Berliner Dom beerdigt, der Sarg nach Abschluss des Gottesdienstes unter Kanonendonner in den Sarkophag gesenkt. Er ist heute noch in der Hohenzollerngruft direkt unter dem Dom zu besichtigen. Gefertigt wurde er von Johann Michael Döbel (1635–1702) und nimmt sich neben dem mächtigen Marmorkubus, der das Grab Friedrichs I. darstellt, durchaus bescheiden aus. Bis heute befinden sich beide Sarkophage in ein und derselben Nische. Nie hat Friedrich eine Frau je wieder so geliebt wie diese.

Wie zum Trotz hielt der Kronprinz am Ausbau von Schloss Köpenick fest. Es sollte eine prächtige, dreiflüglige Anlage werden, zum ewigen Gedenken an seine Elisabeth Henriette. Gleichzeitig wollte er damit seinen Anspruch auf die alleinige Thronfolge manifestieren. Gerade mit seiner ersten Frau hätte er den Thron gerne geteilt. 1684 wurde im rechten Winkel zum Nordpavillon eine Galerie angefügt, ein zweistöckiges Gebäude, das den Hof heute noch Richtung Norden abgrenzt. Gleichzeitig arbeiteten die Handwerker fieberhaft an der Schlosskirche. Schon am 6. Januar 1685 konnte der erste Gottesdienst stattfinden.

Noch im selben Jahr wurde der Nordpavillon um einen Mitteltrakt mit herrschaftlichem Treppenhaus erweitert,

an den sich ein weiterer Bau, der sogenannte Südpavillon, anschloss. Im rechten Winkel zu diesem Bau, quasi parallel zum anderen Flügel der Anlage, sollte später eine weitere Galerie entstehen. Das alte Renaissanceschloss wurde abgerissen.

Dann geschah das, was Schloss Köpenick bis heute so sehenswert und kunstgeschichtlich bedeutend macht: Der Kurprinz engagierte Wanderstuckateure, um die Säle des Hauses mit Stuck auszustatten. Sie stammten aus Norditalien und veränderten die vorherrschende Ästhetik nachhaltig. Statt niederländischem Pragmatismus hielt nun südländische Üppigkeit Einzug, statt gerader Linien machten sich runde Formen breit. Über einen Zeitraum von etwa fünfzehn Jahren gestalteten die Italiener insgesamt 36 Räume aus. Die Decken wurden mit Akanthusornamenten, Lorbeerranken, Mustern und vielfältigen Blütenarten überzogen. An den Übergängen zu den Wänden und in den Ecken, über den Türen und Fenstern kamen kleinere und größere Skulpturen hinzu. Sie stellten Genien oder Putti, Vasen, Kriegsgeräte, Füllhörner oder Musikinstrumente dar. Es entstand eine einzigartige Welt von Blüten und miteinander korrespondierenden Objekten und Figuren. Ein für die Ewigkeit in den Raum gebanntes Flüstern und Rascheln scheint von den Decken zu tönen, die Instrumente sind kurz davor zu erklingen, gleich kichern die Putti, und ein Luftzug setzt das Laubwerk in Bewegung. Es ist eine Präsenz, die lebhafter nicht sein könnte, gleichzeitig eine stille, heilige Pracht. Beim Betrachten bekommt man leicht einen steifen Hals.

Die Handwerker stammten aus dem Tessin und Graubünden. Sie konnten nur im Sommer arbeiten, denn sonst trockneten ihre Werke nicht. Im Winter fuhren sie zurück in die alpine Heimat. Für ihre Arbeit benötigten sie Kalk, Sand und Wasser. Die Stuckaturen wurden an der Decke frei ausgearbeitet, nur Gesichter, Früchte und Blüten sind teilweise gegossen worden. Jeder Arbeiter hatte sein persönliches Spezialrezept, das er niemandem verriet. Untersuchungen mit dem Mikroskop haben inzwischen ergeben, dass dem Stuck an manchen Stellen Tierhaare beigefügt wurden, um ihn geschmeidig zu erhalten. Der Werkstoff durfte nicht zu rasch abbinden, sonst wurde die Form hart, bevor sie ihre Perfektion erreicht hatte. An anderen Stellen entdeckten die Wissenschaftler Harn, Tierblut oder Schlachtabfälle im Kalk.

Die Stuckateure verstanden sich als Handwerker, sie hinterließen keine Spuren, keine Namen oder Hinweise, die im Nachhinein eine Zuordnung ermöglicht hätten. Nur einen der Meister, die in Köpenick wirkten, konnte man bisher ausfindig machen. Es war Giovanni Carove aus Bissone am Luganer See, doch auch er hinterließ keine schriftlichen Beweise, welchen Raum er insbesondere gestaltete, welche Form von ihm stammt oder ob er möglicherweise ein Künstler war, der vor allem seine Gesellen für sich arbeiten ließ. Allein die Ähnlichkeit mit anderen Stuckaturen dieser Art an den Decken im Schloss von Gotha lassen auf seine Präsenz in Köpenick schließen. Dort im Archiv des Hauses sind Aufträge und andere Schriftstücke hinterlegt, in denen sein Name festgehalten wurde. Daher weiß man, dass Carove auch in Weißenfels, Eisenberg und Saalfeld tätig war sowie an der Leipziger Börse. Bis nach Schweden führten ihn seine Einsätze – ein Wanderer eben in Sachen Stuck.

Köpenick kann sich heute rühmen, über den größten zusammenhängenden Bestand an profanen Stuckaturen des späten 17. Jahrhunderts im Nordostdeutschen Raum zu verfügen. Zehn Jahre lang war das Schloss nach der Wende geschlossen, um diesen einmaligen Schatz zu heben. Eigens aus der Schweiz war ein Trupp von Spezialisten und Restauratoren angereist, um die Decken und Wände wiederaufzubereiten. 29 Räume konnten rekonstruiert werden und sind heute wieder im originalen Zustand zu bewundern. Der eierschalenfarbene Ton, der ihm ursprünglich eigen war, wurde beibehalten respektive wieder hergestellt, zumal hie und da zwischenzeitlich Bemalungen vorgenommen worden waren.

In manchen Räumen haben die Stuckaturen eine vornehmlich flächige und rahmende Funktion für die Gemälde, die sich dort an der Decke befinden. Die Bilder stellen Szenen der antiken Mythologie dar, in deren Zentrum Diana, die Göttin des Mondes und der Jagd stand. Schließlich war Schloss Köpenick ursprünglich als Jagdschloss gedacht gewesen. Im zentralen Saal des Südpavillons ist Agamemnon zu sehen, der bereit ist, seine Tochter Iphigenie zu opfern, um seine Flotte von der Flaute zu befreien, mit der er bestraft wurde.

Auch was die Deckengemälde anbetrifft, ist der Name eines Künstlers überliefert. Sie stammen aus dem Umkreis des niederländischen Hofmalers Jacques Vaillant. Im Gegensatz zur Qualität der Stuckaturen wird der Malerei jedoch höchstens regionale Bedeutung beigemessen.

Den Höhepunkt stellt zweifelsohne der Wappensaal

dar. Hier haben die Italiener auch die Wände bearbeitet und sie sogar noch reichhaltiger ausgestattet als die Decke. Neben Bordüren und rahmenden Schmuckelementen sind unzählige unbekleidete Jünglinge zu bewundern, Pilaster-Hermen genannt. Zu sehen sind allerdings nur ihre Oberkörper. Paarweise halten sie mit der einen Hand je einen mächtigen Schild über den Köpfen, der andere Arm ragt indes ins Zimmer und dient als Kerzenhalter. Obwohl sie alle ähnlich geformt und angeordnet sind, schaut jeder Jüngling ein wenig anders, der eine andächtig hinauf zu dem Wappen, das er stützt, der andere sinnierend in den Raum, der dritte sieht hinüber zu seinem rechten oder linken Nachbarn. Dadurch wirkt der Saal so lebendig, als sei er voller Menschen.

Erstaunlicherweise ist einer der Jünglinge nicht von vorn, sondern von hinten abgebildet, schaut dabei aber frech über die rechte Schulter und zeigt eine höchst anmutige Drehung seines Oberkörpers. Keiner weiß, wer der Künstler war, der diese Skulptur schuf, und schon gar nicht, warum er sich diesen Scherz erlaubte. Man nimmt an, dass damit eine geheime Mitteilung verbunden war, eine Information für den Betrachter, die dem Auftraggeber unentdeckt bleiben sollte. Vielleicht wollte der Stuckateur darauf hinweisen, dass er hier unter Einsatz seines Lebens gearbeitet habe, aber nicht angemessen bezahlt wurde – also ein Zeichen sozialen Aufruhrs. Die Wanderarbeiter arbeiteten bisweilen unter extremen Bedingungen in zumeist recht hohen Räumen oben unter der Decke. Sie waren fern von der Heimat, vielleicht zornig auf den Auftraggeber. Grund zur Unzufriedenheit gab es zur Genüge.

Die Hermen sind überaus aufwändig gestaltet und hinterlassen allein wegen ihrer Größe einen tiefen Eindruck, doch in Wahrheit ging es Friedrich III. bei der Ausstattung des Saales allein um die 27 Wappen, die sie über den Köpfen tragen. Sie stehen für die 27 Provinzen Brandenburgs, auf die er als einziger überlebender Sohn des Großen Kurfürsten aus erster Ehe alleinigen Anspruch erhob. Keiner sollte ihm sein Vorrecht streitig machen. Ähnlich wie Kurfürstin Dorothea mit ihrem kulturellen Wirken in Schwedt um das Ansehen und die Vormacht ihrer Söhne im Kurfürstentum warb, wollte auch Friedrich mit Hilfe seiner so üppig ausgestatteten kurprinzlichen Residenz seine Stellung untermauern.

Über den beiden spiegelbildlich angeordneten Kaminen in der Mitte der Längsseiten wiederholen sich die Schilde der 27 Provinzen und wurden an diesen beiden Stellen jeweils zu einem gemeinsamen Wappen vereint. Obwohl wie sämtliche anderen Stuckaturen im Schloss cremeweiß gehalten, wirkt es wie das Bild eines bunten Teppichs, zusammengefügt aus vielen Einzelteilen, die fest miteinander verwoben sind. Allein kraft ihrer Materialität fallen die beiden Kaminwappen sofort ins Auge. Sie stehen für die Einheit des Kurfürstentums.

Da ihm in seiner ersten Ehe kein potentieller Thronfolger geboren war, heiratete der Kurprinz schon ein Jahr nach Elisabeth Henriettes Tod erneut. Auch mit seiner zweiten Frau galt es, den Anfechtungen des Berliner Hofes zu widerstehen, doch nach dem Tod seines Vaters hatten sie sich erübrigt. Kaum war Friedrich III. am 9. Mai 1688 zum Kurfürsten ernannt worden, wandte er sein Interesse von Köpenick ab, und es erhielt wieder den Zweck, zu dem es ursprünglich gebaut worden war. Es wurde ein Jagdschloss.

Obwohl das Haus zu Ehren Elisabeth Henriettes gebaut worden ist, hat sie hier kaum Spuren hinterlassen. Im Eingangsbereich heißen Reliefporträts an der Decke willkommen, die zwar Friedrich III. zeigen, aber auf der anderen Seite bilden sie nicht seine erste, sondern Sophie Charlotte, seine zweite Frau, ab. Wer weiß, wie oft diese tatsächlich in Köpenick war?

Doch jedes alte Haus kann immer nur eine Momentaufnahme sein. Als das Köpenicker Schloss endlich genutzt werden konnte, war Elisabeth Henriette längst verstorben. Sie konnte sich hier nicht mehr bemerkbar machen. Erst 22 Jahre nach ihrem Tod wurden die Bauarbeiten abgeschlossen.

Umso lebhafter erinnert die Schlosskirche an die große und ach so kurze Liebe des Kurprinzen. Direkt über dem Altar befindet sich zentral unter der Decke eine Büste der Prinzessin. Sie wird Döbel zugeschrieben, dem Bildhauer, der auch Elisabeth Henriettes Sarkophag fertigte. Drei Putti umschweben die Büste, einer rechts, einer links, und ein dritter hält darüber die mächtige Krone. Auch hier in der Kirche wurde an Stuck nicht gespart. Sie gilt als das einzige Bauwerk von Nering, das unverändert erhalten geblieben ist. Abgesehen von wenigen Randbemalungen, in Gold komplett in Weiß gehalten, stellt sie ein kleines, feines Schmuckstück, ein Gesamtkunstwerk dar. Über das Tonnengewölbe zieht sich eine streng gegliederte Kassettendecke, die mit den Formen Zahnschnitt, Eierstab und

Akanthusblatt-Rosetten ausgeschmückt wurde. Sie unterscheiden sich grundsätzlich von der Stuckausstattung im Schloss. Zudem haben sie keine rahmende Funktion, sondern wirken sorgfältig strukturiert und skulptural. Die gesamte Decke ist ein einziges zusammenhängendes Stuckwerk, das sich in den unterschiedlichen Arten der daran anknüpfenden Wandgestaltung fortsetzt.

Ein weiteres Meisterwerk stellt die zentral angeordnete Kanzel dar. Sie ist von 1684 und gilt als eine der bedeutendsten ihrer Zeit in Brandenburg. Der Taufstein von 1873, der rechts davor steht, wirkt dagegen winzig. Ihre äußere Form erinnert an einen Blütenkelch, getragen von einem sechseckigen Fuß, und ist mit geschnitztem Akanthusdekor ganz in Weiß überzogen, das sparsam an den Kanten mit Gold verziert wurde. Der Schalldeckel, reichhaltig mit Cherubimen und aufwändigem Schnitzwerk versehen, gibt dem Ganzen Harmonie und Geschlossenheit. Er wird von einem goldenen Kreuz gekrönt.

Ein wenig verwunderlich ist, dass auf den ersten Blick kein Treppenaufgang zu sehen ist. Wie kommt man auf die Kanzel? Die Stufen wurden hinter einer Brüstung verborgen, die den Kirchenraum unauffällig zum Altar hin abgrenzt. Scheinbar unsichtbar steigt der Prediger hinauf, steht unerwartet plötzlich oben und beginnt mit seiner Ansprache. Die gesamte Architektur scheint auf diesen Moment hin ausgerichtet zu sein.

Und eine weitere Prägung konnte Elisabeth Henriette der Kirche hinterlassen. Gegenüber der Büste wurden die Wappen von Brandenburg und Hessen in die stuckierte Wandfläche über dem Gesims eingelassen, vom Kurhut gekrönt und von Engeln getragen. Sie sind kaum zu sehen, denn sie befinden sich hinter der Orgel, die erst nachträglich 1846 eingebaut wurde. Ursprünglich befand sich hier eine verglaste Herrschaftsloge, die 1819 entfernt worden war.

Elisabeth Henriette hatte verfügt, dass die Kirche nicht allein dem Hof, sondern auch der reformierten Gemeinde des Ortes zur Verfügung stehen sollte. Die Gläubigen sind diesem Verdikt immer treu geblieben. Bis heute finden hier regelmäßig Gottesdienste, Hochzeiten und Trauerfeiern statt. Auch eine aktive Junge Gemeinde hat sich gebildet. Die Kinder und Jugendlichen treffen sich regelmäßig und übernehmen spezifische Aufgabenbereiche. Jahr für Jahr stellen sie zu Weihnachten im Altarraum Szenen aus der Bibelgeschichte nach. Es ist eine lebendige Gemeinschaft geblieben, die für Christen unterschiedlicher Ausrichtungen offen ist. Genau so muss es sich die Kurprinzessin vorgestellt haben.

Während die Kirche sich regelmäßiger Nutzung erfreute, fristete Schloss Köpenick bald das Dasein einer hübsch gestalteten Abstellkammer. Einen letzten traurigen Höhepunkt stellte das Kriegsgericht dar, das Ende Oktober 1730 im Wappensaal tagte und über das Schicksal Leutnant Kattes zu entscheiden hatte. Der Freund des Kronprinzen Friedrich wurde hier verurteilt.

Später wohnten diverse Verwandte der königlichen Familie im Schloss Köpenick. 1804 schließlich verkaufte es die Familie Hohenzollern. Der neue Besitzer Friedrich Wilhelm Karl von Schmettau (1743–1806) ließ die Arkaden, die das Treppenhaus geschmückt hatten, zumauern und machte den einst leichtfüßig-transparenten Aufgang zu einem privaten Stiegenhaus mit zimmerartigen Fluren.

Heute weist allein das Entree das ursprüngliche Erscheinungsbild auf: Der Boden ist mit Fliesen aus schwedischem Öland-Stein ausgestattet, die Halbsäulen und Wandflächen weisen den matten Glanz des in Stucco-lucido-Technik polierten Kalkputzes auf, die Decke ist reich mit Stuck geschmückt.

Die Farbfassung der Schlossfassade steht in einer Tradition, die seit Mitte des 18. Jahrhunderts das Erscheinungsbild prägte. Nach seiner Erbauung sah das Schloss anders aus: Die Putzflächen waren in Hellgrau gehalten, die Gliederungen in Weiß, und das Dach war mit schwarzgrau gebrannten Ziegeln gedeckt.

Die Wiederherstellung eines herrschaftlichen Hauses im 20./21. Jahrhundert bringt viele Entscheidungen mit sich. Sowohl der Geschichte des Gebäudes als auch dem wiederholten Nutzungswechsel möchte und muss man gerecht werden. Die Inneneinrichtung von Schloss Köpenick schuldet heute der Tatsache Rechnung, dass es ein Museum für Kunstgewerbe geworden ist. Die ursprüngliche Benutzung als Appartement double – Friedrich bewohnte den Südpavillon, Sophie Charlottes Paradeschlafzimmer war im Norden untergebracht – ist nur noch zu erkennen, wenn man um die historischen Hintergründe weiß. In einigen Räumen sind ganze Zimmer mit Wänden und Decken ausgestellt, so im Erdgeschoss links eine Prunkstube aus Schloss Haldenstein oder im ersten Stock rechts ein Chinesisches Lackkabinett aus dem Palazzo Granieri in Turin. Die Stuckdecken sind in derart genutzten Räumen zwar ebenso aufwändig und vollständig restauriert worden, aber wegen der umfangreichen Ausstellungsstücke nur zur Hälfte zu sehen. Immerhin verweisen Lichtstrahler auf den kunstvollen Deckenschmuck.

Zurück bleibt, daran können halbierte wie ganze Zimmer nichts ändern, der Eindruck von Pracht und Herrschaftlichkeit, ein Haus, genau wie es sich Friedrich III. immer für Elisabeth Henriette gewünscht hatte, ein Mausoleum, das bis in alle Ewigkeit an ihre Existenz erinnern wird.

4.

Die erste Königin – Sophie Charlotte
von Hannover
(1668–1705)
Zweite Ehefrau von Friedrich III.
Kurfürst von Brandenburg / König Friedrich I.
(1657–1713)

Als zweite Ehefrau wurde Friedrich die fünfzehnjährige Sophie Charlotte von Hannover zugedacht. Sie war die einzige Tochter Herzog Ernst Augusts von Braunschweig-Lüneburg (1629–1698) und eine mehr als standesgemäße Partnerin für den Brandenburger. Ernst August war ein Welfe, er stammte aus dem ältesten Fürstengeschlecht Europas und entwickelte mit zunehmender Macht und Verantwortung einen Ehrgeiz, der seinen Hof bald zu einem der namhaftesten Häuser jener Zeit machte.

Sophie Charlotte hatte das Potential zu einer echten Regentin. Das Porträt im Charlottenburger Schloss, das in einer Reihe mit den beiden anderen Ehefrauen Friedrichs hängt, zeigt sie als selbstbewusste Person mit dickem Doppelkinn und kräftigem Hals. Sie trägt ein dunkelblaues Kleid, dessen Dekolleté mit einem weißen Kragen abgesetzt ist. Links schmücken acht dicke Perlen den Kragenrand, die in einer Reihe direkt nebeneinander an den Stoff gefügt wurden. Ähnlich aufwändig ist die Schließe gefertigt, die den linken Ärmel schmückt. Auch hier hängt eine traubengroße, makellose Tränenperle.

Diesmal war es allerdings keine Liebesheirat, die das Paar zusammenführte, sondern die Verbindung entsprach rein strategischen Grundsätzen. Friedrich musste sich um seine Nachfolge kümmern, und Sophie Charlottes Verehelichung mit dem Mitglied eines bedeutenden europäischen Herrscherhauses war von langer Hand geplant worden. Sophie Charlottes Mutter war Sophie von der Pfalz (1630–1714), die ihren Ehrgeiz unter anderem darauf verwandte, möglichst gewinnbringende eheliche Verbindungen für ihre Kinder und Kindeskinder zu arrangieren. Es gelang ihr, nicht nur die Tochter nach Brandenburg zu verheiraten, sondern auch ihre Enkelin – Sophie Dorothea von Hannover – entsprechend gut zu versorgen: Sie ehelichte später Friedrichs Sohn, Friedrich Wilhelm I. und wurde dadurch direkt zur Königin.

Nicht zuletzt stammte die Mutter Sophies aus dem Hause Stuart und hatte ihrer Tochter ein Anrecht auf die britische Thronfolge vererbt. Da die Welfin jedoch vor Queen Anne (1665–1714) verstarb, bestieg 1714 Sophies Ältester, Georg Ludwig von Braunschweig-Lüneburg (1660–1727), als König Georg I. den englischen Thron. Damit stand das Haus Hohenzollern und Preußen später in direkter verwandtschaftlicher Verbindung zum britischen Hof.

Auch für den Vater Sophie Charlottes gab es strategische Gründe, die Tochter nach Brandenburg zu verheiraten. Er erhoffte sich für sein Haus die Kurwürde und versprach sich von der Verbindung mit dem Sohn Friedrich Wilhelms dessen Fürsprache im Kurkolleg. Der Plan ging auf: Ernst August wurde 1692 dank der Einwilligung Kaiser Leopolds I. (1640–1705) Kurfürst von Hannover. Damit erlangte ein weiteres protestantisches Haus die Macht zur Kaiserwahl.

Sophie Charlottes Eltern waren nicht nur ehrgeizig, sondern auch wissbegierig und gescheit. Sie unterhielten Beziehungen zu zahlreichen europäischen Höfen, bereisten Frankreich und Italien und widmeten sich hingebungsvoll der Welt der Oper und des Theaters. Oft nahmen die Eltern Sophie Charlotte auf ihre Reisen mit. Die Mutter achtete dabei streng auf die Erziehung der Tochter und brachte ihr ein unbefangenes, aber sicheres Auftreten in fremder Umgebung bei. Sophie Charlotte lernte Englisch, Französisch, Italienisch sowie ein wenig Latein und wurde umfassend auf alles vorbereitet, was die höfische Etikette von einer Prinzessin verlangte. Besonderen Wert maß die Mutter der Förderung ihrer musischen Begabung bei. Sophie Charlotte spielte ausgezeichnet Cembalo. Ein weiteres Interessengebiet, an das sie bewusst herangeführt wurde, war die Kunst des Gartenbaus.

An ihrem heimatlichen Welfenhof pflegten die Eltern vielerlei Kontakte zu namhaften Gelehrten und Künstlern der Zeit. So beschäftigte der Herzog den Philosophen Gottfried Wilhelm Leibniz als Geschichtsschreiber und machte ihn 1691 zum Leiter der Herzog-August-Bibliothek in Wolfenbüttel. Auch seine Frau pflegte einen regen Gedankenaustausch mit dem Universalgelehrten.

Am 8. Oktober 1684 wurde überaus prächtig in Schloss Herrenhausen, der Sommerresidenz der Welfen bei Hannover, Hochzeit gehalten. Sophie Charlotte beeindruckte, obwohl noch reichlich jung und auch ein wenig drall, mit ihren dichten schwarzen Haaren, die in auffälligem Kontrast zu den blauen Augen standen. An der Seite ihres Bräutigams Friedrich zog sie im November 1684 in Berlin ein und wurde von der Bevölkerung begeistert empfangen. Bald überschatteten jedoch die familiären Ereignisse die Ehe, von deren Folgen in den vergangenen Kapiteln schon die Rede gewesen ist: Sophie Charlotte wurde schwanger und brachte ihr erstes Kind, einen Sohn, zur Welt, doch er verstarb schon nach wenigen Wochen. Eine weitere Schwangerschaft endete mit dem Tod des Neugeborenen bei der Geburt selbst. Gleichzeitig verstarb unerwartet plötzlich Ludwig, der jüngere Bruder des Kurprinzen, im Alter von nur 21 Jahren.

Auf einmal verbreitete sich die Mär, Kurfürstin Dorothea habe versucht, die Söhne ihres Mannes aus erster Ehe zu vergiften. Auch Friedrich fühlte sich unmittelbar bedroht und wagte am väterlichen Hof nichts mehr zu sich zu nehmen. Gemeinsam mit seiner jungen Frau floh er nach Karlsbad. Nicht einmal das Köpenicker Refugium schien ihm nun mehr sicher genug. Von Böhmen reiste das Kurprinzenpaar weiter zu Sophie Charlottes Eltern nach Hannover.

Der Große Kurfürst war erbost. Mit seinem Verhalten hatte Friedrich den Vater offen blamiert. Auf sein Geheiß kehrte das Kurprinzenpaar nach sechsmonatiger Abwesenheit im November 1687 nach Berlin zurück.

Um seine zukünftige Stellung musste Friedrich in der Tat fürchten. Angesichts der vielen Sterbefälle in seiner Familie war sein Vater Friedrich Wilhelm nervös geworden. Er hatte ein Testament aufgesetzt, in dem er die Einrichtung von vier Sekundogenituren für seine Söhne aus zweiter Ehe verfügte. Demnach hätte Friedrich seine Herrschaft in Brandenburg mit ihnen teilen müssen. Das kam für ihn nicht in Frage.

Ein halbes Jahr später starb der Kurfürst, und endlich konnte der Kurprinz die Thronfolge antreten. Sein Regierungsantritt begann mit einer wirkungsmächtigen Entscheidung: Friedrich widersprach den von seinem Vater verfügten Sekundogenituren, wobei er sich auf die Gesetze des Hauses Hohenzollern über die Unteilbarkeit von Land und Leuten berief. Seine Stiefbrüder, die Markgrafen von Brandenburg-Schwedt, fügten sich, wie schon geschildert, der Neuordnung. Wenige Monate nach dem Tod ihres Schwiegervaters gebar Sophie Charlotte darüber hinaus einen kräftigen Sohn. Am 22. August 1688 wurde er im Berliner Dom nach seinem Großvater auf den Namen Friedrich Wilhelm getauft. Obwohl er seinen Eltern in jeder Hinsicht unähnlich war und ihrem Lebensstil nicht das Geringste abgewinnen konnte, trat er nach dem Tod seines Vaters ordnungsgemäß die Thronfolge an. Als »Soldatenkönig« ging Friedrich Wilhelm I. in die Geschichte Preußens ein.

Nun war Kurfürst Friedrich III. die alleinige Herrschaft sicher, und er konnte sich ganz auf seine Regierungsgeschäfte konzentrieren. Mit Hingabe widmete er sich dieser Aufgabe. Bald schon entwickelte er den Ehrgeiz, die Königswürde zu erlangen. Über Jahre arbeitete er mit konzertierten Kräften und eigens dazu entwickelten Strategien auf dieses Ziel zu. Er führte entsprechende Verhandlungen, begab sich in Abhängigkeiten, machte einzelnen Höflingen Versprechungen, geriet in Intrigen, konnte sich wehren oder auch nicht und hatte am Schluss mehr Glück als Verstand, als es daran ging, sein Ziel endlich zu realisieren.

Sophie Charlotte begann sich zu langweilen. Sie hatte keinerlei Interesse an einer Krönung, ahnte sie doch schon, welche Folgen das für ihr Leben bei Hofe nach sich ziehen würde. Wer in den Rang eines Königs aufsteigen wollte, musste sich dem komplizierten Regelwerk der französischen Etikette unterordnen. Sophie Charlotte kannte das gestrenge Hofzeremoniell schon aus ihrem Elternhaus, wo es 1680 eingeführt worden war. Es zog Umgangsformen, Kleiderordnungen, Schrittfolgen, Aufreihungen, Anredeformen nach sich, die den Ablauf sämtlicher festlicher Anlässe, Empfänge, offizieller Besuche bestimmten. Sie wurden für jeden bei Hofe zum festen Bestandteil des Daseins. Ein Alptraum.

Doch Sophie Charlotte wusste sich abzulenken. Sie richtete Feste aus, prachtvolle barocke Kostüm-, Theater- und Tanzfeste mit einzeln erdachten Ritualen, Regeln, Rollenspielen und Texten, entsprechend ausgestatteten Räumen, eigens angefertigten Bühnenarchitekturen und Verzierungen. Es galt, Kleider zu nähen, Schuhe anzuschaffen, Schmuck, Perücken und andere Accessoires zusammenzutragen. Höhepunkt der Festlichkeiten waren aufwändige Umzüge und Aufmärsche durch den Lustgarten oder entlang der breiten Paradestraßen. Die Vorbereitungen dauerten monatelang, sie hielten einen ganzen Stab von Menschen in Atem und kosteten ein Vermögen. Allein die Musiker, die Sophie Charlotte engagierte, mussten von anderen Höfen entliehen, ausgestattet und vor Ort versorgt werden. Ähnlich aufwändig war die Unterbringung der Gäste, die Bereitstellung von Speisen und Getränken. Die Aufführungen selbst, das eigentliche Fest, erstreckten sich jeweils über mehrere Tage.

Bei ihren Aktivitäten dachte Sophie Charlotte weniger an die Ausgaben als die Wirkung, die sie damit erzielte. Ihr

Ehrgeiz war es, ihre Bedeutung zu mehren, ihre Kenntnisse und Bildung unter Beweis zu stellen, ihre Kontakte zu Künstlern und Musikern zu nutzen. Damit förderte sie gleichzeitig das Ansehen des Berliner Hofes. Sie brachte praktisch die Kunst barocker Festlichkeiten ins märkische Land, die sie bei ihren Eltern und einem Besuch 1679 am Hof Ludwigs XIV. (1638–1715) in Frankreich erlernt und erfahren hatte.

Friedrich betrachtete ihr Streben mit gemischten Gefühlen, wusste er doch um ihre Herkunft und Kenntnisse, gleichzeitig aber auch um die Armut seines Landes. Wie würde die Bevölkerung, letztlich der eigene Hof, auf eine derartige Prachtentfaltung reagieren? Was für einen Eindruck hinterließ sie bei Gästen und ausländischen Gesandten? Wie wurde darüber an anderen Höfen berichtet? Was erfuhr der Kaiser in Wien davon?

Friedrich selbst war kein großer Freund von Tanz und Spiel. Allein für die Komödie ließ er sich bisweilen erwärmen, denn er schätzte einfache, grobe Späße. Sein persönlicher Schwerpunkt lag nach wie vor auf der angestrebten Königskrönung. Sollte das Verhalten seiner Gattin dieses Ziel verhindern, würde er ihr prompt Einhalt gebieten müssen.

In dieser komplizierten Gemengelage kam es ihm wohl gerade recht, dass sich der Klerus rührte und in persona des Berliner Reformierten Christian Cochius (1632–1699) nach Pfingsten 1693 in einer flammenden Predigt von der Kanzel herab gegen das Theater wetterte. Im Ausklang des Hochbarock waren sich die Vertreter der christlichen Religionen zunehmend darin einig geworden, dass Schauspiel nur in der Form schlichter Glaubensverbreitung zu befürworten sei. Kurz entschlossen ließ der Kurfürst den Theaterbau, den Sophie Charlotte im Berliner Schloss temporär hatte errichten lassen, über Nacht abreißen.

Sophie Charlotte reagierte höchst empfindlich. Zwar

wurde ihr die Ausübung ihrer Künste nicht gänzlich unter-sagt, doch sie beschloss, sich mittelfristig einen Ort fernab vom kurfürstlichen Hof zu suchen, an dem sie ungestört ihren Leidenschaften frönen konnte. Nach dem Tod von Kurfürstin Dorothea war ihr Schloss Caputh übereignet worden. Das tauschte sie kurzerhand gegen das Dorf Liet-zow (auch Lietze oder Lützow genannt), was näher an Ber-lin lag, und ließ sich dort 1695 von Hofarchitekt Nering, Bauherr der Köpenicker Schlosskirche, ein schmuckes Lustschloss errichten. 10 000 Reichstaler investierte sie dafür aus ihrer persönlichen Mitgift. Das Haus wurde Liet-zenburg (auch Lützenburg) getauft und war persönliches Eigentum der Welfin. Ihrem Gatten war der Zutritt nur ge-stattet, wenn er ausdrücklich eingeladen oder angemeldet worden war, so zum Beispiel am 11. Juni 1699 anlässlich der Einweihung des Schlosses.

Fährt man heute nach Altlietzow in den Stadtteil Char-lottenburg, um nach Spuren aus dieser Zeit zu suchen, wird man schon an der Straße des 17. Juni von der Königin be-grüßt. Ein prächtiges Stadttor, das die breite Magistrale beidseitig abgrenzt, die zentral vom Brandenburger Tor über den Großen Stern Richtung Westen aus der Stadt hi-naus führt, zeigt zur Rechten eine fünf Meter hohe figür-liche Nachbildung Sophie Charlottes. Sie trägt eine steil aufragende Perücke und ist umgeben von einem wallenden Mantel. Mit der rechten Hand weist sie hoheitsvoll auf die Miniatur eines Schlosses, das neben ihr steht: Schloss Char-lottenburg. Auf der linken Seite des Tores befindet sich eine ebenso übermannshohe Nachbildung ihres Gatten.

Architekt Bernhard Schaede (1855–1943) hatte beim Bau des Tores 1907/1908 ursprünglich nur Reliefportraits vorgesehen. Zwischenzeitlich rang er sich zu figürlichen Darstellungen durch, allerdings in menschlicher Größe. Seinem Auftraggeber, dem Kaiser, war das zu wenig. Wil-helm II. wünschte, dass seine Vorfahren majestätischer dargestellt würden. Der Architekt entsprach diesem Ansinnen, und Bildhauer Heinrich Baucke (1875–1915) machte sich an die Erstellung der zwei pompösen Gestalten, die das Tor bis heute schmücken.

Naturgemäß sparten die Berliner nicht mit Kritik. In einer der zeitgenössischen Fachzeitschriften fand sich der Hinweis, der ideale Standort zur Betrachtung der beiden Skulpturen befände sich mitten auf der Fahrbahn.

Grund für den Bau war übrigens die Tatsache, das Charlottenburg wesentlich reicher war als Berlin und ein entsprechend höheres Steueraufkommen hatte, das es hier an der Grenze auszugleichen galt. Ursprünglich befanden sich rechts und links der Straße zwei Häuschen, in denen die Steuern abzuliefern waren. In dem einen galt es, die Schlacht- und Mahlsteuer zu entrichten, in dem anderen die Chausseesteuer. Bis heute stellt das Charlottenburger Tor die Grenze zwischen beiden Bezirken dar, doch hier gilt es zum Glück längst nichts mehr zu bezahlen. Die beiden Häuschen wurden abgerissen.

In Altlietzow selbst stößt man auf einen Anger, beherrscht von einem hohen Backsteinbau mit sieben feuerroten Toren. In der Tat befand sich hier die Feuerwache, bis Mitte des 20. Jahrhunderts der Malteser Hilfsdienst in das Gebäude einzog. Hinter dem Bau befindet sich ein romantisch gepflasterter Hof, umfriedet von alten Wirtschaftsgebäuden und Mauern. Eine mächtige Ulme spendet Schatten. Auffallend an der Platzanlage um den Anger ist ferner die Villa Kogge, in der sich das Standesamt befindet, und, wenn man ein wenig weiter gen Nordwesten wandert, die katholische Herz-Jesu-Kirche und das gleich danebenliegende Pfarrhaus aus dunkelroten Backsteinziegeln. Doch diese Gebäude, so altehrwürdig und vornehm sie auch wirken, stammen alle aus dem 19. Jahrhundert und waren zu Zeiten Sophie Charlottes noch nicht vorhanden.

Weithin erkennbar ist jedoch Schloss Charlottenburg, wie Lietzenburg nach dem Tod Sophie Charlottes genannt wurde. Der anmutige Barockbau ist das heute repräsentabelste Schloss der Stadt, eine Sehenswürdigkeit für jeden, der hier zu Gast ist, und für die Anwohner mit seinem weitläufigen Park eine Oase des Friedens. Das alles haben Berlin und seine Bewohner der Initiative der Kurfürstin zu verdanken. Als sie ihre neue Residenz 1699 bezog, bestand das Haus aus dem zentralen Teil sowie zwei Seitenrisaliten. Es trug noch nicht einmal den hohen Turm mit der repräsentativen Kuppel, war also ein Art Gartensalon. Die Innenausstattung war von einem ovalen Mittelsaal bestimmt sowie zwei weiteren Zimmern links und zwei Zimmern rechts davon. Darüber gab es ein kleineres Stockwerk mit der entsprechenden Raumanordnung.

Die Gäste der Kurfürstin betraten das Anwesen vom Park aus. Ähnlich wie in Caputh kam die Gesellschaft gewöhnlich per Schiff hierher, möglicherweise auf einer der Treckschuten, die zweimal am Tag auf der Spree nach Berlin fuhren. In dem kleinen Hafen angelangt, ergingen sich die Gäste erst auf den säuberlich geharkten Wegen des Schlossgartens, zwischen sorgsam angelegten Blumenrabatten und gestutzten Bosketten – nicht ohne die barocke Anlage mit ihrer Ornamentik und den mit Broderie verzierten Flächen bewundert zu haben. Sophie Charlotte hatte den Gärtner Simon Godeau beauftragt, den Park nach französischem Vorbild zu gestalten.

Möglicherweise spielten die Gäste auch zuerst ein wenig Boule auf den eigens dafür angelegten Bahnen, besuchten den Spaßgarten mit den Wasserbassins oder die Fasanerie. Die Kurfürstin empfing dann im Haus mit Tee und Gebäck, man saß in dem ovalen Saal auf eleganten Stühlen mit Blick in den Garten und pflegte Konversation.

Bis heute erinnert Charlottenburg mit seinen dünnen Fenstern und kellerlosen Böden an diese Zeit des Lust-

schlösschens. Insbesondere in den kälteren Monaten ist es praktisch nicht zu beheizen, weil ein Großteil der Wärme das Haus genauso rasch verlässt, wie sie drinnen erzeugt wurde. Es war eben ein Ort, der bevorzugt im Sommer und an warmen Tagen genutzt wurde. Schön ist das Luftige und Leichte, das die Architektur nach wie vor prägt. Auch die Parkgestaltung ist den barocken Formen nachempfunden, die zu Zeiten Sophie Charlottes vorherrschten. Durch die breite Fensterfront an der Gartenseite mit Scheiben, die bis fast zum Boden reichen, wirkt es, als befände man sich nicht in einem Haus, sondern mitten im Freien und habe lediglich ein schattenspendendes Dach über dem Kopf. Kein Wunder, dass die Kurfürstin hier derart glücklich und zufrieden war.

Jetzt konnte sie das fortsetzen, was sie mit ihren Barockfesten begonnen hatte. Sie lud auch Künstler und Musiker nach Lietzenburg ein und übte sich in Inszenierungen aufwändiger Schauspielstücke und Opern. Auch hierbei folgte sie dem Beispiel ihrer Eltern und suchte das zu verwirklichen, was ihr die Mutter am eigenen Hof und auf den gemeinsamen Bildungsreisen gezeigt und vermittelt hatte. Besonderer Favorit Sophie Charlottes war der italienische Musiker Attilio Ariosti (1666–1729). Er war ein Bruder des Servitenordens in Bologna, darüber hinaus ein begabter Musiker, und die Kurfürstin engagierte ihn als Hofkomponist. Erstmals nahm sie damit Abstand von den Leihmusikern, mit denen sie bisher gearbeitet hatte, und bald schon erklangen in Lietzenburg Arien, Kammerkonzerte und Opern, die eigens in ihrem Auftrag für diesen Ort erdacht und entwickelt worden waren. Gern brachte sich die Kurfürstin bei den Proben selbst mit ein, übernahm ganze Rollen oder spielte jeweils den Part des Cembalos. Sie regte nicht nur an, sondern war leidenschaftlich mit dabei, selbst ein Teil des Ganzen.

Zur Unterstützung ihrer Künstler ließ Sophie Charlotte im Park ein einfaches Theaterhaus bauen, in dem die Proben und Aufführungen stattfinden konnten. Insgeheim hoffte sie, irgendwann ein eigenes, festes Hoftheater einrichten zu können, wie es in Hannover seit 1689 existierte oder in Dresden ab 1719, doch bis dahin war es noch ein weiter Weg.

Ariosti erwies sich als ungeheuer produktiv. In Berlin entstanden zahlreiche Kompositionen wie die Opern *La fede nel tradimento* (Die Treue zwischen Verrätern), *La spettro amorose* (Das verliebte Gespenst), *Atys o L'Inganno vinto della Costanza* und das Singspiel *Mars und Irene*. Damit signalisierte die Kurfürstin ihre Vorliebe für italienische Musik und Gesang und setzte damit im kargen Brandenburg, im Vergleich zu anderen nordeuropäischen Fürstenhöfen, einen neuen, innovativen Schwerpunkt. Besonders beeindruckt zeigte sich der Zar in Russland.

Ariosti selbst musste den Hof nach sieben Jahren wieder verlassen. Es heißt, es soll sogar zu Handgreiflichkeiten mit dem Oberkapellmeister gekommen sein. Grund dafür war aber eigentlich die Abberufung des Serviten zurück in sein heimatliches Kloster. Eigentlich war der Komponist vom Ordensdienst vorübergehend befreit worden, um sich der Ausübung seiner Künste zu widmen. Papst Innozenz XII. (1615–1700) hatte den Wechsel des Musikers an den Hof der Kurfürstin gar begrüßt, zumal er sich erhoffte, die protestantischen Herrscher Norddeutschlands für den katholischen Glauben zu gewinnen. Als Friedrich III. sich jedoch nicht von einem katholischen Würdenträger krönen ließ, sondern sich selbst die Krone aufsetzte und das lediglich im Beisein zweier protestantischer Kirchenvertreter, reagierte Rom beleidigt und änderte seine Haltung gegenüber Preußen umgehend. Sophie Charlotte wehrte sich entschieden gegen die Abberufung ihres Hofkomponisten, doch all ihren Bemühungen zum Trotz musste sie Ariosti 1703 ziehen lassen.

Die Kurfürstin genoss die Freiheiten, die sie in Lietzenburg hatte, die Unabhängigkeit von Etikette und Hofzeremoniell. Das Leben hier entsprach genau ihrem Naturell. Sie war bekannt dafür, dass sie bis tief in die Nächte feierte und – ganz im Gegensatz zu ihrem Mann – entsprechend spät aufstand. Nicht umsonst kursierte in Berlin bald die Redensart, von einem Abendempfang bei der Kurfürstin könne man nach Abschluss ohne Zeitverzug direkt zur morgendlichen Besprechung mit ihrem Gemahl weiterziehen.

Begeistert schilderte Sophie Charlotte in ihren Briefen nach Hause, wie herrlich das Leben in Lietzenburg sei, »wo die Damen und Herren Kavaliere Komödien einstudierten«.[8] Hier konnte sie ihre Freude an der Musik, an der Gartenkunst, an Theater und Tanz kultivieren und führte ein Leben, das im gestrengen, kargen Brandenburg bislang nicht zum Dasein einer Kurfürstin gepasst hatte. Louise Henriette und Dorothea hatten sich auf Architektur und Urbarmachung konzentriert, auf den unmittelbaren Nutzen, den das Land erbringen kann, wenn man es geschickt bewirtschaftet. Die erste Frau des Großen Kurfürsten hatte die Welt des Theaters gar als unmoralisch angesehen.

Sophie Charlotte hingegen förderte die Darstellenden Künste, die Literatur und das Nachdenken, das geistreiche Gespräch. Unter ihrer Ägide entstand in Lietzenburg ein Musenhof, der weithin von sich reden machte. Die Kurfürstin korrespondierte mit Musikern wie Agostino Steffani (1654–1728), Hofkomponist und Opernkapellmeister ihres Vaters sowie Freund und Wegbegleiter Georg Friedrich Händels (1685–1759). Sie lud Pierre Bayle (1647–1706) in ihre Residenz ein, einen der radikalsten Religionskritiker ihrer Zeit, um mit ihm zu diskutieren. Die Auseinandersetzungen mit ihrem Sohn versuchte sie zu lösen, indem sie den *Telemach* las, ein Werk von François Fénelon (1651–1715), der sich mit dem Thema der Erziehung zum idealen Herrscher befasste.

Einer der ersten, der das Streben Sophie Charlottes zunehmend respektierte, war ihr eigener Mann. Nachdem ihre Mitgift aufgezehrt war, kam er anstandslos für die Rechnungen in Lietzenburg auf. Die Kurfürstin sollte keinen Grund zur Klage haben. Ihr persönlicher Hofstaat umfasste etwa zwanzig Personen, zuzüglich des ihr direkt zugeordneten Dienstpersonals wie Hofmeisterin, Kammerjungfern, Kammerfrauen oder Waschfrau. Hinzu kamen die Kosten für die Ausstattung der Festlichkeiten und Aufführungen, doch der Berliner Hof hatte ihre Ausgaben samt und sonders zu begleichen. 1704 bewilligte Friedrich ausdrücklich einen Zuschuss, ein Jahr später wiederholte er diese Zusage. Er hatte begriffen, dass Sophie Charlottes Wirken seinen eigenen Ruhm und den seiner Herrschaft mehrte. Nicht zuletzt half der Glanz des Lietzenburger Musenhofs ihm, seine Krönung zu rechtfertigen. Einem Fürstenhaus, das dergestalt von sich reden machte, konnte man schlecht einen Aufstieg innerhalb der Hierarchie der herrschenden Adelshäuser absprechen.

Zur Jahrhundertwende war es endlich so weit. Der Kaiser gab seine Einwilligung, Friedrich ließ seinen Hofstaat neu ausstatten und begab sich mit seinem gesamten Gefolge mitten im Winter nach Königsberg. Sein Gepäck enthielt die größten Schätze des Hauses: Silbergeschirr und Waffenschmuck, Prunkkleider, Fahnen, Gobelins, Kutschen und Pferde, gar nicht zu reden von den nagelneu angefertigten Krönungsinsignien, Purpurmänteln und Baldachinen. Alles wurde ins ferne Preußen transportiert. Im Königsberger Schloss setzte sich der Kurfürst am 18. Januar 1701 die Krone auf. Fortan war er König Friedrich I. Anschließend krönte er eigenhändig seine Frau. Zum Abschluss der Feierlichkeiten kniete das Herrscherpaar in der Schlosskirche am Altar nieder und wurde von zwei evangelischen Bischöfen gesalbt. Dergestalt erhielt das neu entstandene Königtum auch seinen kirchlichen Segen.

Friedrich bezeichnete sich nicht als König *von*, sondern König *in* Preußen, ein Titel, der, wie der Historiker Christopher Clark schrieb, »an den Höfen Europas für Heiterkeit sorgte«.[9] In Wahrheit war die Wahl dieser Bezeichnung ein geschickter Schachzug, die einerseits von Hybris, andererseits von einem Streben nach größtmöglichster Unabhängigkeit zeugt. Clark schreibt: »In den Verhandlungen mit Wien wurde besondere Sorgfalt darauf verwendet, dass aus dem Wortlaut eindeutig hervorging, dass der Kaiser den neuen Königstitel nicht ›creirt‹, sondern lediglich anerkennt (›agnosziert‹). Eine vieldiskutierte Passage der endgültigen Vereinbarung zwischen Berlin und Wien enthält ein Lippenbekenntnis zur besonderen Vorrangstellung des Kaisers als höchsten Monarchen der Christenheit, stellt jedoch gleichzeitig klar, dass die preußische Krone eine völlig unabhängige Stiftung sei, die sich der Zustimmung des Kaisers erfreue, ihrer aber nicht bedürfe.«[10]

Bei aller Anstrengung, die mit einer derartigen Winterreise in den kalten Norden verbunden war – die Ernennung zur Königin muss für Sophie Charlotte ein Höhepunkt ihres Lebens gewesen sein. Zurück in Brandenburg fühlte sie sich in allem bestätigt, was sie mit ihren Barockfesten einst begonnen hatte. Dazu trugen nicht zuletzt die Berliner selbst bei. Vier Wochen musste das frisch gekrönte Paar nach seiner Rückkehr in Oranienburg ausharren, bis alle Vorbereitungen getroffen worden waren, um die beiden gebührend willkommen zu heißen. Neun Ehrentore waren errichtet, die ganze Stadt geschmückt und aufbereitet worden. Mit tagelangen Festlichkeiten, Triumphempfängen und Feuerwerk wurden Sophie Charlotte und Friedrich in ihrer Residenzstadt gefeiert. Es war eine Pracht und Herrlichkeit, von der noch Jahre gesprochen und berichtet wurde. Innerhalb weniger Jahrzehnte war aus dem kargen, menschenleeren Land ein kultiviertes Königreich geworden.

Gern gesehener Gast an Sophie Charlottes Musenhof war der Philosoph Leibniz, Freund und geschätzter Gesprächspartner schon aus Jugendjahren. Ähnlich wie ihre Mutter pflegte sich auch Sophie Charlotte mit dem Gelehrten regelmäßig auszutauschen.

So beriet sie sich mit Leibniz über die Möglichkeit einer Kalenderreform in Brandenburg. Auch spielte sie mit dem Gedanken, in Berlin eine Sternwarte bauen zu lassen. Ähnlich wie andere Herrscher in Europa auch war Sophie Charlotte fasziniert von den Entdeckungen Edmond Halleys (1656–1742). Der Londoner Astronom hatte zwischen 1680 und 1681 einen Kometen beobachtet, von dem er behauptete, er würde in regelmäßigen Zyklen zurückkehren und er könne berechnen, wann er wieder am Firmament auftauchen würde. Derart weitreichende Beobachtungen wollte Sophie Charlotte auch von Berlin aus machen können. Sie wusste, dass Ludwig XIV. ein eigenes Observatorium in Paris besaß. 1667 vom Sonnenkönig gegründet, hatte es der Architekt Claude Perrault 1671 vollendet. Rasch war der imposante Bau zu einer der renommiertesten Forschungsstätten seiner Zeit geworden. Mit derlei Kräften wollte sich die ehrgeizige Herrscherin messen.

In der Tat tauchte der Halleysche Komet, wie von seinem Entdecker vorausgesagt, 1705 wieder am Himmel auf. Leider konnte der Forscher erst bei dieser Gelegenheit sicherstellen, dass der Schweifstern seinen Berechnungen folgte. 1758 war er erneut von der Erde aus zu sehen. Zu diesem Zeitpunkt aber war Sophie Charlotte längst verstorben. Auch Halley selbst konnte seine Entdeckung nicht überprüfen, weil er zuvor das Zeitliche segnete, aber alle seine Voraussagungen gingen in Erfüllung. Bis heute kehrt der Komet akkurat alle 75 bis 77 Jahre in Sichtweite der Erde zurück. Zuletzt konnte er im Jahr 1986 beobachtet werden.

Sophie Charlotte war nicht die Einzige, die Leibniz nach Berlin lockte, aber sie hatte für Künstler und Wissenschaftler ihrer Zeit günstige Voraussetzungen geschaffen, eine Atmosphäre, ein Fluidum, das ein spezifisch geistiges Leben in der Mark wachsen ließ. Ihr Musenhof war bekannt geworden und zog kluge und interessierte Menschen an. Viele, die etwas neu herausgefunden hatten oder erschaffen wollten, zog es plötzlich ins ferne Brandenburg, in die sandige Residenzstadt der Hohenzollern. Sophie Charlotte handelte intuitiv und unkoordiniert, sie hatte auch nicht die finanziellen Mittel, all diese inspirierten Menschen zu unterstützen, aber die Wirkung ihrer Taten war immens.

Seit 1697 stand Leibniz im schriftlichen Gedankenaustausch mit dem Berliner Gelehrten Schweizer Herkunft Ezechiel von Spanheim (1629–1710) und dem Reformierten und Hofprediger Daniel Ernst Jablonski (1660–1741). Eine der Überlegungen in ihren Korrespondenzen war die Idee, die Lutheraner mit den Reformierten zu einer Union zusammenzuführen. Insbesondere seit Aufnahme der zahlreichen Refugiés in Brandenburg hätte sich solch ein Bund angeboten. Ein weiterer Gedanke Leibniz' war, in Berlin eine Sozietät der Wissenschaften zu gründen sowie eine Kalenderreform durchzuführen.

Sophie Charlotte griff die Anregungen des Gelehrten auf und setzte sich dafür bei ihrem Mann ein. Was die Akademie anging, ließ sich der König umgehend überzeugen, warnte allerdings vor den Kosten. Keinesfalls könne der Hof dafür aufkommen. Doch Leibniz ließ sich nicht beirren. Am 12. Juli 1700 gründete er in Berlin eine Akademie und machte sich gleich selbst zu ihrem Präsidenten. Vizepräsident wurde sein Mitstreiter Jablonski. Unterbringung fand die neue Sozietät im Marstall, schräg gegenüber dem Berliner Schloss, der zu diesem Zweck von Hofarchitekt Nering um das nahezu Doppelte erweitert worden war.

Auch die Kalenderreform ließ sich durchsetzen, zumindest in abgemilderter Form. Im Frühjahr 1700 ließ man auf den 18. Februar der julianischen Zeitrechnung den 1. März der neuen Zeit folgen. Auch wenn diese Rechnung dem gregorianischen Kalender schon nahezu ganz entsprach, gelang es erst Friedrich II., und das erst 1775, die volle Akzeptanz des neuen Kalenders.

Schließlich wurde sogar noch das Observatorium realisiert, doch leider erst nach Sophie Charlottes Tod. Diesmal war Nerings Nachfolger, Martin Grünberg (1655–1706/7), an der Reihe. Er stammte aus Insterburg in Ostpreußen und ließ einen dreigeschossigen, 27 Meter hohen Turm auf den massiven, rechtwinkligen Marstallbau aufsetzen. Die Sternwarte fand im obersten Stockwerk ihren Platz und war damit immer noch eine der ersten Neugründungen im 18. Jahrhundert. Am 19. Januar 1711 traf sich die Akademie feierlich zu ihrer ersten offiziellen Versammlung. Dabei wurde das Observatorium übergeben. Es blieb der repräsentative Mittelpunkt der Sozietät. Wo Sterne beobachtet und Kometenbahnen verfolgt werden konnten, ließen sich gleichermaßen neueste wissenschaftliche Ergebnisse vorstellen und diskutierten.

Was die Finanzierung des Gelehrtenclubs anbetraf, blieben die Hohenzollern allerdings hart. Obwohl sich die Akademie »Königlich Preußische Sozietät der Wissenschaften« nannte, musste sie ihren Unterhalt bis ins Jahr 1806 selbst bestreiten. Dabei war sie, was Struktur und Ansatz anging, wirklich revolutionär: Während sich Vereinigungen ähnlicher Art wie die »Royal Society« in London oder die »Académie française« in Paris auf einzelne Wissensgebiete beschränkte, war die Berliner Sozietät von Anfang an darauf bedacht, Vertreter sämtlicher Wissensgebiete gleichzeitig in ihre Debatten miteinzubeziehen. Preußen hatte damit die erste Akademie, in der Natur- und Geisteswissenschaften zusammengefasst wurden. Der konsequent interdisziplinäre Ansatz, der sich daraus ergibt, wird heute noch praktiziert.

Nach seiner Krönung beschloss Friedrich, das Lietzower Lustschloss zu seiner königlichen Sommerresidenz zu machen. Damit nahmen architektonische Neuordnungen ihren Lauf, die Lietzenburg stark veränderten. Von Sophie Charlottes privat-persönlichem Musenhof konnte bald keine Rede mehr sein. Doch sie trug die Entscheidung ihres Gatten mit Fassung, war sie doch ein Zeichen deutlicher Anerkennung. Wenn ein Herrscher das Gartenhäuschen seiner Ehefrau zu einer königlichen Residenz ausbauen ließ, zeigte sich, welche Bedeutung er ihr beimaß. In der Tat hatte die eigenwillige Welfin dank ihres kulturellen Engagements dem jungen Königreich zu derart großem Ansehen verholfen, dass Friedrich ihr bis an sein Lebensende dankbar sein konnte.

Während der Umbauarbeiten starb Sophie Charlotte plötzlich am 1. Februar 1705 bei einem Besuch ihrer Eltern in Hannover. Sie hatte sich eine Halsentzündung zugezogen, von der sie sich nicht mehr erholte. Überliefert ist eine Äußerung von ihr, die sie als gefasste, fast möchte man sagen, souveräne Sterbende beschreibt. Zu ihrer Kammerfrau Henriette Charlotte von Pöllnitz (1670–1722) sagte sie kurz vor ihrem Ende: »Ich gehe jetzt meine Neugier befriedigen über die Urgründe der Dinge, die mir Leibniz nie hat erklären können, über den Raum, das Unendliche, das Sein und das Nichts.«[11]

Friedrich muss auf den Tod seiner Frau mit Erschütterung reagiert haben. Es heißt, er habe sich in seinem Zimmer eingeschlossen und niemanden sehen wollen. Die Königin war lediglich 36 Jahre alt geworden.

Erschreckt über das jähe Ende waren auch die Künstler und Wissenschaftler, mit denen Sophie Charlotte in Kontakt gestanden hatte. Leibniz schrieb am 10. Juni 1705: »Sie besaß eine unglaubliche Kenntnis auch auf abgelegenen Gebieten und einen außerordentlichen Wissensdrang, und in unseren Gesprächen trachtete sie danach, diesen immer mehr zu befriedigen, woraus eines Tages ein nicht geringer Nutzen für die Allgemeinheit erwachsen wäre, wenn nicht der Tod sie dahingerafft hätte.«[12]

Friedrich bestimmte, dass die Beisetzung am 25. Juni stattfinden sollte, ein halbes Jahr nach dem Tod seiner Frau. Ein ganzes Heer von Handwerkern und anderen waren in den nächsten Wochen und Monaten damit beschäftigt, die Feierlichkeiten vorzubereiten. Schließlich sollte eine Königin bestattet werden. Tribünen und Portale mussten gebaut und Dekorationen gefertigt werden, Kutschen gewienert und Uniformen gerichtet. Alle Straßen, die der Trauerzug passieren würde, sollten mit Brettern und schwarzem Tuch ausgelegt sein, sämtliche Mitglieder der Trauergesellschaft schwarze Mäntel tragen. Die Webstühle standen nicht still. Die Bestattung sollte an barocker Prachtentfaltung in nichts dem Lebensstil nachstehen, den Sophie Charlotte in Preußen eingeführt hatte.

Bei Andreas Schlüter (1659/60 – spätestens 1714) gab Friedrich die Fertigung eines Sarkophags in Auftrag. Der Künstler war, obwohl er längst auch für andere Dienste bei Hofe herangezogen worden war, von der Ausbildung her Bildhauer und eignete sich hervorragend für diese Aufgabe. Von seinem Können zeugten auch Teile der Außenfassade sowie der Schlüterhof am Berliner Schloss, die prächtige Reiterstatue des Großen Kurfürsten, die heute vor Schloss Charlottenburg steht, oder das Standbild Friedrichs I., ebenso wie die auffallend individuell gestalteten Schluss-steine am Zeughaus, um nur einige wenige Beispiele zu nennen.

Kurz nach seiner Berufung hatte der Kurfürst Schlüter nach Frankreich, in die Niederlande und nach Italien ge-schickt, um Gipsabdrücke antiker Skulpturen für die Ber-liner Akademie zu beschaffen. Auf diesen Reisen hatte der Bildhauer Gelegenheit gehabt, Werke von Michelangelo Buonarroti (1475–1564) und Gian Lorenzo Bernini (1598–1680) zu studieren, die sein Wirken nachhaltig beeinfluss-ten. Gerade dadurch hatte auch die italienisch geprägte Formsprache in Preußen Einzug gehalten.

Die Zeit für den Sarkophag war knapp. Für Entwurf und Realisierung hatte Schlüter nur vier Monate lang Zeit, doch das Ergebnis kann sich sehen lassen. Das Monument steht oben im Berliner Dom und zählt zu den herausragen-den Exponaten der Kirche. Es ist komplett vergoldet, eine prächtige barocke Skulptur, geschmückt mit Figuren und allegorischen Darstellungen der Tugenden der Herrsche-rin. Ausgebreitet über den Sarg liegt der Königinnenman-tel, wallt üppig an den Seiten herab und verleiht dem Werk eine dramatische Präsenz. Zwei weibliche Figuren, die Le-ben und Tod versinnbildlichen, halten das ovale Reliefbild der Königin. Es glänzt derart hell, als würde es täglich po-liert werden. Vier preußische Adler an den Ecken und vier welfische Pferde im Mittelbereich tragen das Monument.

Die Figuren wirken so, als hätten sie nur kurzzeitig auf und an dem Sarkophag Platz genommen. Sie bestechen durch Dynamik und Lebendigkeit. Besonders auffällig ist die Darstellung des Todes am Fußende des Sarkophags. Eine menschenähnliche Figur im Kapuzenmantel ruft mit spitzer Feder im goldenen Buch dazu auf, der Königin ewig zu gedenken. Die knochigen Hände, die Buch und Feder halten, sind überaus realistisch gestaltet. Unter dem wehenden Tuch ragen grässliche Skelettfüße hervor.

Gleich gegenüber steht der Sarkophag, den Schlüter Jahre später für Friedrich I. selbst herstellte. Ihn schmücken zwei grazile weibliche Wesen, von denen eines Preußen, das andere Brandenburg darstellen soll. Die linke Figur trägt einen Krönungsmantel und weist auf das Porträtrelief des Königs, die andere studiert es eingehend.

Beide Monumente waren früher so positioniert, dass man um sie herumgehen und sie von allen Seiten betrachten konnte. Sie befinden sich immer noch im Dom, doch sie wurden inzwischen räumlich voneinander getrennt und jeweils hinter hohen Gittern verborgen. Die eigentlichen Gräber der beiden Verstorbenen befinden sich in der Hohenzollerngruft direkt unter der Kirche, dort wo sich auch Elisabeth Henriettes Sarg befindet.

Schlüters goldglänzende Grabmale sind wohl die letzten bildhauerischen Werke, die der Künstler im Auftrag des preußischen Königshauses geschaffen hat. Kurz darauf scheiterte er tragisch am Bau des Münzturms, der unweit vom Berliner Schloss erstehen und sowohl ein Glockenspiel als auch den Speicher für die Wasserkünste im Lustgarten enthalten sollte. Mehrfach brachen seine Konstruktionen zusammen, zuletzt kamen Bauleute zu Tode, weil die einstürzenden Gerüste sie unter sich begruben. Berlin wurde dafür bekannt, dass hier auf dem sandigen, wasserreichen Grund kaum ein Turm länger Bestand haben konnte.

Schlüter fiel in Ungnade, wurde entlassen und setzte sich in seiner Verzweiflung Richtung Osten ab, von wo er als gebürtiger Danziger auch ursprünglich stammte. Seine Spuren verloren sich in Petersburg am Hof des Zaren, wo er kurz darauf verstorben sein muss. Sein genaues Todesdatum ist, ähnlich wie die Geburtsdaten, nicht bekannt.

Auch wenn die weitere Baugeschichte von Schloss Charlottenburg nur mittelbar mit Sophie Charlotte zu tun hat, lohnt es sich, davon zu berichten, denn sie spiegelt auf das eindrücklichste die dauerhafte Wirkung dieser Frau. Die Leitung für die Erweiterungsbauten, die 1701 begannen, übernahm Johann Friedrich Eosander von Göthe (1669–1728). Der gebürtige Schwede schätzte sich glücklich, die Arbeiten an dem repräsentativen Bau zu übernehmen, denn er neidete, wie viele andere auch, Schlüter seinen Ruhm. Göthe war ein vorzüglich ausgebildeter Mann aus vornehmem Hause, er hatte Ingenieurwesen in Riga und Bauen in Stettin gelernt und durfte schon die Krönungskirche Friedrichs I. in Königsberg gestalten. In Berlin übernahm er die Verantwortung für den Umbau von Schloss Oranienburg, Schloss Monbijou sowie des ersten Charlottenburger Rathauses.

Am wesentlichsten waren jedoch die Veränderungen, die er Schloss Charlottenburg angedeihen ließ. Auf seine Anweisungen hin wurde es mit den Hofgebäuden verbunden, die im rechten Winkel zum Zentralbau standen, und erhielt einen Ehrenhof. Dadurch entstand aus dem bescheidenen Gartensalon eine vornehme Dreiflügelanlage. Der König sollte auf der einen Seite, die Königin auf der anderen residieren können. Fortan fuhr man auf der Hofseite und mit der Kutsche vor. Dank seiner nordischen Herkunft verzichtete Göthe auf barockes Pathos. Auch der Innenausbau des Schlosses zeugt eher von einem Hang zum Klassizismus und entsprechend kühler Strenge.

Später ließ der Architekt das Mittelstück zu einem Risalit ausbauen, wodurch die bisherigen Seitenrisalite zurücktraten. Darüber entstand die markante Schlosskuppel. Erst jetzt entsprachen die Umrisse des Hauses der Miniatur, auf die Sophie Charlotte am Charlottenburger Tor zeigt. Jenseits der Dreiflügelanlage ließ Göthe, direkt im Anschluss an das westliche Haupthaus, die Schlosskapelle bauen, in der manch Hohenzollernpaar sich später das Ja-wort gab. Gleich daneben entstand die Orangerie. Sie diente der Überwinterung seltener Pflanzen, wie der gut 500 Apfelsinen-, Zitronen- und Pomeranzenbäume, die den Barockgarten im Sommer zierten. In der Zeit, in der der langgestreckte, ebenerdige Bau leer stand, wurde er zum Schauplatz höfischer Festlichkeiten.

Nach dem Tod Friedrichs I. führte Schloss Charlottenburg ein Schattendasein. Friedrich Wilhelm, sein Sohn, nutzte es nur gelegentlich für repräsentative Zwecke. Zeit seines Lebens verachtete er die prachtliebende Hofhaltung seiner Eltern. Er hielt sie für reine Geldverschwendung. Immerhin ließ er das Schloss im Winter beheizen, damit die Innendekoration nicht unter Kälte oder Feuchtigkeit litt. Das Theaterhaus im Park ließ er abtragen und stellte die Steine demonstrativ Berliner Bürgern zur Verfügung, die eine Schule bauen wollten.

Erst Friedrich II. machte Charlottenburg wieder zu einer königlichen Residenz. Gern bezog er sich auf seine schöngeistige und gebildete Großmutter und wollte den Ort ihres Wirkens in diesem Sinne wiederauferstehen lassen. Er beauftragte seinen Haus- und Hofarchitekten Georg Wenzeslaus von Knobelsdorff (1699–1753), einzelne Räume im Obergeschoss des Mittelbaus für ihn herzurichten, und ließ sogar eine Wachtruppe zusammenstellen, die er nach dem Schloss benannte. Analog zur Orangerie entstand nach Knobelsdorffs Plänen der sogenannte Neue Flügel auf der östlichen Seite des Gebäudes.

Friedrich Wilhelm II. ergänzte das Anwesen durch den Bau des Belvederes im hinteren Teil des Gartens, heute noch zu bewundern am Ende einer Sichtachse, die quer über den Parksee verläuft. Es ist ein dreistöckiger Bau, der den Übergang vom Barock zum Klassizismus unterstreicht. Architekt Carl Gotthard Langhans (1732–1808), bekannt insbesondere für die Errichtung des Brandenburger Tores, lieferte dazu den Entwurf. Im Belvedere wurden Konzerte für den König aufgeführt, ferner traf er sich dort mit den Mitgliedern des geheimen Rosenkreuzerordens.

In der Zeit Friedrich Wilhelms III. entstand ein auffallend eleganter zweistöckiger Bau, freistehend und im rechten Winkel zum Neuen Flügel, der sogenannte Neue Pavillon. Davon wird später noch die Rede sein. Die Pläne dafür stammten von Karl Friedrich Schinkel. Damit zog der Klassizismus in Reinform in Charlottenburg ein.

So gingen Könige und namhafte Architekten über das Anwesen Sophie Charlottes hinweg, ein jeder hinterließ dem herrschaftlichen Bau seine Eingriffe, und aus dem ehemals pittoresken Lustschlösschen wurde mit der Zeit das prächtige Residenzschloss, das Berlins Stadtbild in all den Jahren prägte. Bei allen Umbauten und Veränderungen blieb das Haus ein Liebling der Frauen. Nach Sophie Charlotte war es Luise, die hier viele Wochen und Monate residierte. Ihr eigens von Schinkel angefertigtes Schlafzimmer im ersten Stock sowie die angrenzenden Räume erinnern an die beliebte Königin. Schloss Paretz, eigens von ihr und ihrem Mann konzipiert, wird derart stark mit ihr in Verbindung gebracht, da der schlichte Bau präzise eine für Herrscher Preußens untypische Bescheidenheit zeigt, die aber genau ihrer Lebenshaltung entsprach. Deshalb wird im Allgemeinen angenommen, sie habe dort den ganzen Sommer verbracht, doch in Paretz war Luise immer nur wenige Wochen im September. Die längsten Monate in der warmen Jahreszeit verlebte sie mit ihren Kindern in Schloss Charlottenburg.

Auch viel später, im 20. Jahrhundert, war es wieder eine Frau, die in nicht enden wollendem Einsatz die Bedeutung des Hauses herausstrich: Margarete Kühn (1902–1995). Kunsthistorikerin und erste Direktorin der Berliner Schlösserverwaltung, setzte sie sich gleich nach dem Krieg für den Erhalt Charlottenburgs ein – kein leichtes Unterfangen in einer Stadt, die so stark zerstört worden war wie die Spreemetropole. Obwohl auch das Schloss grundlegend beschädigt war, setzte Kühn alles daran, es wiederaufzubauen. Bei ihrer Überzeugungsarbeit ging sie sehr geschickt vor: Sie lud – fast wie zu Zeiten Sophie Charlottes – zu Teegesellschaften, kleineren Konzerten oder hübschen Abendveranstaltungen ins Schloss und nutzte dazu die wenigen Räume, die nicht völlig kaputt waren. Dadurch lernten alle das Anwesen schätzen und lieben, insbesondere die Mitglieder der britischen Militärverwaltung, die es zuvor nie von innen gesehen hatten. Peu à peu wurden Ressourcen für den Wiederaufbau zur Verfügung gestellt, und ganz allmählich konnte der Barockbau in seiner alten Pracht wieder auferstehen.

Gleichermaßen setzte sich Kühn übrigens auch für den Erhalt des Berliner Schlosses ein, doch gegen die Ostberliner Regierung kam sie nicht an. Obwohl es wesentlich weniger beschädigt war als Charlottenburg, wurde es abgerissen.

Dem Engagement dieser Frau ist auch zu verdanken, dass das Reiterstandbild des Großen Kurfürsten von Schlüter im Ehrenhof des Charlottenburger Schlosses aufgestellt wurde. 1949 ist es im Tegeler See geborgen worden. Schlüter hatte es eigentlich für die Lange Brücke konzipiert, ursprünglich einziges Verbindungsglied zwischen den beiden Städten Cölln und Berlin, doch das nur nebenbei.

Nicht zuletzt hielt die Museumsdirektorin daran fest, den Schlossgarten in seiner traditionellen barocken Form zu rekultivieren. Nachdem auch hier alles verwüstet worden war, stand zur Debatte, ob aus dem Areal nicht ein Volkspark werden sollte mit weiten unbepflanzten Rasenflächen à la Neuer Garten in Potsdam. Kühn hielt erfolgreich dagegen.

Obwohl die energische Schlossverteidigerin eigentlich aus der Nähe von Dortmund stammte, blieb sie Berlin und seinen kulturellen Schätzen treu, bis weit über ihre Pensionierung hinaus. Vielen Berlinern, insbesondere den Mitarbeitern der Schlösserverwaltung, war und ist sie gut bekannt. Die Stadt dankte ihr das rückhaltlose Engagement, indem sie in Charlottenburg eine Straße nach ihr benannte.

5.

Die Gemeindestifterin – Sophie Luise
von Mecklenburg-Schwerin
(1685–1735)
Dritte Ehefrau von König Friedrich I.
(1657–1713)

Inmitten der Spandauer Vorstadt erhebt sich unverhofft ein schlanker Barockbau, die Sophienkirche. Den hohen Turm mit seiner geschwungenen grünen Haube schmückt eine goldene Kugel, gekrönt von einem Kreuz. Eine große Uhr gibt mit matt glänzenden Zeigern die Zeit an. Der Bau wirkt einladend und friedlich. Durch ein geschwungenes Tor zwischen zwei steinernen Säulen betritt man von der Großen Hamburger Straße aus die Zufahrt. Sie ist gesäumt von neobarocken Wohnhäusern.

Rechts der Kirche verstecken sich hinter Büschen und Bäumen Schaukel, Klettergerüst und ein großer Sandkasten. Die Kinder, die dort spielen, sind kaum zu hören, so dicht ist das Laub. Im Hintergrund links stehen einzelne Grabmale. Die Lebensdaten der Verstorbenen weisen zurück bis in die Anfänge des 18. Jahrhunderts. Alte Bäume spenden Schatten und erlauben dennoch den Blick auf eine großräumige, scheinbar absichtslos begrünte Fläche, ein unverhofft innerstädtisches Areal, das sich jeglicher ordnenden Hand entzieht. Umgeben ist der Kirchhof von einem Gitter. Ein Hort des Friedens.

Tagsüber erweist sich die Umgebung als ein freundlicher Wohnbezirk mit Spielplätzen und Cafés, in dem sich unbekümmert Familienleben entfaltet. Die neben der Kirche spielenden Kinder besuchen den gemeindeeigenen Kindergarten. Zwei Häuser weiter befindet sich eine Schule. In der Adventszeit findet in der angrenzenden Sophienstraße der Weihnachtsmarkt statt. Doch abends und nachts verwandelt sich die Gegend in ein Ausgehviertel. Galerien und Ausstellungen ziehen Besucher und Flaneure an. In Clärchens Ballhaus in der Auguststrasse wird das Tanzbein geschwungen. Bis in die frühen Morgenstunden ziehen amüsierfreudige Menschen durch die Straßen, immer auf der Suche nach den beliebtesten Restaurants und Bars.

Sophie Luise Prinzessin von Mecklenburg-Schwerin, nach der die barocke Kirche benannt wurde, stammte aus Grabow, nordwestlich von Berlin, und war die einzige Tochter Herzog Friedrichs I. von Mecklenburg-Schwerin-Grabow (1638–1688) und Christine Wilhelmines von Hessen-Homburg (1653–1722). Als Sophie Luise drei Jahre alt war, starb ihr Vater, und sie zog zu ihrem zehn Jahre älteren Bruder, der als zukünftiger Herzog von Mecklenburg-Schwerin noch unter Vormundschaft im Schweriner Schloss residierte. Dort wuchs sie auf, recht einsam und ohne echte Herzensbildung. Schwerpunkt ihrer Erziehung war der protestantisch-lutherische Glauben, der in der Strenge, mit der er ihr vermittelt wurde, für sie prägend wurde. Hinzu kamen ein wenig Französisch- und Musikunterricht und was sonst noch zu einer standesgerechten Erziehung gehörte. Doch Schwerin hatte einen einfachen, wenn nicht gar ärmlichen Hof und war nicht zu vergleichen mit einem herrschaftlichen Haus wie das eines Kurfürstentums. Entsprechend eingeschränkt war Sophie Luises Ausbildung.

Die junge Mecklenburgerin war ausgesprochen hübsch. Sie hatte zarte Gesichtszüge und mandelförmige Augen und wurde wegen ihrer schlanken Gestalt »Venus von Mecklenburg« genannt. Das bewog die Berliner Hofpartei um Premierminister Graf von Wartenberg (1643–1712), sie Friedrich I. als dritte Ehefrau anzudienen.

Der König war mittlerweile über fünfzig und kränkelte. Er fühlte sich alt und müde. Auch ein Kronprinz war längst gekürt und für jenen sogar schon die passende Gemahlin gefunden worden. Dennoch bedrängte Wartenberg Friedrich, noch einmal zu heiraten. Ein männlicher Nachfahre sei nicht genug, so argumentierte er gegenüber seinem Regenten. Es gelte dringend, die Thronfolge durch einen weiteren Nachkommen zu sichern. Der König ließ sich überreden. Ohne Sophie Luise persönlich kennengelernt zu haben, ließ er um ihre Hand anhalten.

Am Schweriner Hof reagierte man auf das Ansinnen

einigermaßen überrascht, aber der Herzog zögerte nicht lange und ging darauf ein. Die Hochzeit wurde für den 28. November 1708 vereinbart. Zu diesem Zeitpunkt war Sophie Luise 23 Jahre alt.

Die Geschichte dieser Vermählung ist derart abwegig, dass es kein großes Vergnügen bereitet, sich damit zu beschäftigen. Wer regieren musste oder wollte, brauchte dienstbare Vasallen. Falscher Ehrgeiz und Intrigen waren offenbar aus der Position der Regenten nicht immer leicht zu durchschauen. Anders lässt sich die Situation kaum erklären. Wartenberg war ein Mann bürgerlicher Herkunft, der schon 1688 in den Dienst Friedrichs getreten war, als jener gerade die Thronfolge angetreten hatte und Kurfürst geworden war. Der Graf wurde 1690 Hauptmann von Oranienburg, 1691 Schlosshauptmann von Berlin, 1694 Hauptmann der Domprobstei Havelberg, 1696 Oberstallmeister sowie Oberkammerherr und hatte bald eine derartige Zahl an Ämtern angehäuft, dass er am Berliner Hof schalten und walten konnte, wie er wollte. Der König schien das nicht zu registrieren. Den Gipfel der Macht erlangte Wartenberg, als er Friedrich bei seiner Krönung in Königsberg den Purpurmantel reichen und die Insignien austeilen durfte. Bei der Salbung des Königspaares war Wartenberg derjenige, der bestimmt worden war, den Geistlichen am Altar das Öl zu reichen. Noch im selben Jahr wurde er zum Premierminister ernannt.

Die Zahl von Wartenbergs Posten und Pöstchen stieg weiter. Er schien geradezu besessen zu sein von Auszeichnungen und Ämtern. Er wurde Marschall des Königreiches, Protektor der Königlichen Akademie, Kanzler des Ordens vom Schwarzen Adler, Oberstallmeister, Oberaufseher der königlichen Schlösser, Oberhauptmann aller Schatullenämter und Generalpostmeister – und all das in Personalunion. Auf Geheiß Friedrichs I. erhob ihn der Kaiser 1704 in den Reichsgrafenstand.

Wartenbergs Einfluss erlaubte ihm auch, die merkwürdigsten Zwangsabgaben einzuführen und sich auf diese Weise maßlos zu bereichern. Aus seiner Zeit stammten Jungfern-, Perücken-, Hut-, Strumpf- und Kutschensteuer sowie der Erlaubnisschein für den Konsum von Kaffee, Tee oder Kakao, der zwei Taler im Jahr kostete. Er stellte eine Art Vorstufe der Kaffeesteuer dar.

Zu allem Überfluss bot Wartenberg dem König seine Frau als offizielle Mätresse an. Katharina Rickers (1670–1734), bürgerlicher Abstammung wie ihr Mann, war als Ehefrau des geheimen Stadtrats Biedekaps nach Berlin gekommen und zunächst die Geliebte Wartenbergs gewesen. Als Ehefrau des mächtigen Premiers und Mätresse seines Königs stieg sie nun zu unverhofften Ehren auf. Auch Friedrich profitierte von der Liaison.

In diesem kabarettreifen Schauspiel konnte Sophie Luise nur eine äußerst freudlose Rolle spielen. Sie muss sich wie eine Figur auf dem Schachbrett gefühlt haben. Bei ihrem Einzug in Berlin war sie derart verunsichert und scheu, dass sie vor dem König, als sie aus der Kutsche gestiegen war, auf die Knie fiel. Damit machte sie sich zum Gespött des ganzen Hofes. Eine Prinzessin und zukünftige Königin ist ihrem Herrscher gewissermaßen ebenbürtig und begegnet ihm in aufrechter Haltung. Sophie Luise kannte sich in diesen Gepflogenheiten nicht aus, und es wurde ihr auch niemand zur Seite gestellt, der sie in den nun folgenden Jahren darin unterweisen würde. Vertraut mit der Etikette und den entsprechenden Abläufen und Ritualen fühlten sich ihr sogar die Hofdamen überlegen. Selbst bei den Berlinern kam die junge Königin nicht gut an. Mit ihren verschreckten Augen und der versteinerten Miene wirkte sie auf ihre kritischen Untertanen abweisend und unfreundlich.

Nur einer hielt zunächst zu Sophie Luise: ihr Mann, der König. Sie durfte ihn überall hin begleiten und ihm abends im Tabakskollegium die Pfeife stopfen, eine Aufgabe, die nur wenigen bei Hofe vorbehalten war. Sophie Luise erfüllte zuverlässig ihre Pflichten. Auch als der König weiter alterte und der Pflege bedurfte, wich sie nicht von seiner Seite.

Der Zweck der Eheschließung blieb allerdings unerfüllt: Sophie Luise wurde nicht schwanger. Dafür erfreute sich die Ehe des Kronprinzen, des späteren Soldatenkönigs, einer überaus reichen Nachkommenschaft. Vierzehn Kinder gingen aus der Verbindung hervor. Schon 1712 wurde ein potentieller Thronfolger geboren, Friedrich mit Namen. Hätte man nur wenige Jahre gewartet, wären die Argumente Wartenbergs ad absurdum geführt worden.

Trost fand Sophie Luise in ihrem Glauben, der sie in ihrer duldsamen Rolle bestärkte. Sie besuchte regelmäßig den Gottesdienst und widmete sich gemeinsam mit ihrer Hofdame Fräulein von Grävenitz, die sie aus Schwerin mitgebracht hatte, dem Bibelstudium. Was Sophie Luise umtrieb, waren die Auseinandersetzungen zwischen den Vertretern des orthodoxen Luthertums und dem vom König geförderten Bekenntnis der Reformierten. Sie war der Konfession treu geblieben, mit der sie aufgewachsen war, und suchte nach einem Weg, das eine mit dem anderen zu vereinbaren.

Antwort auf ihre Fragen fand sie bei den Lehren des Hallenser Theologen und Pädagogen Francke, der sich für den Pietismus stark machte, eine Art Rückbesinnung auf den Einzelnen und seine persönliche religiöse Überzeugung. Der Pietismus verstand sich als Bibel- und Laienbewegung, entwickelte aber auch stark missionarische Züge. Theologisch gesehen war die Bewegung eine Reaktion auf die Spannungen und das Trauma des Dreißigjährigen Krieges mit seinen extremen religiösen Auseinandersetzungen. Ihre Anhänger wollten zurück zum Wesentlichen, zum Bibeltext und den christlichen Werten, die er vermittelte.

Als gläubige Bürger der Stadt im Jahr 1712 beim König um Audienz baten, weil sie um den Bau einer Kirche ersuchen wollten, setzte sich Sophie Luise für sie ein. Die Bürger waren mit gutem Grund gekommen: Berlin war über seine Grenzen hinaus gewachsen, und im Norden, jenseits des Spandauer Tores, wo sich zuvor Gärten und naturbelassene Flächen befunden hatten, war eine eigene Vorstadt entstanden. Wenn die Bewohner dieses Stadtteils in den Gottesdienst gehen wollten, mussten sie die Georgenkirche aufsuchen, die sich nordöstlich des heutigen Alexanderplatzes befand. Dorthin war es weit, wenn man zu Fuß unterwegs war, und die Gläubigen drängten sich in der Kirche auf engstem Raum. Die Bürger der Spandauer Vorstadt wünschten sich eine eigene Gemeinde.

Ein Grundstück für die neue Kirche hatte sich schon gefunden. Es liegt heute zwischen der Sophien- und Großen Hamburger Straße in Berlin-Mitte. Auch mit dem Magistrat der Stadt hatten die Bürger über ihr Ansinnen gesprochen, allein das Geld fehlte zu seiner Realisierung. Sophie Luise sprach mit dem König darüber, doch sie konnte sich nicht durchsetzen. Bei Hofe hieß es, dafür sei nicht genügend Geld vorhanden. Daraufhin beschloss Sophie Luise, fromm, wie sie nun einmal war, das Vorhaben aus ihrer Privatschatulle zu finanzieren. Am 31. August 1712 wurde die Stiftungsurkunde ausgestellt, und ein Jahr später, am 18. Juni 1713, konnte die Kirche eingeweiht werden. Aus Dankbarkeit beschlossen die Bürger der Spandauer Vorstadt, ihr den Namen der Königin zu geben.

Zum Pfarrer bestimmte Sophie Luise in weiser Voraussicht einen Pietisten. So blieben der Gemeinde die Differenzen zwischen Lutheranern und Reformierten erspart. Die Kirche blieb für beide Richtungen offen.

Die Anfechtungen gegen Sophie Luise bei Hofe ließen indes nicht nach. Sie zermürbten die junge Frau. Eine besonders unrühmliche Rolle spielte dabei die Frau des Premiers. Katharina von Wartenberg konnte es nicht ertragen, durch die hübsche Mecklenburgerin von der Seite des Königs verdrängt worden zu sein und überschüttete sie mit Verleumdung und Hass. Auch der Kronprinz und seine Frau versagten ihr jegliche Unterstützung. Das Verhältnis Friedrich Wilhelms zu seinem Vater war noch nie das beste gewesen.

Sophie Luises Konstitution wurde zusehends labiler. Eines Nachts wachte sie auf und machte sich auf den Weg in die Gemächer ihres Mannes, verirrte sich aber auf dem Flur, stürzte und verletzte sich dabei an einer Glasscheibe. Verletzt und blutverschmiert, wie sie war, trat sie in das Zimmer des Königs. Als Friedrich sie in ihrem hellen Nachtgewand erblickte, hielt er sie für die »Weiße Frau«, erschrak furchtbar und rief schreiend um Hilfe. Herbeieilende Dienstboten nahmen Sophie Luise in Gewahrsam und führten sie zurück in ihr Zimmer.

Die Legende von der Weißen Frau kursierte seit Jahrhunderten in einzelnen europäischen Herrscherhäusern. Sie besagt, dem jeweiligen Regenten werde kurz vor seinem Tod eine Gestalt in Weiß erscheinen. Das sei ein untrügliches Zeichen dafür, dass sein Ende nahe. Bei den Hohenzollern war dieser Aberglaube besonders ausgeprägt. Schon auf der familieneigenen Plassenburg bei Kulmbach in Franken, so erzählte man, habe die Weiße Frau ihr Unwesen getrieben. Im Berliner Schloss soll sie erstmals 1598 erschienen sein. Ihr Auftreten prophezeite Kurfürst Johann Georg seinen Tod. 1619 sei sie Johann Sigismund erschienen, 1688 dem Großen Kurfürsten. Friedrich Wilhelm I. soll sogar versucht haben, sie festzunehmen und auspeitschen zu lassen.

Friedrich II. erwartete die Weiße Frau vor seinem Tod, und auch Königin Luises frühes Sterben wurde mit dem Erscheinen des Geistes in Verbindung gebracht. So abwegig die Geschichte klingt – in adligen Häusern war und ist ein gewisser Aberglaube bis heute weit verbreitet. Manche Legende wird, quasi als Distinktionsmerkmal, in einzelnen Familien bewusst aufrechterhalten.

Der nächtliche Zwischenfall mit Sophie Luise war ein Zeichen dafür, wie schlecht es der Königin ging. Anstatt ihr zu helfen, wurde sie weiterhin emotional isoliert und missachtet. Ihr Zustand verschlimmerte sich von Woche zu Woche. Es folgten Unruhen, eine Irritation der Wahrnehmung und Depressionen. Sophie Luise konnte nicht mehr am Hofleben teilnehmen.

Nach wie vor suchte sie die Nähe des Königs, war er schließlich der Einzige gewesen, in dessen Gegenwart sie sich einigermaßen sicher fühlen konnte, aber jetzt versuchte sie, ihn in ihrer Verwirrung von der Richtigkeit ihres lutherischen Bekenntnisses zu überzeugen. Ihre Beschäftigung mit dem Glauben hatte sich in eine Art Wahn verwandelt. Der König hatte für die Krankheit der jungen Frau kein Verständnis. Er ließ sie fortbringen und dauerhaft aus seinem Umfeld entfernen. Selbst als sein Ende nahte, wollte er sie nicht mehr in seiner Nähe wissen. Sie wurde nach Grabow gebracht und später nach Schwerin.

Am 25. Februar 1713 starb Friedrich I. im Alter von 56 Jahren. Sophie Luise sollte ihn nie wieder sehen. Auch an seiner Beerdigung durfte sie nicht teilnehmen. Sie starb 1735 im Alter von fünfzig Jahren, kinderlos und ohne ein weiteres Mal geheiratet zu haben. Beigesetzt wurde sie in der Schweriner Schelfkirche St. Nikolai.

Die Ehe mit dem Preußischen König hatte gerade vier Jahre gedauert, vier Jahre, die das Leben der jungen Frau komplett zerstörten. Selbst bei der Einweihung der Sophienkirche war sie nicht erwünscht. Friedrich Wilhelm I., inzwischen König geworden, bestimmte, das Gotteshaus solle »Spandauische Kirche« genannt werden. Erst in der Regierungszeit Friedrichs II. widerfuhr Sophie Luise Gerechtigkeit. Das Haus, für dessen Bau sie sich persönlich eingesetzt hatte, erhielt nun endlich ihren Namen.

Die Sophienkirche wurde von 1712 bis 1713 nach den Plänen von Philipp Gerlach (1679–1748) als Quersaalbau errichtet, der Turm erst zwanzig Jahre später hinzugefügt. Sie war ursprünglich nicht mehr als ein rechteckiger überdachter Raum, ausgestattet mit einem Gestühl, in dem die Gläubigen sich versammeln, singen, beten und gemeinsam die Predigt hören konnten. Damit möglichst viele Menschen Platz fanden, umlief den Raum zusätzlich innen eine hölzerne Empore.

Der Altar stand mittig Richtung Süden an einer der beiden längeren Seiten, auch die Bänke waren dorthin ausgerichtet. Die Kanzel war zentral angebracht, damit der Geistliche gut zu sehen und zu hören war, denn die Predigt war wichtigster Bestandteil des Gottesdienstes.

Bis dato hatten die Kirchen in Berlin nach holländischem Vorbild meist ein griechisches Kreuz zum Grundriss. Die Sophienkirche zählt damit zu den frühesten Quersaalbauten und sollte bestimmend für den protestantischen Kirchenbau bis ins 19. Jahrhundert werden.

Zum Turmbauer wurde Johann Friedrich Grael (1707–1740) bestimmt, den Friedrich Wilhelm I. zwecks Studiums von Turmbauten zuvor eigens nach Straßburg, Halberstadt, Dresden und Frankfurt am Main geschickt hatte. Bei dem wasserreichen Grund, auf dem Berlin errichtet worden ist, war es, wie schon erwähnt, schwierig, ein hohes, schlankes Gebäude zu errichten. Der Schreck des einstürzenden Münzturmes, an dem schließlich niemand Bedeutenderer als Hofkünstler Schlüter gescheitert war, saß den Berliner Architekten und Bauleuten noch in den Knochen.

Auch der Petriturm, den Grael entworfen hatte, stürzte 1734 halbfertig in sich zusammen. Das Unglück ereignete sich mehr oder weniger zeitgleich mit dem Bau des

Sophienturms. Der hübsche Barockturm an der Sophienkirche jedoch hielt stand. Er erreicht eine Höhe von 69 Me-
tern und ist bis zur Haube hin massiv gemauert. In sowohl
handwerklicher als auch gestalterischer Hinsicht ist er von
feinster Qualität. 1734 fertiggestellt, trotzte er dem sump-

figen Grund, überlebte zwei Weltkriege und schmückt seit 280 Jahren weithin sichtbar die Mitte Berlins.

Die Sophiengemeinde wurde rasch größer, und die Kirche wuchs an Bedeutung. 1770 musste ein zweites Emporengeschoss eingebaut werden, um 1820 zählte die Gemeinde über 50 000 Mitglieder. In den 1830er Jahren erhielten die benachbarten Stadtteile Wedding, Gesundbrunnen, Moabit und Rosenthaler Vorstadt eigene Gotteshäuser, jeweils nach Entwürfen von Karl Friedrich Schinkel, und die Spandauer Vorstadt war auf einmal Teil des Stadtzentrums. Die Gemeinde schrumpfte ein wenig, wuchs aber bald wieder zu einer Größe an, die eine neuerliche Teilung notwendig machte.

1891 hatte die Sophiengemeinde das Glück, dass die Aufmerksamkeit der Kaiserin für ihre Kirche geweckt wurde. Auguste Victoria, Ehefrau Wilhelms II., war Schirmherrin des Evangelischen Kirchenbauvereins und setzte sich im großen Stil für Neubauten von Gotteshäusern in Berlin ein, insbesondere in den Arbeitervierteln. Ein Gemälde hinten rechts unter der Orgelempore zeigt das Kaiserpaar, wie es einem Gottesdienst der Sophienkirche beiwohnt.

Auguste Victoria war der Meinung, die Sophienkirche müsse umfassend erneuert werden. Sie machte sich für eine entsprechende Finanzierung stark. Das Gebäude erhielt eine höhere Decke, der Dachstuhl wurde überarbeitet und der Fußboden abgesenkt. Dadurch gelangte mehr Licht in die Kirche. Den Altar richteten die Bauleute nach Osten aus, der Innenraum wurde also um 45 Grad gedreht und die Empore teilweise entfernt. In dieser Form blieb die Sophienkirche erhalten. Wieder war es die Frau eines Hohenzollernherrschers gewesen, die sich für die Gemeinde eingesetzt hatte.

Heute betritt man das Gebäude von hinten durch den Turm und erkennt gleich gegenüber des Eingangs Altar und Kanzel. Es herrscht eine lichte, großzügige Atmosphäre. In der Mitte des Altarraumes steht das Taufbecken. Im Rahmen der baulichen Veränderungen wurden 1892 auch die Wände neu gestaltet und dekoriert – die überdimensionale Rocaille an der Decke nebst Strahlenkranz geht darauf zurück –, und die Kirche erhielt sowohl eine Heizung als spektakulärerweise auch elektrische Beleuchtung.

Obwohl Berlin, insbesondere das Zentrum, im Zweiten Weltkrieg zum Großteil zerstört wurde, blieb die Sophienkirche unversehrt. Allein die Fenster hielten dem Druck nicht stand und zersprangen. 1945 war sie eines der wenigen Gotteshäuser in der Innenstadt, die man noch nutzen konnte. Sie diente so auch übergemeindlichen Feiern, wie den Universitätsgottesdiensten.

1960 bis 1962 wurde die Kirche erstmals nach dem Umbau Ende des 19. Jahrhunderts renoviert. In dieser Zeit erhielt sie die aktuelle Farbgebung in Grün, Weiß und Grau. 1975 schließlich wurde auch noch der Turm repariert. Von diesen Veränderungen abgesehen, ist die Kirche bis heute in ihrer jahrhundertealten Fassung vollständig erhalten geblieben. Gerade an den Grabmalen, auch außerhalb der Kirche, sieht man, wie lange dieser Ort schon als Gotteshaus genutzt wird. Die ältesten Gräber befinden sich in der Südostecke des Gebäudes. Die Verstorbenen, an die sie erinnern, wurden in Grüften unter der Kirche beerdigt.

An der Sakristei befindet sich eine Schriftplatte, die an den Dichter Karl Wilhelm Ramler (1725–1798) erinnert. Sie hat eine streng klassizistische Form. An der Nordseite der Kirche verweist eine kleine Tafel auf das Grab der Dichterin Anna Louise Karsch (1722–1791), genannt »die Karschin«. Nicht weit von hier, in der Neuen Promenade, befand sich das Haus, in dem sie dank der finanziellen Unterstützung des preußischen Königshauses schließlich wohnen konnte. Die Inschrift auf dem Grabmal lautet: »Kennst Du, Wanderer, sie nicht / So gehe und lerne sie kennen.«

Ähnlich prominent ist das Grabmal von Carl Friedrich Zelter (1758–1832), dem Liederdichter, Freund Johann Wolfgang von Goethes (1749–1832) und Leiter der Berliner Sing-Akademie. Es steht frei im Kirchhof und ist leicht zu erkennen. Der Stein hat eine fein rötliche Färbung, ist fast zwei Meter hoch und ähnelt einem Obelisken. Umgeben ist das Grabmal von einem schmiedeeisernen Gitter.

Ausgebildet zum Maurermeister, bildete Zelter sich im Selbststudium zum Musiker und Komponisten fort und engagierte sich für die Gesangskunst. Zahlreiche Gedichte, die ihm Goethe schickte, vertonte er und machte sich um das deutsche Volkslied verdient. 1806 wurde er Ehrenmitglied der Königlichen Akademie der Künste.

Auch der Kindergarten neben der Sophienkirche hat historische Bedeutung. 1884 gegründet, wurde er damals als Kinderbewahranstalt bezeichnet.

Die Haltung der Sophiengemeinde ab 1933 unter dem Nationalsozialismus war, wie in vielen Gemeinden, unentschieden. Die Pfarrer Ferdinand Vogel (1869–1953) und Paul Gerlach (1893–1945) zählten zum Widerstand, Vogels Sohn war einer der führenden Vertreter der Bekennenden Kirche. Konsistorialrat Fahrland hingegen folgte der nationalsozialistischen Ideologie und schloss sich den Deutschen Christen an.

Während der 41 Jahre langen DDR-Zeit konnte die traditionelle Gemeindestruktur gewahrt bleiben, und die Sophiengemeinde entwickelte sich zu einem Ort des toleranten Miteinanders. Die Kirche erfreut sich überaus reger Nutzung. Ein Jahr nach seiner bekannten Rede »I have a dream«, die er 1963 in Washington gehalten hatte, besuchte der Baptist und Bürgerrechtler Martin Luther King Berlin und trat vor 25 000 Berlinern in der Waldbühne auf. Eingeladen hatte ihn, gemeinsam mit der Evangelischen Kirche, der Regierende Bürgermeister Willy Brandt.

Nach seiner Ansprache äußerte King spontan den Wunsch, auch den Ostteil der Stadt zu besuchen. Obwohl die Berliner Mauer zu diesem Zeitpunkt schon stand und es kein Leichtes war, die Grenze kurzfristig zu passieren, ermöglichte man King sein Vorhaben. So kam es, dass er am 13. September 1964 abends in der Sophienkirche eine Predigt hielt. Obwohl sein Besuch keineswegs angekündigt worden war, füllte sich die Kirche bis auf den letzten Platz. Die Menschen hatten nur durch Flüsterpropaganda von dem Ereignis gehört.

King war der erste amerikanische Bürgerrechtler und Geistliche, der die DDR besuchte. Im selben Jahr erhielt er den Friedensnobelpreis. Am 4. April 1968 kam er bei einem Attentat ums Leben. Zur Erinnerung an seinen Besuch wurde 2012 an dem Tor, das zu der Kirche führt, eine Tafel enthüllt. King wird hier mit dem Satz zitiert: »Auf beiden Seiten der Mauer leben Gottes Kinder, und keine von Menschenhand gemachte Grenze kann diese Tatsache auslöschen.« Nach seiner Predigt, so der Tafeltext, hätten die Menschen spontan in der Kirche den Gospelsong *When Israel was in Egypt's land* angestimmt mit dem bekannten Refrain *Let my people go*.

Auch in den Entwicklungen, die zu Wende und Wiedervereinigung in Deutschland führten, spielte die Sophiengemeinde eine bedeutende Rolle. Im Juni 1989 versammelte sich in der Kirche eine Protestdemonstration gegen die offensichtliche Fälschung der Wahlergebnisse. In den folgenden Monaten blieb die Kirche offen für jene, die Bürgerrechte und Freiheit einforderten.

Anfang des neuen Jahrtausends gründeten Eltern der Kinder des Sophienkindergartens eine neue Grundschule und baten die Evangelische Schulstiftung, die Trägerschaft zu übernehmen. Seitdem versammeln sich Jahr für Jahr zahlreiche Erstklässler in der Sophienkirche, um hier mit einem feierlichen Gottesdienst ihre Einschulung zu feiern.

Im Juni 2013 beging die Sophiengemeinde ihr 300-jähriges Jubiläum. 1713 war sie die erste Kirche in der Spandauer Vorstadt, heute ist sie die letzte vollständig erhaltene barocke Kirche in Berlins Mitte. Ein ganzes Wochenende lang dauerte das Fest an. Mit Konzerten, einer Ausstellung, einem Empfang und, nicht zuletzt, dem feierlichen Dankgottesdienst gedachten die Menschen der langen, ereignisreichen Geschichte dieser Gemeinde.

In einem Theaterstück stellten die Kinder Szenen aus der Entstehungsgeschichte der Kirche nach. Auch Sophie Luise trat in Erscheinung, gespielt von einem Mädchen in elegantem barocken Gewand. Nachdem die Bürger der Spandauer Vorstadt vorne auf der Bühne ihr Anliegen vorgetragen haben, antwortet die Königin: »Ihr guten Christen, Euren Wunsch will ich Euch gern erfüllen. Mein Mann, der König kann Euch nicht empfangen. Er ist alt und krank, aber ich kann Euch helfen. Ich stifte Euch aus meiner privaten Schatulle 3 000 Taler – und obendrein noch einen braven Pfarrer.«

Die Szene erinnerte an das tragische Schicksal der so gar nicht strahlenden Hohenzollernherrscherin, doch dank der kindlichen Stimmen der Darsteller erfuhr die Geschichte plötzlich eine hoffnungsfrohe Wendung. Es war, als habe Sophie Luise bei all den Schrecken, die ihr widerfahren sind, einen lichten Augenblick gehabt. Und ausgerechnet diesem Moment verdankt die Stadt eine Kirche und eine sinnstiftende Gemeinschaft – und das bis zum heutigen Tag.

6.

Königin im Schatzkästlein –
Sophie Dorothea von Hannover
(1687–1757)
Ehefrau von König Friedrich Wilhelm I.
(1688–1740)

Ein heißer Sommertag neigt sich dem Ende zu. Bald werden die ersten Laternen in den Straßen und Parks rund um die Museumsinsel im Herzen Berlins aufflammen und ihr mattes Licht verbreiten. Fernzüge und S-Bahnen, die die Insel queren, rasen die Schienenstränge entlang, die das Bode- vom Pergamonmuseum trennen. Auf der Spitze der Insel haben sich junge Menschen versammelt. Sie tragen Wein- oder Bierflaschen lässig unter den Arm geklemmt, dazu ein Baguettebrot oder eine Tüte Chips, und nehmen auf den breiten Stufen vor dem Museumseingang Platz. Einige sitzen schon auf den Steinbänken im Schatten der Balustraden. Gleich wird in der Ferne über dem Reichstag die Sonne untergehen und wie ein roter Ball in der Spree versinken. Ein magischer Moment – und von der Inselspitze aus hat man die beste Aussicht.

Gleich daneben geht es über die Monbijoubrücke in den gleichnamigen Park. Monbijou ist französisch und heißt »Mein Schmuck« oder auch »Kleinod«, »Juwel« und geht auf ein Schloss zurück, das hier einst stand. Im übertragenen Sinn wird der Ausdruck allerdings auch für einen geliebten Menschen genutzt und bedeutet dann »Mein Schatz«. So könnte man ihn hier im Zentrum Berlins auch auf den verbliebenen Landschaftsgarten mit seinen Spielplätzen, ausgedehnten Rasenflächen und hohen alten Kastanien anwenden, der trotz seiner bescheidenen Größe ein Schmuckstück im grauen Häusermeer darstellt, ein grüner Edelstein sozusagen, ein Smaragd. Wie ein breites Band zieht sich das Ensemble aus Wegen, Treppenstufen, schrägen Böschungen und Büschen die Spree entlang. Spaziergänger flanieren hier mit ihren Hunden auf der Uferpromenade, Familien mit kleinen Kindern sitzen auf den Wiesen, essen gemeinsam oder unterhalten sich.

Auf einem Teil des Geländes kann man Basket- oder Volleyball und Tischtennis spielen. Ein Fußballplatz liegt im Schatten hoher Bäume. Es gibt sogar ein kleines Freibad – wenn auch allein Familien mit Kindern bis vierzehn zugänglich. An Besuchern mangelt es an warmen Tagen nicht. »Wir treffen uns nachher im Mombi«, rufen sich die Schüler nach Unterrichtsschluss zu. Dann laufen sie nachhause, werfen den Ranzen in die Ecke, holen die Badesachen und ziehen ins Schwimmbad.

Wenn es Abend wird, fängt unten am Ufer bei der Monbijoubrücke das Leben erst richtig an. Tische und Stühle werden aufgestellt, dicke Bretter ausgelegt, künstliches Licht flammt auf und ein Diskjockey baut seine Musikanlage auf. Hier wird unter freiem Himmel getanzt. An einem Abend ertönen rhythmische Salsaklänge aus den Lautsprechern, dann wieder sind seufzende Tangoweisen zu hören. Nacht für Nacht drehen sich hier die Paare. Verheißungsvoll verteilt eine Diskokugel flirrende Lichtpunkte über ihre Köpfe. Manche Tänzer schmiegen sich eng aneinander, andere hingegen halten einander auf Abstand und haben die Augen auf die Füße gerichtet.

Dicht an dicht stehen Zuschauer oben an der Böschung. Auch die Tanzfläche ist gepackt voll mit Menschen. Der Monbijoupark ist zweifelsohne eine der beliebtesten Ecken von Berlin. An der halbrunden Bar, aus Holzplanken grob zusammengezimmert, werden Bier, Schnaps und Limonade ausgeschenkt. Der Glanz bunter Lichterketten spiegelt sich im Wasser. Bisweilen fährt auf der Spree ein Vergnügungsschiff langsam vorbei. Neugierig betrachten die Fahrgäste das lustige Treiben.

Als Friedrich Wilhelm am 28. November 1706 heiratete, war seine Braut Sophie Dorothea neunzehn Jahre alt. Sie war die zweite Welfin, die im Hause Brandenburg-Preußen Einzug hielt, eine Nichte Sophie Charlottes, und die Eheschließung, wie schon erwähnt, Erfolg der zielstrebigen Heiratspolitik ihrer Großmutter Sophie. Sophie Dorothea würde keineswegs das letzte Mitglied der Welfendynastie sein, das eine derartige Verbindung einging. Allein drei ihrer Kinder heirateten einen Nachkommen aus ihrer Familie.

Schön sei sie nicht gewesen, die junge Welfenprinzessin, berichten Zeitgenossen. Ihr Gesicht sei von Narben gezeichnet gewesen, die die Blattern hinterlassen hatten. Später nahm sie dermaßen an Umfang zu, dass eigens Möbel gefertigt werden mussten, um ihrer Leibesfülle gerecht werden zu können. Es gibt kaum ein Gemälde von ihr, das sie nicht mit mindestens zweireihigem Doppelkinn zeigt. Das Hündchen, das sie dazu gern unter dem Arm trug, sollte wahrscheinlich davon ablenken.

Doch Friedrich Wilhelm machte sich nichts aus Äußerlichkeiten. Schließlich war er selbst nicht sonderlich attraktiv. Bei der Hochzeit wog er zwei Zentner, maß dabei nur 1,60 Meter und hatte darüber hinaus die Angewohnheit, sein Gesicht mit Fett einzuschmieren, damit seine Haut möglichst braun und bäuerlich aussah. Die vornehme Blässe der Adligen war ihm ein Gräuel.

Ähnlich wie sein Vater und dessen erste Frau Elisabeth Henriette war er mit seiner Braut direkt verwandt, sie waren Vetter und Cousine ersten Grades und kannten sich von Kindesbeinen an. Oft hatte Mutter Sophie Charlotte ihren Sohn in ihr Hannoveraner Elternhaus nach Herrenhausen geschickt, wo die Großmutter die kleine Sophie Dorothea und ihren vier Jahre älteren Bruder Georg in ihre Obhut genommen hatte. Die drei Kinder verbrachten viel Zeit miteinander. Während Sophie Dorothea sich mit ihrem Vetter einigermaßen gut vertrug, hatte ihr Bruder unter den Begegnungen erheblich zu leiden. Der preußische Verwandte verprügelte den Welfensohn leidenschaftlich gern.

Friedrich Wilhelm war ein jähzorniges, schwieriges Kind, und seine Eltern kamen mit seinem widersprüchlichen Charakter nicht zurecht. Seine Mutter versuchte wiederholt, bei ihm ein Interesse für Literatur, Musik und Theater zu wecken, aber er wehrte sich entschieden dagegen. Lieber ging er, sobald er selbst darüber entscheiden konnte, auf die Jagd oder spielte mit seinen Kameraden Manöver. Glücklich war er, als ihm der Vater 1694 zu Weihnachten das Kommando über ein Kavallerie- und Infanterieregiment schenkte. Und der Tag, an dem er zwölf Jahre alt wurde und zum ersten Mal seine eigene Uniform tragen durfte – ein denkbar früher Zeitpunkt für ein Kind, aber fester Bestandteil der preußisch-höfischen Erziehung –, war für ihn der schönste Moment seines Lebens. Fortan war Friedrich Wilhelm Soldat und musste sich nie wieder mit Kunst beschäftigen. Frühzeitig konzentrierte er sich auf das, was ihm wesentlich erschien: sparsames Wirtschaften und die Wehrhaftigkeit des Landes. Kein Wunder, dass ihn die Berliner später Soldatenkönig nannten.

Auch Sophie Dorothea hatte ein schwieriges Verhältnis zu ihren Eltern, doch das lag keineswegs an ihrem Charakter. Während ihre Tante Sophie Charlotte sich mit ihrem brandenburgisch-preußischen Gatten Friedrich arrangiert hatte, stiftete deren Bruder Georg Ludwig, Sophie Dorotheas Vater, in seiner Ehe nichts als Unruhe. Bald nachdem er mit seiner Frau zwei Kinder gezeugt hatte, fand er deutlich mehr Gefallen an seiner Mätresse Ehrengard Melusine von der Schulenburg (1667–1743), und das Ehepaar entfremdete sich voneinander.

Als 1714 die Erbfolge des Hauses Stuart, wie schon erwähnt, auf das Haus Hannover überging und Georg Ludwig britischer König wurde, zog er mit seinem gesamten Hofstaat nach London, insbesondere auch mit Melusine, die er nun, kraft seiner königlich-britischen Vollmacht, mit zahllosen neuen Titeln versah. 1716 machte er sie zur irischen Herzogin von Munster, Markgräfin und Gräfin von Dungannon und Baronin Dundalkenie. 1719 ernannte er sie zur Herzogin von Kendal. 1723 wurde ihr darüber hinaus der Titel Fürstin von Eberstein verliehen. Nebenbei entsprangen dieser Beziehung drei uneheliche Kinder.

Sophie Dorotheas Mutter (1666–1726), die übrigens auch Sophie Dorothea hieß, ereilte ein Schicksal ganz eigener Güte. Sie blieb als rechtmäßige Ehefrau zurück auf dem Kontinent, wurde einer Affäre mit Philipp Christoph Graf von Königsmarck (1665–1694) bezichtigt und musste den Welfenhof verlassen. Königsmarck war deutsch-schwedischer Abstammung, er kam einst als Page an den Hof in Celle und war mit der Tochter des Hauses von Kindheitstagen an bekannt und befreundet gewesen. Die beiden schrieben sich zahllose Briefe, doch es kam nie zu einer außerehelichen Verbindung.

Nichtdestotrotz wurde die Ehe geschieden, Sophie Dorothea (die Ältere) aller Titel und Würden enthoben und nach Schloss Ahlden in der Lüneburger Heide verbannt, wo sie dreißig Jahre lang ein Dasein in Gefangenschaft fristete. Weder ihre Kinder noch ihren Vater durfte sie je wiedersehen, allein die Mutter hatte Besuchserlaubnis. Sohn und Tochter kamen in die Obhut ihrer Welfen-Großmutter Sophie und wuchsen in Schloss Herrenhausen auf. Zu diesem Zeitpunkt war die kleine Sophie Dorothea sieben Jahre alt.

Im Nachhinein fragt man sich, warum Georg Ludwig seine Melusine nicht von Anfang an heiraten durfte. Schließlich stammte sie aus einem der ältesten Adelsgeschlechter der Geschichte. Die von der Schulenburgs gehören zum altmärkischen Uradel und können ihre Herkunft bis ins 13. Jahrhundert zurückverfolgen. Doch Melusine war lediglich Hoffräulein, als sich die beiden kennenlernten, und gehörte nicht zum Hochadel. Die Eheschließung wäre demnach nicht standesgemäß gewesen.

Sophie Dorotheas Eltern hingegen stammten beide aus derselben Familie, ihre Väter waren Brüder, und entscheidend für die Hochzeit war die Absicht gewesen, die zwei

Herrschaften in der nachfolgenden Generation zu vereinen. Während Georg Ludwigs Vater in Hannover residiert hatte, hatte dessen Bruder, Georg Wilhelm Herzog von Braunschweig-Lüneburg (1624–1705), der Großvater Sophie Dorotheas, die Verantwortung für das Herzogtum Lüneburg übernommen und residierte mit seiner Familie in dem schönen Schloss von Celle.

Georg Wilhelms Ehefrau übrigens war Eleonore Desmier d'Olbreuse (1639–1722) und stammte aus einer Hugenottenfamilie. Da sie nicht standesgemäß war, musste die Verbindung eigens legitimiert werden. Dafür war sich das Ehepaar inniglich zugetan. Auch ihrer Tochter, Sophie Dorotheas Mutter, schenkten sie aufrichtige Zuwendung und Liebe. Die Tatsache, dass sie erst von ihrem Mann betrogen, dann einer Liaison bezichtigt und schließlich verbannt wurde, war für sie eine große Schmach.

Angesichts der dramatischen Hintergründe in ihrer Kindheit ist es Sophie Dorothea nicht zu verdenken, dass sie ihr Lebenswerk darauf beschränkte, den Erhalt ihrer Ehe zu sichern. Sie war eine der wenigen Herrscherinnen im Hause Hohenzollern, die nichts anderes taten als das, was von ihnen erwartet wurde. Sie gebar ausgesprochen viele Kinder – acht Jungen und sechs Mädchen, zehn erreichten das Erwachsenenalter –, hielt konstant und ohne sonderliche politische Ambitionen in Berlin Hof und war ihrem Ehemann Friedrich Wilhelm trotz seiner cholerischen Anfälle treu ergeben. Obwohl sich die beiden ständig zankten, gibt es auch Quellen, die bezeugen, wie sehr sie sich letztlich mochten. Friedrich Wilhelm nannte seine Frau zärtlich »mein Fiekchen«, sie erwiderte die Koseworte mit dem Spitznamen »Wilcke« und schrieb in einem ihrer zahllosen Briefe an ihn: »Sie sollen trotzdem wissen, dass ich Sie niemals verlassen werde. Ich liebe Sie trotz Ihrer Gepflogenheiten … ich liebe Sie viel zu sehr, ich bin überzeugt, dass Sie Ihr Benehmen einmal bitter bereuen werden.« (16. 9. 1710)[13] Die beiden hatten sich wieder einmal wüst gestritten.

Für die Kinder war die Situation hingegen nicht einfach, denn die harten Worte wogen schwerer als die sanften Töne. Wilhelmine, älteste Tochter und später hochgradig kunstversierte Regentin von Bayreuth, legte in ihren Memoiren immer und immer wieder Zeugnis von den Zwistigkeiten ihrer Eltern ab. Sohn und Thronfolger Friedrich wäre an den Zornausbrüchen seines Vaters nahezu seelisch zugrunde gegangen. Die Geschichte seiner Flucht mit Freund Katte und dessen grausamer Bestrafung wurde schon mehrfach erwähnt. Vorausgegangen war ein jahrelang wütender Konkurrenzkampf der Eltern um die »richtige« Erziehung des jungen Erben. Während der Vater aus ihm einen todesmutigen Soldaten machen wollte, förderte die Mutter den Kunstsinn ihres Ältesten, arrangierte Flötenstunden für ihn und versteckte seine private, kleine Bibliothek vor dem Zugriff des Vaters in ihrer Residenz. Bei ihr hatte Friedrich auch Gelegenheit, die französischen Hofgewänder zu tragen, die er liebte. Über sein Vorhaben, dem Militärdienst zu entfliehen, war die Mutter informiert. Ihr Mann bezichtigte sie daher in seinem haltlosen Zorn des Verrats. Ein Wunder eigentlich, dass sich der Sohn, konfrontiert mit derartigen Zerreißproben, nicht das Leben genommen hat.

Nach der Hochzeit führte Kronprinz Friedrich Wilhelm seine Braut nach Wusterhausen östlich von Berlin in ein ehemaliges Wasserschloss, das er von seinem Vater 1698 geschenkt bekommen hatte. Das Anwesen war sein ganzer Stolz. Hier hatte er schon in jungen Jahren Gelegenheit, selbständig zu wirtschaften, und sein Engagement war von Erfolg gekrönt gewesen. In wenigen Jahren war aus dem vernachlässigten Gut ein sich selbst tragender Musterbetrieb geworden. Kaum volljährig ließ Friedrich Wilhelm das Schloss 1704 für 23 000 Taler umbauen und machte es zu seinem Lebensmittelpunkt. Auch später, als er die Thronfolge angetreten hatte, zog er sich immer wieder für längere Zeit hierher zurück. Ab 1717 wurde der Ort zu Ehren seines Eigentümers Königs Wusterhausen genannt.

Was der Kronprinz hier exemplarisch im Kleinen erprobte, wandte er später erfolgreich im Großen an. Er erwarb die ökonomischen Grundkenntnisse, die ihn später zu dem sparsamen und wirtschaftlich effizienten Regenten machten, womit er sich von dem verschwenderischen Lebensstil seiner Eltern absetzte.

Noch heute merkt man der Architektur des Hauses an, welche Differenzen sein Eigentümer auszufechten hatte. Es wirkt abweisend und verschlossen und hat nichts von der Pracht barocker Schloss- und Gartenanlagen wie Charlottenburg, Oranienburg oder ähnlicher eleganter Bauten, in denen Friedrich Wilhelms Eltern zu residieren pflegten. Hat man es betreten, spürt man allerdings die Sicherheit, die es vermittelt. Die dicken Mauern und die überschaubare Größe und Zahl der Räumlichkeiten, die sparsame Möblierung und der karge Wandschmuck zeugen von einem starken Willen und dem nahezu zornigen Streben nach Einfachheit und Selbstbestimmtheit.

In diesem Schloss befindet sich auch der Raum, in dem schon zu Zeiten Friedrichs I. das Tabakskollegium stattfand, eines der wenigen Herrscherrituale, die Friedrich Wilhelm von seinem Vater übernahm. Allerdings versuchte er sich auch darin von ihm abzusetzen. Sein Kollegium bestand aus lauter Männern, die in betont schmuckloser Umgebung beisammen saßen, viel Bier tranken und haltlos durcheinander diskutierten – eine Art Stammtischkultur. Gern wurde der eine oder andere Fremde hinzu gebeten und zu vorgerückter Stunde, betroffen waren meist Wissenschaftler, verspottet und lächerlich gemacht. Frauen war der Zutritt zum Tabakskollegium strikt untersagt.

Überraschend sind die Zeichnungen Friedrich Wilhelms, die in Schloss Königs Wusterhausen zu sehen sind, vierzig an der Zahl. Von einem Mann, der zu Beginn seiner Regentschaft nahezu sämtliche Hofkünstler entließ, hätte man nicht erwartet, dass er selbst zu Papier und Zeichenstift greift. In der Tat wurden die Bilder dem König vorskizziert und entstanden erst in späteren Lebensjahren. Kunst diente ihm allein der Freizeitbeschäftigung und hatte keinerlei übergeordnete Bedeutung.

Offensichtlich ist, dass sich eine Frau in dieser Gesellschaft nicht lange wohl fühlen konnte. Sophie Dorotheas Kindheit war zwar von Brüchen geprägt, doch schließlich war sie bei ihrer vornehmen Großmutter in einem Haus aufgewachsen, das von weltläufiger Erziehung und höfischem Glanz bestimmt war. Sophie Dorothea war zwar nicht so gescheit wie ihre Tante Sophie Charlotte und Vorgängerin am preußischen Hof, die schließlich an demselben Hof aufgewachsen war, doch sie war belesen und musikalisch und interessierte sich sowohl für Wissenschaft als auch Kunst. Entsprechend wünschte sie sich und ebenso ihren Kindern ein gewisses Bildungsniveau und die dazugehörige kultivierte Entourage.

1711 bot Friedrich I. seiner Schwiegertochter das Schlösschen Monbijou zum Nießbrauch an. Das Gelände direkt an der Spree und jenseits der Befestigungsanlage war schon Anfang des 17. Jahrhunderts erschlossen worden. Kurfürstin Eleonore (1583–1607), zweite Frau des Kurfürsten Joachim Friedrich, hatte 1604 veranlasst, dort einen Viehhof mit kleinem Haus und Garten anzulegen, deren Erträge direkt dem Hof zugute kommen sollten. Auf Initiative der Kurfürstin Louise Henriette entstand ein überschaubares Mustergut aus Landwirtschaft und Milchhof. Als Kuriosität galten die ersten Kartoffeln, die hier kultiviert wurden. Kurfürstin Dorothea ließ 1670 eine Meierei errichten.

Die nächste Nutznießerin des Geländes wurde ab 1689, nun schon einer gewissen Tradition folgend, Kurfürstin

Sophie Charlotte. Sie schenkte den Hof- und Gartenanlagen allerdings wenig Aufmerksamkeit, weil sie ganz und gar mit der Errichtung ihres Domizils in Lietzow beschäftigt war. Ab 1691 verkaufte sie sogar einzelne Randstücke. Das Anwesen lag ihrem Geschmack nach viel zu nah am kurfürstlichen Residenzschloss.

Nach Sophie Charlottes Tod überließ der König den Besitz seinem machtgierigen Minister Wartenberg. Der Höfling ließ mit der Unterstützung von Hofarchitekt von Göthe die Nutzflächen samt Gebäude zu einem eleganten Anwesen ausbauen. Es entstand ein Lusthaus mit symmetrisch angeordneten freistehenden Pavillons und einer Parkanlage, die sich zur Spree hin öffnete. Auf dem Gelände befanden sich weitere Gartenbauten und sommerliche Aufenthaltsorte, so ein Hüttchen, eingerichtet mit Sofas und Lehnstühlen, ferner eine Grotte, dazu eine Menagerie, in der sich allerdings nur einheimische Tiere befanden wie Gänse, Tauben, Hühner, Enten, Rebhühner, ein Fasan und 23 Kanarienvögel. Die ganze Anlage hatte nun fast schon herrschaftliche Ausmaße. Zur Zeit Wartenbergs tauchte auch erstmals die Bezeichnung »Monbijou« auf.

In den Beschreibungen der Innenräume wurde ein zentraler zweistöckiger Saal hervorgehoben, der rundherum eingebaut war und daher keine Fenster hatte, der sogenannte »Sallet à la Grec«. Das Licht fiel allein durch vier breite Scheiben herein, die oben in einem Kubus auf dem Dach eingelassen waren. Wie ein Ausguck ragte er aus dem Lusthaus empor.

Innen war der Saal mit Wandspiegeln geschmückt, die das Licht tausendfach zurückwarfen. Gläserne Rahmen verstärkten die Wirkung, zudem die kristallinen Wandblaker mit Kerzenhaltern, die auf die glänzenden Flächen aufmontiert waren. Auch die Türen waren mit Spiegeln ausgestattet. Es muss den Eindruck vermittelt haben, als befände man sich mitten in einem funkelnden Kristall.

Gesondert erwähnt wurden auch die Schlafzimmer, von denen man ebenerdig auf die Terrasse gelangen konnte, was den schönen Nebeneffekt hatte, dass man vom Bett aus ins Grüne und bis hinüber zur Spree sah, auf der langsam die Schiffe vorbeifuhren. Auch von einer überdachten und geschlossenen Galerie war die Rede, die Richtung Süden lag und in der man bei schlechtem Wetter flanieren und so auch an kühleren Tagen oder bei Regen den Anblick des sorgfältig kultivierten Gartens genießen konnte. Überhaupt, so wirkt es, bildeten Lustschloss mit Park eine harmonische Einheit und gaben trotz überschaubarer Größe Raum zur Entfaltung höfischer Eleganz.

Kein Wunder, dass Sophie Dorothea das Geschenk ihres Schwiegervaters mit Freuden annahm. Nachdem der Minister in Unehren entlassen worden war, ergriff sie die Verantwortung für den Besitz und machte ihn sich dank einiger Umbauten und Erneuerungen rasch zu eigen. Er wurde ihre Sommerresidenz und war ab 1740 bis zu ihrem Tod im Jahre 1757 ihr bevorzugter Witwensitz.

Fortan war der Name Monbijou untrennbar mit dem Lebensstil und der Hofhaltung Sophie Dorotheas verbunden. Hier feierte sie ihre Feste, gab elegante Diners oder empfing nachmittags in ihrem Salon, streng nach den Vorgaben höfischer Etikette. Sie wollte eine repräsentative Residenz führen, in deren weitläufigen Räumlichkeiten sie ihre Gäste standesgemäß empfangen und herrschaftlich bewirten konnte. Damit suchte sie sich ausdrücklich von der spartanischen Lebenshaltung ihres Mannes abzusetzen. Einmal Königin geworden, empfing sie in Monbijou Reisende und Gesandtschaften aus aller Welt. Entsprechend wurden ihre Gesellschaften geschätzt und auch in Berichten ausländischer Besucher lobend erwähnt. Der Berliner Hof gewann durch den Ehrgeiz der Königin an Ansehen und Bedeutung.

Der Umbau des Schlösschens zur königlichen Resi-

denz vollzog sich in mehreren Schritten, die man mangels eindeutiger Quellenlage im Nachhinein nur bedingt nachvollziehen kann. Auch die Frage, ab wann genau Hofarchitekt von Knobelsdorff hier zum Einsatz kam, ist nicht mehr eindeutig zu beantworten. Aufschlussreich ist dazu das Buch *Schloss Monbijou. Von der königlichen Residenz zum Hohenzollern-Museum*, in dem Autor Thomas Kemper sorgfältig und differenziert mit Abbildungen alter Pläne und Stiche sowie zahlreichen historischen Fotografien versucht hat, den aktuellen Wissensstand aufzuarbeiten. Hier finden sich auch die Inventarlisten und Beschreibungen der Möbel und Gegenstände, die sich in dem Schloss befanden.

Ein sicheres Datum bietet demnach das Jahr 1726, in dem angrenzende Grundstücke im Westen hinzugekauft wurden, um das Gelände insgesamt zu vergrößern. Daraufhin wurden die freistehenden Pavillons rechts und links des Haupthauses durch Galerien mit dem zentralen Bau verbunden. Wohl zur gleichen Zeit erfolgte der Anbau eines Orangerieflügels an den westlichen Pavillon.

1738 und 1740 wurde das Schlossensemble auch Richtung Osten verlängert. Diesmal entwarf von Knobelsdorff für den Anbau jedoch keine schmale Orangerie oder Galerie, sondern eine dreiflüglige Anlage, die sich gen Norden, also weg von der Spree, öffnete. Die Symmetrie der Gesamtanlage wurde damit – vom Wasser aus gesehen – wiederhergestellt, doch es verstärkte sich der Eindruck, dass es sich bei Monbijou nicht um ein massives Haus, sondern um eine Aneinanderreihung von Pavillonbauten und verbindenden Galerien handelt, eine Art Schlauch aus Gebäuden. Dieser Eindruck sollte für das Ensemble prägend bleiben. Es hatte eine Transparenz und Unbeschwertheit, wie sie nur eine Residenz vermitteln kann, die sporadisch und bevorzugt im Sommer genutzt wird.

Gerade der äußere Anblick verstärkte diesen Eindruck. Die Fassaden waren in kräftigem Rosa gestrichen und mit gemalten Pilastern verziert, die Kapitelle und Ornamente darüber vergoldet. Ein bodentiefes Fenster reihte sich an das nächste. Skulpturen und Vasen oben auf den Risaliten und Balustraden setzten Akzente in der Vertikalen und unterbrachen damit die schier endlose Reihe an Gebäuden. Es muss prächtig und herrschaftlich, dabei gleichzeitig leicht und verspielt ausgesehen haben.

Während die Umbauten naturgemäß in den Händen der Architekten lagen, konnte sich Sophie Dorothea bei Ausstattung und Einrichtung ihres Schlösschens weitgehend persönlich einbringen. Dabei ging es ihr keineswegs nur um praktische Anschaffungen, im Gegenteil. Die Kronprinzessin und spätere Königin bewies große Leidenschaft für das Sammeln kostbarer Gegenstände aus verschiedenen Bereichen des Kunsthandwerks. Besonders ausgeprägt war ihre Vorliebe für Porzellan, aber auch für Gläser und

Glasobjekte sowie feinste Goldschmiedearbeiten. Je umfangreicher das Haus wurde und je mehr es an Räumlichkeiten zunahm, desto größer war ihr Bedarf an hübschen Zierobjekten, ja, man kann im Nachhinein fast sagen, das ständige Wachstum der Sammlung habe die baulichen Veränderungen geradezu nach sich gezogen. Je mehr der ganz spezielle Stil und Anspruch Sophie Dorotheas an Bedeutung gewann, desto größer wurde quasi das Haus, das der Hof ihr genehmigte. Inventarlisten und Aufnahmen, die um 1900 entstanden, weisen ganze Schränke voller glitzernder, funkelnder Schätze auf. Einiges davon waren Geschenke anderer vornehmer Häuser und Herrscher, anderes wiederum hatte die Königin persönlich bestellt und in Auftrag gegeben. Die Einrichtung konnte sich mühelos mit den Usancen und Selbstverständlichkeiten eines europäischen Fürstenhauses messen.

Die erste Sammlung umfasste umfangreiche Bestände aus Porzellan. Sie wurde in der Gelben Chinesischen Kammer gezeigt. Dieses Zimmer grenzte schräg rechts an den Sallet à la Grec und war mit kostbaren Tapeten-Collagen aus chinesischen Papierbildern ausgestattet. Dank einer Aufnahme von 1940 kann man sich gut vorstellen, wie es gestaltet und eingerichtet war: Von den Gesimsen unter der Decke blickte eine Mannschaft von 25 figürlichen Pagoden aus Gips herab. Den Kamin zierte ein siebenteiliger Aufsatz aus Meißner Porzellan. Die Konsoltische, die direkt an der Wand standen, hatten Platten aus Marmor und waren dicht bestellt mit Figuren, die ebenfalls aus Meißen kamen. Auf einem anderen Tisch fanden sich sechs Schokoladentassen Wiener Provenienz. Sie stammten aus der Manufaktur Du Paquier.

Je umfangreicher die Porzellansammlung der Königin wurde, desto vielfältiger waren die Herkunftsorte der einzelnen Exponate. Sie umfasste schließlich auch kostbare Exemplare französischer, japanischer und chinesischer Provenienz. Alle namhaften Manufakturen waren hier vertreten. Ihre Bestellungen gab die Königin über preußische Gesandte im Ausland auf, die Geschäfte wickelten vielfach kundige Kaufleute aus Berlin und Potsdam für sie ab. Einige Stücke wurden sogar eigens für den Berliner Hof in China gefertigt.

Wenn man bedenkt, wie betont einfach Friedrich Wilhelm I. lebte, wirkt die Sammelleidenschaft seiner Frau wie eine Revolte, ja, ein vehementes Auflehnen gegen seinen Stil, letztlich auch ein wenig verrückt oder zumindest hochgradig visionär. Eindrucksvoll waren auch die Bestände an Gläsern und Glasobjekten, die Sophie Dorothea über die Jahre in Schloss Monbijou zusammentrug. Regelmäßig besuchte sie die Potsdamer Glashütten und gab umfangreiche Bestellungen auf. Zu ihrer Sammlung gehörten nicht nur Wasser- oder Weingläser, sondern auch Deckelpokale mit unterschiedlichen Schnittdekoren, zahlreiche Tafelschmuckgläser, gläserne Teetassen und Tafelgeräte wie Terrinen, Zierflaschen, Konfektkörbe und Präsentteller. Sortiert wurden die Glasobjekte im Inventar nach Herkunft – Englisches Kristall, Venezianisches Glas, Böhmisches Glas – und nach Farben: schwarzes, rotes, weißes Glas. Ausdrücklich aufgeführt ist: »Potsdamer weißes Glas«. Die Zahl der Objekte dieser Art umfasste weit über tausend Stück.

Nicht zuletzt gilt es die zahlreichen Gegenstände aus Silber und Gold zu erwähnen, den Schmuck, die ungefassten Edelsteine, sämtliche goldverzierten oder vergoldeten Pokale, Lichtkronen, Kaffeezeug, Tabatieren, Blaker und Brandruten. Zur Ausstattung in Schloss Monbijou gehörten allein 372 Golddosen. Das Schlösschen hieß offensichtlich nicht nur so – es war auch die reinste Schatzkammer.

Die Inventarlisten zeugen nicht nur von einer Vielzahl wertvoller Objekte, sondern auch, ganz allgemein, von den kunsthandwerklichen Fertigkeiten und Kenntnissen jener

Zeit. Das dazugehörige Verzeichnis der Künstler und Handwerker, aus deren Werkstätten die Gegenstände stammten oder die für ihre Taxierung zuständig waren, kündet von dem damaligen Spezialwissen um die Herstellung solcher Zierobjekte. Ähnelte das Verhalten Sophie Dorotheas noch dem einer Elster, die alles in ihr Nest schleppt, was nur irgendwie glänzt und leuchtet, ohne ermessen zu können, was es eigentlich wert ist, werfen die Inventar- und Adresslisten, die Namen und Bezeichnungen, die darin auftauchen, die Beschreibung der Gegenstände und ihrer Herkünfte bei aller Sachlichkeit, die solchen Listen zu eigen ist, ein Schlaglicht auf das kulturelle Vermögen jener Zeit. Wie durch ein Brennglas zeigte die Sammlung der Königin die künstlerische Vielfalt und den Reichtum ihres Landes.

Gleichzeitig fehlte es in Monbijou selbstredend nicht an elegantem Mobiliar, kostbaren Uhren und Gemälden. Die Wände des Schlösschens waren reich bebildert. Zwecks Gestaltung des zentralen Saales verpflichtete Sophie Dorothea Hofmaler Antoine Pesne (1683–1757). Er hatte die Aufgabe, von allen Hoffräulein, die sie direkt umgaben, je ein Bildnis zu fertigen, zehn Stück an der Zahl. Der Künstler war ein hochbegabter Mann. Er stammte aus Paris und war 1710 – damals noch von Friedrich I. – an den Berliner Hof berufen worden. Pesne heiratete Ursule-Anne Dubuisson (1696–1748), Tochter eines bekannten Blumenmalers, und hatte mit ihr zwei Töchter, die es zu einiger Bekanntheit brachten, denn mit einem wahrhaft zauberhaften Selbstporträt, das ihn mit seinen beiden Mädchen zeigt, gelang ihm die Aufnahme in die Académie Royal in Paris.

Pesne war einer der wenigen Künstler, die bei Regierungsantritt des Soldatenkönigs nicht entlassen worden waren, allerdings halbierte Friedrich Wilhelm sein Gehalt. Dafür favorisierte ihn Friedrich II. wiederum über alle Maßen. Der Künstler war jahrelang Dauergast beim Kronprinzen in seiner Privatresidenz in Rheinsberg und eng befreundet mit dessen Lieblingsarchitekten von Knobels-dorff. Zahlreiche Schlösser, die nach den Entwürfen des Architekten gebaut oder umgestaltet worden waren, stattete Pesne mit herrlichsten Wand- und Deckengemälden aus. Die Hofdamengalerie, die er im Auftrag Sophie Dorotheas erstellte, war die erste ihrer Art in Brandenburg-Preußen.

Wie sehr Sophie Dorothea schon nach kürzester Zeit an ihrem Schlösschen hing, zeigte der Besuch Peters I. (1672–1725). Der überaus groß gewachsene Zar, der dafür bekannt geworden war, dass er sich 1697 heimlich und unerkannt in einer niederländischen Werft anstellen ließ, um das Handwerk des Schiffsbaus zu erwerben, war 1717 erneut auf einer Reise gen Westen. Diesmal aber kam er offiziell aus bündnispolitischen Gründen und wurde freudig von Friedrich Wilhelm I. erwartet. Schließlich war dem Wiedersehen ein in den Augen des Soldatenkönigs vortrefflicher Tausch vorausgegangen. Der Zar hatte ihm eine Abordnung von 55 Leihsoldaten versprochen. Friedrich Wilhelm konnte seine Begeisterung kaum verbergen. Unverzüglich ordnete er die russischen Soldaten seiner Elite zu. Im Gegenzug vermachte er Peter I. ohne mit der Wimper zu zucken das Bernsteinzimmer. Es sollte die Petersburger Residenz des Zaren zieren.

Allein, für Sophie Dorothea kam die Ankunft des russischen Herrschers einer mittleren Katastrophe gleich. Schuld daran war sein Gefolge. Europaweit erzählte man sich an allen Höfen von seinem unzivilisierten Verhalten. Friedrich Wilhelm hatte nun allerdings befunden, der Zar möge mit seinem Hofstaat in Schloss Monbijou untergebracht werden. Ausgerechnet! Sophie Dorothea war der Verzweiflung nahe.

Schleunigst ließ sie sämtliche beweglichen Gegenstände wie Porzellane, Gläser und ähnlichen Zierrat entfernen und an einen sicheren Ort bringen. Zurück blieben Stühle und Tische, Betten und wohl auch das ein oder andere Gemälde. Als der Zar und seine Höflinge Berlin nach zwei Tagen wieder verließen, bot sich der Schlossherrin dennoch ein Bild der Verwüstung. Sämtliche Sessel mussten neu bezogen werden. Tochter Wilhelmine von Bayreuth schrieb in ihren Memoiren: »Zwei Tage später brach dieser Barbarenhof endlich auf. Die Königin begab sich sofort nach Monbijou. Dort herrschte eine Zerstörung wie in Jerusalem; niemals habe ich dergleichen gesehen: Es war alles derart verwüstet, dass die Königin gezwungen war, fast das ganze Haus wiederaufbauen zu lassen.«[14]

Friedrich Wilhelms Einstellung gegenüber der Hofhaltung seiner Frau war durchaus ambivalent. Einerseits hatte er die Ausgaben des Hofes bei seinem Regierungsantritt drastisch von 276 000 auf 56 000 Taler gesenkt, andererseits gestand er der Königin allein 32 000 Taler für ihren persönlichen Hofstaat zu. Mit diesem Geld hatte sie allerdings auch die Kleidung und Wäsche ihrer Kinder zu bestreiten. Einmal im Jahr durfte sie sich ein neues Gewand leisten, das sogenannte Winterkleid.

Andererseits schenkte ihr der König zu Weihnachten regelmäßig ein neues Schmuckstück oder andere kostbare Gegenstände. Er wusste, dass sämtliche Gebrauchs- und Toilettengegenstände in ihren Gemächern aus Gold waren. Und während sich der restliche Hof, einschließlich des Königs, mit Geschirr aus Zinn begnügen musste, aß Sophie Dorothea allein von silbernen Tellern. Friedrich Wilhelm hatte offenbar eingesehen, dass man Besucher und Fremde nicht nur mit Säbelrasseln und drakonischer Sparsamkeit beeindrucken konnte, sondern auch ein weltmännisch-höfisches Gebaren an den Tag legen musste. Während er selbst das dazugehörige Benehmen und die entsprechenden Rituale verachtete und auch keineswegs beherrschte oder auch nur zu praktizieren versuchte, ließ er seine Frau doch gewähren und war froh, dass sie ihm diese Aufgabe abnahm.

Er bewies auch grundsätzliches Vertrauen in ihre Fähigkeiten als Regentin. Schon kurz nach seiner Thronbesteigung hatte Friedrich Wilhelm verfügt, dass Sophie Dorothea während seiner Abwesenheit als Reichsverweserin fungieren sollte. Während er 1715 im Zuge des Nordischen Krieges nicht in Berlin weilte, befahl er seinen Räten, seine Frau über alles zu informieren und sie gegebenenfalls um Rat zu fragen. Die Regierungsleitung hatte dauerhaft in den Händen der königlichen Familie zu liegen. Sobald Friedrich Wilhelm zurück war, übernahm er wieder die alleinige Verantwortung.

Schloss Monbijou war nicht nur Rückzugsort und herrschaftliche Residenzstätte der Königin, hier konnte sie auch ihrer Lieblingsbeschäftigung nachgehen, dem Glücksspiel. Vergnügen dieser Art waren damals groß in Mode, Sophie Dorothea ahmte sie leichtfertig nach und war dem Spiel bald derart verfallen, dass sie hohe Schulden angehäuft hatte. Trotzdem konnte sie davon nicht lassen. Sie war geradezu süchtig danach und ihr Salon von Monbijou zur Lasterhöhle geworden.

Schwiegervater Friedrich hatte für Sophie Dorothea Verständnis. Er mochte die junge Welfin, stammte sie schließlich aus demselben Haus wie seine zweite Frau, deren gesellschaftliche Gepflogenheiten er schätzen gelernt hatte. Diese gehörten offenbar zu einem kurfürstlich-königlichen Hof. Diskret ließ er wiederholt die Privatschatulle seiner Schwiegertochter auffüllen, doch mit dem Regierungsantritt Friedrich Wilhelms war es damit vorbei. Jetzt musste Sophie Dorothea nicht nur die Schulden, sondern vor allem ihre Spielsucht verbergen. In den Memoiren ihrer Tochter Wilhelmine von Bayreuth findet sich dazu folgende Stelle: »Sie liebte das Spiel und hatte dabei beträchtliche Verluste gemacht, was sie dazu gebracht hatte, heimlich eine Summe von 30 000 Talern zu leihen. Der König hatte ihr kurz zuvor ein Paar sehr kostbare mit Brillanten durchwirkte Ohrringe zum Geschenk gemacht. Sie trug sie nur selten, weil sie sie schon mehrfach verloren hatte. Grumbkow, der seine Spione überall hatte, war rasch über den schlechten Stand ihrer Finanzen informiert und zu dem Schluss gekommen, dass die Königin diese Ohrringe verpfändet hatte, um an die von mir erwähnte Summe zu gelangen, und entschloss sich, den König darüber zu benachrichtigen; denn er kannte ihn nur allzu gut, um von vornherein zu wissen, dass er darüber tief verletzt sein würde. Die Königin versäumte nicht, den König zu warnen (…).«[15]

Wie so viele Spieler suchte Sophie Dorothea ihre Sucht mit Hilfe einer List zu verbergen. Sie versteckte Kaffeebohnen zwischen den Goldtalern. Wenn ihr Mann überraschend in Monbijou auftauchte, ließ sie das Gold rasch verschwinden. Dann verwandelte sich ihre Spielhölle kurzerhand in einen eleganten gesellschaftlichen Salon, in dem man sich dem Kartenspiel und ähnlichen Vergnügen widmete und Schulden nur symbolisch mit Kaffeebohnen bezahlte.

Was für ein merkwürdiges Bild das ungleiche Paar abgegeben haben muss: Auf der einen Seite der zornige, hässliche König, sparsam bis an den Rand des Geizes und nur bereit, Geld für Soldaten auszugeben. Auf der anderen Seite die unermesslich dicke Königin mit ihren zehn Kindern und ihrem feinen, von Schmuck und Kunstgegenständen überbordenden Schlösschen. Er ein Choleriker, sie eine Spielsüchtige – dabei sich in Liebesbriefen gegenseitig die zärtlichsten Namen zuflötend.

1740 verstarb Friedrich Wilhelm, und sein Sohn Friedrich folgte ihm auf den Thron. Voller Stolz begleitete Sophie Dorothea die ersten siebzehn Regierungsjahre ihres Sohnes, der sie haltlos verehrte. Friedrich II. räumte seiner Mutter umfängliche Vorrechte bei Hofe ein und machte sie – die Stellung seiner eigenen Ehefrau grob missachtend – zur wichtigsten Frau im Land. In ihrem übersteigerten Selbstverständnis, das inzwischen an Hochmut und damit auch Einfalt grenzte, ließ Sophie Dorothea das selbstverständlich mit sich geschehen. Ihre offizielle Anrede war nicht Königinwitwe, wie es traditionell üblich gewesen wäre, sondern Königinmutter.

In diese Zeit fielen auch die letzten größeren baulichen Erweiterungen und Veränderungen von Schloss Monbijou. 1753 und 1754 entstanden ein neues Schlafgemach mit Alkoven, ein getäfelter Raum und die Bibliothek, ausgestattet mit reich geschnitzten und vergoldeten Schränken und Regalen. Die neuen Wohnräume lagen auf der Nordseite und schlossen direkt an das zentrale Lusthaus mit dem Spiegelsaal an.

Die Zusammenlegung der Räume hing wohl mit dem fortgeschrittenen Alter der Königin zusammen. Sie hielt sich inzwischen nahezu ausschließlich in Monbijou auf und war durch ihre Leibesfülle recht unbeweglich geworden. Im Rahmen der Umbauten wurde auch die östliche Galerie neu ausgestattet. Sie bot der Königin Gelegenheit, bei schlechtem Wetter im Trockenen zu promenieren. Am 28. Juni 1775 starb die großmächtige Welfentochter und wurde feierlich im Berliner Dom bestattet.

Nach dem Tod Sophie Dorotheas stand Monbijou viele Jahre lang leer. Friedrich II. hielt das Haus für unbewohnbar. Schäden, die durch eindringende Feuchtigkeit entstanden waren, wurden nur notdürftig repariert. Erst später zu Zeiten der Königin Friederike Luise, zweiter Ehefrau Friedrich Wilhelms II., kam das Schloss wieder zu Ehren. Friederike Luise nutzte es von 1789 bis 1805 als Residenz. Hier fand sie Schutz und Rückzugsmöglichkeit vor dem ausschweifenden Leben und der Mätressenwirtschaft ihres Mannes.

Bevor sie einzog, wurde das Schloss aufwändig nach

dem neuesten Stil der Zeit renoviert. Der Klassizismus hatte in Preußen Einzug gehalten, und entsprechend wurden auch in Monbijou Säulen mit streng formalistischen Kapitellen eingebaut, die Decken mit frühklassizistischen Stuckaturen überzogen und schneeweiß getüncht. Von den einstigen illusionistischen Malereien mit dickbauchigen Putti und goldgelben Wolken- und Himmelszenarien blieb nichts zurück.

Die nach Westen gelegene Orangerie wurde zu einem Tanzsaal umgestaltet. Der langgestreckte Raum hatte nun sechzehn Säulen, die Türen waren mit Spiegeln ausgestattet und von der Decke hingen schwere Bronzekronleuchter mit Glasbehang. Der Boden wurde mit Parkett ausgelegt, ein kunstvolles Muster verlieh ihm Struktur. Das Weiß der Wände warf das Licht, das durch die hohen Bogenfenster drang, leuchtend hell zurück. Wer sich in diesem prächtigen Saal nicht zu raumgreifenden Walzerschwüngen oder symmetrischen Quadrilleschrittfolgen animiert fühlte, war zweifelsohne kein Tänzer.

Nach dem Tod Friederike Luises fiel das Schloss in einen tiefen Dornröschenschlaf, hin und wieder und nur kurzzeitig geweckt für eine Theateraufführung oder einen rauschenden Kostümball. Erst Ende des 19. Jahrhunderts erhielt es eine neue Bestimmung. Seit der Reichsgründung bestrebt, Berlin zu einer europäischen Metropole zu machen, suchten die Hohenzollern jedwede Gelegenheit, um ihr Ansehen zu steigern. Nichts war dazu besser geeignet als ein Museum, in dem die Schätze des Hauses sorgsam gesammelt, katalogisiert, aufbewahrt und zur Schau gestellt wurden, eine Art Weihestätte der Kunst und der Herrschaften, zu deren Ehrung sie erschaffen worden waren. Die Idee eines Hohenzollern-Museums war geboren. Es sollte einerseits Bildungsanstalt sein, andererseits ein Ort, an dem die Geschichte und Bedeutung der Hohenzollern nachvollzogen werden konnte.

1877 gegründet, fand das neue Museum seinen Platz in Schloss Monbijou. Sein erster Direktor hieß Robert Dohme (1817–1896). Nun wurden hier neben ausgewählten Schätzen Sophie Dorotheas das brandenburgische Kurschwert, das Kurfürstenzepter oder auch der Totenhelm des Großen Kurfürsten gezeigt. Ein Raum stand ganz im Zeichen der Selbstkrönung Friedrichs zum ersten preußischen König. In eigens angefertigten Vitrinen waren die Kroninsignien ausgestellt, andere zeigten die Petschaftswappen und Siegel. Ausgestellt wurden auch die Stühle aus Friedrich Wilhelms Tabakkollegium und die Drechselbank, die ihm Peter I. geschenkt hatte. Weitere Räume waren ganz und gar der in Familienkreisen hoch verehrten Königin Luise gewidmet. Mit einer Nachbildung ihrer Grabstätte sowie ihres berühmten, von Schinkel gefertigten Schlafzimmers, mit der Wiege für ihre Kinder, ihrer Tischgitarre und ähnlichen persönlichen Gegenständen gedachte man der beliebten Mecklenburgerin. Die Zimmer waren weithin wohnlich eingerichtet, sie wirkten wie Privaträume der königlich-kaiserlichen Familie.

Neben den Kostbarkeiten wurden auch kuriose oder bizarre Dinge ausgestellt, wie riesige Schiffsmodelle, Schlitten, Kutschen, eine grauenhaft hässliche Prunkkassette für die Grußadresse der City of London an Wilhelm II., die Arbeitsplatte des Schreibtischsekretärs Sophie Dorotheas und auch die Totenmasken der preußischen Herrscher. Die Auswahl ähnelte gewissermaßen dem Konzept von Künstlern und Kuratoren wie Daniel Spoerri und Marie-Luise von Plessen, die für ihre »Musées sentimentales« heute Exponate wie Alltagsgegenstände oder persönliche Erinnerungsstücke auswählen, die nicht nur faktisch die jeweils beschriebenen geschichtlichen Zusammenhänge belegen, sondern auch bewusst und künstlich die Gefühlswelt zum Ausdruck bringen sollen, die in der geschilderten Zeit herrschte. Damit würde, so die Ausstellungsmacher,

Geschichte für den Betrachter greifbar. Er könne sich intellektuell und auch emotional in die vergangene Zeit hineinversetzen. Im Hohenzollern-Museum hingegen waren alle Exponate original.

Ende des Zweiten Weltkrieges wurde Schloss Monbijou bei einem Luftangriff schwer beschädigt. Zurück blieb eine Ruine, sämtliche Fensterscheiben waren geborsten, die westliche Galerie komplett zerstört – ein Haufen von Geröll und kaputten Steinen. Und doch vermitteln die alten Schwarz-Weiß-Fotos in Kempers Bildband den Eindruck, das Schloss hätte, zumindest teilweise, wiederaufgebaut werden können. Sie zeigen die Fassade des Ostflügels, die nahezu unbeschädigt wirkt. Oben auf dem Risalit stehen immer noch die Figuren, die dort postiert worden waren, um an dem schlauchlangen Bau Akzente in der Vertikalen zu setzen. Sie waren voller Grazie und Schönheit, spiegelten die Anmut des Hauses und wirkten, als wollten sie die alte Zeit festhalten. Dabei hatte es den Anschein, es seien lebendige Menschen.

Auch die beiden Torhäuser standen noch, die Säulen waren sichtlich beschädigt, aber auch hier war der Skulpturenschmuck auf dem First noch vorhanden. Trotzdem beschlossen die Stadtväter, das ehemalige Lustschlösschen jenseits der Museumsinsel zu sprengen. 1959 wurden Steine und Mauern vollständig abgetragen. Hier wie schon bei dem Beschluss, das Berliner Schloss zu eliminieren, griffen Denkmalschützer und Kunsthistoriker ein. In Ost wie West kämpften Männer und Frauen um den Erhalt des Museums, doch sie konnten sich nicht durchsetzen. Das Bauwerk passte nicht zur neuen Linie.

Und was geschah mit dem Hohenzollern-Museum? Wo blieben die Schätze Sophie Dorotheas oder die seltsamen Kuriositäten, geschaffen zwecks Erhöhung der preußischen Herrscher? Die Sammlung hatte immerhin sogar das Ende der Monarchie überlebt.

Nun, dem Museumsgut erging es nicht anders als weiteren, vielfach bedeutenderen Exponaten der Stadt. Zum Schutz vor Zerstörung waren sie, sorgfältig in Kisten verpackt, in die Kellergewölbe des Berliner Schlosses gebracht oder in die Umgebung der Stadt ausgelagert worden. Vieles davon ging im flächendeckenden Bombardement der Stadt kaputt, ein Teil geriet als Kriegsbeute mit den sowjetischen Truppen nach Russland. 1958 kamen einzelne Bestände zurück nach Ostberlin. Andere Kisten wiederum waren in den westlichen Teil der Stadt gelangt und dort nach dem Krieg von Museumsleuten in Gewahrsam genommen worden, doch die Sammlung war längst nicht mehr komplett. Sie konnte, selbst nach der Wende, nie wieder vollständig an einem Ort zusammengestellt werden. Das Hohenzollern-Museum ist ebenso von der Bildfläche verschwunden wie das Schloss, in dem es sich einst befand.

Eindrucksvoll sind die Schwarzweißaufnahmen vom Monbijoupark, die 1960 nach dem Abriss entstanden sind. Sie zeigen ein völlig kahles und schmuckloses Gelände am Ufer der Spree. Die alten Bürgerhäuser im Hintergrund, die heute die Oranienburger Straße säumen, wirken aus der neuen Perspektive überdimensional groß. Von der alten Pracht der Parkanlage ist nichts mehr zu erahnen. Allein einzelne Bäume stehen noch, die jedoch nicht sonderlich hoch sind, und man fragt sich, wann sie wohl gepflanzt wurden. Zu Kriegszeiten sind ja sogar historische Parks bombardiert und steinalte Bäume gefällt worden. Man fürchtete, zwischen den gestutzten Bosketten könnten sich Partisanen verstecken.

Allein der Name blieb erhalten. Der Garten am Spreeufer heißt immer noch Monbijoupark. Hinzu kommen die Brücke, der Platz und die Straße gleichen Namens. Längst sind die Angriffe auf das historische Areal gänzlich anderer Natur: Nicht mehr die Frage stellt sich, ob dort ein Schloss erhalten und wiederaufgebaut werden müsste, sondern es gilt, gleich das ganze Grundstück vor dem Zugriff von Immobilienakquisiteuren zu bewahren. Sie wollen kaufen, einebnen, Baugruben ausheben und modische und vor allem teure Appartements errichten.

Eine dieser Firmen war im Monbijoupark schon erfolgreich. Ihr wurde ein Bereich zugeschlagen, das längst mehrstöckig und weiträumig zugebaut worden ist. Als Gegenleistung mussten die neuen Eigentümer sich verpflichten, das Kinder- und Familienbad zu renovieren. Das, immerhin, wurde geleistet.

Zentral im Park gibt es eine Stelle, an der sich zwei Wege kreuzen. An einer der vier Ecken liegt ein schwerer, alter Stein. Er ist schwarz vor Verwitterung und mit rosa Graffiti besprüht, doch wenn man ihn sich genauer ansieht, erkennt man zwei geschwungene Bögen und modulierten Blumenschmuck. Zweifelsohne stammt der Stein vom Monbijou-Schlösschen. Möglicherweise ist es der Teil einer Fassade oder das Stück, das nach der Bombardierung über den Säulen am Haupttor fehlte? Selbst hier gibt es keinen Hinweis auf den einstigen Prachtbau, dem der Park seinen Namen verdankt, allein ein Schild führt den Text: »Aufgefunden bei der Neugestaltung der Gartenanlage.«

Will man auf die Suche nach authentischen Spuren gehen, gilt es also, Versatzstücke zu finden, die im übertragenen Sinne an den einstigen Zweck des Ortes und seiner Bebauung erinnern. Auf diese Art und Weise lassen sich die Räume und Kostbarkeiten der Vergangenheit sukzessive zurückerobern. Das gerade sind die Vorzüge einer neuen Zeit. Unbelastet pirscht sich der Betrachter an die Schönheiten von früher heran.

So findet sich bisweilen, wenn man eine Ausstellung der Stiftung Preußische Schlösser und Gärten besichtigt, auf dem kleinen Schild, das die Bezeichnung und Provenienz der einzelnen Exponate benennt, der Hinweis: Hohenzollern-Museum. Die Teile der Sammlung sind inzwischen auf die verschiedenen Häuser in Berlin und Brandenburg verteilt. Das Hohenzollern-Museum ist ein virtuelles Museum ohne festen Ort geworden.

Und vielleicht ist es auch kein Wunder, dass sich ausgerechnet im Park von Monbijou, fast genau dort, wo der Westflügel mit seinem prächtigen Tanzsaal Friederike Luises einst stand, Abend für Abend im Sommer unzählige Menschen einfinden, vergnügungssüchtig und bester Laune. Sie fühlen sich eingeladen und aufgefordert, das zu tun, was ihnen Freude macht. Sie wollen tanzen.

7.

Liebe ohne Gegenliebe – Elisabeth Christine
von Braunschweig-Wolfenbüttel-Bevern
(1715–1797)
Ehefrau von König Friedrich II.
(1712–1786)

Im Gegensatz zu Monbijou ist das Schloss, das in Zusammenhang mit Elisabeth Christine von Braunschweig-Wolfenbüttel-Bevern steht, Ehefrau Friedrichs II., noch existent. Gebaut im 17. und im 18. Jahrhundert erheblich erweitert, ist es einer der seltenen Barockbauten der Stadt, die auch die Zeit nach dem Zweiten Weltkrieg fast unbeschadet überstanden haben. Es heißt Schloss Schönhausen, liegt im Norden Berlins und verbindet mit seinem Park, den Alleen und Zugangsstraßen die Stadtteile Pankow und Niederschönhausen.

Obwohl es gut erhalten ist und für viel Geld in den letzten Jahren aufwändig saniert wurde, wirkt der Bau mit seinem zartrosa Anstrich von außen zurückhaltend und unauffällig. Man muss ihn geradezu suchen. Das liegt sicher auch an seiner versteckten Lage. Zu dem Anwesen gehört ein weitläufiger Landschaftspark mit hohen, alten Bäumen, durch den sich ein Flüsschen seinen Weg bahnt, die Panke. Darüber hinaus sind Schloss und Garten durch eine graue, fast zwei Meter hohe Mauer vom größeren Teil des Parks abgesperrt.

Im Jahr 1691 der Witwe des Oberhofmarschalls Joachim Ernst von Grumbkow (1637–1690) für 16 000 Taler abgekauft, ließ Friedrich I. das Schloss zu einer hübschen Hohenzollern-Residenz ausbauen. Sohn Friedrich Wilhelm schenkte dem Anwesen während seiner Regentschaft keine Beachtung, aber Elisabeth Christine verliebte sich in das Haus, als sie es, frisch verheiratet nach Berlin gekommen, zum ersten Mal sah, und nachdem Friedrich II. seinem Vater auf den Thron gefolgt war, vermachte er ihr Schönhausen als Sommersitz.

Elisabeth Christine wurde in Wolfenbüttel geboren und wuchs in bescheidenen, doch harmonischen Verhältnissen auf. Zwar lagen sechzehn Jahre Altersunterschied zwischen ihren beiden Eltern, doch sie hatten aus Liebe geheiratet und konnten sich die starken Gefühle füreinander ihr Leben lang bewahren. Auch war das Haus Bevern, zu dem die Familie gehörte, nicht sonderlich vermögend. Es war eines der kleineren Teilfürstentümer der Welfen, die 1692 eben nicht mit der Kurwürde bedacht worden waren und somit weder Kurfürsten von Hannover noch Könige von England werden konnten. Elisabeth Christines Vater, Ferdinand Albrecht II. (1680–1735), erbte kurz vor seinem Tod noch das gesamte Herzogtum Braunschweig-Wolfenbüttel und gab Bevern an seinen Bruder Ernst Ferdinand (1682–1746) weiter. Ihre Mutter war Antoinette Amalie von Braunschweig-Wolfenbüttel (1696–1762). Gemeinsam hatten sie vierzehn Kinder.

Ferdinand Albrecht erwies sich als getreuer Gefolgsmann des Kaisers in Wien. Er kämpfte im Zuge des Spanischen Erbfolgekrieges in Schwaben und Bayern sowie später an der Seite Prinz Eugens gegen die Türken und die Franzosen. Der Kaiser belohnte den Welfen mit der ehrenvollen Position eines Generalfeldzeugmeisters (1727) und der eines Reichsgeneralfeldmarschalls (1733). 1735 starb Antoinette Amalies Vater, und da es keinen männlichen Erben gab, musste der Schwiegersohn nach Wolfenbüttel zurückkehren und die Herrschaft über das Herzogtum übernehmen. Nur wenige Monate später verstarb er unerwartet plötzlich, die Familie kam aus den Trauerkleidern gar nicht mehr heraus, und er überließ die Herrschaft seinem ältesten Sohn Karl (1713–1780), Elisabeth Christines ältestem Bruder. Als er nun der Herzog wurde, war er gerade einmal 22 Jahre alt.

Ferdinand Albrecht hatte den Soldatenkönig, damals noch Kronprinz von Preußen, während des Spanischen Erbfolgekrieges kennen gelernt, und die beiden hatten sich angefreundet. Als es später galt, die strategisch günstigste Ehepartie für seinen Sohn auszumachen, fiel die Wahl des Preußenkönigs auf die älteste Tochter seines Freundes. Die Verbindung passte konfessionell einigermaßen zu

Brandenburg – Bevern war zwar kein reformiertes, sondern lutherisches, aber doch wenigstens ein protestantisches Haus –, die beiden Familien waren sich ähnlich, was Ansprüche und Zahl der Kinder anging, und der Preuße wollte es sich keinesfalls mit dem Kaiser in Wien verderben. Da kam ihm dessen treuer Gefolgsmann gerade recht.

Im März 1732 wurde Verlobung gefeiert, und anschließend handelten die beiden Väter die Eheverträge aus. 25 000 Taler konnte das Fürstentum für die scheidende Prinzessin aufbringen. 600 Taler monatlich sollte sie künftig vom König erhalten. Das fand ihr Vater ein wenig mager. Auf Anfrage bewilligte Friedrich Wilhelm I. ihr zusätzlich Gehälter für ihren Hofstaat. Anderthalb Jahre später fand die Hochzeit statt.

Es sollte nicht bei dieser einen Eheschließung bleiben. Im selben Jahr heiratete Elisabeth Christines Bruder Karl Friedrichs Schwester Philippine Charlotte (1716–1801). Und noch eine dritte Hochzeit verband die beiden Familien: 1742 heiratete August Wilhelm, Friedrichs jüngerer Bruder, Luise Amalie von Braunschweig-Wolfenbüttel-Bevern (1722–1780), Elisabeth Christines Schwester. Ihr gemeinsamer Sohn Friedrich Wilhelm wurde später zum Thronfolger Preußens ernannt.

Es würde nicht das erste Mal sein, dass zwei Brüder aus dem Hause Preußen zwei Schwestern heiraten. Hier entstanden zahlreiche Querverbindungen, und die Verwandtschaft rückte immer näher. Nicht umsonst ist das Phänomen des Ahnenschwundes in diesen Kreisen wohl bekannt, unter Genealogen auch Ahnenverlust genannt. Damit wird die Tatsache bezeichnet, dass sich bei Geschwisterhochzeiten mehrere Paare ein und dieselben Schwiegereltern teilen müssen. Entsprechend hatten ihre Kinder später, rein numerisch, weniger Vorfahren. Schon Friedrich II. hatte nur mehr drei Paar Großeltern, litt also schon in dieser Generation unter einem Verlust von 25 Prozent. Für ihn lässt sich der Ahnenschwund bis in die zwölfte Generation nachvollziehen. Statt theoretisch 4 096 Ahnen hatte er nach zwölf Generationen nur 1 108 Vorfahren, doch das nur nebenbei.

Elisabeth Christines Leben war bisher in jeder Hinsicht sorglos verlaufen. Sie hatte eine Kindheit voller Liebe und Fürsorge gehabt, war zu einer hübschen Frau herangewachsen, umfassend ausgebildet und auf ein Eheleben an der Seite eines europäischen Herrschers gut vorbereitet worden. Darüber hinaus war sie diszipliniert und gehorsam und hatte einen freundlichen, ausgeglichenen Charakter. Nun gut, sie war keine Intellektuelle, lernte nie fehlerlos schreiben, weder auf Französisch noch Deutsch, und interessierte sich eher für religiöse Literatur, nicht für Romane. Doch all das wäre nie sonderlich aufgefallen, wenn sie nicht mit einem Mann wie Friedrich verheiratet worden wäre, dazu einem Winzling, den sie um Haupteslänge überragte.

Der Kronprinz sträubte sich entschieden gegen die Verbindung mit der Wolfenbüttlerin. Er empfand, ähnlich wie sein Bruder Heinrich, eher Neigungen zum männlichen Geschlecht und wollte, da er als Thronfolger nun einmal heiraten musste, wenigstens freie Wahl haben. Doch für entsprechende Verhandlungen waren die Voraussetzungen denkbar ungünstig. Als sein Vater begann, eine Ehefrau für ihn zu suchen, saß Friedrich in Küstrin in Festungshaft und büßte für seine Flucht vor dem Wehrdienst mit Freund Katte. So verzweifelt und zornig Friedrich darüber auch dachte, eines war ihm klar: Wenn er sich mit seinem Vater aussöhnte, würde er die Dauer seiner Strafe erheblich verkürzen können. Also willigte er schließlich in die Hochzeit ein.

Trotz der ungünstigen Startbedingungen verliefen die ersten Ehejahre glimpflich. Elisabeth Christine wurde am Berliner Hof respektvoll aufgenommen, die Schwiegermutter richtete dem jungen Paar eine Wohnung im Kronprinzenpalais Unter den Linden ein, das eigens zu seinem neuen Zweck mit vornehmer Auffahrtsrampe und Mittel-risalit versehen worden war, und auch Friedrich Wilhelm I. erwies sich, ungeachtet seiner cholerischen Art, als freundlich und zuvorkommend. Er hatte die hübsche, bescheidene Frau gleich ins Herz geschlossen. Friedrich war im Einsatz bei seinem neuen Infanterieregiment in Neuruppin und musste sich in Berlin kaum blicken lassen.

1734 erwarb Friedrich Wilhelm I. auf Wunsch seines Sohnes Schloss Rheinsberg, ein Anwesen, zwei Stunden nördlich von Berlin, das insbesondere durch seine Lage inmitten einer weiten Naturlandschaft und direkt am Grienericksee von ungeheurem Reiz war. 50 000 Taler investierte der König in diese Anschaffung, nebst Ablösegeldern für die Vorbesitzer, lebendem Inventar und Baumaterialien für Umbau und Erweiterung des Schlosses. Weitere 25 000 hatte Elisabeth Christine aus ihrer Mitgift beizusteuern.

Der Thronfolger erwies sich als dankbar und friedlich. Gemeinsam mit seiner Frau zog er in sein neues Schloss, und erstmals lebte das Paar, zwar jeder in seinem Flügel, gemeinsam unter einem Dach. Morgens ließen sich beide mit einer Stunde Zeitunterschied wecken, widmeten sich dann ihren Neigungen, beide der Musik, sie darüber hinaus der Malerei, er der Literatur und Philosophie, und mittags trafen sie sich zum gemeinsamen Essen. Sie luden Künstler und Gelehrte ein, empfingen sie an ihrer Tafel und führten mit ihnen angeregte Gespräche. Gegen drei Uhr wurde die Runde aufgehoben, und die Gäste fanden, wie Elisabeth Christines Biograph Ernst Poseck schrieb, »eine Tasse Kaffe bei einer der Damen, die gerade an der Reihe war, ihn zu kredenzen. Der Hausherr nahm ihn bei seiner Frau ein und blieb bis vier Uhr in ihren Gemächern; dann kehrte er zu seinen Büchern zurück und blieb für die übrige Gesellschaft bis um sieben Uhr unsichtbar.«[16]

Elisabeth passte sich dem Tagesablauf Friedrichs an

und war vollständig auf ihn eingestellt. Sie versuchte seinen Gedankengängen zu folgen, seine Ideen und Visionen zu begreifen und verfolgte aufmerksam die Gespräche, die er mit seinen Besuchern pflegte. Begeistert schreibt sie in einem Brief an ihre Großmutter Christine Luise von Braunschweig-Wolfenbüttel (1671–1747): »Unser Herr hier ist allen voran, ich habe niemals jemanden gesehen, der so fleißig ist wie er. (…) So geht die Zeit rasch dahin, und indem er sie auf diese Weise anwendet, kann man in Wahrheit sagen, daß er der größte Fürst seiner Zeit ist, er ist weise, er ist so geistvoll, wie man es nicht genug ausdrücken kann, er ist gerecht, er will keinem Menschen etwas Böses, er ist großmütig, gutgelaunt, er liebt keine Ausschweifung, weder beim Wein noch sonstwie und besitzt soviel Herzensgüte …« (3. 10. 1736)[17]

In dieser Zeit entstand die große Liebe, die Elisabeth Christine für ihren Mann empfand. Ihre Bewunderung und Hingabe für ihn überstieg in all ihren Ehejahren weit die Pflichten, die der Rolle einer Kronprinzessin und schließlich Königin Preußens entsprachen. Nie gab sie die Hoffnung auf, er würde ihre Gefühle erwidern.

Auch finanziell unterstützte Elisabeth Christine Friedrichs Ideen. Der Kronprinz hatte sich mit dem Mobiliar und Bilderschmuck, das ihm seine Eltern aus anderen Schlössern des Landes zur Verfügung stellten, nicht zufrieden geben wollen und Architekt von Knobelsdorff kommen lassen, damit er ihm für Rheinsberg eine eigene Innenausstattung entwerfe. Sie sollte in Eintracht mit der Gestaltung der näheren landschaftlichen Umgebung ein harmonisches Ganzes ergeben. Damit schuf Friedrich die Grundlage für das wundersame Schloss- und Gartenreich, das sein Bruder Heinrich aus Rheinsberg machte, dem Friedrich das Anwesen später überließ. Bis heute bildet es eine Einheit voller Anmut und Schönheit. Ob bei der Besichtigung des Hauses mit seinen Blickachsen durch die

Fenster, die sorgsam angelegten Alleen, Wege und Treppenfluchten entlang bis weit in die umliegenden Fluren oder beim Spaziergang durch den herrlichen Park – überall spürt man den Kunstsinn, mit dem hier gestaltet und geordnet worden ist. Die Harmonie, von der die ersten Ehejahre Elisabeth Christines bestimmt waren, überträgt sich noch auf den heutigen Besucher.

Doch die Realisierung der Knobelsdorffschen Entwürfe kostete Geld. Das junge Paar musste Schulden machen, und Friedrich bat Elisabeth Christine, sie möge in ihrem Elternhaus vorsprechen und ihre Mitgift nachträglich aufstocken lassen. Karl, der inzwischen die Regentschaft in Bevern übernommen hatte, ließ sich erweichen und brachte tatsächlich 3 000 Taler für die Schwester auf. Sie nahm das Geld mit Freuden und gab es selbstverständlich an den Gatten weiter. Nur einer durfte nichts davon erfahren. Der königliche Vater in Berlin. Anstandslos hielten sich Beverns daran.

1740 war es mit der Eintracht schlagartig vorbei. Der Kronprinz wurde im Mai an das Sterbelager seines Vaters berufen, und der Brief, den er Elisabeth Christine am 31. Mai 1740 aus Potsdam schrieb, klang fast wie ein Marschbefehl: »Kommen Sie doch bitte am Mittwoch oder Donnerstag nach Berlin. Knobelsdorff soll sich auf der Stelle dorthin begeben. Wir werden in unserm alten Hause wohnen. Gleich nach Ihrer Ankunft haben Sie zuerst der Königin Ihre Aufwartung zu machen; von da kommen Sie dann nach Charlottenburg, im Fall, daß ich dort bin. Zu weiterem habe ich jetzt keine Zeit. Leben Sie wohl.«[18]

Dieser Ton sollte sich in den weiteren Ehejahren verschärfen. Friedrich Wilhelm starb am 31. Mai 1740, Friedrich wurde König und gerierte sich von nun an als Einzelgänger mit all den Eigentümlichkeiten, Launen und Absolutismen, die er als Herrscher für sich in Anspruch nahm. Keine Freundschaft blieb ihm dauerhaft erhalten.

Elisabeth Christine bekam Angst und ging davon aus, Friedrich würde sich jetzt, da der Vater tot war, von ihr scheiden lassen. Offensichtlich hatte sie der Hohenzollernprinz nie geliebt. Auch gab es bisher keine Kinder, Elisabeth Christine war nicht einmal schwanger geworden, und jegliche Hoffnung auf Nachwuchs hatte sich erübrigt.

Friedrich trennte sich in der Tat von seiner Frau, doch lediglich räumlich und wirtschaftlich. Er wies ihr eine herrschaftliche Wohnung im Berliner Schloss zu, die seine eigene an Größe sogar übertraf, und ein eigenes Budget. Seine Vorgehensweise wurde im Nachhinein als Einführung einer doppelten Hofhaltung bezeichnet. Die Abläufe der Königin bei Hof unterlagen ab sofort einem eigenen Tagesrhythmus, und sie traf auch selbstständige Entscheidungen über ihre Ausgaben. Der König zog sich personell und insbesondere emotional vollkommen von ihr zurück, schrieb ihr wenig und sprach nur noch selten mit ihr. Der Kontrast zu den Anfängen hätte nicht stärker sein können. Die Zahl der Sätze, die Friedrich während der nun folgenden Ehejahre mit Elisabeth Christine wechselte, kann man an den Fingern einer Hand abzählen. Von Familienfesten, bei denen sie gemeinsam hätten auftreten können, schloss er sie bewusst aus. Seine Residenzen in Potsdam, das hinreißende Sanssouci oder das wuchtige Neue Palais, durfte sie nicht betreten.

Die Königin versuchte, das Beste daraus zu machen. Sie übernahm die zeremoniell-repräsentativen Aufgaben, empfing Gesandtschaften, nahm Huldigungen entgegen, veranstaltete Courtagen und sorgte dafür, dass der Berliner Hof insbesondere in Abwesenheit ihres Mannes einem korrekt königlichen Herrscherhaus entsprach. Insbesondere kümmerte sie sich um Friedrichs Mutter, erwies ihr den nötigen Respekt und trat anstandslos entsprechend seiner Anweisungen in der Rangordnung hinter ihr zurück. Auch mit den übrigen weiblichen Familienmitgliedern, ihren

Schwägerinnen und Schwestern, bildete sie verlässliche Allianzen.

Elisabeth Christine beklagte sich nie ernsthaft über ihre bizarre Rolle. Sie gab sich im Gegenteil Mühe, sie gehorsam zu erfüllen, zuverlässig präsent und gleichzeitig unsichtbar zu bleiben. In dieser Regentschaft gab es zwar eine preußische Königin, aber sie durfte sich nicht an der Seite des Königs sehen lassen. Ihr Kammerherr Ernst Ahasverus Heinrich Graf von Lehndorff (1727–1811) beschreibt die allgemeine Stimmung recht treffend in seinem Tagebuch: »Die Königin ergeht sich nachmittags im Tiergarten. Diese Fürstin, die so wenig Freuden hat, empfindet schon über Dinge, die uns recht gleichgültig sind, ein außerordentliches Vergnügen. Demnach ist für sie dieser Nachmittag himmlisch.«[19]

In Schönhausen fand Elisabeth Christine ihren privaten Rückzugsort. Hier verbrachte sie die Sommerzeit, empfing von Juni bis September ihre Gäste und beherbergte die Schwägerinnen, die von ihren Männern ähnlich behandelt wurden wie sie. Nachhaltig und immer wieder neu engagierte sie sich für die Verschönerung von Haus und Garten.

Zu Beginn war Schönhausen räumlich noch recht klein. Die Mitglieder der königlichen Entourage, der etwa sechzig Personen umfassende Sommerhof, wurden zum Großteil in Gebäuden der Nachbarschaft untergebracht. Das Schloss umfasste einen ebenerdigen, hellen Saal, der sich über zwei Stockwerke erstreckte, flankiert von einzelnen Zimmern, in denen die Königin nur unter recht einfachen Bedingungen untergebracht werden konnte. Die zwei Pavillons, die Friedrich I., damals noch Kurfürst, 1695 und 1698 von Architekt Nering an den Seiten hatte anbauen lassen, enthielten nur je einen größeren Raum. Im östlichen Flügel grenzten lediglich eine Kammer nebst Badestube an, im westlichen ein Garderobenraum, ein Schreib- und ein kleines Betkabinett. Ein Kupferstich von Jean

Baptiste Broebes von 1704 weist ironischerweise im Titel zwischen »Schön« und »hausen« eine kleine Lücke auf, als habe man es hier zwar recht schön gehabt, aber doch nur hausen können.

Um innerhalb des Gebäudes zu oberen Stockwerken zu gelangen, gab es eine Holztreppe, die zweimal um die Ecke führte und so eng war, dass man sie mit den breit ausgestellten Röcken, die Damen in jener Zeit trugen, und auf eleganten, aber möglicherweise glatten Schuhen kaum bewältigen konnte. Ein einfaches Holzgeländer aus geschnitzter Balustrade sollte den notwendigen Halt geben.

Von der Vorderseite aus präsentierte sich einem das Schloss allerdings durchaus als elegante dreiflügelige Anlage mit kleinem Ehrenhof. Hier fuhren über die ellenlange Chaussee, direkt aus Berlin kommend, die Equipagen vor und geleiteten die Königin jeden Sommer in ihre hübsche Bleibe. Eine Straße verband das Anwesen Richtung Westen mit der Spandauer Nikolaikirche, eine weitere führte zum Schloss Charlottenburg. Lag Schönhausen auch weit außerhalb, war es doch in das märkische Achsensystem miteinbezogen worden. Noch zu Zeiten des Großen Kurfürsten angelegt, bestand es aus befestigten Dämmen, die über lange Strecken quer durch die sumpfigen Niederungen geschlagen worden waren. Auf ihrer höchsten Stelle verlief mittig die Chaussee.

Ein reinstes Schmuckstück war der Garten von Schönhausen, zwar zu Beginn noch leicht verwildert, doch gerade dadurch von seltenem Reiz. Friedrich I. hatte ihn Anfang des 18. Jahrhunderts frei nach dem Vorbild von Schloss Charlottenburg als Barockgarten anlegen lassen. Vor dem Schloss und zur Orangerie hin, die sich linker Hand im Garten befand, erstreckten sich zwölf klar strukturierte Lustquartiere mit Beeten und Ornamenten aus farbigen Steinen, Buchs- oder Rasenbändern und umlaufenden Blumenrabatten. Es gab Boskette, Heckenquartiere, ein Labyrinth und einen streng rechtwinkligen Irrgarten. Küchenquartiere schlossen sich an und sogar die im Sonnenlicht glitzernde Wasserfläche eines Kanals. Die Anlage war nicht nur schön anzusehen, sondern man konnte hier auch in Ruhe spazieren gehen. In der Zeit des Soldatenkönigs wurden die seitlichen Quartiere zudem mit Baum-, Spalier- und Zwergobst bepflanzt.

Elisabeth Christine war zunächst bemüht, den Garten neu zu strukturieren und ihn im Stil des Rokoko leicht zu modernisieren. Auch im Schloss hielt diese neue Mode Einzug. Außerdem nahm sich die Königin der Landwirtschaft an. Ihre Vorbesitzer hatten es verstanden, das fruchtbare Auenland zwischen Pankow und Niederschönhausen urbar zu machen, feuchte Niederungen zu entwässern und Felder und andere Nutzflächen anzulegen. Elisabeth Christine unterstützte diese Vorhaben, führte sie fort und nahm stark Anteil an Aussaat und Ernte.

Wenige Monate nach Beginn seiner Regentschaft zog Friedrich II. in den Krieg. In wenigen Schlachten jagte er den Österreichern Schlesien ab und kehrte nach kurzer Zeit als siegreicher Feldherr nach Berlin zurück. Doch bei der einen Auseinandersetzung sollte es nicht bleiben. Es folgten der Zweite Schlesische Krieg (1744–1745) und schließlich der Siebenjährige Krieg (1756–1763), und lange Zeit sah es so aus, als könne Preußen von Friedenszeiten nur noch träumen.

Während der militärischen Auseinandersetzungen musste die Königin ihre Residenzen verlassen. Am 16. Oktober 1757 besetzten die Österreicher Berlin, und Elisabeth Christine floh in die Festung Spandau. Zwei Tage später konnte sie zurückkehren, doch die Lage war weiterhin angespannt und der König befahl, der Hof möge dauerhaft nach Magdeburg umziehen.

Die Elbestadt war ein ausgesprochen wehrhafter Ort. Schon Mitte des 17. Jahrhunderts hatte der Große Kurfürst die mittelalterlichen Befestigungsanlagen wieder errichten lassen und dort 15 000 Mann stationiert. Im 18. Jahrhundert wurde die Festung weiter ausgebaut und umfasste zu Zeiten Friedrichs II. schließlich ein Areal von 200 Hektar. Barg Küstrin das Bollwerk Preußens gen Osten, so konnte Magdeburg es getrost mit etwaigen Angriffen aus dem Westen aufnehmen. Dort waren Hof und Königin vor feindlichen Invasionen und plündernden Soldaten sicher.

Am 23. Oktober 1757 machte sich Elisabeth Christine auf den Weg gen Westen. Die Fahrt führte über Potsdam; erstmals war die Königin in der Residenzstadt zugegen, und sie wurde von einer großen Menschenmenge erwartet. Eine Nacht verbrachte der Hof im königlichen Schloss. Bezeichnenderweise schreibt Kammerherr Lehndorff dazu in sein Tagebuch: »Die Königin ist niemals hier gewesen, und ich habe mich bei dieser Gelegenheit über die eigentümliche Fügung des Schicksals gewundert, dass die Königin von Ungarn ein Heer nach Berlin schicken muß, damit die Königin von Preußen die Residenz ihres Gemahls zu sehen bekommt. Sie findet alles prachtvoll und ist umso mehr entzückt, als sie auf den Gesichtern aller Bewohner Potsdams die Freude liest, ihre Königin zu sehen.«[20]

Im Zuge dieses Besuchs hatte die Königin auch Gelegenheit – ein einmaliger Moment –, einen Blick auf Sanssouci zu werfen. Die Equipage hielt einen Augenblick an, die Königin betrachtete das Anwesen nachdenklich durch das Fenster ihrer Kutsche – dann knallten die Peitschen, die Pferde legten sich ins Zeug, und es ging weiter Richtung Magdeburg.

Im Januar kehrte der Hofstaat nach Berlin zurück, doch schon zwei Jahre später ging es wieder in die befestigte Elbestadt. Bis zum Frieden von Hubertusburg (15. Februar 1763) musste die Königin immer wieder und viele Monate in Magdeburg zubringen. Immerhin befand die Stadt sich nicht weit von ihrem Heimatort, und sie konnte hier wiederholt Mitglieder ihrer Familie wie die Mutter oder auch einzelne Geschwister einladen und empfangen. Sie hing unendlich an ihnen, besonders an ihrem jüngsten Bruder Ferdinand, der Einzige, dem gegenüber sie bisweilen ihre Situation am Berliner Hof beklagte.

Fernab von königlicher Residenz und den entsprechenden Vorschriften der Etikette waren die Magdeburger Begegnungen von Unbeschwertheit und kindlicher Wiedersehensfreude geprägt. Die Erinnerung daran war für Elisabeth Christine derart tröstlich, dass sie später den Künstler Gottfried Hempel (1720–1772) bat, eine entsprechende Szene in einem Gemälde festzuhalten. Es trägt den Titel *Promenade auf dem Fürstenwall* und hängt bis heute in den ehemaligen Privatgemächern der Königin in Schloss Schönhausen.

In Magdeburg erreichte die Königin aber auch die Nachricht von den Zerstörungen in Berlin und insbesondere ihrer Sommerresidenz, nachzulesen in den Erinnerungen von Sophie Gräfin von Voss, geborener Frau von Pannewitz (1729–1814).[21] Mit vierzehn zur Hof- und Staatsdame Sophie Dorotheas gekürt, heiratete die treue Begleiterin des preußischen Königshauses 1751 ihren Vetter Johann Ernst Graf von Voss (1726–1793) und begab sich an seiner Seite nach Magdeburg, wo er das Amt des Präsidenten der Regierung bekleidete. 1763 wurde er zum Hofmarschall Elisabeth Christines in Schönhausen ernannt. Sophie Voss schrieb regelmäßig Tagebuch, ein unschätzbar kostbares Dokument, das nach ihrem Tod publiziert wurde und sehr genau beschreibt, wie man sich das Leben am preußischen Hof vorzustellen hat. Am 15. Oktober 1760 notierte sie: »Abends war ich an Hof; die Königin hatte eben eine Stafette erhalten mit der Nachricht: die Österreicher hätten Charlottenburg und Schönhausen vollständig ausgeplündert und alle Leute, die sie in beiden Schlössern gefunden, getödtet oder misshandelt. Bald nachher traf auch die Post aus Berlin wieder ein und eine Menge Menschen erhielten Briefe, die alle auf das Bitterste über die Österreicher klagten, die ganz furchtbare Verwüstungen angerichtet hätten, während vor ihnen die Russen sich vortrefflich benahmen. Sämmtliche Leute, die in Diensten des Königs stehen, deren die Feinde irgend habhaft werden konnten, haben sie getödtet oder furchtbar misshandelt, die Möbel, Gemälde, Antiken und Kunstsachen in den Königlichen Schlössern zerschlagen, zu den Fenstern hinausgeworfen und zertrümmert, kurz alles, was sie nicht mit fortnehmen und rauben konnten, haben sie verbrannt oder ruinirt und zerstört, sämmtliche Pferde aus den Königlichen Ställen und sämmtliche Wagen mit fortgeführt, und eben so alles genommen, was dem armen Ober-Stallmeister Schwerin gehörte, der im Marstalle wohnte. Außerdem haben sie alle Schatzkammern, gardemeubles, Speicher und Magazine von Grund und Boden aus verwüstet oder rein ausgeplündert. Diese Nachrichten verbreiteten allenthalben eine solche Betrübnis, dass niemand an etwas anderes denken konnte. Es schmerzte uns doppelt, dass alle Briefe immer wiederholten: die Russen hätten sich wie ehrliche Leute und ehrliche Feinde, die Österreicher und Sachsen dagegen, welche letzter besonders in Charlottenburg hausten, hätten sich wie Barbaren und wie gemeine Diebe benommen. Mein Gott, welche Unzahl von Menschen sind durch alle diese Gewaltthaten verarmt und unglücklich geworden!«[22]

Preußen überstand den Siebenjährigen Krieg am Ende lediglich siegreich, weil Zarin Elisabeth (1709–1762) verstarb und sich die Russen plötzlich aus der Schlacht zurückzogen. Nach Friedensschluss zog ein völlig demoralisierter König wieder in seine Residenzstadt ein. Die Verluste waren groß, und das Land war wirtschaftlich am Ende. Der Spaß am Kriegsspiel war Friedrich gründlich vergangen. Sein Verhalten gegenüber seiner Frau hatte sich aber keineswegs verändert. Nach der jahrelangen

Trennung, während Elisabeth Christine, Seite an Seite übrigens mit ihrer Schwiegermutter, wie jede liebende Ehefrau um das Leben und Wohl ihres Mannes gebangt hatte, fiel ihm zur Begrüßung vor dem versammelten Hof nur ein Satz ein: »Madame sind korpulenter geworden.«

Da der Zustand ihrer Sommerresidenz derart unter dem Krieg gelitten hatte, nutzte Elisabeth Christine nach ihrer Rückkehr die Gelegenheit, sie nicht nur wiederherstellen, sondern auch deutlich verändern zu lassen. Der König ließ ihr freie Hand und stellte entsprechende Mittel zur Verfügung. Mit Hilfe des niederländischen Architekten Jan Bouman (1706–1776) ließ Elisabeth Christine die Seitenpavillons vergrößern und um eine Etage aufstocken. Dadurch reichte auch das Dach erheblich weiter, sowohl in Tiefe als auch in Höhe.

Spektakulär waren die innenarchitektonischen Entwürfe des Architekten. Er schlug vor, in dem zentralen Festsaal, der über zwei Stockwerke reichte, eine Zwischendecke einzuziehen. Damit könne er in der ersten Etage einen weiteren repräsentativen Raum hinzugewinnen. Die Königin war einverstanden. Da keiner von den Damen der Gesellschaft und auch den männlichen Gästen erwarten konnte, über die enge Holzstiege den ersten Stock zu erklimmen, schlug Bouman vor, zusätzlich eine elegantere, großzügige Treppe zu bauen, die sich zentral quasi über dem Haupteingang emporschwingt und direkt vor dem neuen Saal endet. Zu diesem Zweck müsste allerdings der Ehrenhof aufgegeben und umbaut werden. Auch diese Idee stieß auf Wohlgefallen, und Bouman entwarf ein prächtiges Treppenhaus, das heute noch erhalten ist. In zwei parallel verlaufenden und doppelten Spiralen schwingt es sich leicht und unbeschwert bis fast unters Dach. In dem Geländer wiederholen sich die pittoresken Formen aus dem Schnitzwerk, das die kleine Stiege ziert. Allein wegen dieser repräsentativen Treppe lohnt es sich,

Schönhausen heute zu besuchen. Schneeweiß gestrichen und in Grau abgesetzt bietet es, geschmückt mit einem knallroten Teppich, einen wahrlich prächtigen Anblick.

Doch damit nicht genug: Elisabeth Christine beauftragte einen weiteren Künstler, sich der Innenausstattung anzunehmen. Er hieß Johann Michael Graff und gestaltete für die Wände im neuen Saal plastisches Dekor aus feinstem Marmorstuck. Fast fühlt man sich bei dem Anblick an Schloss Köpenick erinnert. Jagdgewehre sind zu erkennen und Musikinstrumente sowie Gartengeräte und Erntekörbe. Sie stehen für die Freuden des Landlebens, der Jagd und des Musizierens. Während das Dekor in mattem Ton gehalten ist, wurden die dahinter liegenden Flächen poliert und glänzen wie echter Marmor. Auch die Decke ist mit feingliedrigem, weißem Stuck verziert. Entstanden und bis heute erhalten ist ein Meisterwerk des friderizianischen Rokoko. Dank der goldgelben Farbe, mit der die freien Wandflächen gestrichen sind, besticht der Saal durch strahlenden Glanz. Es wirkt, als würde pausenlos die Sonne scheinen.

Durch den Bau einer zweiten Etage entstand auch im Südflügel ein zusätzlicher Raum, die sogenannte Gipsmarmorgalerie. Hier dekorierte der Künstler ebenfalls Wände und Decke mit Marmorstuck, doch er nahm keine Gegenstände zum Vorbild, sondern Blumen und Girlanden. Die Kostbarkeit dieses Raumkunstwerkes offenbart sich in der Zartheit des Dargestellten. Kunstvoll wurden Blätter unterschiedlichster Größe in Ranken verwoben, lebensecht wirken Knospen und Blüten. Während im Saal Empfänge stattfanden oder elegante Diners mit gestrengem Placement, diente die Marmorgalerie der Bewegung: Hier wurde Musik aufgespielt und getanzt.

Dank der großen Fenster sind beide Säle erfüllt von Licht und Helligkeit. Der Blick geht direkt ins Grüne, und man hat den Eindruck, man befände sich mitten im Park.

Aus dem ehemaligen Garten- und Lustschlösschen war durch die Umbauten ein ansehnlicher Landsitz geworden. Endlich hatte Elisabeth Christine Raum für Feste, Empfänge und vor allem auch für Übernachtungsgäste. Während sie selbst das Erdgeschoss bewohnte – heute stehen dort ihre Sänfte, ihr Audienzthron und auch einzelne Exemplare aus ihrer persönlichen Bibliothek –, konnte sie in der ersten Etage nahestehende Verwandte beherbergen. Sommer für Sommer kam nun Schwägerin Prinzessin Wilhelmine (1726–1808) zu Besuch, Ehefrau von Heinrich, und residierte im Südflügel. Im Nachbarzimmer pflegte Elisabeth Christines Schwester Luise Amalie zu übernachten, Ehefrau und dann Witwe August Wilhelms. Im Nordflügel verbrachte Friederike von Preußen (1767–1820) den Sommer, Tochter Friedrich Wilhelms II. aus erster Ehe, derer sich Elisabeth Christine persönlich angenommen hatte.

Auch der Garten wurde nach Anordnungen Elisabeth Christines in dieser Zeit erneuert. Sie ließ die Querachsen zwischen den Quartieren bis an das Ufer der Panke Richtung Süden verlängern und bezog so umliegende Wiesen und das Eichholz in die Gesamtkonzeption mit ein. Zunehmend wurden naturbelassene Bereiche als nutzbare

Gartenflächen wahrgenommen und eben nicht sortiert, kultiviert und streng quadratisch oder rechteckig begradigt. Peu à peu brach sich der natürliche Gartenstil Bahn, der seine Vollendung später im Landschaftsgarten fand.

Doch bis dahin vergingen noch einige Jahre. Zuerst wurden 1775 die zerstörten Gewächs- und Treibhäuser ersetzt und eine neue Orangerie gebaut. Inzwischen gab es eine Milchwirtschaft, Fasanenzucht, Baumschule, Plantage und einen Küchengarten. In der Plantage wuchsen Wein, Obstgehölze und Maulbeerbäume, auf denen Seidenraupen gediehen. Dank der Treibhäuser konnte die Königin in Schönhausen exotische Früchte ziehen oder auch heimische Beeren und Gemüsesorten zu Jahreszeiten kultivieren, in denen sie draußen nicht mehr oder noch nicht reiften. Da sie wusste, wie sehr ihr Mann solche Früchte liebte, schickte sie ihm ausgewählte Exemplare an seine Tafel nach Sanssouci.

Den Bewohnern Schönhausens war die Königin bald wohl bekannt. Sie besuchte, ähnlich wie später auch Königin Luise, Erntefeste, war vor Ort präsent und kümmerte sich um Bedürftige. Kammerherr Lehndorff notierte am 8. Juli 1755 knapp und ungerührt: »Den ganzen Tag in Schönhausen. Die Königin verheiratet Bauern.«[23] Elisabeth Christine selbst beschreibt das Ereignis ein wenig ausführlicher. In einem Brief an ihren Bruder Ferdinand vom 9. Juli 1755 heißt es: »Gestern hatten wir hier ein ländliches Fest. Ich habe Bauernhochzeiten ausgerichtet und die goldene Hochzeit der Eltern des Schulzen einsegnen lassen. Das hat den kleinen Prinzen Heinrich sehr belustigt, dem zu Ehren das Fest gegeben wurde. Es waren eine Menge Menschen von Berlin dazu gekommen; es machte einen reizenden Eindruck, alle die Gänge im Garten und im Gehölz belebt zu sehen, auch das Rondell, wo getanzt wurde, sah entzückend aus. Es war ein Bild zum Malen, alle die Leute unter den grünen Bäumen zu sehen; die Damen und

Herren haben dann auch auf dem grünen Platz nach dem Souper getanzt.«[24]

Auch gründete die Königin auf ihrem Gelände eine Kolonie für aus Böhmen vertriebene Protestanten. Sie bat die Siedler, ihren Park zu pflegen, und erließ ihnen als Gegenleistung die Pacht. In Schönholz, gar nicht weit von Schönhausen, entstand ein Lustwald, in dem sich die Gäste des Hauses erfrischend ergehen konnten. Heute befindet sich dort der Volkspark Schönholzer Heide, der immer noch Gelegenheit für ausgiebige Spaziergänge bietet.

Im August 1786 verstarb Friedrich II. Erst einen Tag vor seinem Tod hatte Elisabeth Christine erfahren, wie es um ihn stand. Ihr Wunsch, ihm wenigstens in den letzten Tagen seines Lebens zur Seite zu stehen, wurde ihr nicht erfüllt. In seinem Testament verfügte der König jedoch ausdrücklich, dass für sie gut gesorgt werde. Ihr jährliches Einkommen wurde erhöht und der Thronfolger verpflichtet, ihr den nötigen Respekt zu zollen.

Friedrich Wilhelm II. musste derlei nicht ausdrücklich angeordnet werden. Er war ein lebenslustiger und verschwenderischer Mann, die Berliner nannten ihn »den dicken Lüderjahn«, mit seiner Tante verband ihn innige Freundschaft. Von seiner Verehrung zeugte ein besonders kostbares Geschenk, das der Neffe 1788 Elisabeth Christine aus Amsterdam mitbrachte, eine Print-Room-Tapete. Sie stammte aus China und bestand gewöhnlich aus einem Holzschnitt mit Alltagsszenen, der auf bemalte Papierbahnen geklebt worden war. Ein Fragment dieses Meisterwerks asiatischer Handwerkskunst ist zur Zeit in Schönhausen zu besichtigen.

Endlich wurde Elisabeth Christine behandelt, wie es ihrem Stand und ihrer Position bei Hofe entsprach. Der neue König lud sie selbstverständlich zu sämtlichen Familienfesten ein und sorgte dafür, dass ihr Name auch im offiziellen Kirchengebet genannt wurde. Sie folgte den Einladungen mit Freude und nahm, soweit es ihre Kräfte zuließen, gern daran teil. Obwohl schon hochbetagt, konnte sie im Dezember 1793 sogar noch der Doppelhochzeit ihrer beiden Großneffen Friedrich Wilhelm und Friedrich Ludwig, genannt Louis (1773–1796), mit dem Schwesternpaar Luise und Friederike von Mecklenburg-Strelitz (1778–1841) beiwohnen und erlebte so noch die Einführung der nächsten Thronfolgergeneration in den Ehestand.

Regelmäßig war Friedrich Wilhelm II. zu Gast in Schönhausen, glänzende Hoffeste beging er hier. Gleich 1787, ein Jahr nach dem Tod seines königlichen Onkels, feierte er mit einem prächtigen Spektakel seinen Geburtstag. Am 29.9.1787 berichtete die Berlinische Privilegierte Zeitung, es habe einen Ball paré mit Souper gegeben, also einen Kostümball. Das ganze Schloss sei illuminiert worden, insbesondere die Alleen. In den Bäumen hingen Lampions, und Fackeln wiesen den anfahrenden Kutschen in der Dunkelheit den Weg.

Die Königin wurde 81 Jahre alt und war bis zu ihrem Tod im vollen Besitz ihrer geistigen Kräfte. Sie schrieb Tagebuch und korrespondierte mit zahlreichen Menschen. Eifrig widmete sie sich ihren Interessen, der Musik, der Handarbeit, der Malerei und der Literatur. Sie übersetzte ganze Bücher vom Deutschen ins Französische, vornehmlich geistliche Texte wie *Der Christ in der Einsamkeit* von Martin Crugot (1725–1790) oder die *Geistlichen Lieder* und *Moralischen Vorlesungen* von Christian Fürchtegott Gellert (1715–1769).

Auch was die Einrichtung von Schönhausen anging, blieb Elisabeth Christine bis zum letzten Moment wach und geistig rege. Mit achtzig Jahren bestellte sie 1795 für ihre Audienz- und Vorkammer noch eigens handbedruckte, damals hochmoderne Papiertapeten, wie sie sonst aus Schloss Paretz, dem Sommersitz Luises und Friedrich Wilhelms III., bekannt sind. Nur ein oder zwei Berliner Manufakturen gab es hierzulande, die damals schon das Kunst-stück versuchten, statt Seide Papier zu verwenden – kein leichtes Unterfangen, denn letzteres, zumal in bemaltem und angefeuchtetem Zustand, war selbstredend wesentlich fragiler.

Hinreißend sind die Muster auf den Schönhauser Ta-peten. Während für die Vorkammer ein Motiv »en arabes-que« mehrheitlich in Blau gewählt wurde, entschied sich die Königin bei ihrer Audienzkammer für ein zartbuntes Muster mit Blumenbouquets, gehalten von wehenden Bändern und Schleifen in Dunkelblau. Sorgfältig wurden die kostbaren Papiere restauriert und schmücken bis heute die Räume im Erdgeschoss.

Elisabeth Christine starb am 13. Januar 1797 und wur-de am 30. desselben Monats in der Hohenzollerngruft des Berliner Domes beigesetzt. Ihren unliebsamen Mann hat-te sie elf Jahre überlebt. »Ich habe lange genug gelebt«, notierte sie kurz vor ihrem Tod, »denn nun kann ich mir selbst und Andern durch ein längeres Leben wenig mehr nutzen. Jenseit wird mir wohler seyn.«[25]

Auch Schönhausen blieb ein Schloss der Frauen, eine Re-sidenz, in der sich besonders gern weibliche Mitglieder der preußischen Königsfamilie aufhielten. Die wichtigsten Spuren hinterließ Friederike, die Schwester Königin Luises, die dort nach dem Tod ihres Mannes einige Zeit mit ihren drei Kindern wohnte. Sie beauftragte Peter Joseph Lenné (1789–1866), den Garten im Stil eines Landschaftsparks zu modernisieren. Der begabte Gartenarchitekt beließ die ba-rocken Allen im schlossnahen Bereich weitgehend und er-gänzte sie durch Wege, malerische Baumgruppen und weite Wiesenflächen. Wie ein Maler seine Pinselstriche platzier-te er bewusst und selbstbestimmt einzelne Sträucher und Bäume, um ein gefälliges Ganzes zu schaffen. Dadurch ent-standen Räume und Umgebungen von seltener Harmonie.

In Schönhausen ließ er allein 14 000 Gehölze anpflanzen, darunter Platanen, Akazien, Kastanien und Trompetenbäume, und folgte damit seiner Leidenschaft, Fremdgewächse anzusiedeln, die nicht naturgemäß in dieser Gegend wuchsen. Damit unterschied er sich von seinem Konkurrenten Hermann von Pückler-Muskau (1785–1871), der bevorzugt auf einheimische Pflanzen setzte. Besonderes Augenmerk legte Lenné auf die Gestaltung der Panke und manipulierte den Flusslauf dergestalt, dass kleine Seen entstanden sowie eine Insel und ein Wasserfall.

Ab Mitte des 19. Jahrhunderts fiel das Schloss in einen Dornröschenschlaf. Es blieb unbewohnt und wurde nicht mehr bewirtschaftet. Ab 1870 gab das Königshaus die kontinuierliche Pflege des Gartens auf und verpachtete große Flächen. Die Missachtung hatte dramatische Folgen. 1902 musste das Dach gekappt und durch ein flaches Notdach ersetzt werden, weil es drohte, einzustürzen.

Eine Wiederbelebung erreichten Künstler und Künstlerinnen, die ab 1931 regelmäßig zeitgenössische Kunst im Schloss zeigten. 1935 erfolgte eine in diesem Sinne umfassende Modernisierung des Hauses. Der neue Fokus auf Ausstellungen hatte allerdings eine fatale Wirkung. Das NS-Regime wurde auf Schloss Schönhausen aufmerksam und nutzte es zunehmend zum Zwecke der Propaganda. Schließlich missbrauchte es die Räumlichkeiten als zentrales Depot für die sogenannte »Entartete Kunst«. Hunderte von Werken der klassischen Moderne, die systematisch aus privaten Sammlungen und Museen entwendet worden waren, wurden hier zwischen 1938 und 1941 gelagert und ins Ausland verkauft. Werke von Picasso bis Barlach, von Gauguin bis Munch machten das Schloss kurzzeitig zur Heimstatt der größten Ansammlung der Kunst der Moderne, die es wohl je gegeben hat. Auf alten Fotos sind die Kostbarkeiten zu sehen, dicht nebeneinander aufgereiht, aneinander gelehnt oder konzeptionslos an die Wände gehängt. Im

Hintergrund erkennt man Elisabeth Christines Wände und Türen, gestaltet im feinsten Rokoko.

Nach 1945 nahm die Geschichte des Schlosses eine höchst sonderbare Wendung. Wilhelm Pieck (1876–1960), Staatspräsident der neu gegründeten DDR, bestimmte es zu seinem Amtssitz. Ausgerechnet die noch junge Republik, die mit Monarchie rein gar nichts zu tun haben wollte, wählte ein Barockschloss zum repräsentativen Arbeitsplatz ihres Staatsoberhauptes. Das Amtszimmer Piecks entstand im ersten Stock, in demselben Zimmer, in dem schon Elisabeth Christine ihre Audienzen abgehalten hatte. Die Gipsmarmorgalerie nutzte der Präsident als Kinosaal.

Auch die alte Ausstattung wurde kritiklos übernommen, ja, an Stellen, an denen sie nicht mehr intakt war, gar renoviert und im alten, königlichen Stil wieder hergerichtet. Noch 1980 ließ Erich Honecker (1912–1994), erster Mann im Staat, für das Kaminzimmer eigens neue Barockmöbel in der Stuhlfabrik Dresden-Rabenau nachbauen. Für die Wände wurde Textiltapete im alten Dekor nachgewebt. Hinzu kamen Neuabformungen bekannter Tierfiguren aus der Meißner Porzellanmanufaktur.

Nach Piecks Tod nutzte der Staatsrat das Schloss für seine Sitzungen, und ab 1964 wurde es zum Gästehaus umgebaut. Jetzt setzten die Entscheidungsträger vor allem auf zeitgenössisches Dekor: Das Damenbad gefliest mit lila Meißner Porzellankacheln, die Spannteppiche und Beistelltischchen aus Schleiflack, der Sessel mit rotem Kunstleder und glänzend weißen Beinen sowie die eingebauten Wandschränke spiegelten eine Zeit und eine Führungsriege, die reichlich desorientiert nach einem Stil suchte, mit dem sie sich modern geben und gleichzeitig von der westlichen Welt absetzen konnte.

Heute mutet es gespenstig an, wenn man durch diese Räumlichkeiten wandert. Unten empfängt einen quasi Elisabeth Christine in zartem Rokoko, im ersten Stock strahlen Saal und Gipsmarmorgalerie in altem Glanz, und dann führt der Rundgang plötzlich in Arbeitsräume und Gästezimmer der DDR-Nomenklatura. Der Flügel, in dem Prinzessin Friederike, Tochter Friedrich Wilhelms II., ihre Sommer verbrachte, beherbergte Staatsoberhäupter wie Fidel Castro, Muammar al-Gaddafi, Kim Il Sung, Nicolae Ceauşescu, Jassir Arafat, Indira Gandhi oder auch das Ehepaar Gorbatschow. Das Schloss war umbenannt worden und hieß Niederschönhausen.

Am schwersten fällt die Umstellung angesichts des Gartens. Er wurde grundlegend verändert und neu gestaltet. Die junge DDR zeigte sich hier selbstbewusst mit einem Neuentwurf von Reinhold Lingner (1902–1968). Das Lennésche Wegenetz wurde getilgt und die Bezüge in den Park aufgegeben. In dieser Zeit entstand auch die eingangs erwähnte Mauer. Sie diente damals dem Schutz des Präsidenten, später seiner Gäste und soll auch nun bis auf Weiteres nicht entfernt werden.

In Schönhausen wird versucht, verschiedene Nutzungsphasen des Hauses zu dokumentieren. Wie bei einer Zeitreise durch mehrere Jahrhunderte soll der Besucher die Geschichte des Hauses erfahren. Dabei werden auch die unterschiedlichen Erneuerungsphasen berücksichtigt, die das Schloss während Elisabeth Christines Zeit durchlief. Erhalten sind sowohl vier Stuckdecken aus ihrer Anfangszeit als auch die spätere Rokokoausstattung aus Gipsmarmorstuck von 1763.

Besonders eindrücklich wirkt das Konzept angesichts der kleineren Treppe. Die Holzstufen stammen, wie gesagt, aus der Zeit Anfang des 18. Jahrhunderts, das Geländer dokumentiert die Phase, in der Elisabeth Christine hier ihre ersten Sommer verbrachte, und die Lampen, die über zwei Stockwerke hinweg in der Mitte des Treppenhauses hängen, entsprechen reinstem DDR-Schick.

8.

*Leben in Verbannung – Elisabeth
von Braunschweig-Wolfenbüttel
(1746–1840)
Erste Ehefrau von
König Friedrich Wilhelm II.
(1744–1797)*

Obwohl oder gerade weil Friedrich II. keine Nachkommen gezeugt hatte, war die Frage, wer ihm auf dem Thron folgen würde, seine stete Sorge. Bestimmt für diese Rolle wurde nach dem Gesetz der männlichen Primogenitur der älteste Sohn seines Bruders August Wilhelm. Er hieß Friedrich Wilhelm und wurde von den Berlinern, wie schon erwähnt, »dicker Lüderjahn« genannt. Friedrich II. hatte zwar noch einen nächstjüngeren Bruder, Ludwig Karl (1717–1719), doch er starb schon als Kind. Die Mutter des Nachgeborenen und Thronerben war Luise Amalie und stammte aus demselben Haus wie Elisabeth Christine, Ehefrau Friedrichs II. Sie war eine ihrer jüngeren Schwestern.

Nachdem feststand, wer die Rolle des Kronprinzen spielen würde, übernahm Friedrich II. die volle Verantwortung für die Erziehung des Knaben und versuchte, persönlichen Einfluss auf ihn zu nehmen, doch er hatte damit keinen großen Erfolg. Friedrich Wilhelm war keinesfalls bereit, sich den Disziplinierungsmaßnahmen seines Onkels zu unterwerfen. Lieber vergnügte er sich mit den Schauspielerinnen des Berliner Theaters und ließ den lieben Gott einen guten Mann sein. Jeglicher Heranführung an Themen wie Militär, Kriegführung oder Politik entzog er sich konsequent. Darüber hinaus hatte der junge Mann Wilhelmine Encke (1753–1820) kennen gelernt. Das hübsche, schwarz gelockte Mädchen war die Tochter eines Dessauer Waldhornisten, der an der Königlichen Oper in Berlin im Dienste Friedrichs II. stand. Obwohl sie weder standesgemäß noch hinreichend ausgebildet war, obwohl der Thronfolger sie nie heiraten und sie an seiner Seite niemals zur Kronprinzessin und später Königin werden konnte, verliebte er sich haltlos in sie. Er las ihr Shakespeare und Homer vor, versorgte sie mit einer französischen Erzieherin und schickte sie für ein Jahr nach Paris, wo sie mit seiner Unterstützung rasch Anschluss an die Hofgesellschaft fand und entsprechenden Umgang pflegte. 1794 erhob er sie gar in den Stand einer Adligen und machte sie zur Gräfin von Lichtenau. Doch auch das half weder ihr noch ihm. Wilhelmine war und blieb eine Mätresse, und der Kronprinz erntete bei seinen Zeitgenossen und Untertanen viel Spott und Hohn für seine Hingabe.

Um die Ordnung wieder herzustellen, schritt Friedrich II. zum Äußersten und verheiratete seinen Neffen am 14. Juli 1765 kurzerhand mit Elisabeth von Braunschweig-Wolfenbüttel, der neunzehnjährigen Tochter seiner Schwester Philippine Charlotte (1716–1801). Er ging wohl davon aus, diese Heirat werde die emotionalen Ausschweifungen des Kronprinzen in geordnete Bahnen lenken. Abgesehen davon wünschte man sich in Preußen wie üblich schnellstmöglich einen potentiellen Thronfolger. Damit nahm ein weiteres tragisches Frauenschicksal am Berliner Hof seinen Lauf. Zum Glück – muss man sagen – endete es diesmal nicht in Wahn und Psychose.

Elisabeth von Braunschweig-Wolfenbüttel war eine wohlausgebildete und geistreiche Person. Wer sich das Bild anschaut, das der Porträtmaler Johann Wolfgang Ziesenis (1716–1776) im Jahr ihrer Hochzeit von ihr malte, erkennt ein schmales Gesicht mit feinen Konturen, dabei einen frechen, leicht aufsässigen Gesichtsausdruck. Womöglich war Elisabeth eine durchweg emanzipierte Frau, die sich nicht sagen lassen wollte, was sie zu tun hatte. In jedem Fall war sie ausgesprochen mutig.

Ihr Vater, Karl I. von Braunschweig-Wolfenbüttel, war der älteste Bruder von Königin Elisabeth Christine. Wir erinnern uns an die Hochzeiten je zweier Geschwister aus den Dynastien der Preußen und der Welfen, die beide im selben Jahr stattfanden. Karl hatte, ähnlich wie sein Vater, zuerst eine militärische Laufbahn eingeschlagen und kämpfte für den Kaiser in Wien. Im Siebenjährigen Krieg war er dann an die Seite Friedrichs II. gewechselt.

Elisabeths Eltern führten eine harmonische Ehe. Sie war die Zehnte in einer Reihe von dreizehn Geburten. Sieben Kinder erreichten das Erwachsenenalter.

Neben den zahlreichen Schwangerschaften wusste sich ihre Hohenzollern-Mutter hervorragend fortzubilden. Sie besaß eine umfangreiche Privatbibliothek und beschäftigte sich mit den philosophischen Texten Christian Wolffs (1679–1754) sowie der Literatur Salomon Gessners (1730–1788). Mit dem Dichter Friedrich Gottlieb Klopstock (1724–1803) verband sie sogar eine Freundschaft. Ihre 4000 Bände umfassende Büchersammlung vermachte sie nach ihrem Tod der Wolfenbütteler Bibliothek.

Obwohl Friedrich II. dazu eigentlich die Charlottenburger Schlosskapelle vorgesehen hatte, heirateten Elisabeth und Friedrich Wilhelm in Salzdahlum, dem eleganten Barockschloss zwischen Braunschweig und Wolfenbüttel, das in seinem Prunk Versailles in nichts nachstehen sollte, jedoch aus Holz gebaut war und leider schon Anfang des 19. Jahrhunderts komplett abgerissen wurde. Von der prächtigen Anlage existieren heute nur noch Bilder.

An der Seite ihres Mannes zog Elisabeth nach Berlin und Potsdam, und schon nach wenigen Monaten wurde deutlich, dass Friedrich Wilhelm seinen Lebensstil in keinster Weise ändern würde. Während Elisabeth ordnungsgemäß schwanger wurde und am 7. Mai 1768 eine gesunde Tochter namens Friederike zur Welt brachte, vergnügte der Kronprinz sich weiterhin mit zahlreichen Nebenfrauen.

Elisabeth beschloss, unerschrocken wie sie war, es ihm gleichzutun und begann eine Liebelei mit einem jungen Offizier der Potsdamer Garde. Damit nahm die Katastrophe ihren Lauf. Es blieb nicht bei der einen Affäre, Elisabeth ging eine weitere Liaison mit einem Musiker ein und wurde schwanger. In manchen Quellen, naturgemäß welfischer Provenienz, heißt es, man habe ihr diese Liebschaft angedichtet, um einen Grund zu finden, sie vom Berliner Hof zu entfernen. Die Schwangerschaft endete mit einer Fehlgeburt, doch Friedrich II. beschloss, umgehend zu handeln. Im April 1769 wurde die Ehe geschieden. Während Friedrich Wilhelm ungestört weiter seinen Liebschaften frönen konnte, wurde seine Frau hart bestraft. Der König verbannte sie vom Hof, sie durfte ihre Tochter nicht mehr wiedersehen und kam als Staatsgefangene erst nach Küstrin und dann nach Stettin.

Der Grund für die harte Vorgehensweise war am allerwenigsten moralischer Natur. Das preußische Königshaus, ja Friedrich Wilhelm selbst, hatte Sorge, die Kronprinzessin könne illegitime Nachkommen zur Welt bringen, die Anspruch auf den preußischen Thron erheben würden. Diese Gefahr war aus damaliger Sicht derart evident, dass auch Elisabeths Elternhaus in Braunschweig der Scheidung umgehend zustimmte. Kinder, die ein weibliches Mitglied des Königshauses auf die Welt brachte, waren bedrohlicher für eine Monarchie als die Kinder, die ein männliches Mitglied des Hauses gezeugt hatte. Ihre Herkunft konnte nicht eindeutig nachgewiesen werden. In diesem Glauben und Kenntnisstand lag der Kern des dynastischen Denkens und am Ende auch seine größte Schwäche. Eine Macht, die ihren Fortbestand nur durch die Geburt eines männlichen Nachfolgers sichern kann, ist letztlich auf tönernen Füßen gebaut.

Elisabeth nahm ihre Bestrafung erstaunlich gelassen hin. Nun ist davon auszugehen, dass ihre Festnahme keiner Kerkerhaft gleichkam, sie war mit ihren Begleiterinnen im Schloss untergebracht und wurde respektvoll behandelt. Trotzdem zeugt ihre gesamte Haltung von einem Selbstbewusstsein, das andere Frauen in ihrer Situation nicht aufbrächten. Sie wusste, sich ihre Lage zunutze zu machen, und war souverän genug, sich weder wie ein Opfer noch wie eine Gefangene zu fühlen.

Stettin war Anfang des 18. Jahrhunderts eine preußische Garnisonstadt. 1720 den Schweden im Frieden von Stockholm entrissen, siedelte Preußen hier mehrere Verwaltungseinrichtungen an und baute die Festungsstadt aus. 1806 bis 1813 fest in Frankreichs Händen, gelangte die Stadt nach den Befreiungskriegen wieder zurück an Preußen und wurde Hauptstadt der Provinz Pommern. Als Elisabeth hier eintraf, fand sie eine Soldatenstadt vor. Die Bevölkerung und Gesellschaft muss im Wesentlichen aus Männern bestanden haben, darunter eine Vielzahl von Offizieren. Stationiert war hier das Altpreußische Infanterieregiment Nummer 7.

Elisabeth erging es in Stettin nicht schlecht. Nach einigen Jahren stellte man ihr am nördlichen Rande der Stadt in Jasenitz ein Amtshaus zur Verfügung, das sie ab 1774 als Sommersitz nutzte. Die Ortschaft befindet sich unweit des Großen Haffs, malerisch am Wasser gelegen, im sogenannten Stettiner Zipfel. Augustinerchorherren hatten einst ein Stift gegründet und zwei Jahrhunderte lang hier gelebt. Alte Klosteranlagen und eine Kirche kündeten noch von jener Zeit. Nachdem das Gemäuer im Dreißigjährigen Krieg stark beschädigt worden war, bauten es die Herzöge von Pommern wieder auf. Die Anlage wurde Sitz eines fürstlichen Domänenamtes.

Nach seinem Regierungsantritt 1786 sorgte Friedrich Wilhelm II. dafür, dass Elisabeths Lebensbedingungen weiter verbessert wurden. Sie zog in die ehemalige Pädagogenmühle, ein Landhaus, das sie selbst erworben und ausbauen lassen hatte und in dem sie bis zu ihrem Lebensende wohnte. Es hatte einen hübschen Garten, den sie liebevoll kultivierte und pflegte. Sogar von einem Salon ist in einigen Quellen die Rede, den sie führte, und so zum kulturellen Leben der Stadt beitrug.

Ironischerweise hieß das Landhaus »Friedrichsgnade«, dabei hatte doch eigentlich gerade ein Friedrich Elisabeth in die Verbannung getrieben, nämlich Friedrich Wilhelm II., und ein weiterer Friedrich, nämlich Friedrich II., sie zur Staatsgefangenen erklärt. Von »Gnade« konnte hier keine Rede sein. Doch später unterstützte sie ihr geschiedener Mann, und noch ein weiterer Friedrich kümmerte sich um ihr Seelenheil: sein Enkel Friedrich Wilhelm IV. (1795–1861). Er war der Erste aus dem preußischen Königshaus, der die verstoßene Kronprinzessin offiziell besuchte. Das kam einer Rehabilitation gleich.

Elisabeth starb hochbetagt und versöhnt mit der Welt im Alter von 93 Jahren. Bei ihrer Beerdigung sollen alle Glocken der Stadt geläutet haben. Sie war beliebt und wurde geschätzt. Man nannte sie »Lisbeth von Stettin«. Über ihre Grabstätte gehen die Meinungen auseinander. Einigen Quellen nach hatte sie sich im Garten von Friedrichsgnade ein eigenes Mausoleum bauen lassen, in dem sie bestattet wurde. Nach Braunschweig wollte sie keinesfalls zurück, schon gar nicht in die dortige Familiengruft. Später seien ihre sterblichen Überreste, heißt es, in die Stettiner Schlosskirche überführt worden.

Andere Quellen berichten von einer Überführung in den Krakauer Dom. In polnischen Texten schließlich ist zu lesen, ihr Leichnam sei in die Jakobskirche nach Krakau überbracht worden. Diese Kirche befand sich unweit des Weichselufers in Kazimierz, dem traditionell jüdischen Viertel der Stadt, doch von dem Bau existieren nur noch die Grundmauern. Einen eindeutigen Erinnerungsort für die Kronprinzessin gibt es nicht.

Ähnlich großer Beliebtheit bei ihren Mitbürgern wie die Mutter erfreute sich ihre Tochter Friederike, ohne dass die beiden sich jemals wiedergesehen hätten. 1791 heiratete sie Friedrich August Herzog von York (1763–1827) und zog mit ihm nach Weybridge in die Grafschaft Surrey. Obwohl in der Ehe keinerlei Kinder entstanden und der Herzog sie auch bald zugunsten einer Mätresse verließ, blieb

Friederike der Gegend treu und trat als großzügige Wohltäterin hervor. Zwei Jahre nach ihrem Tod wurde ihr zum Dank eine Säule errichtet, die sogenannte York Column. Sie steht bis heute am Ende der High Street in Weybridge und erinnert an die guten Taten der Herzogin.

9.

Ehe zu dritt – Friederike Luise
von Hessen-Darmstadt
(1751–1805)
Zweite Ehefrau von
König Friedrich Wilhelm II.
(1744–1797)

Die Straße von Berlin nach Bad Freienwalde pflügt schnurgerade durchs Land, schlägt bisweilen aber auch gefährlich scharfe Haken, dabei zumeist von dichtem Baumbestand begleitet, und führt direkt zu den bunten Bauernmärkten und günstigen Tankstellen im Nachbarland Polen. Möglicherweise ist der Reisende auch auf dem Weg in den Oderbruch, einen der fruchtbarsten Landstriche der Gegend, in dem es derart ausgereiftes und wohlschmeckendes Obst und Gemüse gibt, dass man meint, es käme aus dem sonnigen Süden. Nicht zuletzt ziert diese Gegend ein berühmtes Schauspielhaus, das *Theater am Rand*, in dem, obwohl darin nicht viel Platz ist, hervorragende Stücke und Inszenierungen dargeboten werden, gern begleitet von kunstvollem Akkordeonspiel, denn einer der beiden Inhaber, Tobias Morgenstern, ist darin ein Meister.

Nur wenige haben vor Augen, dass Bad Freienwalde ein Kurort ist, in dem man schmerzhaftes Rheuma und Arthrose behandeln lassen kann. Doch selbst potentielle Patienten reiten womöglich mit einiger Geschwindigkeit in das Städtchen ein, denn zunächst führt der Weg steil bergab, und sie übersehen das elegante Schlösschen, das bald nach dem Ortseingang links von der Fernstraße und ein wenig erhöht am Hang liegt. Dabei ist es wunderbar renoviert, gehalten in zarten cremeweißen und tiefrosa Farben und liegt inmitten eines sanft hügeligen Landschaftsparks. Ein langer Balkon umspannt die Frontseite, die Fenster im unteren Stockwerk reichen fast bis zum Boden und ermöglichen einen Ausblick weit ins Land hinaus. Das Dach wurde auf halber Höhe gekappt und mit einem Dachgarten versehen. Auch hier ziert ein feines Gitter den Rand und eröffnet die Möglichkeit, hinauszutreten und die Aussicht ins Umland Richtung Oder und Oderbruch bis hinüber nach Polen zu genießen.

Schloss Freienwalde war das Refugium Königin Friederike Luises, der zweiten Ehefrau Friedrich Wilhelms II.

Hier konnte sie kuren, verbrachte viele erholsame Tage und Wochen und zog sich als Witwe im Sommer ganze Monate lang an den Rand des Oderbruchs zurück. Sie selbst hatte das Haus in Auftrag gegeben. Architekt war niemand anderer als David Gilly, inzwischen Vizedirektor des Oberhofbauamtes am preußischen Hof. Sein Name ist schon im Zusammenhang mit Kurfürstin Dorothea und der späteren Entwicklung ihres Schlosses in Schwedt gefallen, denn dort an der Grenze sind er und sein Sohn Friedrich geboren. Die beiden Hugenotten werden noch ein drittes Mal Erwähnung finden, denn auch bei der Ausführung der Bauwünsche Königin Luises in Paretz spielten beide Männer eine entscheidende Rolle. Sie waren ausgezeichnete Ingenieure, machten sich um die Stadt- und Regionalplanung verdient und standen für Klassizismus und Revolutionsarchitektur, die in jener Zeit in Preußen Einzug hielten. Auch den frühklassizistisch symmetrischen und von seinen Ausmaßen her angenehm bescheidenen Bau in Bad Freienwalde prägte Vater Gilly mit seinem Stil.

Friederike Luise hatte am preußischen Hof eine ähnlich schwierige Stellung wie ihre Vorgängerin. Auch sie wurde nicht von ihrem Zukünftigen zur Frau ausgewählt, sondern von Friedrich II., und diesmal bewies der König noch weniger Geschick. Geboren in Prenzlau in der Uckermark, nordöstlich von Berlin, wo ihr Vater kurzzeitig in preußischen Diensten stationiert war und ein Regiment befehligte, wuchs Friederike Luise gemeinsam mit ihren sieben Geschwistern in Darmstadt auf und erwies sich schon früh als junge Frau von schlichtem Gemüt. Der Anlass für Friedrich II., sie zur Kronprinzessin zu erwählen, war auch keineswegs sie selbst, sondern ihre Mutter. Caroline von Hessen-Darmstadt (1721–1774), eine geistreiche, gebildete und selbstbestimmte Frau, war eine der wenigen, die der Preußenkönig respektierte. Die beiden hatten sich in der Zeit, in der Friederike Luises Vater auf Posten in Prenzlau war, kennen und schätzen gelernt und standen seitdem in regem Briefwechsel miteinander. Bekannt wurde die Hessin auch unter dem Namen Große Landgräfin, den ihr Goethe später in seinem Buch *Dichtung und Wahrheit* gab.

Obwohl Caroline recht gut überblicken konnte, dass sich ihre Friederike Luise für die Aufgaben am preußischen Hof nicht eignete, gab sie die Tochter freimütig hin. Die Vorstellung, ihr eigenes Kind könne einst Königin von Preußen werden, machte sie wohl stolz und befriedigte ihren Ehrgeiz. Außerdem verband sie das noch fester mit ihrem Potsdamer Brieffreund Friedrich.

Friederike Luises Vater war Ludwig von Hessen-Darmstadt (1719–1790) und rückte nach dem Tod seines Vaters als Ludwig IX. in die Stellung des Landgrafen auf. Während sich Caroline verstärkt der Literatur und Musik widmete, interessierte er sich vor allem für Militär und Kriegsführung. Er baute Pirmasens zur Garnisonstadt aus und ließ eine eigene Exerzierhalle errichten, beheizbar mit sechzehn Öfen, damit seine Soldaten auch bei schlechtem Wetter Marschieren üben konnten. Schon kurze Zeit nach der Eheschließung entschied Caroline, dass sie und ihr Mann nicht zueinander passten, und erklärte ihre Verbindung zu einer Konvenienzehe. Kein Wunder, dass Friedrich II. diese Frau mochte.

Der Thronfolger ließ auch die neuen Hochzeitspläne seines Onkels ungerührt über sich ergehen. Wieder wurde geheiratet, wieder war es im Juli. Friedrich Wilhelm hing weiter mit Haut und Haaren an seiner Wilhelmine, und keine Eheschließung der Welt konnte ihn davon abbringen. 1777 musste der König die Hornistentochter offiziell als Mätresse anerkennen, sie erhielt eine jährliche Apanage sowie ein eigenes Domizil in Charlottenburg. Sechs Kinder gingen aus der Verbindung hervor, von denen eines das Erwachsenenalter erreichte: Marianne von der Mark (1780–1814).

Friederike Luise durchlitt, konfrontiert mit diesen Miss-verhältnissen, alle Gefühlskatastrophen einer unglück-lichen Ehefrau. Zwischenzeitlich war sie derart deprimiert, dass sie in tiefe Lethargie versank und Haare und Kleidung vernachlässigte. Das spiegeln auch die wenigen Gemälde, die von ihr überliefert sind. Sie trägt keinen Schmuck, die Locken hängen unfrisiert vom Kopf, und ihr Gesichtsaus-druck wirkt milde bis unbeholfen. Da es ihr an Phantasie und Abstraktionsvermögen mangelte, konnte sie sich von den Ereignissen um sie herum nicht distanzieren und be-zog das Verhalten des Kronprinzen direkt auf sich. Seine Ablehnung verletzte sie zutiefst.

Zu ihrem Unglück fand sie am preußischen Hof auch keine Vertraute, mit der sie sich darüber hätte austauschen können. Die eigene Mutter ermahnte sie in ihren Briefen herzlos zu Disziplin: »Was Deine üble Laune gegen seine Königliche Hoheit anbelangt, so hat diese mich lachen las-sen. Man muss die Zeit wahrnehmen, wie man kann. Rufe Dir aber ins Gedächtnis zurück, was der Geistliche sag-te, als er Dir den Segen erteilte: ›Dein Wille soll Deinem Mann unterworfen sein!‹«[26]

Immerhin gelang es Friederike Luise, nach außen hin einigermaßen die Form zu wahren. Sie gebar dem Kron-prinzen die notwendigen Kinder, sieben an der Zahl, da-runter einen rechtmäßigen Thronfolger, und stand ihm dann als Königin – Friedrich II. starb erst nach der Ge-burt ihres Jüngsten – gemäß der höfischen Etikette in je-derlei Hinsicht korrekt zur Seite. Während der Kronprinz zu seinem Vergnügen das Marmorpalais in Potsdam bauen ließ, an dessen Einrichtung und Ausstattung Wilhelmine sich nachhaltig beteiligte, fand seine Ehefrau eine Resi-denz und Schutzzone in Schloss Monbijou, das zu diesem Zweck, wie schon berichtet, eigens renoviert worden war.

Starkes Interesse an ihren Kindern zeigte Friederike Luise nicht, zumal Friedrich Wilhelm II. sie auch in dieser

Hinsicht zurückzusetzen wusste, indem er die Kinder, die er mit Wilhelmine zeugte, eindeutig bevorzugte. Auf die Erziehung ihres Ältesten hatte die Kronprinzessin gleich gar keinen Einfluss. Die übernahm wieder einmal der allmächtige Friedrich II., auch diesmal mit durchaus bescheidenem Erfolg. Nach seinem Tod ließ er einen verstörten und entscheidungsschwachen Mann zurück, der sich angewöhnt hatte, lediglich in Zweiwortsätzen zu kommunizieren.

Nachdem Friederike Luise an der Seite ihres Mannes zur Königin gekrönt worden war, gewöhnte sie sich allmählich an ihre bizarre Situation. Immerhin hatte sie bei Hof jetzt eine klar definierte Position und entsprechend exklusive Aufgaben. Ähnlich wie Elisabeth Christine hielt sie sich gehorsam an alle dynastischen Vorgaben und fand darin Halt und Sicherheit.

Schließlich ergab sich sogar eine Situation, in der der König ihre Unterstützung brauchte. Nachdem ihm seine Wilhelmine nicht mehr attraktiv genug war, suchte er sich zwei neue Frauen, Julie von Voß (1766–1789) und Sophie Friederike Gräfin von Dönhoff (1768–1834), die er nacheinander 1787 und 1790 in morganatischer Ehe heiratete. Das hieß, dass etwaige Söhne, die dieser Verbindung entwuchsen, keinerlei Anspruch auf Preußens Thron hatten. Zu solch einer Heirat brauchte der König allerdings Friederike Luises Einwilligung. Schließlich war sie seine rechtmäßige Ehefrau.

Die Königin war nun klug genug, daraus ihren persönlichen Vorteil zu schlagen. Ähnlich wie ihre Vorgängerinnen litt sie bisweilen unter Geldmangel. Zu diesem Zeitpunkt waren ihre Schulden auf 100 000 Taler angewachsen. Daraufhin ließ sie den König wissen, sie werde in seine Ehe mit Gräfin Dönhoff nur einwilligen, wenn er ihre Auslagen bezahlen würde. Anstandslos erfüllte ihr Friedrich Wilhelm diesen Wunsch.

Nicht zuletzt durch solcherlei Abmachungen und Handel gelang es Friederike Luise mit zunehmendem Alter, die groben Verletzungen, die ihr zuteil geworden waren, zu überwinden. Bei der Pflege ihres alternden und inzwischen schwer an Wassersucht erkrankten Mannes ließ sie Wilhelmine im Marmorpalais ohne zu zögern den Vortritt. Immerhin hielt die Mätresse Friedrich Wilhelm dreißig Jahre lang die Treue. Das nötigte Friederike Luise sogar gewissen Respekt ab.

Überliefert sind nicht wenige persönliche Briefe aus dieser Zeit, in denen Friedrich Wilhelm und Friederike Luise sich andauernder und innigster Zuneigung füreinander versichern. Ihre Heirat war eine Scheinehe gewesen, daran hielten sie sich pflichtbewusst und hinterließen ihren Nachkommen den Eindruck, sie seien ein Herz und eine Seele gewesen.

Wachsendes Selbstbewusstsein bewies die Königin auch bei ihren Aufenthalten in Freienwalde. Der hübsche Ort, eingebettet in bewaldete Höhen und eine sanfte Hügellandschaft, hatte schon den Großen Kurfürsten für sich eingenommen. Kurz nach der Entdeckung gesundheitsfördernder Minerale im Freienwalder Wasser hatte er 1684 hier zum ersten Mal seine Gicht behandeln lassen, und die Heilquelle erlangte allgemeine Bekanntheit. Friedrich I. ließ sich ein Lustschlösschen bauen, der Soldatenkönig veranlasste 1733 den Ausbau der Quelle zu einem Gesundbrunnen und behandelte hier sein entsetzlich schmerzhaftes Rheuma, das im Alter stetig zunahm. Selbst Friedrich Wilhelm II. fühlte sich in dem Kurort wohl und stellte gleich mehrere tausend Taler dafür zur Verfügung. Unter der Leitung von Architekt Langhans entstand ein Bade- und Logierhaus, das viele Jahrzehnte zentraler Bestandteil des Kurbetriebs war. Bis heute konnte sich die Stadt diesen Nimbus erhalten und gilt inzwischen als ältester Kur- und Badeort Brandenburgs. Der Name der Heilquelle geht auf den ersten Besuch des Großen Kurfürsten zurück: Sie wurde Kurfürstenquelle genannt.

Bei Friederike Luises erstem längerem Aufenthalt im Sommer 1790 waren die Bauten, die ihr Mann bei Langhans in Auftrag gegeben hatte, noch nicht fertiggestellt, und sie quartierte sich bei Oberförster Valentin Wieprecht ein. Innerhalb kürzester Zeit waren zwei Fachwerkhäuser renoviert worden, nebst Pavillon mit größerem Speisesaal. Hier fand die Königin mit ihrem, wenn auch sommerlich verkleinertem, Hofstaat hinreichend Platz. Wieprecht erhielt für die Gastfreundschaft ordnungsgemäß Miete. Sie betrug 800 Taler.

Bald begann Friederike Luise, sich um die Verschönerung der Umgebung zu kümmern. Sie ließ Spazierwege anlegen, Kleinarchitekturen errichten und in Übereinstimmung mit dem Bürgermeister Hügel bepflanzen, die zuvor kahl gewesen waren. Peu à peu entstand so eine Garten- und schließlich eine ganze Parklandschaft, die derart natürlich über die Jahre weiter wuchs, dass sie nie artifiziell wirkte oder gar einem höheren Prinzip der Selbstdarstellung zu gehorchen schien. Hier mussten keine Wege und Alleen zentral auf das Anwesen zulaufen, in dem Herrscher oder Herrscherin residierten, denn solch ein Anwesen gab es zu Beginn noch nicht. Auch galt es keine Pfade und Beetkanten zu begradigen, um Macht über die Natur zu demonstrieren. Eher waren es Schlängelwege und Treppen, die Friederike Luise anlegen ließ, sie führten zu bequemen Ruheplätzen, von denen aus man die Aussicht genießen konnte. Ruinen, Strohhütten und Borkenhäuschen sollten an Vergänglichkeit und einfache Lebensweise erinnern. Es galt, die Landschaft aufzuwerten, nicht ihren Eigentümer. Jegliche Form von Repräsentation hätte die Königin nur wieder an das Konkurrenzverhältnis zu Wilhelmine erinnert, in das sie unfreiwillig geraten war. Davon hatte Friederike Luise in Berlin und Potsdam schließlich genug.

Ab 1792 ließ die Königin den sogenannten Poetenberg in Freienwalde mit schneckenförmig geführten Promenaden und einem Gartenhaus im südostasiatischen Stil versehen. Das Haus hieß Otaheite, benannt nach der damaligen Bezeichnung für die Insel Tahiti in der Südsee. Derartige »Ur-Behausungen« gab es auch in den Parks von Schloss Bellevue oder Hohenzieritz. Sie standen für Ursprünglichkeit und paradiesische Zustände. 1795 begann Friederike Luise mit der Umgestaltung des Wieprechtschen Feldgartens. Hier entstanden mit der Zeit ein Tempelchen mit acht Säulen und ein Pavillon mit drei Kabinetten. Im September 1797 erstand sie vom Förster schließlich ein Baugrundstück am Apothekerberg, quasi gegenüber der Anhöhe, auf der sich die Heilquelle sowie das Logier- und Badehaus befanden.

Auffallend sind Eifer und Zielstrebigkeit, mit denen die Königin vorging. Einerseits hatte das rein pragmatische Gründe: Dank ihrer Einwilligung zu den morganatischen Ehen ihres Mannes standen ihr plötzlich hinreichend finanzielle Möglichkeiten zur Verfügung. Andererseits fühlte sie sich erst allmählich sicher und entschlossen genug, eigene Wünsche und Ideen zu entwickeln.

Wichtig war der Königin, dass die Wege und Gartenarchitekturen, die sie in Freienwalde errichten ließ, öffentlich zugängig waren. Damit ebnete sie den Weg für das Prinzip der Bürgernähe und Natürlichkeit, das ihre Nachfolgerin Luise später in extenso praktizierte. Bis heute machen frei gestaltete Landschaftsflächen die Schönheit Bad Freienwaldes aus.

Ähnlich absichtslos, da ohne präzise Kenntnisse, folgte Friederike Luise neuen Formen der Gartengestaltung, die sich vom Barockgarten französischer Prägung absetzten und dem sentimentalen Landschaftspark entsprachen. Obwohl sie keineswegs kreativ oder gar mutig war, erwies sie sich damit als richtungsweisend und visionär.

Nach dem Tod Friedrich Wilhelms II. im November 1797 fasste seine Frau die Planung eines dauerhaften Wohnsitzes in Freienwalde ins Auge. Im Frühjahr 1798 übernahm Gilly die Bauleitung, und im Oktober 1799 wurde die Fertigstellung des Anwesens vermeldet. Wie glücklich und gleichzeitig erstaunt über sich selbst muss die Königin gewesen sein, als sie ihr behagliches Heim beziehen konnte.

Entstanden war ein zweistöckiges Haus, das so in den Hang hinein gebaut worden war, dass man das untere Stockwerk durch die unaufgeregt schmalen Eingangstüren quasi von hinten betreten konnte, während es nach vorne hinaus auf einem Sockelgeschoss ruhte und ein Balkon notwendig war, um ins Freie gehen zu können. Dadurch hatte der Besucher das Gefühl – obwohl er dafür keinerlei Stufen erklimmen musste –, ein wenig erhöht und wie auf einer Empore zu stehen, wenn er nach vorn durch die Fenster in den Garten und zu der Straße hinunterschaute, auf der die Fahrzeuge aus Berlin vorbeifuhren.

Insbesondere die Innenausstattung war speziell nach den Wünschen Friederike Luises ausgeführt, die Wohn- und Gesellschaftsräume im unteren Stockwerk Richtung Süden angeordnet worden. Die Wände ließ die Königin mit Papiertapeten ausstaffieren, jedes Zimmer bekam ein anderes Muster und damit einen eigenen Charakter. Während die Wände des Empfangszimmers überbordend mit Rosen geschmückt waren, blassroten Blüten und dichtem Laub in sattem Grün, herrschten im zweiten Zimmer lebensecht gestaltete Bäume vor, Gräser, Blumen und kleine Tiere. Das angrenzende Toilettenzimmer war in strengem Streifenmuster gehalten, während das Frühstückszimmer, ein kleiner, heller Raum mit runden Ecken, in dem das Licht von zwei Seiten kommt, wieder mit Blumentapete versehen war.

Die damals hochmodernen Erzeugnisse aus Berliner Manufakturen erinnerten zwar formal immer noch an das

Rokoko, drückten jedoch inhaltlich das enge Verhältnis zu Natur und Landschaft aus, das auch in Friederike Luises Parkgestaltung zum Ausdruck kam und eher schon auf die Zeit der Romantik verweist. Die Räume wirkten, als habe man die Flügeltüren weit aufgestoßen und das Draußen hereinholen wollen, als reiche der Park bis in den Salon. Im Empfangszimmer war selbst die Decke mit der Rosentapete überzogen worden, das Blumenmuster wiederholte sich sogar in kräftigeren Farben in den Vorhängen und Stuhlbezügen. Der Raum wirkte, als säße man in einer dicht belaubten Gartenhöhle, in einem Häuschen aus geflochtenen Zweigen und Kletterrosen.

Auch die Möbel entsprachen dem individuellen Stil der Königin. Im Empfangszimmer standen weiß lackierte Sessel und Konsoltische, das Eckzimmer schmückten zwei Stühle und eine fein gefertigte Bank, die der Rundung der Wand folgte, vor der sie stand. Die Auswahl zeugte weniger von Stilbewusstsein als vielmehr von Eigensinn und Selbstbestimmtheit. Das fiel auch Fontane auf, als er Schloss Freienwalde Mitte des 19. Jahrhunderts besichtigte. »Ein Bau für eine Königin*witwe*, die sich selber leben will, nicht für eine *Königin*, die anderen leben muß. (...) In den Zimmern zerstreut stehen alte Erinnerungsstücke, oft mehr absonderlich als schön und mehr bemerkenswert um der *Personen* willen, denen sie zugehörten, als um ihrer selbst willen. An solchen eigentümlichen Wertstücken sind die Schlösser der Hohenzollern reich, und wie in manchem andern, so gibt sich auch hierin eine Eigentümlichkeit ihres Hauses zu erkennen. Sie haben nämlich nicht das Bedürfnis, sich ausschließlich mit hoher, besternter Kunst zu umgeben, sondern gestatten mit Bereitwilligkeit, ja mit Vorliebe fast, auch dem Niedriggeborenen in der Kunst, dem mit schüchterner Hand geschehenen *Versuche*, den Zutritt in ihr Haus. (...) Zu diesen Betrachtungen gibt auch Schloss Freienwalde genügend Veranlassung. Da sind komplizierte ›Strohnähtische‹ mit eingeflochtenen Namenszügen, da sind Stühle mit hochzuschraubenden Lehnen, da sind endlich Tische, aus deren Platten sich, durch Druck und Zug, *Stehleitern* vor dem erstaunten Auge aufrichten. Lauter Dinge, vor denen der eigentliche Kunstsinn erschrickt, während ein freundlicher Sinn sie gelten läßt und sich am Streben freut.«[27]

Heute ist davon in Schloss Freienwalde kaum mehr etwas erhalten. Die Wände sind weiß getüncht, von der handgemalten Tapete ist nichts mehr zu sehen, und nur noch wenige Einrichtungsgegenstände entstammen der originalen Ausstattung. Mit Liebe und Sorgfalt wurde jedoch darauf geachtet, die Museumsräume so einzurichten, dass man sich mit einiger Phantasie leicht in die Zeit der Königin zurückdenken kann. Zwei schmale Spiegel konnten in einem Gasthof der Umgebung wieder aufgefunden werden. Sie hingen dort in den Toiletten neben den Waschbecken. Einzelne Kerzenständer nach Schinkel wurden in das Schloss zurückgebracht. Die Zimmer sind lichtdurchflutet und vermitteln eine Atmosphäre von sommerlicher Behaglichkeit und Unbeschwertheit.

Gerade bei der Pflege des Gartens wird der einstigen Vorlieben und Wünsche Friederike Luises eingehend gedacht. Wieder sind es schmale Wege und malerische Ruheplätze mit Ausblick in die nächste Umgebung, die den sentimentalen Landschaftspark rund um das Schloss bestimmen. Kleinarchitekturen schmücken das Rondell, das der Balkonseite zu Füßen liegt, Nachbildungen der Göttinnen Flora, Venus und Diana in Sandstein. In einer der Skulpturen, der gusseisernen Ildefonso-Gruppe, verbirgt sich gar ein beheizbarer Gartenofen – diese rührt allerdings erst aus späteren Zeiten.

Ein besonderes Schmuckstück stellt das Teehäuschen dar. Es befindet sich in unmittelbarer Nähe zum Schloss und entstand schon zu Zeiten der Königin eigens zu dem Zweck, dort Festlichkeiten und Konzerte zu veranstalten. Insbesondere reisende Theatergruppen fanden hier Gelegenheit, ihre Stücke aufzuführen. Das Haus wurde sorgfältig renoviert und dient weiterhin der Realisierung kleinerer und größerer kultureller Höhepunkte. Zwei Kamine zierten einst den großen Saal, zwei kleinere Zimmer grenzen daran an und flankieren das Entree, durch das man das Haus zentral betritt. Es ist völlig symmetrisch, doch im Gegensatz zum Haupthaus nicht rechteckig, sondern quadratisch.

Zu dem Gebäudeensemble gehört drittens ein Gärtnerhaus, das ebenfalls aufwändig renoviert wurde. Zu Friederike Luises Zeiten wohnte darin der Kastellan. Es wurde ferner als Wirtschaftsgebäude für die Hofküche genutzt. Heute dient es der Schlossverwaltung als Arbeitsplatz und beherbergt das Archiv.

Fast fünfzehn Jahre lang prägte die Königin das gesellschaftliche Leben der Stadt und trug dazu bei, dass Freienwalde um 1800 wirtschaftlichen und kulturellen Aufschwung erlebte. Außergewöhnlich an dem Auftreten der Preußin war der Kontakt zu Bürgern, den sie hier, fernab höfischer Zwänge, auf Spaziergängen nicht nur zuließ, sondern zunehmend auch suchte. Dabei legte sie eine bisher nie gekannte leutselige Verbundenheit an den Tag. Im Gegensatz zu ihrer Entourage in Potsdam und Berlin fand sie bei ihren Ausflügen in die Stadt oder ländliche Umgebung großen Anklang. Obwohl sie sich als Person deutlich von ihrer Schwiegertochter Luise unterschied, waren sich die beiden hierin ausgesprochen ähnlich. Nicht umsonst wurden die beiden im Nachhinein von vielen Bürgern verwechselt. Sie bezeichneten nicht Paretz, sondern Freienwalde als Luises Lieblingsschlösschen.

Durch ihr neues, selbstbestimmtes Dasein am Rande des Oderbruchs fasste Friederike Luise mit der Zeit so viel Mut, dass sie sich 1804 gar entschloss, eine Reise zu machen. Es war ihre einzige Unternehmung dieser Art, und sie sollte eigentlich nur zur Kur nach Baden-Baden führen. Doch die Königin nutzte die Gelegenheit, um nach vielen Jahren erstmals Verwandte zu besuchen und darüber hinaus die ein oder andere bekannte Parkanlage zu besichtigen. Ein dreiviertel Jahr war sie unterwegs, besuchte Wörlitz und Lauchstädt, Wilhelmsbad bei Hanau und Frankfurt am Main. Über Darmstadt und Karlsruhe gelangte sie schließlich nach Baden-Baden. Erfüllt von den vielen Erlebnissen und Eindrücken kehrte sie auf Umwegen zurück nach Berlin – und verstarb. Ob es die Anstrengungen der Reise waren oder das Unbehagen über die Rückkehr, kann keiner sagen. Die Todesursache blieb ungeklärt. Am 26. Februar 1805, zwei Monate nach ihrer Ankunft, verschied die Königin in Schloss Monbijou. Auf ihren ausdrücklichen Wunsch wurde sie ohne Pomp und Aufsehen beerdigt. Die Beisetzung fand am 4. März in der Hohenzollerngruft im Berliner Dom statt.

Sicher hätte Schloss Freienwalde nach dem Tod seiner Eigentümerin bald ein ähnliches Dasein gefristet wie Schönhausen oder manch andere preußische Residenz.

Hin und wieder kurzzeitig genutzt oder besucht von einem Mitglied der königlichen Familie, waren es im Wesentlichen die Kustoden, die dann für Erhalt und Pflege solcher Anwesen verantwortlich waren.

Doch die Bewohner des Kurortes hatten noch einmal Glück. Nicht zuletzt wegen der zauberhaften Lage, doch vor allem aus echter Verehrung für die altpreußische Landbaukunst kaufte 1909 Walther Rathenau (1867–1922) das königliche Schloss und machte es zu seinem allseits beliebten Sommersitz. Der Industrielle, Publizist, Politiker und schließlich Außenminister, der am 24. Juni 1922 durch ein politisch motiviertes Attentat ums Leben kam, sah in seinem Erwerb die Möglichkeit, seinen eigenen Beitrag zum Erhalt dieser Kultur zu leisten. Gleichzeitig wusste er das schöne Anwesen gut für seine Zwecke zu nutzen. Trotz seiner königlichen Vorbesitzer hat der Bau schließlich überschaubare Dimensionen und ähnelt eher einer Villa als einem Schloss. Das entsprach genau Rathenaus Vorstellungen. Er konnte sich zurückziehen, arbeitete hier an seinen Büchern und Schriften, las viel und war sogar künstlerisch tätig: An den Wänden hängen einzelne Bilder, die er selbst gemalt hat.

Über zehn Jahre verbrachte er viele Sommermonate in Bad Freienwalde. Er empfing hier enge Freunde und Vertraute und führte sie durch die historischen Räume. Er war stolz auf seine Erwerbung und wusste die Einrichtung und Geschichte des Hauses wertzuschätzen. Die Tage und Stunden, die er hier verbrachte, werden zu den angenehmsten seines Lebens gehört haben.

Zu Besuch kamen Persönlichkeiten wie der Dramatiker Carl Sternheim (1878–1942) oder die Schriftstellerin Annette Kolb (1870–1967), Verleger Samuel Fischer (1859–1964) oder der AEG-Direktor Felix Deutsch (1858–1928). Eng befreundet war Rathenau mit dem bekannten Autor Gerhart Hauptmann (1862–1946), der mehrfach mit seiner Frau Margarethe nach Freienwalde kam. Die beiden Männer duzten sich sogar. Alte Fotos in Schwarzweiß an den Wänden im Haus zeigen sie auf gemeinsamen Spaziergängen. Während Rathenau vital und kräftig aussieht, wirkt Hauptmann neben ihm gebrechlich, doch die beiden scheinen intensiv ins Gespräch vertieft zu sein. Die Begegnungen, der gedankliche Austausch, insbesondere hier in Freienwalde, weitab vom Trubel in Berlin, müssen ihnen sehr kostbar gewesen sein.

Rathenau hatte einige Umbauten vornehmen lassen und drückte dem Anwesen sozusagen auch architektonisch seinen Stempel auf, der den Gesamteindruck jedoch kaum veränderte. An der Fassade wurden das Gurtgesims entfernt sowie die Pilasterstreifen geglättet und mit Kapitellen versehen. Die Farbe des Hauses verwandelte sich vom monochromen Hohenzollerngelb in eine Gestaltung mit rosa Flächen, von denen sich die erhabenen Teile wie Pilaster oder Fensterumrahmungen in Grau absetzten. An der Ostseite ließ der Hausherr einen Säulenaltan anbauen, ein Halbrund, aus dem sich ein weitläufiger Balkon für das Obergeschoss ergab und unten die Möglichkeit, im Schatten zu dinieren. Nirgendwo sonst ließen sich ein Frühstück an einem heißen Sommermorgen oder auch der Nachmittagstee genüsslicher einnehmen als hier unter dem schützenden Altan.

Zur Gartenseite hin wurde ferner eine Außentreppe geschaffen, so dass man über den Balkon direkten Zugang hinunter in den Park hatte. Eine Abbildung aus der Zeit zeigt, dass der Anbau bald wild überwuchert war von Kletterpflanzen und Rankengewächsen. Zwei Gießkannen standen bereit, um die Blumen in den Kästen zu gießen, die den Rand der Treppe markierten.

Auch innenarchitektonisch ließ Rathenau Veränderungen vornehmen. Zwischen zwei Zimmern im Erdgeschoss links vom Treppenhaus ließ er die Trennwand entfernen und durch zwei Säulen ersetzen. So gewann er, parallel zum Säulenaltan, einen weiteren, lang gestreckten Raum von ähnlicher Dimension wie das Empfangszimmer auf der anderen Seite.

Nach Rathenaus Tod war es erklärter Wunsch der Erben, Park und Schloss in Form einer Erinnerungsstätte an Rathenau zu bewahren. Gleichermaßen war ihnen wichtig, dass hier der preußischen Kultur um 1800 gedacht werde, denn das hatte Rathenaus Freude an dem Haus ausgemacht. Versehen mit diesen Auflagen vermachten die Erben das Anwesen 1926 dem damaligen Landkreis Oberbarnim.

Die Landräte versuchten, die Vorgaben umzusetzen. Der Park wurde der Öffentlichkeit zugängig gemacht und das Haus zur Besichtigung frei gegeben, doch dann folgten für alle Beteiligten bald wüste Zeiten. Das Schloss wurde nach 1945 weitgehend geplündert, manche der kostbaren Einrichtungsgegenstände gelangten als Beutegut in die Sowjetunion, und auch später residierten hier Menschen, die wenig Interesse an dem kulturellen Erbe hatten. Das Anwesen hieß jetzt »Puschkin-Haus« und wurde, wie Schlossdirektor Reinhard Schmook treffend schrieb, »durch verschiedene Einrichtungen und Büros regelrecht vernutzt«. An die hohenzollernsche Tradition sei jegliche Erinnerung getilgt worden.[28]

Erst nach der Wiedervereinigung konnten Vertreter des Landkreises das Schloss wieder in Besitz nehmen und die Auflagen der Erben erfüllen. Seit 2007 erstrahlt es in neuem Glanz. Im unteren Stockwerk wird nunmehr der Königin Friederike Luise und der Baugeschichte des Hauses gedacht, im oberen befindet sich der Erinnerungsort für Walther Rathenau. Beide Persönlichkeiten, die das königliche Schloss zu dem machten, was es war und ist, werden hier nun gleichermaßen geehrt. Die Gedenkstätte ist einmalig – nirgendwo sonst wird die Erinnerung an die Königin in dieser Form gewahrt.

Hinzu kommt, dass Schloss und Park und der Rest der Ortschaft keineswegs voneinander getrennt sind. Die Freienwalder nehmen stark an den Entwicklungen rund um das Haus Anteil. Es scheint, als hätten sie sich auch in der Vergangenheit bemüht, um Himmels willen nichts von dem zu vergessen, was sie darüber wussten. Entsprechend groß ist die Sorgfalt, mit der sich das Gesamtensemble präsentiert. Jeder Stein und jede Klinke scheinen gepflegt, aufbewahrt und dokumentiert, jeder Weg im Park geschätzt und jede noch so geringfügige Verbesserung registriert worden zu sein. Alles, was kulturelle Identität hier ausmacht, wird bewahrt und das Wissen darüber kundig weitergegeben.

Insbesondere die Geschehnisse zum Erhalt der Gartenanlagen spielen eine große Rolle. Ob die Laubbeseitigung im Herbst oder das Schlossparkfest im Mai, ob Einzelheiten zu den Skulpturen oder Informationen zu der Fahne mit der königlich-goldenen Krone auf dem Schlossdach – alles wird getreulich berichtet und ist Gegenstand öffentlichen Interesses. Dergestalt blieb auch die Erinnerung an den sowjetischen Laster wach, der 1979 einen Pfeiler vom Haupteingangstor umgefahren hatte. Das Tor war zu Rathenaus Zeiten gebaut worden, ausdrücklich dem Berliner Tor am Ausgang der Stadt nachempfunden und hatte vornehm geschwungene Türflügel aus weiß lackiertem Holz. Auch die vier Pfeiler entsprachen dem zurückhaltend-eleganten Stil des Hauses. Sie bestanden aus roten Ziegeln, in die weiße Blenden eingelassen worden waren. Gekrönt waren sie von steinernen Blumenschalen und Vasen. 1945 waren schon die Flügel verschwunden und notdürftig durch hölzerne Vierecke ersetzt worden, die bald wieder verrotteten. Dann fiel ein Pfeiler um, der zweite ging wegen des Lasters zu Boden, und das sorgfältig gefertigte Bauwerk, eigens errichtet, um der preußischen Landbaukunst eine weitere Reverenz zu erweisen, war nur noch Ruine.

1994/95 gelang die Rekonstruktion der Torpfeiler, dann wurden die Türen nach alten Bildern originalgetreu wiederhergestellt und schließlich sammelte Jörg Rieger, Direktor der Fach- und Kurklinik, Geld von privaten Spendern, um die steinernen Gefäße nachbilden zu lassen, die seit 2001 neu auf den Pfeilern thronen. Jetzt glänzt das Tor in alter Pracht und lädt zum Spaziergang in den Schlosspark ein. Die beiden Torflügel leuchten in blendend weißer Farbe.

Gegenstand öffentlicher Anteilnahme war ebenso die neue Äolsharfe, die ein Bad Freienwalder Ehepaar 1997 spendete. Anlass war ihre Goldene Hochzeit und Grund dafür die Tatsache, dass die zwei originalen Windharmonikas, die den Park an zugigen Tagen traditionell mit ihren hohen, fremdartigen Klängen durchdrungen hatten, verrostet und verschwunden waren. Eilig wurde ein Instrumentenbauer gesucht, der in der Lage war, solch eine Harfe zu rekonstruieren, und tatsächlich, es fand sich einer in Sachsen. Mit Eifer machte er sich an die Arbeit. Nun hängt die Harfe wieder, montiert in einer Ulme nahe dem Eingangstor, und verbreitet ihren unverwechselbaren Klang.

Schließlich gibt auch die Geschichte der Abfalleimer immer wieder Anlass zu Anekdoten. Sie geht zurück auf Landrat Peter Fritz Mengel (1884–1967), der sich besonders für Schloss und Gartenanlagen einsetzte. In seine Amtszeit fiel auch die Übergabe des Besitzes in die Hände des Oberbarnimer Landkreises. Als es darum ging, die Gartenanlagen öffentlich zugängig zu machen, wurden das Wegenetz vereinfacht, Parkbänke aufgestellt und auch Papierkörbe eingeführt, die regelmäßig geleert werden mussten. Der Landrat entschied sich für ein viereckiges Modell mit kleinen Füßen, das aus Beton gegossen worden war.

Doch damit nicht genug: Mengel ließ Emailleschilder an den Abfallbehältern anbringen, auf denen eigens gereimte Vierzeiler dazu ermahnten, die Parkordnung zu befolgen. Wer die Reime verfasst hatte, ist nicht genau bekannt, doch es heißt, die Forstmeistersgattin Clara Wendroth sei dafür verantwortlich gewesen. Jedes Schild war mit einer Illustration versehen. Da fanden sich Blumen, Blüten oder ein Zwergengesicht, Tiere oder ein sich küssendes Paar, manche als Schattenriss, andere wieder in Form einer Zeichnung.

Die Sprüche müssen so eindrücklich gewirkt haben, dass viele Spaziergänger sie Jahre später auswendig hersagen konnten. Noch heute finden sie Erwähnung in aktuellen Publikationen wie dem örtlichen Heimatkalender. Dort sind sie dann nachzulesen: »Es stört auf Weg und Rasen, des Parkes schöne Zier, vom Wind umhergeblasen ein Frühstücks-Fettpapier.« Oder: »Lustwandle in Behaglichkeit, seis Trippelschritt, seis Trab, und weiche keinen Florstrumpf breit vom Steig und Kiesweg ab.«[29]

Eine der Illustrationen konterkarierte auf originelle Art den Text. Sie zeigt ein sich küssendes Pärchen, dabei geht es in dem entsprechenden Reim eigentlich um die Öffnungszeiten des Parks. Über den beiden Köpfen hing ein Ziffernblatt, dessen Zeiger auf acht Uhr wiesen. Der Text dazu hieß: »Es schliesst das Tor beim Abendschein, der Pförtner unverdrossen, drum rat' ich Dir, geh zeitig heim, sonst wirst Du eingeschlossen!«[30]

Mit ihrer starken Anteilnahme am Schloss- und Parkensemble haben die Freienwalder das Uranliegen Friederike Luises aufgegriffen und spiegeln ihre Freude daran. Dank ihrer Eingriffe in die natürliche Umgebung rund um die Heilquelle in Freienwalde gewann die Königin an Selbstbewusstsein und Gestaltungsfreude. Ihr unbeholfenes und bescheidenes Streben nach Verbesserung der Kulturlandschaft Preußens zeigt in Bad Freienwalde bis heute große Wirkung.

10.

*Königin der Herzen – Luise
von Mecklenburg-Strelitz
(1776–1810)
Erste Ehefrau von König
Friedrich Wilhelm III.
(1770–1840)*

Kommt man von Schloss Freienwalde, ist es nach Paretz, dem Schloss südwestlich von Berlin, das gern in Zusammenhang mit Königin Luise gebracht wird, mental nicht weit. Beide Häuser wurden, wie erwähnt, von demselben Architekten gebaut. Hier wie dort wirkte David Gilly, wenn in Paretz auch Sohn Friedrich nachhaltig mitbeteiligt war. Beide Häuser entstanden etwa zeitgleich. Allein ihre Lage ist völlig unterschiedlich: Freienwalde wurde in den Hang hinein gebaut, Paretz hingegen liegt auf durchweg ebenem Gelände. Einzig wenn man sich auf einen Rundgang in die nähere Umgebung des Schlosses macht, stößt man im sogenannten Rohrhauspark auf eine kleinere Anhöhe, Teil des Gesamtensembles und Ziel von Spaziergängen, die auch Luise mit ihren Gästen zu machen pflegte. Von dem Plateau auf dem Hügel kann man, ähnlich wie damals die Königin, den Rundblick über das flache Havelland genießen.

Luise von Preußen stammte aus einer kleinen, ursprünglich nahezu unbedeutenden Familie. Mecklenburg-Strelitz war ein winziges Fürstentum, entstanden erst Anfang des 18. Jahrhunderts. Luises Vater war auch keineswegs der Älteste in der Familie. Er hatte neun Geschwister und wuchs mit dem Wissen auf, dass er zwar einen alten Namen trug, doch mangels Erbe nie über die finanziellen Mittel verfügen würde, seiner Familie einen standesgemäßen Lebensstil bieten zu können. Zweimal heiratete Carl Mecklenburg-Strelitz (1741–1816), zweimal wurde er Witwer, und seine Frauen hinterließen ihm zwei Söhne und vier reizende Töchter. Die Söhne, Georg (1779–1860) und Karl (1785–1837), behielt er bei sich, doch die Mädchen gab er nach Darmstadt in die Obhut seiner Schwiegermutter, Prinzessin George von Hessen-Darmstadt (1729–1818). Die überaus freundliche, liebenswürdige Frau trug zwar denselben Nachnamen wie Königin Friederike Luise, hatte aber in die Familie eingeheiratet. Ihr Mädchenname lautete Gräfin von Leiningen-Dagsburg. Sie war die Ehefrau von Georg Wilhelm von Hessen-Darmstadt (1722–1782), Bruder von Friederike Luises Vater, ihre Kinder damit Cousinen ersten Grades der Königin und nächste Verwandtschaft.

Bei dieser lebenslustigen und von ihr bald heißgeliebten »Mabuscha« wuchs Luise wohlbehütet und vollkommen unbeschwert mit ihren Schwestern auf. Das Mädchen entwickelte sich zu einer bildhübschen Frau mit dichten Locken und einem überaus heiteren Wesen. »Jungfer Husch« wurde Luise von ihrer Familie genannt, weil sie derart ungeduldig, verspielt und von ungeheuer starker Bewegungsfreude war.

Im Rahmen der Krönungsfeierlichkeiten für Franz II. (1768–1835) zum Kaiser in Frankfurt am Main, zu denen auch das preußische Königshaus gebeten worden war, fielen Luise und ihre jüngere Schwester Friederike Friedrich Wilhelm II. ins Auge, und er beschloss umgehend, sie mit seinen beiden ältesten Söhnen zu verheiraten, Friedrich Wilhelm und dessen Bruder Louis. Der Kronprinz war, wie gesagt, ein entscheidungsschwacher und zurückhaltender Mensch. Entsprechend schwer fiel es ihm herauszufinden, welche von beiden Schwestern er heiraten sollte, schließlich standen sich die beiden in Anmut und ansteckender Lebensfreude in nichts nach. Seine Wahl fiel schließlich auf Luise, und selbst die Heiratserklärung fiel Friedrich Wilhelm, wie er in seinen privaten Aufzeichnungen festhielt, noch recht schwer: »So froh ich war, so verlegen war ich dennoch, und nach vielem Stottern und unzusammenhängenden Phrasen, fasste ich endlich Mut und trug ohne viel Umstände mein Anliegen vor. Wir standen am Fenster, meine Frau mit dem Rücken an die Fensterwand gelehnt. Mit jungfräulicher Bescheidenheit, aber herzlichem Ausdruck willigte sie ein, ich frug ob ich dürfe, und ein Kuß besiegelte diesen feierlichen Augenblick.«[31]

Bald kamen sich die beiden näher, Großmutter George gestattete dem Kronprinzen nahezu uneingeschränkten Zutritt zu seiner Braut, und bei seinen zahlreichen Besuchen erfuhr er ein Leben im trauten Familienkreis, wie er es in seinem preußischen Elternhaus nie erlebt hatte. Und so geschah, was in königlichen Kreisen beinahe unmöglich ist und nur äußerst selten vorkommt: Friedrich Wilhelm verliebte sich in Luise. Die beiden schrieben sich unzählige Briefe, manchmal mehrfach am Tag, Luise steckte den melancholischen Mann mit ihrer Lebensfreude an und machte ihn zu einem überglücklichen Prinzen.

Die Geschichte von der großen Liebe des preußischen Kronprinzenpaares fand rasch Verbreitung. Gleich im Dezember 1793 sollte die Doppelhochzeit stattfinden, und als es für die beiden Schwestern daran ging, Abschied von Darmstadt zu nehmen und per Kutsche Richtung Berlin zu reisen, gab es keine Stadt, die sie passierten, in der sie nicht überschwänglich empfangen wurden: Aschaffenburg, Würzburg, Hildburghausen, Erfurt, Weimar – überall wurden sie von jubelnden Menschen begrüßt und von den jeweiligen Offiziellen willkommen geheißen. In Weimar empfing sie der Großherzog, in Leipzig erhob sich das gesamte im Theater versammelte Publikum und spendete den jungen Gästen Beifall durch Händeklatschen und Hochrufe.

Es ist erstaunlich, wie zwei Schwestern im Alter von sechzehn und siebzehn Jahren, die bis vor kurzem noch unbekannt und abgeschieden in der Obhut ihrer Großmutter gelebt hatten, in derart kurzer Zeit zu so großer Beliebtheit und Bekanntheit gelangen konnten. Und es war keineswegs der letzte Triumphzug, den Luise erlebte. Sei es schon wenige Tage später bei ihrem Einzug in Berlin, sei es auf der Reise durch die Provinzen, auf die sie sich an der Seite ihres Mannes begab, nachdem er König geworden war: Immer standen die Menschen am Straßenrand

Spalier und jubelten ihr zu, immerzu wollten unendlich viele Menschen sie begrüßen und endlich einmal zu Gesicht bekommen. Sie wurde verehrt wie eine Heilige. Und nie wurde sie müde, die übergroße Aufmerksamkeit überschwänglich zu erwidern.

Nach der Hochzeit zog das junge Paar ins Berliner Kronprinzenpalais, in Sichtweite vom königlichen Schloss. Nach einer Totgeburt konnten sie sich mit ihrer Schwiegerfamilie schon bald über die Geburt eines Sohnes freuen. Er wurde wie sein Vater Friedrich Wilhelm getauft, von seinen Eltern aber »Fritz« genannt.

Es blieb nicht bei dem einen Kind. Luise brachte insgesamt zehn Nachkommen zur Welt, von denen sieben das Erwachsenenalter erreichten, vier Jungen und drei Mädchen. Auch an der Nähe zu Friedrich Wilhelm III. änderte sich nichts. Die beiden blieben unzertrennlich. Das äußerte sich auch darin, dass sie sich duzten. Wenige Tage nach ihrer Eheschließung hatten sie den preußischen Hof damit in Erstaunen versetzt, dass sie von der standesgemäßen Form der Anrede in dritter Person absahen. Sie brachen darin mit allen Konventionen. In den europäischen Herrscherhäusern siezten sich zu jener Zeit selbst Geschwister untereinander.

Ähnlich unkonventionell war das Verhältnis zu ihren Nachkommen. Jedem einzelnen ihrer Kinder war Luise innig zugetan. Zwar halfen ihr naturgemäß Hebammen und Säuglingsschwestern bei den Geburten, dem Stillen und der Betreuung der Kleinen, aber es war Luises erklärter Wunsch, ihre Kinder mindestens einmal am Tag länger um sich zu haben, ihnen vorzulesen oder mit ihnen zu spielen.

Auch mit dem Vater pflegten die Jungen wie die Mädchen ein ausgesprochen persönliches Verhältnis. Bekannt ist, dass Friedrich Wilhelm III. sogar mit seinen Kindern herumtollte. Das änderte sich auch nicht, als sein Vater starb und er ihm 1797 auf den Thron folgte. Friedrich Wilhelm III. war sicher einer der wenigen Herrscher, der Wert darauf legte, dass seine Kinder ihn mit »Papa« anredeten und ihn auch in seiner Abwesenheit nicht als den König, sondern als ihren Vater bezeichneten.

Wer hatte Luise beigebracht, sich derart bürgerlich zu verhalten? Und wie war es überhaupt möglich, dass sich ein derartiges Verhalten am preußischen Hof durchsetzte? Offenbar waren Luise standesgemäßes Verhalten und Etikette schlichtweg zu anstrengend. In ihren Briefen beklagte sie sich oft über den steifen Umgang in den Salons anderer Mitglieder der Hofgesellschaft und den ewigen Kleiderwechsel, den schweren Schmuck und die engen Schuhe. Nur mit sehr viel Selbstdisziplin konnte sie allmählich einsehen, dass es gewisse Konventionen einzuhalten galt, wollte sie dem Ansehen ihres Mannes und seines Landes nicht schaden.

Dabei half ihr Sophie Voss, treue Hoffrau und Kammerdienerin, von der schon im Zusammenhang mit Königin Elisabeth Christine die Rede gewesen ist. Inzwischen verwitwet und 64 Jahre alt, hatte sich Voss längst vom Dienst bei Hof zurückziehen wollen, doch Friedrich Wilhelm III. bat sie persönlich, noch einmal zurückzukehren und der unbedarften mecklenburgischen Prinzessin zur Seite zu stehen. Nur mit Mühe ließ sich Voss dazu überreden. Auch Luise wollte zuerst von der »Voto«, wie sie die alte Dame in ihren Briefen respektlos nannte, nichts wissen. Doch Voss gab ihr mit viel Geduld und unerbittlicher Strenge Nachhilfe im höfisch korrekten Gebaren, und Luise ließ sich belehren. Innerhalb kurzer Zeit waren die Frauen ein Herz und eine Seele.

Nicht zuletzt war Friedrich Wilhelm III. selbst daran gelegen, innerhalb seiner Kernfamilie jegliche Formalitäten außen vor zu lassen. Ähnlich unbekümmert, wie er mit den Kindern verkehrte, ging er mit seiner Frau im Tiergarten spazieren. Dabei verzichteten die beiden ausdrücklich auf den standesgemäßen Mehrspänner oder eine Eskorte. Das erstaunte selbst die Berliner, die der hübschen Herrscherin nicht auf Anhieb erlegen waren. Ein derart volksnahes Herrscherpaar hatte Preußen bislang nicht erlebt.

Luises Kraft lag in ihrer Ausstrahlung. Bei aller Herzlichkeit und Zugewandtheit verbreitete sie gleichzeitig etwas leicht Abgehobenes, ja Überirdisches. Entsprechend stark war ihr Einfluss auf die zeitgenössische Kunst und Kultur. Ob Schriftsteller, Dramatiker, Dichter, Maler oder Bildhauer – unendlich viele wollten Luise zeichnen, ihr Abbild verewigen oder ihr Konterfei nachformen und gerade diese besondere Aura in Form und Farbe bannen. Novalis (1772–1801), Jean Paul (1763–1825), August Wilhelm Schlegel (1767–1845) besangen sie in ihren Texten, Kleist schrieb für sie Gedichte und nahm sie sich zum Vorbild der Natalie in seinem Stück *Prinz Friedrich von Homburg*. Johann Gottfried Schadow (1764–1850) porträtierte die Kronprinzessin in den ersten Jahren gleich mehrfach. Der Berliner Grafiker und Bildhauer, dessen Begabung schon frühzeitig erkannt worden war, hatte sich seinen Förderern zuerst Richtung Italien entzogen, machte dann aber, zurück in Berlin, bei Friedrich Wilhelm II. eine steile Karriere. Der König ernannte ihn 1788 zum Leiter der Hofbildhauerwerkstatt und beauftragte ihn mit dem Entwurf für die Quadriga, die sich auf dem Brandenburger Tor befindet. Das Tor selbst hatte, wie schon erwähnt, Langhans entworfen.

Gleich in den ersten Jahren entstand Schadows »Prinzessinnengruppe«, eine wunderbar anmutige, lebendig gestaltete Doppelplastik von Luise und ihrer Schwester Friederike. Abwechselnd saßen die beiden jungen Frauen dem Künstler Modell. Während Friederike regelmäßig um die Mittagszeit kam und sich allein und ungeniert lustig plaudernd den kundigen Blicken des Meisters darbot, durfte sich Luise nur in Anwesenheit ihres Mannes zeigen, der

steif und nicht sonderlich erfreut daneben saß. Ihm war das alles ein wenig zu privat. Entsprechend zeigt die Plastik eine sehr junge, doch gleichzeitig schon einigermaßen vernünftig dreinblickende Luise Arm in Arm mit ihrer sich äußerst verspielt und fröhlich gebenden Schwester Friederike.

Dank ihrer Popularität bescherte Luise den Künstlern eine große Nachfrage ihrer Werke. Nicht nur am preußischen Hof oder in höfischen Kreisen wünschte man sich Bilder oder eine Büste von der hübschen Königin, sondern auch einfache Bürger fahndeten nach günstigen Kunstdrucken oder Nachbildungen aus Gips, um sie zu Hause aufzustellen. Obwohl Luise kaum eigene finanzielle Mittel zur Verfügung hatte, förderte sie die Kunst damit über alle Maßen. In den ersten drei Jahren nach ihrer Entstehung verkaufte Schadows Werkstatt über fünfzig Gipsabgüsse der Prinzessinnengruppe, auch Kopien in Bronze und Eisen waren im Angebot.

Nicht zuletzt inspirierte Luise Mode und Aufmachung ihrer Zeit. Anhand von Zeitschriften informierte sie sich über neueste Schnitte, Entwürfe und Materialien, ließ sie für sich herstellen und führte sie bei Hofe und im Bürgertum ein. Typisch für ihre Erscheinung waren griechische Gewänder aus hauchdünnen Stoffen mit großzügigem Dekolleté, die unter der Brust eng anlagen, oft zusätzlich von einem bunten Band gehalten, und dann glatt, doch weit geschnitten, herunterfielen. Nicht zuletzt das Halstuch, das sie bisweilen trug und auf vielen Abbildungen als Kinnbinde abgebildet ist, ahmten viele nach. Die Chronisten sind sich nicht einig darüber, ob dieses Kleidungsstück dazu diente, eine kurzzeitige Halsschwellung zu verbergen, einer Erkältung vorzubeugen oder ob Luise in der Tat einen Kropf hatte. Fest steht, dass sie mit dieser Art, das Kopftuch zu binden, eine Mode begründete. Bis heute gilt die Redensart, ein Tuch nach Art der Königin Luise zu

tragen, wenn man es nicht nur über den Kopf, sondern zusätzlich um den Hals herumschlingt.

Sinnbild des bürgerlichen Beisammenseins des Kronprinzenpaares war Schloss Paretz. Friedrich Wilhelm III. hatte es Anfang 1797, noch vor seiner Thronbesteigung, kurzerhand für 85 000 preußische Taler erworben und Gilly, den er später zum Vizedirektor des Oberhofbauamtes kürte, gleich darauf ebenso unbeirrbar die Neugestaltung übertragen. Der Wunsch des Kronprinzenpaars war es, aus Paretz ein einfaches Domizil zu machen, einen Ort zu schaffen, an dem es der höfischen Etikette entfliehen und seinen privaten Lebensstil pflegen konnte. »Schulze von Paretz« wollte Friedrich Wilhelm genannt werden, wenn er bei einem Spaziergang mit der Familie unterwegs angesprochen wurde, ganz so als sei er niemand anderer als der Bürgermeister. Seine Frau sollte hier draußen im Havelland für alle nur die »Gnädige Frau« sein. Auch gegenüber seinem Architekten hielt Friedrich Wilhelm mit Blick auf das gesamtheitliche Konzept der Anlage an dem Bild vom einfachen Gutsbesitzer fest. Was auch immer sie ihm vorschlugen, was auch immer gebaut werden sollte, es durfte nicht viel Geld kosten.

Und tatsächlich nimmt man Luise und Friedrich Wilhelm diesen Ansatz nirgends so gern ab wie in dem einfachen Landhaus mit der vergleichsweise bescheidenen Einrichtung. Kaum ein Ort steht eindeutiger für Luise selbst, die noch mehr als ihr Mann nach dieser Natürlichkeit und Leichtigkeit strebte. Wenn im September Erntedank gefeiert wurde, trugen die Bauern und Bäuerinnen eine Krone durchs Dorf, gewunden aus frisch geernteten Weizenähren, geschmückt mit flatternden Bändern und knallroten Blütenköpfen. Übermütig musizierend und trompetend begleiteten Janitscharen und Hoboisten den ausgelassenen Zug. Vor dem Schloss kamen sie zum Stehen und machten dem königlichen Paar ihre Aufwartung. Dann traten Friedrich Wilhelm und Luise aus dem Haus, hörten sich gemeinsam die Dankesrede an, und wenn die Dorfmusikanten anschließend zum Tanz aufspielten und sich Bäuerinnen und Bauern dazu in buntem Reigen drehten, reihte sich die Königin ohne jeden Dünkel unter die tanzenden Paare.

Doch nicht nur Erntedank wurde gefeiert. Auch zu anderen Anlässen und Festlichkeiten wie Jagden oder Geburtstagen lud die Königin nach Paretz ein. Die kleinste Speisetafel umfasste nie weniger als zehn Gedecke, und wenn der Platz nicht reichte, wich die Gesellschaft in den Gartensaal im Reitstall aus. Nachmittags ergingen sich die Gäste mit der königlichen Familie in Spaziergängen oder machten Ruderpartien auf der Havel, die unmittelbar durch Paretz fließt. Nicht umsonst geht der Name der Ortschaft auf die Wörter »Pa Reca« zurück, was so viel bedeutet wie »am Fluss«.

Auch die Kinder hatten in Paretz fast jederzeit Zugang zu den Salons. Wenn sie auch andere Essenszeiten und Tagesabläufe hatten als die Erwachsenen, selbstverständlich auch eigene Speisezettel, und eng mit ihren persönlichen Erziehern und Betreuerinnen aufwuchsen, waren sie in

Paretz doch auch mit dem Leben ihrer königlichen Eltern verbunden. Der Gesellschaftssaal im Schloss war eigens dazu eingerichtet, dass die Kleinen darin Federball oder Karten spielen konnten, wenn das Wetter keine Ausflüge zuließ. Lichtete der Himmel sich zwischenzeitlich, konnte man die bodentiefen Fenstertüren öffnen, und die Kinder stürmten in den Park hinaus.

Hier beging die Familie 1805 auch feierlich den zehnten Geburtstag des ältesten Sohnes. Wie in Herrscherhäusern üblich, wurde er an diesem Tag in die Armee aufgenommen. Sein Vater überreichte ihm seinen ersten eigenen Degen und heftete ihm den preußischen Adler an die nagelneue Uniform. Der zukünftige Friedrich Wilhelm IV. bekam sein Offizierspatent.

Der Maler Heinrich Anton Dähling (1773–1850) hat das Ereignis 1807 auf einem Stich festgehalten, der in Paretz an der Wand hängt und unzählige Male nachgedruckt wurde. Er zeigt das Beisammensein einer gewöhnlichen Familie ohne generelle Rangordnung oder formale Bestimmungen für Umgang und Gesprächsführung. Eine Idylle.

Doch nicht nur harmonische und außenpolitisch friedensreiche Zeiten bescherte Luise das Leben an der Seite des preußischen Königs, sondern auch Krieg, Vertreibung und Exil. Napoleon Bonaparte (1769–1821) erklärte Preußen den Krieg, und das Land erlitt in den Schlachten von Jena und Auerstedt im Herbst 1806 beispiellose Niederlagen. Luise musste vor den heranrückenden französischen Truppen aus Berlin fliehen. Über Schwedt bis nach Königsberg und von dort später noch weiter bei klirrender Winterkälte über die kurische Nehrung bis nach Memel führte ihr Weg. Dort richtete sich die königliche Familie vorübergehend im Exil ein. 1807 diktierte Napoleon in Tilsit Russland in Allianz mit Preußen seine Friedensbedingungen. Die Regierung musste über die Hälfte ihres Territoriums abtreten. Die Reparationen, die sie an Frankreich zu entrichten hatte, betrugen 92 Millionen Taler. Als Ergebnis der Verhandlungen hätte das Land auch ganz von der Landkarte verschwunden sein können.

Wenige Tage vor Vertragsabschluss schlug für Luise die historische Stunde. Für ihren spektakulären Auftritt reiste sie eigens aus Memel an und bat, in Absprache mit dem König und seinen Beratern, den französischen Kriegsherrn persönlich um Milde. Wenigstens Magdeburg möge er Preußen lassen, dazu einige linkselbische Provinzen. Auch die Höhe der Reparationen könne er gewiss mindern. Napoleon gewährte der Königin Privataudienz und hörte sie an, doch seine Bedingungen änderte er schlussendlich nicht. Der Einsatz der Königin blieb vollkommen vergeblich.

Für Luise war die Niederlage ein Gewinn. Eine Herrscherin, die bei eisiger Kälte mit ihren Kindern bis in den äußersten Zipfel ihres Landes flieht und sich dann, nachdem der Krieg endlich vorbei ist, persönlich für das Wohl ihres Landes verwendet – das hatte die Welt noch nicht gesehen. Luise war beliebter als je zuvor. Zwei Jahre später durfte die königliche Familie aus dem Exil zurückkehren. Als ihre Kutsche in Berlin einfuhr, standen die Menschen wieder dicht gedrängt am Straßenrand und jubelten ihrer Königin zu.

Wer heute nach Paretz kommt, hat Schwierigkeiten, ein schlossähnliches Anwesen zu finden. Lange muss er die gepflasterte Dorfstrasse auf- und abwandern, bis er zwischen den hohen alten Bäumen die kleine Kirche, dazwischen die drei ineinander übergehenden Parks und endlich auch das Gebäude entdeckt, das dem königlich-preußischen Hof jahrelang als Residenz diente. Es ist ein lang gezogener ebenerdiger Bau in Gelb und Weiß mit aufgesetztem niedrigerem Stockwerk ohne besonderen Schmuck oder Zierrat, ähnelt einem Schulungszentrum oder einer Behörde und hebt sich rein optisch kaum von der Remise zur Rechten oder dem anderen einstöckigen Bau ab, der links im rechten Winkel dazu steht. Allein der Garten, der das Haus umgibt, mit seinen geharkten Wegen und den sorgfältig gestutzten Rasenflächen, der alte Baumbestand, nicht zuletzt die neu gepflanzten, doch schon emporgeschnellten Pyramidenpappeln, die den Empfangshof umstehen, weisen darauf hin, dass es sich hier tatsächlich um ein Schloss handelt. Es entspricht exakt der Architektur des Preußischen Landbaus, nach der sie ursprünglich vom König in Auftrag gegeben worden war.

Zugegebenermaßen wurde das Haus jahrelang anders genutzt, ein Umstand, der seine Spuren hinterlassen hat. Im Zweiten Weltkrieg war es wie so viele Schlösser Lazarett, später zogen Flüchtlingsfamilien dort ein, dann wurde es Bauernhochschule und schließlich gar Behörde. Die »Vereinigung Volkseigener Betriebe Tierzucht«, die höchste Verwaltungsinstanz für Viehzucht in der DDR, zog hier ein. In dieser Zeit bekam das Gebäude ein neues Dach aus Betonziegeln und den graubraunen Kratzputz, der an einigen DDR-Bauten heute noch zu sehen ist. Auch die Pappeln vor dem Haus und das markante Bogenfenster in der Frontfassade verschwanden.

Doch alles, was an die Zeit zwischen 1945 und 1990 erinnerte, wurde inzwischen sorgfältig zurückgebaut. Das Haus bekam wieder den ursprünglichen blassgelben Anstrich, die Türen und Fenster wurden erneuert, selbst die Dächer neu mit historischen Biberschwanzschindeln gedeckt. Auch die originalen Raummaße konnten anhand von historischen Grundrissen rekonstruiert werden. In einer Ausstellung gleich rechts im Schloss ist jeder Schritt der Restaurierung einzeln dokumentiert und kann präzise nachvollzogen werden. In Filmen, Fotos und ausführlichen Beschreibungen wird der lange Weg zur Rückgewinnung der einstigen Herrlichkeit des Hauses aufgezeigt. Und selten waren alle mit derart großem Feuereifer dabei. Seien es Historiker, Architekten, Denkmalschützer, Restauratoren

oder Handwerker, die sich auf historisch korrekten Rückbau, ja auf alte Traditionen der Möbel-, Stoff- oder Papier-
herstellung verstehen – Paretz muss für alle Beteiligten ein
faszinierendes Objekt des Studiums gewesen sein.

Links von den Dokumentationsräumen kann man
das Ergebnis der Akribie und Faszination besichtigen.
Wie durch eine Zeitschleuse führt der Weg einen langen,
schmalen Flur entlang in die königliche Wohnung. Der
Rundgang beginnt in einem rechteckigen Raum mit ab-
gerundeten Ecken, der als Entree dient, und verläuft von
dort durch ein Billardzimmer in das gemeinsame königliche Schlafgemach, die Ankleide- und Waschkammer sowie Bibliothek und Arbeitsraum des Königs. Parallel dazu
geht es auf der anderen Seite des Hauses entlang der drei
Gartensäle mit ihren bodentiefen Fenstern und dem unmittelbaren Zugang ins Grüne zurück zum Eingang. Nun
ist es natürlich keine gewöhnliche bürgerliche Stadtwohnung, die hier gezeigt wird – darauf verweist allein schon
die Anzahl der Zimmer –, doch muss man den bescheidenen Ansatz immer in Relation zur damaligen Bedeutung
der Auftraggeber sehen. Wie konsequent er verfolgt wurde,
sieht man allein an der Art der Einrichtung. Viele Paretzer
Möbel waren seriell gefertigt, da sah ein Stuhl aus wie der
andere. Sie zeugten von handwerklicher Perfektion, standen aber gleichzeitig für die Schlichtheit, die Luise so sehr
am Herzen lag. Die stilistische Einfachheit, die sich in ihren Paretzer Möbeln zeigt, wurde vom Bürgertum später
als Biedermeier übernommen und weitergeführt.

Faszinierend an Paretz sind nicht nur die präzise bauliche Rückgewinnung des historischen Ortes, sondern
auch die Geschichten, die sich um einzelne Einrichtungsgegenstände ranken. Als der Rückbau begann, war die Innengestaltung nahezu vollkommen verschwunden. Genau
sieben Gegenstände konnten noch als originär aus Paretz stammend identifiziert werden. Teile der berühmten

handgefertigten Tapeten aus dem 18. Jahrhundert standen kurz vor dem Ausverkauf nach Übersee.

Nun hätte man das Schloss mit einer Zweitausstattung versehen können, analog zu der ursprünglichen Einrichtung. Schließlich gab es hinreichend Mobiliar aus anderen Schlössern, die Museen des Landes, vor allem ihr jeweiliger Fundus, sind voll davon. Doch den Restauratoren war das nicht genug. Ihr Ehrgeiz lag darin, präzise den Lebensstil nachzuvollziehen, den Luise und Friedrich Wilhelm dort einst pflegten. Alles andere wäre zwar historisch korrekt, aber nicht das gewesen, womit die Familie sich original umgeben hatte. Also wurde die Bevölkerung im Umland Mitte der neunziger Jahre aufgerufen, auf ihren Höfen und Dachböden, in den Kammern und Scheunen nach Objekten und Möbeln zu suchen, die aus Paretz stammen könnten. Jedes einzelne noch so marginale Fundstück, jeder alte Stuhl oder kleine Tisch, und wenn es auch nur Gebrauchskeramik aus jener Zeit war, alles konnte zur Rekonstruktion der einstigen Zustände beitragen.

Und siehe da, es kamen die wunderbarsten Dinge zum Vorschein: eine Kommode zum Beispiel, die zwischenzeitlich mit Hilfe von zwei seitlich angebrachten Türchen zum Schuhschrank umfunktioniert worden war. Mit den historisch korrekten Schubladen versehen, konnte sie in den Originalzustand zurückversetzt werden. Der Brandstempel mit den Versalien »PARETZ« auf dem Boden der Kommode, mit dem die Möbel zu Luises Zeiten versehen worden waren, belegte glücklicherweise genau, woher die Kommode stammte. Sogar einer der achtzehn Nachttöpfe des Hauses – manche behaupten, die korrekte Anzahl sei zwölf gewesen – konnte wiederaufgefunden werden. Er wurde aus der Sperrmüllentsorgung am Straßenrand gefischt. In jedem Schlafzimmer stand einer der weißen Porzellantöpfe. Die sorgsam in Königsblau aufgetragene Signatur FWR für »Friedrich Wilhelm Rex« sowie LP für

»Landhaus Paretz« verwies eindeutig auf seine Herkunft. Die Soldaten, die während des Krieges im Schloss untergekommen waren, hatten ihn benutzt, um damit bei den Bauern Milch zu holen.

Höhepunkt, ja eine kleine Sensation stellte in Paretz die Wiederherstellung der teils gedruckten, teils handgemalten Tapeten aus dem 18. Jahrhundert dar. Während in anderen Schlössern Tapeten aus Seide oder gar Leder die Wände schmückten, beschränkten sich Luise und Friedrich Wilhelm – ähnlich wie die Königinnen Elisabeth Christine und Friederike Luise – auf das regionale Handwerk. So hatte es das königliche Paar zu seinen Meistern nicht weit und konnte seine Wünsche so präzise formulieren, dass die Tapeten ganz individuell für den Ort und die Menschen, die sich dort gern aufhielten, gestaltet werden konnten. Im Billardzimmer verwiesen Bordüren, die mit Kornblumen, Mohn und Weizenähren bemalt waren, auf die ländliche Umgebung, die Luise in Paretz so liebte. Die Bemalungen im Schlafzimmer erweckten den Eindruck, man befände sich im Freien und blicke über einen Balkon in ein idyllisches Arkadien.

Dabei sind auf den Bildern ausschließlich heimische Pflanzen abgebildet, im Blattwerk verborgen erkennt man Vögel aus der Region wie Rotkehlchen, Meisen oder Amseln. Wer genau hinschaut, sieht einen Park, eine Seenlandschaft und in der Ferne die Schlösser der Pfaueninsel und von Glienicke: ein Brandenburger Paradiesgarten.

Aus Sorge vor Zerstörungen waren die Tapetenmalereien 1947 sorgfältig abgenommen und ins Neue Palais in Potsdam ausgelagert worden. Die Reste davon befanden sich allerdings 1990, als man daran ging, Paretz wiedereinzurichten, in jämmerlichem Zustand. Die Farben waren verblichen, das Papier eingerissen, manche Motive nur noch fragmentarisch vorhanden. Allein die Farbfotos, die noch 1943 in Paretz aufgenommen worden waren, weckten bei den Restauratoren zu Recht die Hoffnung, die Tapeten wiederherstellen und vor allem jede Sorte genau dort platzieren zu können, wo sie ursprünglich abgenommen worden war. Also machten sie sich an die Arbeit, reinigten und stabilisierten hingebungsvoll das kostbare Wandpapier und ergänzten die Lücken. In einer beispiellosen Aktion, ermöglicht allein durch hoffentlich beispielgebendes privatwirtschaftliches Mäzenatentum, wurden die berühmten Tapeten rekonstruiert.

Jetzt strahlen die Räume wieder in den alten Farben, das sogenannte Blaue Zimmer in leuchtendem Kobalt, die Bordüren mit weißem Flieder. Das Grüne Zimmer war mit einer Farbe gestrichen, deren Mischung so viel Arsen enthalten haben soll, dass der Raum garantiert immer frei von Insekten war. Auch der Gesellschaftssaal, dessen Rahmen rot sind, sieht wieder so aus wie einst. Geschmückt ist er mit Abbildungen von Maispflanzen. Damals nannte man dieses Gewächs allerdings noch »türkischer Weizen«.

Nach der Rückkehr aus dem Exil unternahm Luise mit ihrem Mann im Mai einen ersten Tagesausflug nach Paretz. Glücklich feierten sie das Wiedersehen mit dem Schloss, dem Park und dem idyllischen Leben, das sie all die Jahre vermisst hatten. Gemeinsam spazierten sie auf die Anhöhe, die den Rohrhauspark schmückte, und genossen die Aussicht über das blühende Havelland mit seinen Buchten und Seen, mit den weißen Schwänen, die sich auf den Wasserläufen tummelten. Um den glücklichen Augenblick bis zum allerletzten Sonnenstrahl auszukosten, blieb Luise noch möglichst lange sitzen und ließ ihre Kutsche dann direkt an der Gartentür vorfahren, die den Park zur Landstraße hin abgrenzte. Ohne noch einmal ins Schloss zurückzukehren, fuhr sie von dort gemeinsam mit dem König in die Stadt.

Viel mehr Lebenszeit war ihr nicht vergönnt. Luise kehrte nie wieder nach Paretz zurück. Bei einem Aufenthalt in Schloss Hohenzieritz, der Sommerresidenz ihres

Vaters, erkrankte die Königin an einer Lungenentzündung und verstarb überraschend am 19. Juli 1810.

Nach Luises Tod verfügten der König und seine Kinder, dass in Paretz nie und nimmer etwas geändert werden dürfe. Lediglich das gemeinsame Schlafzimmer konnte Friedrich Wilhelm vor Kummer nicht ertragen und ließ sein Bett in Luises einstigem Wohnzimmer aufstellen. Schloss und Parkanlagen sollten bis aufs letzte Haus, bis in den äußersten Gartenwinkel ein ewig währender Erinnerungsort bleiben.

Das wurde streng respektiert, und in diesem eingefrorenen Zustand verblieben Einrichtung, Haus und Umgebung quasi bis 1945. Da unterdessen die Fotografie erfunden worden war, konnte 1910, genau hundert Jahre nach Luises Tod, ihre königliche Wohnung fotografiert werden. Die Bilder, die dabei entstanden, waren schwarzweiß, ein wenig unscharf und nicht sonderlich ausgeleuchtet, aber sie waren der Schlüssel zur originalgetreuen Wiedereinrichtung des Hauses in den neunziger Jahren. Dank dieser Dokumente wusste man nicht nur über die Funktionen der einzelnen Räume Bescheid und welche Art Möbel sich in jedem von ihnen befunden hatte, sondern konnte bei der Wahl der Einrichtungsgegenstände, bei der Wiederherstellung der Vorhänge beispielsweise auch die Atmosphäre und die Lichtverhältnisse berücksichtigen, die in den einzelnen Zimmern geherrscht hatten.

Die Wohnung ist heute wieder nahezu komplett. Bei der Wiedereinrichtung wurde liebevoll und präzise darauf geachtet, dass auch kleinere Gegenstände und Objekte wie Eisbehälter, Stelltischchen oder das Kinderspielzeug originalgetreu waren. Was nicht in der Nachbarschaft von Paretz gefunden werden konnte, suchten die Rekonstrukteure des Schlosses mühevoll aus dem Fundus des Hohenzollern-Museums zusammen.

Kopien der Fotografien von 1910 sind heute auch in

der Ausstellung selbst zu sehen. In jedem Raum der königlichen Wohnung steht eine Tafel mit dem dazugehörigen Bild, darunter der entsprechende Auszug aus der alten Inventarliste, verfasst in kurios altertümlichem Deutsch. Der Besucher sieht also auf einen Blick das Gestern und das Heute, die Zimmer, fotografiert im Original, wie sie zu Luises Zeiten eingerichtet waren, und daneben die Räume heute in natura. Er kann sich alle einzelnen Schichten vergegenwärtigen, die sich in den vergangenen zwei Jahrhunderten über dieses Kleinod gelegt haben. Es ist ein Gang durch die Jahrhunderte, mit dem der Besucher hier beschenkt wird.

Die Besonderheiten von Paretz sind keineswegs auf das Schloss beschränkt. Ein Gesamtkunstwerk aus mehreren Gebäuden und Parks ist dort entstanden, dem entsprach das Konzept der Architekten Vater und Sohn Gilly. Ein ländliches Ideal sollte Paretz werden, ein Ort, an dem nicht nur die Königin sich mit ihrem Hofstaat in ihren Tanzreigen einreiht, sondern wo auch der arbeitende Mensch insgesamt harmonisch im Einklang mit der ländlichen Umgebung lebt, deren Früchte er erntet. All das sollte sich in der Architektur und Gartengestaltung des Ortes spiegeln.

Vater Gilly war nicht nur ein ausgezeichneter Ingenieur und Architekt, er war auch ein Mann mit Visionen. Nirgendwo sonst konnte er sie derart ungehindert realisieren wie in Paretz. Er wollte selbst bessere Lebensbedingungen für möglichst viele Menschen schaffen. Davon kündeten schon seine emphatischen Beiträge zur Baukunst, die er ab 1794 viele Jahre lang publizierte und von denen einige mehrfach in neuer Auflage herausgebracht wurden. Gillys »Sammlung von Aufsätzen und Nachrichten die Baukunst betreffend« (1798) gilt als die erste deutsche Fachzeitschrift des Bauwesens. Ähnlich engagiert war der Architekt an der Gründung der Berliner Bauakademie beteiligt, heute lediglich als Gebäudesimulation am Schinkelplatz zu betrachten, an der er ab Unterrichtsbeginn am 21. April 1799 das Fach Schleusen-, Brücken-, Hafen- und Wegebau unterrichtete.

Friedrich Gilly war dem Vater wie aus dem Gesicht geschnitten und ähnlich weit vorausdenkend. Im Nachhinein lässt sich nicht mehr an jeder Stelle in Paretz genau sagen, wo die inspirative Kraft des Vaters oder die des Sohnes gewirkt hat. Höchstens eins kann man konstatieren: Vater Gilly verkörperte das Nützliche, Sohn Gilly das Schöne am Paretzschen Konzept. Und es gibt noch eine zeitliche Komponente: Sohn Friedrich verstarb noch vor der Vollendung des anmutigen Ensembles.

Das Lob auf den Bauern und die Landarbeit ist der eigentliche Grund dafür, dass man das Schloss in Paretz heute noch nicht auf Anhieb entdecken kann. Wie eine »ornamental farm« fügt es sich nach englischem Vorbild in die Landschaft ein, keine Zäune, Hecken oder Mauern beschränken die Sicht, und das ganze Dorf nebst der Kirche, deren Ursprünge bis in das Mittelalter zurückgehen, ist in die Gestaltung mit eingebunden. Dazu wurden die Häuser zu Gillys Zeiten abgerissen oder umgebaut, manche ganz neu errichtet. Das neue Paretz bestand aus etwa zehn Bauernhöfen, die weitgehend einheitlich gestaltet waren. Die Häuser in lichtem Gelb, in Ocker, Sepia, Blaugrau oder Rot hatten jedes zwei Stuben, vier Kammern und eine Küche. Es handelte sich um bäuerliche Vierseithöfe, die alle nach demselben Prinzip entworfen worden waren: Sie sollten von dauerhafter Stabilität, gleichzeitig bequem und schön sein.

Jeder Bauer bekam diesen seinen neuen Hof geschenkt, er musste sich im Gegenzug lediglich dazu verpflichten, die Stube im Giebel seines Hauses jederzeit für die Diener des Königs zu reservieren. In den Ställen hatte er außerdem Platz für dessen Pferde frei zu halten, sobald der Hof in Paretz Einzug hielt. Neben den Höfen entstanden praktische Neubauten, wie ein Amtshaus, in dem der Pächter des Königlichen Gutes wohnte, das Spritzenhaus sowie die Leiterschauer, in der die Feuerwehrleitern untergebracht und die Schläuche zum Trocknen aufgehängt wurden, die Mehlwaage und der Schüttboden. Zwei kleine Torhäuser bewachten den Ortseingang, und nicht weit davon stand das Gotische Haus, eine optische Besonderheit am Rande des Kirchgartens, das heute noch durch seine sakral anmutenden Spitzbogenfenster auffällt. Während es noch bis 1910 als Dorfschmiede genutzt wurde, befindet sich in dem Gebäude jetzt ein Restaurant.

Sämtliche Bauten wurden in die idyllische Parklandschaft eingebettet, verwunschene Wege, romantische Hügel und Täler bestimmten das Gelände, basierend auf den drei Teilen: Schloss-, Kirch- und dem etwas höher gelegenen Rohrhauspark, die sich so geschickt durch Sichtachsen aufeinander bezogen, dass sie dennoch eine Einheit bildeten. Dem dritten Park gab ein mit Schilfrohr gedecktes Häuschen seinen Namen, das Sohn Gilly an der höchsten Stelle der Ortschaft bauen ließ, das aber heute nicht mehr vorhanden ist. Es entsprach der zeitgenössischen Mode, sich einen Unterstand aus vergänglichen Materialien in den Garten bauen zu lassen, man denke nur an die Borkenhäuser und Lauben Friederike Luises im Park von Freienwalde. Es ging um ländliche Einfachheit und die Besinnung auf Urtümlichkeit.

Mit dem Tag von Luises Tod begann ihre Verklärung. Bilder von ihr wurden, soweit möglich, kopiert und vervielfältigt, die Plastiken nachgegossen, und sie fanden flächendeckende Verbreitung. Straßen und Plätze wurden nach ihr benannt, Schulen und weiterführende Bildungsstätten nahmen sie sich zum Vorbild, und das alles über die Grenzen Preußens hinaus. Der König selbst, der seine Frau um dreißig Jahre überlebte, hielt die Erinnerung an sie wach. Seine Söhne Friedrich Wilhelm IV. und Wilhelm I., die ihm nacheinander auf den Thron folgten, taten es ihm gleich. Luise wurde Teil des Gründungsmythos des deutschen Kaiserreiches.

Von der Skulptur »Königin Luise mit dem Prinzen Wilhelm«, 1897 als überlebensgroße Stuckfigur von Fritz Schaper (1841–1919) geschaffen und dann auf Anweisung Wilhelms II. in Marmor übertragen, wurden Abdrücke aus Gips oder Elfenbeinmasse in allen erdenklichen Größen geschaffen, die in beinahe jedem bürgerlichen Haushalt zu finden waren. Die Plastik zeigt Luise, wie sie gleich einer Madonna mit Sohn Wilhelm auf dem Arm huldvoll eine Treppe herabschreitet.

Ähnlich legt das Buch *Die Königin Luise in 50 Bildern für Jung und Alt* beeindruckend Zeugnis für die systematische Verbreitung von Bildmaterial über Luise ab. Die kolorierten Zeichnungen von Carl Röckling, Richard Knötel und Waldemar Friedrich zeigen die Königin in ihren verschiedenen Lebenssituationen, noch als kindliche Prinzessin in Darmstadt, als Mutter und Königin in Berlin und Potsdam, später auf der Flucht vor Napoleon nach Königsberg und Memel und schließlich bei der Rückkehr aus dem Exil nach Berlin.

Das Buch wirkt wie ein Bilderbuch, doch jedes Motiv ist zusätzlich mit sentimental verklärten Kommentaren versehen worden, und es wurde gewiss zur allgemeinen Unterrichtung auch von Kindern über die fabelhafte Güte dieser Frau genutzt. Einige Bilder entsprechen historischen Szenen, die sich tatsächlich ereignet haben, andere sind frei erfunden.

In dieser wilden Mischung war es für den Betrachter unmöglich herauszufinden, wie wahrheitsgetreu die Bilder waren. Nur eines ist sicher: Alle Bilder stellen Luise von Preußen in glänzendem Licht dar.

Und auf keinem Porträt sieht Luise alt oder müde aus,

denn sie ist jung gestorben. Jugendlich heiter, frisch und unverdorben, puppenhaft hübsch – so ist sie der Nachwelt im Gedächtnis geblieben. Zahlreiche Porträts sind überhaupt erst nach ihrem Tod entstanden: »Bey Lebzeiten Ihrer Majestät ist es keinem Mahler gelungen, ein nur einigermaßen ähnliches Bild von Ihr hervorzubringen. Wer hätte es auch wagen dürfen, diese erhabene und doch so heitere Schönheit, die lebendige, bewegliche, geistreiche, holdselige Freundlichkeit und den ganzen unendlichen, immer neuen Liebreiz Ihres Wesens neben dem Ausdrucke sinnigen Ernstes und der würdevollen Hoheit in dieser königlichen Frau festhalten oder gar wiedergeben wollen?«, heißt es in dem Berliner Abendblättern von 1810.[32]

Eine Vielzahl von Bildern Luises wurde demnach aus dem Gedächtnis gemalt, nach Vorlagen und Erinnerungen, nicht nach der Natur. Auch das oben genannte Bilderbuch wurde erst 1896 publiziert. Was könnte mehr zur Verklärung einer Person beitragen als die wiederholte Reproduktion ihrer Schönheit noch lange nach ihrem Tod?

Ein Künstler, der über Luises Tod hinaus von ihrer Popularität profitierte, war Karl Friedrich Schinkel. Kennengelernt hatten Luise und Friedrich Wilhelm den jungen Mann im März 1805 dank seiner riesigen Dioramen. Zu Beginn seiner Laufbahn als Architekt und Maler wurde Schinkel rasch durch seine Fähigkeit bekannt, im Handumdrehen überdimensionale Bilder von Venedig, dem Mailänder Dom, dem überfluteten Nil oder gar historischen Ereignissen auf die Wand zu zaubern. Insbesondere das Panoramabild *Der Golf von Palermo* erregte großes Aufsehen. Es wurde in einer eilig zusammengezimmerten Holzbude neben der Hedwigskirche ausgestellt, der heute katholischen Sankt-Hedwigs-Kathedrale im Berliner Stadtbezirk Mitte. Ein Bekannter von Schinkel und Spezialist dieser Form der Präsentation, der Dekorationsmaler und Schausteller Karl Wilhelm Gropius (1793–1870), erwirkte mit Hilfe von wechselnder farbiger Beleuchtung, überraschenden Silhouetteneffekten und entsprechender Geräuschkulisse wie das Plätschern des Meeres oder auch dem Gesang gemischter Chöre beeindruckende Effekte. Die Berliner strömten, keiner wollte sich das Spektakel entgehen lassen.

Auch Luise und Friedrich Wilhelm kamen, um sich das neuartige Vergnügen anzusehen. Und gleich bei der ersten Veranstaltung fragten sie interessiert nach dem jungen Künstler, der das Bild gemalt hatte, und luden ihn ein, doch bitte zwischen ihnen in der ersten Reihe mit Platz zu nehmen. So kam es, dass der König und insbesondere auch die Königin mit Schinkel bald eng befreundet waren. Und wenn Berlins Zentrum bis heute von seiner Architektur maßgeblich geprägt wurde, dann liegt das auch an der beispiellosen Liebe Friedrich Wilhelms zu seiner Frau. Bis weit über ihren Tod hinaus überschüttete er den Künstler geradezu mit Aufträgen – in ehrenvollem Gedenken an Luise.

Das Schlafzimmer, das Schinkel für die Königin entworfen hatte, befindet sich im Obergeschoss von Schloss Charlottenburg und hebt sich dank seiner Einrichtung deutlich von den angrenzenden Räumen ab. Ausgestattet mit einem Bett und zwei Beistelltischchen, Standuhr, Lampe und Geruchsampeln sowie einem rosagraubläulich schimmernden Stoff, der so drapiert wurde, dass er an allen vier Wänden in weichen Schwüngen und Volants von der Decke bis auf den Boden herabfällt, bildet es ein innenarchitektonisches Kunstwerk der besonderen Art. Die Farbe der Ausstattung steht für beginnende Morgenröte und verblassenden Abendschimmer. Der Raum wirkt ausgesprochen privat, die Auskleidung vermittelt eine gedämpfte, gleichwohl sinnliche Atmosphäre.

Das Zimmer im Schloss Charlottenburg ist ein Frühwerk des Künstlers, schließlich verstand er sich nicht nur als Architekt, sondern gleichzeitig als Kunstmaler, Bühnenbildner und Innengestalter. Selbst die Stoffverkleidung der Wände entsprang seiner Kreation. Wie kaum ein anderer legt dieser Raum von diesem gesamtheitlichen Anspruch Zeugnis ab. Die Möbel sind alle aus demselben hellen Holz, sie folgen alle demselben Formenkanon, die sparsam verwendeten Ornamente sind sorgsam aufeinander abgestimmt. Das Schlafzimmer zeugt im Kleinen gleichermaßen wie Schinkels spätere Großbauten von der Perfektion, mit der der Künstler das Zusammenspiel von Form und Proportion beherrschte. Dabei erreichte er eine Zurückhaltung und Eleganz, die Ihresgleichen suchte.

Wie hilfreich diese Zeit für seine noch junge Karriere war, hat Schinkel Luise nie vergessen. Der Beifall der Königin sei es gewesen, der ihn beflügelt habe, bestätigte er, sein ganz persönliches Glück. Ähnlich erinnert das Denkmal von Gransee, einer Kleinstadt nördlich von Berlin, an die Verehrung des Künstlers für Luise. Es befindet sich mitten auf dem Marktplatz und markiert genau die Stelle, an der Luises Sarg stand, gebettet auf Stroh und Eisblöcken, als der Trauerzug, der ihren Leichnam von Hohenzieritz zurück in die preußische Residenzstadt geleitete, hier die Nacht verbrachte.

Das gusseiserne Denkmal in neugotischem Stil wirkt hoch und schlank, fast leicht, obwohl das Material deutlich gegen diesen Eindruck spricht. Ein Baldachin ahmt das Dach nach, unter dem der Sarg damals Schutz fand, neogotische Spitzbögen stützen ihn. Das ganze Denkmal steht deutlich erhöht auf einem Sockel. Von weitem sieht es aus wie eine kleine Kapelle. Elegische Texte in verschnörkelter Schrift schmücken beide Seiten: »An dieser Stelle sahen wir jauchzend ihr entgegen, wenn sie, die Herrliche, in milder Hoheit Glanz mit Engelfreudigkeit vorüberzog«, lautet der eine. »An dieser Stelle hier, ach, flossen unsere Tränen, als wir dem stummen Zug betäubt entgegen sahen;

o Jammer, sie ist hin«, steht auf der anderen Seite geschrieben.

Das Denkmal wurde schon kurz nach Luises Tod eingeweiht, am 19. Oktober 1811. Das Geld für die Kosten hatten die Bürger von Gransee gesammelt. Zweitausend Taler waren zusammengekommen, nicht zuletzt dank umfangreicher zusätzlicher Spenden von Einwohnern der Grafschaft Ruppin und der Prignitz, wie es auf dem Denkmal vermerkt wurde. Luises dritter Sohn Carl (1801–1883) war zugegen, als das Denkmal enthüllt wurde. Keine leichte Aufgabe für den damals Zehnjährigen. Noch Jahre später brach er in Tränen aus, sobald jemand in seiner Anwesenheit auf seine Mutter zu sprechen kam.

Auch Friedrich Wilhelm III. ließ seine Kutsche in den nächsten Jahren in Gransee immer anhalten, wenn er in der Gegend unterwegs war. Das Denkmal Schinkels war so naturgetreu geraten, dass es ihn glauben machen konnte, der Sarg seiner geliebten Frau stünde immer noch dort auf dem Marktplatz.

Ein dritter Künstler schließlich, der untrennbar mit der Person Luise von Preußens verbunden ist, war der Bildhauer Christian Daniel Rauch (1777–1857). Er stammte aus Arolsen, Residenzstadt des Fürstentums Waldeck (heute: Hessen), wuchs unter sehr einfachen Verhältnissen auf, aber weil sein Vater ein gebildeter Mann war, ermöglichte er seinen Söhnen Privatunterricht in Latein und Französisch. Rauch absolvierte eine Lehre als Bildhauer, musste nach dem Tod seines Vaters aber die Familie ernähren und nahm die Stellung eines Kammerdieners am preußischen Hof an. Dort nahm Luise ihn 1804 in ihre Dienste, erkannte seinen künstlerischen Ehrgeiz und ermöglichte ihm eine Ausbildung in Schadows Werkstatt. Um ihn zu unterstützen, saß sie ihm in ihrem Vorzimmer Modell für eine Büste. Später finanzierte Friedrich Wilhelm III. dem begabten Mann einen Studienaufenthalt in Italien.

Schon wenige Tage nach Luises Tod beschloss der König, ihr ein Mausoleum bauen zu lassen. Friedrich Wilhelm wollte nicht, dass Luise als eine von vielen in der Hohenzollerngruft im Berliner Dom bestattet wurde. Dort wäre sie wie jedes andere Mitglied der Familie in einem unterirdischen Gewölbe verschwunden. Er sah seine Luise erhöht auf einem Sockel, verehrt und angebetet, er wollte ihr ein eigenes Grabmal errichten. Als Standort schien ihm der Charlottenburger Park ideal. Von den Berliner Residenzen des Königshauses war Luise dieses Schloss immer das liebste gewesen.

Während Heinrich Gentz (1766–1811), ranghöchster Architekt des Landes, den Auftrag erhielt, das Bauwerk zu entwerfen, sollte Rauch die Skulptur für den Sarkophag erschaffen. Obwohl der König sich beim Erstellen der Büste immer wieder einmischte und Rauch unter hohem Zeitdruck arbeiten musste, konnte er Wundersames bewirken. Wer das Mausoleum am Ende einer düsteren Allee aus Douglasien im Charlottenburger Park besichtigt, ist, sobald er die steilen Stufen erklommen und die schwere Eingangstür geöffnet hat, erstaunt, in welch freundlicher Atmosphäre das Innere sich präsentiert. Hoch aufgebahrt auf schwerem, massivem Sockel liegt die Königin, zu ihren Füßen ein naturalistisch gestalteter Adler, der einen ernsten Blick zu ihr nach oben wirft.

Luise wirkt mit dem leicht zur Seite geneigten Kopf, als würde sie lediglich schlafen, so lebendig hat der Künstler die Figur gestaltet. Ein ruhiges Lächeln umspielt ihre Lippen. Das Gesicht ist schmal, die Haare dicht und gewellt. Fest halten ihre Arme die Brust umschlungen, das rechte Bein ruht auf dem linken, das Knie, ja selbst die Fußspitzen weisen nach oben, nur leicht bedeckt von dem dünnen Gewand mit dem runden Halsausschnitt. Der Faltenwurf ist derart vielfältig und kleinteilig, dass es aussieht, als könne er sich jederzeit verändern, die Bewegungen lebendig begleiten, wenn Luise sich im Schlaf regte. An einer Ecke ist die Decke, scheinbar versehentlich, hochgeschlagen. Die Skulptur stellt den Körper einer schlanken, jungen Frau dar. Gleich, so scheint es, wird die Königin die Augen aufschlagen.

Rauch wollte nicht allein die Natur nachformen, sondern gewissermaßen schon in seinem Werk der Überhöhung Ausdruck verleihen, die, wie er meinte, dieser Königin gebührte. Schönheit, Harmonie und Größe sollte die Skulptur zum Ausdruck bringen. Gleichzeitig befolgte er geschickt die Wünsche des Königs, bildete Luise im durchsichtigen Gewand ab und stellte ihre Person eins zu eins nach.

Auch die steinerne Liege, auf der die Figur ruht, ist ausgesprochen kunstvoll und beziehungsreich geschmückt. Die Statue liegt auf einer Kline, einem antiken Ruhebett, das auf Rundstützen ruht. Der Sockel hat die Form eines Schreins, zwei Stufen und eine Zierleiste aus Herzlaub schmücken ihn am unteren Rand. Die mittlere Längsseite weist ein gekröntes Wappenschild auf, das den preußischen Adler trägt. Auf der anderen Längsseite ziert der mecklenburgische Ochse den Schild. Die Ornamente wiederholen die Schmuckformen, die sich auf dem Diadem und dem Saum des Betttuches der Figur Luises zeigen. Die Ruhestätte bildet so mit der Liegenden eine Einheit.

Bei der Beurteilung von Luises Verdiensten für die kulturelle Entwicklung des Landes ist es nicht leicht zu differenzieren, was ihr zu verdanken ist oder was eigentlich dann doch der König initiiert und vor allem letztlich finanziert hat. Bekannt ist vielmehr, dass Luise ihre Rechnungen bisweilen nicht bezahlt hat und manch einen Kaufmann damit an den Rand des Ruins brachte. Doch das Paar bot eine unverbrüchliche Einheit. Das hatte es in dieser Form am preußischen Hof zuvor noch nie gegeben, und es wirkte lang über Luises Tod hinaus innerhalb der Kernfamilie fort.

Allein der Große Kurfürst hatte gegenüber seiner ersten Frau Louise Henriette ähnliche Innigkeit gezeigt, doch hier ist dank Louise Henriettes persönlichen Vermögens – und gemeint sind damit keineswegs nur ihre finanziellen Möglichkeiten – sowie ihres Engagements ganz klar zu erkennen, was allein sie und nicht der Kurfürst geleistet hat. Auch bei Friedrich I. und seiner ersten Frau Elisabeth Henriette war die Liebe groß, doch die Kronprinzessin starb zu früh, um der Nachwelt wirksam zu werden. Bei Luise und Friedrich Wilhelm stand die Eintracht im Mittelpunkt. Sie machte letztlich ihr Ansehen und Luises fortdauernde Popularität aus. Sie war schließlich auch Teil des Mythos, der sich nach ihrem Tod entspann. Untrennbar ist Luise mit diesem Kult verwoben und im Nachhinein nicht auszumachen, welche Kunstwerke allein ihrer Person und welche dem Mythos und den Legenden um ihre Person zu verdanken sind. Gerade von den Denkmalen, Bildern und Texten, die erst nach ihrem Tod entstanden, müsste klar feststellbar sein, dass sie nicht auf ihre Initiative zurückgehen, doch ganz ohne Luises Persönlichkeit wären auch sie nicht entstanden. Schönheit lässt sich letztlich nicht von einer Person trennen. Dabei war es nicht nur Luises Aussehen, das die Künstler zu Nachahmung reizte, sondern ihr gesamtes Wesen. Und dafür war sie dann doch selbst verantwortlich.

Ein einzelner Künstler ist dafür bekannt geworden, dass er tatsächlich direkt aus der Privatschatulle der Königin finanziert wurde, doch auch darüber streiten sich die Gelehrten. Es handelte sich um den Schriftsteller Heinrich von Kleist. Eines der bekanntesten Gedichte auf Luise stammt aus seiner Feder. Er überreichte es ihr persönlich am 10. März 1810, ihrem letzten Geburtstag, vier Monate vor ihrem Tod. Drei Fassungen gibt es davon, die alle drei sehr unterschiedlich sind. Die letzte schließlich trägt die

Bezeichnung Sonett und ist vier Strophen lang. Von Grazie und jungen Schultern ist darin die Rede, von Hoffnung und Anmut. Es endet mit den Zeilen: »Du bist der Stern, der voller Pracht erst flimmert, wenn er durch finstre Wetterwolken bricht!«[33] Nachdem Luise es gelesen hatte, soll sie in Tränen ausgebrochen sein.

Kleist verehrte die Königin und hatte darüber hinaus eine direkte Verbindung zur ihr. Marie von Kleist (1761–1831), eine angeheiratete Verwandte von ihm, war eine enge Freundin Luises und gehörte zu ihrer persönlichen Entourage. Marie förderte Kleist, war ihm Vertraute und Seelenverwandte, er schickte ihr seine Manuskripte und schrieb ihr die schönsten Briefe. Sie erzählte davon bei Hofe und stellte seine Texte wiederholt im Freundeskreis vor. Kleists Werke fanden durch sie Verbreitung.

Marie hatte auch dafür gesorgt, dass der Schriftsteller an dem Geburtstag Zutritt zur Königin erhielt. Eigentlich nämlich war Luise mit den Gästen beschäftigt, die persönlich eingeladen worden waren und sich allesamt im Weißen Saal, dem Prunkzimmer der Hohenzollern im Berliner Schloss, versammelt hatten. Gewöhnlich wurde dieser Saal nur bei Hochzeiten genutzt. Doch Friedrich Wilhelm III. hatte seiner Frau eine besondere Freude machen wollen. Zurück aus dem Exil und unter dem Druck der hohen Reparationen sollte wenigstens dieser Tag stilvoll gefeiert werden. Kleist konnte zu ihr vordringen und ihr das Gedicht persönlich überreichen.

Marie von Kleist nun unterstützte den Schriftsteller auch finanziell. Regelmäßig bezog er über sie eine bescheidene Pension, die, wie es heißt, aus der Privatschatulle der Königin gespeist wurde. Doch vielleicht war das nur eine Mär, die Marie erfunden hatte, um den Poeten zu schützen. Schließlich adelte es letztlich Kleists Texte, wenn sein Schaffen nicht von irgendeiner Verwandten, sondern von der Königin subventioniert wurde.

Anderthalb Jahre nach Luises Tod nahm sich Kleist gemeinsam mit Henriette Vogel (1780–1811) am Kleinen Wannsee das Leben. Der Suizid war sorgfältig vorbereitet und von langer Hand geplant. Marie empfand ihn als Zeichen persönlichen Versagens. Bis kurz vor Kleists Tod hatte sie sich unermüdlich für sein Fortkommen eingesetzt.

Kleists Sonett zu Ehren der Königin geriet nicht in Vergessenheit. Die Kinder lernten es in der Schule auswendig. Oft wurde und wird es zitiert. Heinz Ohff (1922–2006), Autor und jahrelang Feuilletonchef des Berliner *Tagesspiegels*, betitelte seine berührende Luisen-Biographie von 1992 mit *Ein Stern in Wetterwolken*.

Auch mancher Vertreter der Bildenden Kunst hat sich davon inspirieren lassen. Auf dem monumentalen Gesamtporträt der Königin von 1879, das der Berliner Porträtmaler Gustav Richter (1823–1884) gemalt hat, schreitet Luise majestätisch in weißem, goldumsäumtem Kleid die Treppe herab, der samtblaue Mantel mit einem Kragen aus hellem, geflecktem Hermelin ist von der linken Schulter geglitten. Das Bild, eigentlich ein Auftragswerk für das Wallraf-Richartz-Museum in Köln, fand rasch auf Stichen, Kunstpostkarten und Geschirr Verbreitung und ist bis heute omnipräsent. Statt eines Diadems trägt die Königin auf diesem Gemälde einen Stern im Haar.

11.

*Morganatische Ehefrau – Auguste
von Harrach
(1800–1873)
Zweite Ehefrau von König
Friedrich Wilhelm III.
(1770–1840)*

Die Geschichte der zweiten Eheschließung Friedrich Wilhelms III. ist fast noch romantischer als seine Liebe zu Luise. Als er Auguste Gräfin von Harrach zum ersten Mal sah, hielt er sich gerade in Teplitz auf, einem Kurort in Böhmen, den er einmal im Jahr aufsuchte, um dort zu baden. Auguste befand sich in Begleitung ihrer Eltern, und während der König fleißig kurte, war Auguste mit ihren 22 Jahren zu jung, um sich über derlei Gedanken machen zu müssen. Sie war nach Teplitz gekommen, um sich zu vergnügen. Tag um Tag versammelten sich die jüngeren Leute zu Réunions oder anderen Feierlichkeiten, man unterhielt sich und tanzte, scherzte und warf sich gegenseitig neugierige Blicke zu. Es gab Polonaise oder Walzer, dazu Kotillon, die Herren traten an die Damen heran, machten ihnen ihre Aufwartung, baten um den nächsten Tanz, der Wunsch wurde ihnen bewilligte, und die Paare entschwanden gemeinsam in der Menge.

Dem Witwer fiel sogleich die Anmut und freundliche Art der jungen Gräfin auf, und er fühlte sich trotz seines inzwischen fortgeschrittenen Alters von 54 Jahren zu ihr hingezogen. In der Tat war Auguste von aparter Schönheit. Sie hatte dichte, pechschwarze Haare, war von schlanker, kerzengerader Statur, und ihr Gesicht war wie auf Porzellan gemalt, derart fein waren ihre Züge. Sie hatte einen schmalen Mund, und ihre Brauen zeichneten formvollendete Bögen. Ähnlich wie bei Luise waren es jedoch besonders ihr ansteckender Humor und ihre Fröhlichkeit, die den König berührten.

Ein Jahr später sah er sie wieder. Diesmal hatte er Wilhelm, seinen zweiten Sohn, mitgebracht. Er war inzwischen 26 Jahre alt und mischte sich ähnlich unbeschwert wie die anderen jungen Leute unter die Tanzenden. Auguste stand nie allein. Sie war umgeben von Freundinnen und höflichen jungen Herren, die sich um ihre Aufmerksamkeit bemühten. Die Jugendlichen lachten miteinander, parlierten angeregt. »Gustel«, wie die anderen sie nannten, war schlagfertig und gab sich ungezwungen. Da sie einen älteren Bruder hatte, den sie innig liebte, war ihr der Umgang mit jungen Männern wohl vertraut. In einem ihrer Teplitzer Briefe fällt der amüsante Satz: »Es hatte Grafen geregnet.« Und dann zählt Auguste die zahlreichen Männer mit Grafentitel auf, die ihr an diesem Abend begegneten und mit ihr tanzen wollten: ein Österreicher »mit schwärmerischem Blick«, zwei Livländer, davon einer, der »gern plaudert«, und ein ausgezeichneter Tänzer der andere. »Dann Kotillon mit einem preußischen Offizier und endlich ein Graf B., die Polonaise nicht gerechnet. Er war ein sehr guter Tänzer. Ich mochte sitzen oder stehen, ging er nicht von meiner Seite, bis wir uns in die Mäntel hüllten. Aber den andern Tag reiste er nach Karlsbad ab.«[34]

Angesichts einer derart vergnügten Gesellschaft vergaß der König seine Trauer, er mischte sich unter die jungen Leute und bat Auguste um einen Tanz. Höflich und wohlerzogen wie sie war, nahm sie die Offerte des deutlich Älteren an, dachte sich aber nicht viel dabei. Sie wusste wohl, dass es ein König war, aber Preußen war weit weg, und hier hatten jetzt die Jüngeren und Unverheirateten das Sagen. Gestrenge Etikette oder höfisches Gebaren waren bei Kur und Tanz nur in Grenzen gefragt, und die junge Frau wird sich beim Tanz mit Friedrich Wilhelm ähnlich unbekümmert gezeigt haben wie im Umgang mit ihren gleichaltrigen Verehrern. Auch Wilhelm wird es vergnügt haben, seinen melancholischen Vater nach langer Zeit wieder einmal tanzen zu sehen.

Derartig fröhlichen Umgang hatte der König in den vergangenen dreizehn Jahren schmerzlich vermisst, gerade das Leichte, das Unbeschwerte, das immer ein Merkmal der Jugend ist, war ihm mit Luise verloren gegangen. Wieder verging ein Jahr, bis sich Friedrich Wilhelm und Auguste in Teplitz sahen, erneut verfolgte der schüchterne

König die lustige Grafentochter mit seinen Blicken. Diesmal hatte er Pech, sie blieb nur zwei Tage, denn sie war mit der Mutter auf der Durchreise. Die beiden hatten Zimmer in Buschbad reserviert, einem anderen Kurort. Der König war verzweifelt. Am Vorabend setzte er sich zu ihnen, sprach mit der Mutter und versuchte, sie zum Bleiben zu überreden, doch vergeblich.

Da fasste sich Friedrich Wilhelm ein Herz, und obwohl er selbst es nach Luises Tod für absolut unmöglich gehalten hatte, sich jemals wieder zu verlieben oder gar zu heiraten, setzte er wenige Tage nach ihrer Abreise einen Werbebrief auf. Heimlich hielt er bei Augustes Eltern um die Hand ihrer Tochter an. Sie waren überrascht, aber solch einen Antrag schlägt man nicht aus, und so willigten sie ein. Sie wussten, wie das mit der Liebe ist, hatten schließlich damit selbst schon einschlägige Erfahrungen gesammelt. Auguste wurde gerufen, die Eltern teilten ihr ihre Entscheidung mit, und sie fügte sich ihren Wünschen.

Augustes Vater Ferdinand Joseph von Harrach zu Rohrau (1763–1841) stammte aus einer alten böhmisch-österreichischen Familie. Die Herren, Freiherrn und schließlich Grafen von Harrach gehörten zum Hochadel der kaiser- und königlichen Monarchie. Ihre Stammeslinie geht zurück bis ins 13. Jahrhundert zu Przibislaus Harrach, der im südböhmischen Hora beziehungsweise Harachy residierte. Die Nachkommen waren zahlreich, drei Brüder blieben in Böhmen, drei weitere erwarben im Laufe der Jahre Besitztümer in der benachbarten Region Mühlviertel sowie im Süden Österreichs in der Steiermark und Kärnten. 1524 kaufte Leonhard III. von Harrach Schloss Rohrau in Niederösterreich, gar nicht weit von Wien. Das prächtige Anwesen wurde zum Stammsitz der Familie.

Bekannt wurden die Harrachs unter anderem durch das Glas, das nach ihnen benannt wurde. 1712 hatte Elias Müller aus Seifenbach von Alois Raimund von Harrach

(1669–1742) das Privileg erhalten, im Neuen Wald bei Harrachsdorf im Riesengebirge Glas herzustellen. Rund um die Hütte entstand eine Siedlung, die zunächst den Namen Grünwald, später Neuwald und schließlich Neue Welt (Nový Svět) trug. Nun hatte die Glasbläserei überall in den Wäldern der Sudeten Tradition und war in dieser Gegend keine Seltenheit, doch die Hütte von Elias Müller machte bald Furore. Bekannte Künstler kamen nach Harrachsdorf und trugen mit ihrem Wissen und ihren Fertigkeiten zur Professionalisierung der Herstellung bei. Schließlich kaufte der Graf die Hütte, und schon Mitte des 18. Jahrhunderts waren die Gläser aus dem Neuen Wald derart nachgefragt, dass sie in Geschäftsniederlassungen in Moskau, St. Petersburg, Karlsbad, Prag und Wien vertrieben wurden. Harrachglas war ein Produkt von Weltrang geworden. Möglicherweise zählte sogar Königin Sophie Dorothea einzelne Exemplare dieser Art zu ihrer Sammlung.

Von der Bedeutung der Familie zeugen auch ansehnliche Stadthäuser wie das Palais Harrach in Wien oder ein gleichnamiges Palais in Prag. Die Wiener Residenz steht zentral an der Freyung im ersten Bezirk. Sie wurde zwar inzwischen von der Familie verkauft, doch ihre Pracht und Größe künden heute noch von der alten Zeit. In dem Palais befindet sich eine Galerie, in der neben Fabergé-Eiern und feinem Porzellan auch Harrachglas angeboten und verkauft wird. Hier kann man die kostbaren Exemplare mit ihren unterschiedlichen Schliffen, Farben und feinsten Verzierungen bewundern. Bis heute zeugen sie von kunsthandwerklichem Können auf höchstem Niveau.

Neben den Schwarzenbergs, den Lobkowitz', den Kinskys oder Waldsteins gehörten die Harrachs zu den bedeutenden Familien, die die Geschicke Böhmens und Mährens jahrhundertelang mitbestimmten. Nach dem Zweiten Weltkrieg wurden alle Mitglieder dieser Familien in der Tschechoslowakei enteignet und vertrieben, viele verarmten und mussten sich wie alle anderen Flüchtlinge im Westen eine neue Existenz aufbauen, doch selbst das ist inzwischen längst Geschichte. Dank der »Samtenen Revolution« von 1989 und der weitsichtigen Gesetzgebung des Landes sind Einzelne nach Tschechien zurückgekehrt, konnten Teile des ehemaligen Familienbesitzes restituieren und kümmern sich wieder um den Erhalt der alten und durchaus schützenswerten Häuser. Die Harrachs jedoch blieben, wo sie waren. Sie hatten ihren familiären Mittelpunkt in Niederösterreich gefunden.

Trotz der historischen Bedeutung ihrer Herkunft war Auguste für Friedrich Wilhelm nicht standesgemäß. Die Tochter eines österreichischen Grafen entsprach nicht dem Rang eines Königs. Außerdem war Auguste katholisch, was eine Eheschließung mit einem Protestanten per se erschwerte, und – nicht zuletzt – dreißig Jahre jünger als ihr Verehrer. Doch in einer funktionierenden Monarchie finden sich immer Mittel und Wege. Auguste wurde in den Stand einer Fürstin erhoben und erhielt den Namen »Liegnitz«, ferner Gräfin von Hohenzollern, ihre Ehe zu einer morganatischen erklärt, und sie musste konvertieren.

Der jungen Gräfin schien das alles nur recht zu sein. Der Antrag des Königs muss sie derart verstört, oder sagen wir lieber, durcheinander gebracht haben, dass sie alles akzeptierte. Die beiden heirateten klammheimlich am 9. November 1824 in aller Verschwiegenheit in der Schlosskapelle von Charlottenburg und trennten sich gleich darauf wieder. Auguste wohnte in den ersten Tagen in Berlin mit ihren Eltern im Hotel, damit sie nur ja keinem bei Hofe auffiel. Die Trauungszeremonie hatte sie in einer gewöhnlichen Mietskutsche verlassen.

Der König machte seine zweite Ehe bald offiziell, aber die neue Frau an seiner Seite wurde keine Königin. Sein Verhältnis zu ihr sollte eine Privatangelegenheit bleiben. Entsprechend schwierig war die Situation für Auguste. Als ähnlich unerfreulich erwiesen sich die Ressentiments, die ihr entgegengebracht wurden, denn auch die Menschen in ihrer Umgebung, seien es des Königs Kinder, seien es der Hof und die Offiziere oder – nicht zuletzt – die Berliner Bevölkerung, keiner konnte sich einen Reim auf die Neuigkeit machen, geschweige denn sachlich damit umgehen. Schließlich gab es im Hintergrund immer noch die unsterbliche Luise. Sie war die eigentliche Mutter der Nation, die echte Ehefrau und Königin. Sie durfte in den Augen der Zeitgenossen keinesfalls in Vergessenheit geraten.

Karl August Varnhagen von Ense (1785–1858) notierte im November 1824 in seinen Memoiren: »Heute Nachmittag und Abend durchlief wie ein Lauffeuer die ganze Stadt das Gerücht und die zuverlässige Nachricht ›Unser König hat sich vorgestern verheiratet‹. Wie ein Donnerschlag traf die Nachricht unter die Leute, und die meisten verweigerten ihr allen Glauben.«[35] Der Chronist und Diplomat, der jahrzehntelang das Geschehen rund um den Berliner Hof beobachtete und präzise beschrieb, konnte die Nachricht offenbar selbst noch nicht glauben. Übelste Behauptungen über Augustes Familie wurden verbreitet, die Mutter sei von bürgerlicher Herkunft, der Vater ein Spieler und Schwindler, der voller Schulden stecke. Überall wo Auguste gemeinsam mit dem Hof auftauchte, tratschten die Leute lieber über ihre Zurückhaltung, ihr stilles, schamhaftes Auftreten, statt ihre hübsche Garderobe oder das anmutige Wesen anzuerkennen.

Auch Friedrich Wilhelms Kinder, besonders die drei Töchter, hatten anfangs Schwierigkeiten, Auguste zu akzeptieren. Am wenigsten wusste Charlotte (1798–1860) damit umzugehen. Sie war Luises drittes Kind und die älteste Tochter; nach dem Tod der Mutter war sie zur ersten Dame bei Hofe geworden und hatte zahlreiche Aufgaben und Pflichten übernommen. Auch sah Charlotte der Verstorbenen auffallend ähnlich, der Vater liebte sie über alle Maßen. Mit siebzehn hatte sie sich in Nikolaus Pawlowitsch von Romanow-Holstein-Gottorp (1796–1855) verliebt, den jüngeren Bruder Zar Alexanders I. (1777–1825). Die Verbindung war mehr als standesgemäß, dazu für Charlottes Vater eine große Freude, denn mit Alexander verband ihn echte Freundschaft. Auch Luise hatte zu Lebzeiten Sympathie für den Zaren empfunden.

1817 wurde Hochzeit gefeiert, und das junge Paar siedelte nach St. Petersburg über, doch die Verbindung riss nie ganz ab. Oft waren Charlotte und ihr Mann zu Besuch in Berlin oder Potsdam und Nicki, wie der junge Romanow von allen Familienmitgliedern genannt wurde, war bald ein fester Bestandteil auch der preußischen Königsfamilie. Mit Friedrich Wilhelm verband ihn enge Vertrautheit. Am 1. Dezember 1825 verstarb Zar Alexander unerwartet plötzlich, und sein Bruder trat die Nachfolge an. Charlotte wurde an seiner Seite Zarin und musste zum russisch-orthodoxen Glauben konvertieren. Sie erhielt einen neuen Namen und hieß ab sofort Alexandra Fjodorowna.

Gerade seine Töchter waren es allerdings gewesen, die Friedrich Wilhelm unabsichtlich dazu veranlasst hatten, sich nach einer anderen Frau umzusehen. Der König hatte gemerkt, wie seine Einsamkeit mit ihrem Fortgang zunahm. Schon der Abschied von Charlotte war ihm ausgesprochen schwergefallen. Fünf Jahre später heiratete Alexandrine (1803–1892) und verließ das Haus 1822. Nun stand noch die Eheschließung seiner Jüngsten an, Luise (1808–1870) mit Namen. Sie hatte sich mit Friedrich von Nassau-Oranien (1797–1881), Prinz der Niederlande, verlobt und würde im Frühjahr 1825 heiraten. In seinem Werbebrief an die Harrachs hatte der König prompt ganz offen und unbedarft erklärt, er suche bei Auguste die Fürsorge einer Tochter.

Nicht zuletzt war die Stimmung unter den Geschwistern auch der Tatsache geschuldet, dass Auguste ihren Lebensmittelpunkt ausgerechnet im Prinzessinnenpalais fand. Es war kein auffälliges Haus, denn es stand nicht parallel, sondern im rechten Winkel zur Straße Unter den Linden, auch der Eingang befand sich in der Querstraße, und allein der später hinzugefügte Kopfbau machte es zu einem repräsentativen Gebäude. Originell daran war (und ist) lediglich der Bogen, der das Haus mit dem benachbarten Kronprinzenpalais verbindet, ein Werk des Hofarchitekten Schinkel. Das Haus hatte jedoch seinen Namen erhalten, weil dort die Kinder, insbesondere die Töchter Friedrich Wilhelms III. bis zu ihrer Eheschließung lebten. Nachdem Luise geheiratet hatte, logierte dort neben Auguste noch der Jüngste des Hauses, Prinz Albrecht (1809–1872).

Folgt man indes den Schilderungen Augustes, stand es um die Sympathien der Kinder ihres Mannes gar nicht so schlecht. In ihren Briefen beschrieb sie sie als liebenswürdig und unprätentiös. Gerade im direkten Umgang gebe sich die Familie samt und sonders natürlich und unaufgeregt. Sie machten nichts als Kindereien, alle Namen würden verdreht, und es gehe pausenlos lustig zu. »Der Kronprinz und die Kronprinzessin lieben sich zärtlich, sind also viel mit sich selbst beschäftigt. Er ist seelengut und mitunter sehr lustig, sie sehr still und man muß ihr etwas entgegenkommen. (…) Die Großfürstin (Alexandra) imponierte mir anfangs sehr durch eine gewisse vornehme Miene, sie ist aber recht herzlich gegen mich. Prinzeß Louise hat etwas Kaltes, ist aber sonst sehr gut. Prinz Wilhelm ist mehr ernst, doch ziemlich zutraulich. Prinz Carl hat aber den ganzen Tag nichts als Neckereien im Kopf und hat solche tollen Einfälle, daß er mich bei Tisch sehr oft gänzlich aus der Contenance bringt. Prinz Albrecht ist 15 Jahre alt und noch ganz kindisch und so geradezu, dass er mich anfangs immer Du nannte.«[36]

Auguste war klug genug einzusehen, dass sie nie mit der Beliebtheit Luises würde konkurrieren können, und entwickelte auch keinerlei Ehrgeiz, den Kindern des Königs Ersatzmutter, neue Schwester oder Freundin zu sein. Schließlich traf sie hier auf jahrelang gewachsene Strukturen, ferner auf Eigenheiten, wie sie nur eine Schicksalsgemeinschaft entwickelt. Der König und die Kinder hatten gemeinsam den Tod der über alles geliebten Mutter erfahren und durchlitten. Die Menschen in ihrer nächsten Umgebung hatten diesen Tod zu einem Schicksalsschlag geradezu nationalen Ausmaßes erhoben. Die unverbrüchliche Verehrung Luises, ja der Mythos, der sich daraus entwickelte, entsprach auch den Erwartungen des Landes, letztlich dem Selbstverständnis des Hauses Hohenzollern. Daran hielten der König und seine Kinder gehorsam fest. Die Familie bildete eine Einheit, in der eine Fremde, dazu eine Zugereiste, nur allmählich Raum finden konnte.

Formal wurde Auguste vorerst ein Platz zugewiesen, der sich deutlich außerhalb der Familie befand. In der offiziellen Rangordnung bei Hofe hatte sie sich hinter den Prinzessinnen einzufinden. Streng wurde darauf geachtet, dass sie bei offiziellen Anlässen, also auch im Theater, in das sie den König Abend für Abend begleitete, nicht neben ihrem Mann platziert wurde. Lieber sollte sie an gewissen Feierlichkeiten gar nicht teilnehmen oder nur stundenweise erscheinen, als dass protokollarische Fragen aufgeworfen worden wären, für die man keine Lösung parat gehabt hätte. Sie war und blieb eine Privatangelegenheit.

Wenn man bedenkt, aus welch unbeschwerter Umgebung der König Auguste durch seinen Heiratswunsch gerissen hatte, ist es ein Wunder, dass sie sich derart willig auf die gestrengen Regelungen einließ. Sie füllte ihre neue Rolle derart bravourös aus, dass man sie nur bewundern kann. In ihren Briefen findet man kein Wort der Klage und keine Zweifel an der Richtigkeit der Haltung ihres Mannes. Friedrich Wilhelm muss es ihr deutlich gedankt haben, denn sie fühlte sich keineswegs zurückgesetzt oder abgewiesen wie manch andere Frauen am königlichen und später kaiserlichen Hof. Vielmehr sah sie eine gewisse Notwendigkeit in ihrer Situation und hielt sich mit eiserner Selbstdisziplin an die Vorgaben, die daraus erwuchsen.

Nun muss man erklärend hinzufügen, dass es für die Harrachs eine ungeheure Ehre war, eine ihrer weiblichen Nachkommen mit einem Vertreter des preußischen Königshauses verheiratet zu sehen. Bis heute gilt Auguste als herausragende Persönlichkeit unter den Namensträgern dieser Familie. Für ihren Vater Ferdinand Joseph von Harrach war der Heiratsantrag des Königs fast eine kleine Absolution seines eigenen unorthodoxen Verhaltens. Er selbst hatte unter seinem Stand geheiratet, war dafür aber von seinem Familienoberhaupt – tragischerweise war es sein eigener Bruder, denn der Vater war frühzeitig verstorben – hart bestraft worden. Augustes Mutter Christiane Freiin von Rayski (1767–1830) stammte aus einem sächsischen Adelsgeschlecht, das den Harrachs nicht ebenbürtig war. Außerdem war sie Protestantin. Als Ferdinand Joseph als junger Offizier seiner Familie mitteilte, er wolle die um einige Jahre ältere Sächsin heiraten, wurde es ihm streng untersagt. Er habe den Kontakt umgehend abzubrechen. Ferner erwirkte der Bruder bei Hofe eine rasche Entsendung des Abtrünnigen zu einem Kommando auf dem Balkan.

Das junge Paar fügte sich in sein Schicksal, die beiden trennten sich tränenreich, und zum Abschied schenkte Christiane ihrem Liebsten ein Porträt. Damit war es um Ferdinand Joseph geschehen. Wie die Familie sich erzählt, habe der junge Mann angesichts dieses Porträts seine Christiane nie wieder vergessen können. Jahre später zurück vom Balkan, bat er seine Familie erneut, sie heiraten zu dürfen. Wieder wurde es ihm versagt, wieder wurde der Hof in Wien eingeschaltet und dem jungen Mann gar verboten, die Stadt ohne Erlaubnis zu verlassen. Doch diesmal war die Liebe stärker. Bei Nacht und Nebel floh Ferdinand aus Wien, entführte seine geliebte Christiane nach Prag, und die beiden gaben sich dort mitten im kalten Januar 1795 das Jawort.

Man möchte nicht wissen, wovon das junge Glück zu Beginn gelebt hat, denn selbstredend waren dem jungen Grafen Apanage und sämtliche materielle Unterstützung gestrichen worden. Wenig später wurde Sohn Karl (1795–1878), dann Tochter Auguste geboren, die Familie zog nach St. Pölten an die Donau und 1816 nach Dresden. Nach einigen Jahren intervenierte Ferdinand Josephs Schwester Therese und erwirkte eine gewisse Aussöhnung. Sie war unverheiratet geblieben, ins Kloster eingetreten und Äbtissin geworden. Ihr Leben lang korrespondierten die Geschwister miteinander. Vieles von dem, was über Auguste und ihre Heirat mit dem Preußenkönig bekannt ist, kann man den Briefen Ferdinand Josephs an seine Schwester entnehmen.

Dank der schwesterlichen Intervention und, nicht zuletzt, der aus geistlichem Hause erhielt der Bruder wieder seine Apanage, besuchte seine Familie sogar bisweilen in Österreich, und das Verhältnis besserte sich. Seine Kinder ließ er katholisch taufen, Auguste wurde im Kloster Pressburg erzogen, Carl ins Theresianum in die Wiener Neustadt geschickt, und pflichtbewusst trat der junge Harrach später sogar in die österreichische Armee ein.

Auguste kehrte nach Abschluss der Ausbildung zu ihren Eltern nach Dresden zurück. Dort fand sie wie selbstverständlich Kontakt und Freundschaft zu ihren Cousinen Mathilde (1802–1883), Clara (1804–1894) und Marie (1807–1868) von Broizem, Töchter der Schwester ihrer Mutter, die ebenfalls in der Elbestadt lebten, und wurde Teil der Gesellschaft. Die innige Vertrautheit unter den jungen Frauen sollte sich ein Leben lang erhalten. Zahlreiche Briefe wechselten zwischen Berlin und Dresden.

So hatte Ferdinand Joseph mit seiner Kernfamilie und

ihren jeweiligen Verbindungen zur weiteren und näheren Verwandtschaft fast wieder einen Status wie der einer ganz gewöhnlichen adligen Familie erworben. Niemals aber hätte er damit gerechnet, dass eines seiner Kinder ein Mitglied aus einem regierenden Königshaus ehelichen würde. Einen derartigen sozialen Aufstieg hatte er für sich, den Abtrünnigen und Flüchtigen, nicht für möglich gehalten.

Andererseits besaß er die Kraft und das Selbstbewusstsein eines Individualisten, und so bizarr, wie die Ehe seiner Tochter sich einem auch darstellte, er wird Auguste gemeinsam mit seiner Frau Christiane darin unterstützt und bestärkt haben. Gerade in der Anfangsphase der königlichen Verbindung erwies sich Ferdinand Joseph als selbstgewiss und unbeirrbar. Nach der Trauung blieb er mit seiner Frau noch wochenlang in Berlin und stand Auguste zur Seite. Dank seiner Herkunft kannte er sich mit dem Leben bei Hofe schließlich aus und wusste, was der Umgang mit königlichen Hoheiten verlangte. Von ihm stammt auch der köstliche, wenn auch leicht bittere Ausspruch zu den ständigen Theaterbesuchen: »Ob sie's liebt oder ob sie's nit liebt, das ist alles eins! Sie muß halt doch alle Tage hinein!«[37]

Auch erwies sich Ferdinand Joseph als unbestechlich. Obwohl er finanziell naturgemäß wesentlich schlechter dastand als sein königlicher Schwiegersohn, schlug er jegliche Zuwendung durch den preußischen Hof aus. Nur mit Mühe und großem Geschick konnte der König dank seiner Berater heimlich herausfinden, was Harrach in Dresden entbehrte. Als hilfreich erwies sich dabei Wilhelm Fürst von Sayn-Wittgenstein (1770–1851), der Oberhofmeister und Minister des Königlichen Hauses. Er stellte fest, dass sich die Harrachs aus Sparsamkeitsgründen in Dresden keine eigene Equipage hielten. Friedrich Wilhelm ließ seinen nur sieben Jahre älteren Schwiegervater also wissen, er würde ihm gern monatlich 2 000 Reichstaler zukommen lassen, damit er ständig Pferd, Kutsche und entsprechendes Personal zur Verfügung habe. Die Genehmigung dieses Wunsches, so Wittgenstein an Harrach, würde Seiner Majestät besonders angenehm sein. Der tapfere Mann willigte endlich ein.

Doch Auguste machte ihre Sache auch aus eigener Kraft gut. Sukzessive näherte sie sich dem König an und erwarb liebevolles Verständnis für ihn und die Welt, in der er lebte. Friedrich Wilhelm war immer ein schwieriger Mann gewesen. Von den eigenen Eltern getrennt aufgewachsen und wegen der Bestimmung zum Thronfolger seiner Kindheit früh beraubt, war er von unsicherer und am Ende auch rücksichtsloser Natur. Schon Luise hatte die berühmten Zweiwortsätze ihres Mannes geschickt zu überhören gewusst, wie beispielsweise: »Mir fatal« oder: »Müssen sparen.« Die Berliner machten über seine Missachtung von Verben oder Personalpronomen ihre Scherze. Seine Berater bei Hofe konnten sich mit dieser wortkargen Art nur in Grenzen abfinden, zumal sich im Alter diese Eigenschaft noch verstärkten.

Hinzu kam eine Rastlosigkeit, die auch seinem Ältesten später zu eigen war und sich insbesondere darin äußerte, dass Friedrich Wilhelm III. pausenlos die Residenz wechselte und zwischen Berlin, Potsdam, Pfaueninsel und Charlottenburg hin- und herzog, bisweilen an ein und demselben Tag. Das war für Auguste nicht leicht zu ertragen. Allein die Fahrt per Kutsche von Potsdam nach Berlin dauerte damals vier Stunden.

Der König wusste es seiner Frau im Privaten tausendfach zu vergelten. Ähnlich wie bei Luise gab er sich ihr gegenüber nahbar, unprätentiös und verletzlich. Schon bald nach der Hochzeit berichtete Auguste in ihren Briefen an die geliebten Dresdner Cousinen davon, wie warmherzig der König zu ihr sei, welch schüchternen und zurückhaltenden Charakter er habe. Ihren Worten zufolge entschuldigte er sich geradezu dafür, dass er es gewagt hatte, sich ihr zu nähern, obwohl er doch gar nicht gewusst habe, ob seine Zuneigung auf Gegenliebe treffen würde. Auch war es Friedrich Wilhelm eine Selbstverständlichkeit, sich mit Auguste zu duzen, während die junge Fürstin einige Zeit brauchte, um sich daran zu gewöhnen.

Die größte Herausforderung für Auguste war zweifelsohne die Entscheidung zu konvertieren. Immerhin war sie am preußischen Hof damit nicht allein, denn auch die Kronprinzessin musste sich aktiv mit dieser Frage auseinandersetzen. Friedrich Wilhelms Ältester hatte sich ausgerechnet in eine katholische Frau verliebt, Elisabeth Ludovika von Bayern. Sie war die Tochter König Maximilians I. (1756–1825) und dem preußischen Thronfolger durchaus standesgemäß, doch Friedrich Wilhelm III. konnte der Heirat nur zustimmen, wenn die Prinzessin bereit war zu konvertieren. Er war Vertreter der Evangelischen Kirche und die Fürsprache für die protestantische Konfession Teil des Preußischen Hausgesetzes.

Um ihr die Entscheidung zu erleichtern, bot der König dem jungen Paar einen Kompromiss an und gestattete seiner künftigen Schwiegertochter, dass sie die Religion erst dann wechsle, wenn sie es mit ihrer inneren Überzeugung würde vereinbaren können. Auf dieses Entgegenkommen hin hatte sich Elisabeth Ludovika zu einer Eheschließung durchringen können.

In Augustes ersten Ehejahren besuchten die beiden Frauen so bisweilen in trauter Zweisamkeit die katholische Messe. Die Kronprinzessin war schließlich nur ein Jahr jünger als sie. Der König ließ die beiden gewähren. Selbstverständlich mussten sie auch regelmäßig den evangelischen Gottesdienst besuchen. Am 25. Mai 1826 schließlich trat Auguste in aller Verschwiegenheit zum protestantischen Glauben über. Elisabeth Ludovika konnte sich erst vier Jahre später dazu entschließen.

Auch die Kinderlosigkeit – die beiden blieben ohne Nachkommen – verband die Frauen, wobei sie sich darüber wohl nicht offen austauschten. Was Elisabeth Ludovika betrifft, ist davon auszugehen, dass der Kronprinz nicht zeugungsfähig war, doch auch von Auguste wissen wir, dass es keinerlei Unpässlichkeiten oder Fehlgeburten gab. Ihrer sechzehn Jahre währenden Ehe mit Friedrich Wilhelm III. entwuchsen keine Kinder.

Es heißt, der König habe sich bewusst von ihr fern gehalten, um sie nicht zu brüskieren. In seiner genanten Art kam es ihm entsetzlich vor, mit einer Kindsgeburt zu bezeugen, er habe sich einer Frau genähert, die im Alter seiner Töchter war. Schon in dem brieflichen Heiratsantrag an ihre Eltern hatte er körperliche Liebe aus diesem Grund ausgeschlossen. Seinem Schwager Georg, dem Lieblingsbruder seiner ersten Frau, zu dem er ein ähnlich inniges Verhältnis hatte wie zu Schwiegersohn Nicki, muss der König andererseits anvertraut haben, er könne sich nicht mit Auguste vereinen. Die Erinnerung an Luise sei weiterhin zu schmerzhaft. Indiskreterweise bestätigte Leibarzt Christoph Wilhelm Hufeland (1762–1836) diese Haltung. Am 28. September 1825 publizierte er in seinen *Blättern zur preußischen Geschichte*: »Man versichert wiederholt, die Fürstin von Liegnitz sei noch Jungfrau; der König rühre sie nicht an, weil er die Schauder seines Andenkens an die Königin nicht überwinden könne.«[38]

Bei Hof stand Auguste in der letzten Reihe, und obwohl sie ihren Mann aufrichtig verehrte, musste es bei platonischen Liebesbezeugungen bleiben. Schon wurden allmählich bei Hof und in der Gesellschaft Worte laut, die besagten, dass dieses Leben einer so liebenswürdigen und anständigen Frau wie der Fürstin nicht gerecht würde.

Doch Auguste beklagte sich nicht, sie stand treu zu ihrem Wort, pflegte ihren Mann, wenn er krank wurde (oder sich ein Bein brach, so geschehen am 14. Dezember 1826), las ihm vor. Sie scherzten miteinander und unterhielten sich angeregt. Das Mittagessen – täglich um 14 Uhr – wurde gemeinsam im Schloss eingenommen, meist waren Gäste zugegen. Nachmittags suchte der König seine Frau im Prinzessinnenpalais auf, er las, oder sie unterhielten sich. Auguste machte Handarbeiten, übte Klavier oder lernte Französisch. Manchmal fragte ihr königlicher Gatte sie sogar Vokabeln ab.

Im Jahr 1829 wurde plötzlich alles anders. Alexandra Fjodorowna und ihr Mann hatten die Zurücksetzung Augustes nicht mehr mitansehen können und veranlassten, dass ihr der russische St.-Katharinenorden verliehen wurde. Der Orden wurde prinzipiell nur an Frauen vergeben und erinnerte an eine Begebenheit von 1711, bei der die Zariza, die Gemahlin des Zaren, ihren gesamten Schmuck geopfert hatte, um ihren Mann aus einer militärischen Zwangslage zu befreien. Viele Jahre lang hatte allein die jeweilige Zariza das Recht, den Orden zu verleihen. Anlass für die Ehrung sollte die Hochzeit Prinz Wilhelms mit Augusta von Sachsen-Weimar-Eisenach am 11. Juni 1829 sein. An die Verleihung des Ordens war ausdrücklich die Forderung gebunden, Auguste fortan besser zu stellen.

Alle Geschwister begrüßten die Entscheidung ihrer ältesten Schwester. Gerade Prinz Wilhelms Hochzeit war dafür ein schöner Anlass, denn Auguste und er waren nur drei Jahre auseinander, sie verband aus Jugendjahren echte Freundschaft, und es wäre schade gewesen, wenn die junge Fürstin ausgerechnet diese Hochzeit innerhalb der königlichen Familie nicht voll und ganz hätte mitbegehen können.

Durch den Orden veränderte sich Augustes Leben vollkommen. Endlich war sie bei Hofe eine durchweg sichtbare Person. Sie durfte eigene Tagesabläufe entwickeln, musste nicht mehr jeden Abend ins Theater gehen und genoss auch die eine oder andere Stunde gänzlich ohne

Pflichten. Unbekümmert folgte sie endlich vielen Einladungen, ging zu zahlreichen Bällen, durfte tanzen soviel sie nur wollte, ja, es war ihr sogar gestattet, in Gesellschaft des Königs an den alljährlichen prächtigen Manövern teilzunehmen. Im Spätsommer 1835, um nur ein Beispiel zu nennen, trafen sich im Raum Kalisch Regimenter der preußischen und der russischen Armee, um gemeinsam Krieg zu üben und zu zeigen, wozu sie in der Lage sind. Bei der abschließenden Parade vor den Monarchen beider Länder und ihres jeweiligen Hofstaates präsentierten 66 000 Soldaten ihr Können.

Überglücklich schrieb Auguste auf diese Veränderungen hin nach Dresden: »Was meine Eleganz betrifft, so ist sie dies Mal ungeheuer. Du wirst Dir eine Idee davon machen, wenn ich Dir sage, dass ich für diese Zeit habe dreißig Kleider machen lassen. Die Kaiserin macht mir die schönsten Komplimente darüber. Die Feste bestanden aus großen Diners, auch einigen Bällen, wo die Hitze gräßlich war. Den schönsten beim Prinzen Carl habe ich versäumt, denn der König hatte wieder ein doppeltes Wechselfieber bekommen, das ihn sehr angegriffen hat. Ich zog zu der Zeit nach Charlottenburg heraus, wo es herrlich ist. Jetzt sind wir alle seit Sonntag in Potsdam, das heißt, die Gesellschaft ist zwischen Sanssouci, Neue Kammern und diesem Palast verteilt. Wir besuchen alle möglichen Orte, es ist ein Leben und ein Treiben, wie es lange nicht war. Den Geburtstag des Prinzen Carl haben wir in seinem hübschen Glienicke zugebracht, den Tag darauf auf der Pfaueninsel, wo die Rosen im schönsten Flor standen. Gestern waren wir beim Kronprinzen in Charlottenhof, nach Tisch wurde eine Korbwagenpartie gemacht. Heute exerzierte der König das Lehrbataillon, auf einmal kamen alle Prinzessinnen zu Pferd an, es waren sechs Damen. Wir aßen heute im Marmorpalais und erwarten den Abend die Großherzogin von Weimar in Glienicke. (...) Zum dreizehnten, dem

Geburtstag der Kaiserin, geht es wieder nach Potsdam, er wird brillant gefeiert werden.«[39]

Freimütig nahm der König Auguste jetzt mit auf Reisen, selbst in Teplitz beim jährlichen Kuraufenthalt durfte sich seine »Erlaucht«, wie er sie in seinen Briefen nannte, endlich an seiner Seite zeigen. Gemeinsam ging es nach Breslau und ins Riesengebirge, nach Magdeburg oder nach Schwedt. Selbstverständlich war das Paar dann immer zusammen untergebracht und reiste in derselben Equipage. All das wäre zuvor unmöglich gewesen.

Zu Hause in Berlin ging Auguste reiten oder machte Besuche: »Vorgestern früh habe ich einen deliziösen Spazierritt im Tiergarten gemacht. Ich werde immer dreister. Der Erbgroßherzog hat mir einen englischen Sattel geschenkt, der sehr angenehm ist.« Oder: »Gänseschmaus bei Madame Bock, der ehemaligen Gouvernante von Prinzessin Louise. Der König hatte sich bei ihr dazu eingeladen, um das Martinsfest zu feiern. Wie die Prinzen und Prinzessinnen noch alle zu Hause waren, hatte dieses Fest alle Jahre an Martini stattgefunden. Die Gans war prächtig. Sie schmeckte mir auch gut.« Ist sie auf sich allein gestellt, macht die junge Fürstin ausgedehnte Spaziergänge: »Vorgestern früh habe ich eine Bravour ausgehen lassen, ich bin nämlich mit der Heister von Charlottenburg bis ans Brandenburger Tor zu Fuß gegangen. Ich war tüchtig müde davon.«[40]

So gingen die Jahre dahin. Es folgten Zeiten der Unruhe für Preußen, auch suchte zweimal die Cholera das Land heim, doch die Fürstin blieb davon unberührt. Ihre Aufgabe war es inzwischen, einem alten Mann zur Seite zu stehen, dem die Ärzte zunehmend von Fernreisen abrieten. Mehr denn je bewies Auguste dem König in diesen Jahren die Treue. Es gibt Schilderungen, die davon berichten, wie das ungleiche Paar sich gemeinsam in Paretz aufhielt. Friedrich Wilhelm rüstet sich für einen Spaziergang, und Auguste kommt herbei, bringt ihm seinen Stock, setzt ihm die Mütze auf. Dann schlüpft sie in den eigenen Mantel, hakt sich beim König freundlich unter, und die beiden ziehen von dannen. Dabei scherzen sie miteinander wie junge Leute.

Friedrich Wilhelm III. verstarb nach kurzer Krankheit am 7. Juni 1840 und wurde im Mausoleum im Charlottenburger Park bestattet, gleich neben seiner ersten Frau Luise. Bildhauer Rauch, der den König oft gezeichnet hatte, erstellte auch für seinen Sarkophag die Figurenskulptur. Der Anblick der beiden Grabmale bietet ein Bild der Eintracht und des Friedens. Im Tod waren die beiden wieder vereint. Niemals würde man annehmen, der König habe Luise um dreißig Jahre überlebt. Vielleicht wissen einige gar nicht, dass Friedrich Wilhelm ein zweites Mal geheiratet hat, zumindest haben es sicher viele längst wieder vergessen.

Bis zur letzten Stunde hatte Auguste dem König zur Seite gestanden, sein Krankenbett bewacht und energisch dafür gesorgt, dass er nicht gestört werde. Sie hatte seine Schläfen gekühlt, mit den Leibärzten verhandelt und – soweit möglich – für sein Wohlergehen gesorgt. Zu guter Letzt küsste sie ihn auf die Stirn und schloss ihm die Augen – dann trat sie zur Seite und machte seinen Kindern Platz.

Ab sofort war Augustes Funktion am preußischen Hof beendet. Sie hätte geradezu vom Totenlager ihres Mannes aufstehen, ihre Sachen packen und wie eine gewöhnliche Dienstmagd von dannen ziehen können. Weder der Status einer Königinmutter noch einer Königinwitwe standen ihr zu. In der höfischen Rangordnung gab es für die verwitwete Fürstin von Liegnitz und Gräfin von Hohenzollern keinen Platz, der ihrer Position entsprach.

Das bewiesen auch die Trauerfeierlichkeiten. Hinter dem Sarg schritten der Thronfolger Friedrich Wilhelm IV. und seine Frau Elisabeth Ludovika, dahinter Zar Nikolaus I.

Ihm folgten Prinz Wilhelm mit seiner Frau, die weiteren Kinder des Verstorbenen mit ihren jeweiligen Ehegatten, dann die Verwandten und schließlich Delegierte und Würdenträger. Sämtliche Kinder, Eheleute und Nachkommen aus der Ehe mit Luise waren zugegen. Allein Auguste durfte dem Sarg nicht folgen. Die Frau, die den König bis an sein Lebensende treu begleitet hatte, war bei diesem Aufmarsch nicht vorgesehen.

Doch ganz so hart und konsequent waren die Umgangsformen am preußischen Hof dann doch nicht. Es muss für die Familie entsetzlich gewesen sein, dass ausgerechnet Auguste bei der Beerdigung ihres Mannes nicht zugegen sein konnte. Das entsprach keineswegs den Gefühlen, die sie für sie hegten. Bis heute wird die Fürstin von der Familie Hohenzollern hoch geschätzt und bewundert. Letztlich war Luise mit Friedrich Wilhelm nur ein einziges Jahr länger verheiratet.

Die junge Witwe – beim Tod des Königs war Auguste vierzig Jahre alt – trauerte lang, und alle trauerten mit ihr. Eine Flut von Kondolenzschreiben ergoss sich, die sie selbstverständlich alle persönlich beantwortete. Die Kinder des Königs standen ihr, soweit sie nur irgendwie konnten, zur Seite. Weihnachten 1840 richteten Friedrich Wilhelm IV. und seine Frau ihr in aller Stille das Fest aus und überreichten ihr kleine Geschenke, wie es sonst immer der König getan hatte.

Auch in den folgenden Jahren bewies die Familie große Anhänglichkeit. Auguste war ein gern gesehener Gast bei inoffiziellen Zusammenkünften und Festen, bei denen man die protokollarischen Fragen außer Acht lassen konnte. Viele Nachkommen der königlichen Familie lernten sie persönlich kennen und erwähnten sie noch Jahre später in ihren Aufzeichnungen. In den Briefen an die geliebten Dresdner Cousinen spiegelte Auguste einen Aspekt, der durchaus zu ihrem Vorteil gereichte: Bei den öffentlichen

Abschiedszeremonien von Friedrich Wilhelm III. sowie den stunden-, ja tagelangen Huldigungen, die im Zuge der Einführung des neuen Königpaares stattfanden, musste sie keineswegs zugegen sein. Sie hatte zwar bei Hofe keine Stellung, aber auch endlich keinerlei Pflichten mehr.

So schreibt sie am 15. Oktober an Mathilde: »Heute ist der verhängnisvolle Tag der Huldigung. Ich bin froh, daß ich nichts davon höre noch sehe, doch ist mir traurig zumute, wie Du wohl denken kannst. Wenn man mir vor acht Monaten gesagt hätte, daß dieser Akt in der Residenz stattfinden würde, ich hätte geglaubt, dies nicht überleben zu können. Und ich muß Gott von Herzen danken, daß er mir so beigestanden hat. Aber der rebellische Sinn lehnt sich immer wieder dagegen auf und vergißt, daß jeder Mensch mehr oder weniger durch solche schweren Prüfungen durch muß. Man kann also nicht verlangen, allein davon ausgenommen zu sein.«[41]

Friedrich Wilhelm hatte seine Frau großzügig ausstatten lassen. Sie erhielt drei Hofdamen, mehrere Kammerfrauen und Lakaien, Pferde und Equipagen und eine Apanage von jährlich 20 000 Reichstalern. Die bisherige Wohnung im Prinzessinnenpalais blieb ihr erhalten. Ferner vererbte er ihr Schloss Erdmannsdorf im Riesengebirge, heute: Mysłakowice in Polen. Beide hatten das Anwesen ins Herz geschlossen, insbesondere wegen seiner Lage und der prächtigen Aussicht auf die Berge. Oft waren sie dort gemeinsam gewesen, hatten bisweilen von hier aus den Aufstieg auf die Schneekoppe, den bekannten Gipfel des Riesengebirges, gewagt. Unter der Aufsicht Schinkels und Friedrich August Stülers (1800–1865) wurde das Schloss zwischen 1830 und 1844 erweitert und umgebaut. Der König hatte eigens für die Fürstin ein sogenanntes Schweizerhaus errichten lassen.

Doch Auguste mochte Erdmannsdorf nicht behalten. Sie verkaufte es Friedrich Wilhelm IV., der seinerseits be-

teuerte, sie solle ihre Zimmer dort weiterhin frequentie-
ren. Doch lieber widmete sich die Witwe ihrem neuen
Domizil am Rande des Parks von Sanssouci, einem ehemaligen Gartenhaus, das sie zu einer stattlichen Villa ausbauen ließ. Architekt war Albert Dietrich Schadow (1797–
1869). Der gebürtige Potsdamer hatte an der Schinkelschen
Bauakademie studiert und wurde nach den Befreiungskriegen in die Schlossbaukommission aufgenommen, in der er
für Kuppel und Weißen Saal die Bauleitung übernahm. Er
war für die Realisierung zahlreicher Entwürfe von Schinkel verantwortlich, wie Schloss Tegel oder das Palmenhaus
auf der Pfaueninsel, sowie für die von Stüler, des Lieblingsarchitekten von Friedrich Wilhelm IV.

Bei dem Umbau des Hauses richtete sich Schadow
ganz nach den Wünschen der Fürstin von Liegnitz. Nach
ihr wurde es auch »Villa Liegnitz« benannt. Heute birgt es
die wissenschaftliche Bibliothek der Stiftung Preußische
Schlösser und Gärten.

Gegenüber der Villa befindet sich ein zauberhafter
Garten. Sein Name ist »Marlygarten«, benannt nach dem

gleichnamigen Anwesen Ludwigs XIV. in Frankreich, und gestaltet wurde er 1846 bis 1847 von Gartenkünstler Lenné im Auftrag von Friedrich Wilhelm IV. Es ist der ursprünglich älteste Teil von Park Sanssouci und gilt mit seinen reich bepflanzten Blumenrabatten und dem blühenden Strauchwerk in leicht hügeligem Wiesenland als Juwel der Gartenkunst. Auguste wird sich darin oft ergangen haben.

Der Marlygarten gilt als das nie erreichte Vorbild für die Villengärten-Kultur des 19. Jahrhunderts. Gerade die Bodenmodelierungen Lennés üben auf den Besucher eine eigentümliche Wirkung aus. Obwohl der Garten von einer hohen Mauer umgeben ist, entwickeln sie im Zusammenhang mit den Wegen und Kreuzungen ein Raumgefühl, das die Grenzen des Areals aufzuheben scheint. Ein Spaziergang durch diesen Teil von Sanssouci beschwingt und stimmt vergnüglich. Es ist, als sei man leicht betrunken.

Einzelne Statuen und architektonische Miniaturen wie die Flora im Fächerbeet, die Mosaikfontäne oder die Glassäule, gekrönt von der goldglänzenden Figur eines Mädchens, das einen Papagei mit Trauben füttert, ergänzen die wohlüberlegte kleinteilige Gestaltung. Zur Ehrung der bayerischen Heimat Elisabeth Ludovikas wurden für die Glassäule blau-weiße Farben verwendet und ein Teil des Gartens »Alpental« genannt.

Auguste nutzte ihre neue Unabhängigkeit, um an die Orte zu reisen, die sie mit dem König nicht besucht hatte. Sie fuhr nach England und wiederholt nach Italien. In Vevey am Genfer See unterhielt sie eine »Villa Auguste«, in der sie zeitweise den Winter und Frühling verbrachte. Regelmäßig suchte sie bekannte Bäder und Kurorte auf – allein Teplitz mied sie.

Am 5. Juni 1873 verstarb Auguste im Alter von 73 Jahren. Sie weilte zu diesem Zeitpunkt weder in Berlin noch in Potsdam, sondern auf Kur in Bad Homburg. Kaiserin Augusta persönlich, Ehefrau ihres Jugendfreundes Wilhelm, gab ihr das letzte Geleit. Anwesend bei der Beerdigung waren noch weitere Mitglieder der Familie. Bestattet wurde Auguste im Charlottenburger Mausoleum, doch nicht oben neben den Grabmalen von Luise und Friedrich Wilhelm, sondern unten in der Gruft, wo sich die Metallsärge mit den eigentlichen sterblichen Überresten der Verstorbenen befinden. So war Auguste im Tod doch wieder mit dem Ehemann vereint.

Es ist nicht leicht, einen Einfluss Augustes auf das kulturelle Leben Preußens nachzuweisen. Zwar wurde ihre Haltung in all den Jahren als vorbildlich in Erinnerung bewahrt, aber sie war keine Königin und hatte mangels Stellung und entsprechender materieller Ausstattung kaum die Möglichkeit, kulturell oder sozial nachhaltig wirksam zu werden. Es ist schwer genug, heute überhaupt irgendeinen Erinnerungsort ausfindig zu machen, der mit ihr in Verbindung zu bringen wäre, gar nicht zu sprechen von einem Gegenstand, der zu ihren persönlichen Besitztümern gehörte. Da sie keine Kinder hatte, ging ihr Erbe nach ihrem Tod an die Familie ihres Bruders Carl und müsste sich ganz im Besitz der Familie Harrach befinden.

Zwar bedachte Auguste in ihrem Testament die Stadt Liegnitz, heute Legnica in Niederschlesien, mit einem Legat von 500 Reichstalern. Dank dieser Summe konnte eine Stiftung gegründet und am Todestag der Fürstin jedes Jahr zehn bedürftigen Witwen jeweils 50 Mark ausgezahlt werden. Doch im Grunde hatte sie nicht viel mit dieser Stadt gemein.

Auch ist bekannt, dass Auguste fleißig stickte und malte. Zu Weihnachten beschenkte sie ihre Lieben gern mit lackierten Holztischchen, auf denen sie zuvor Blumenbouquets arrangiert hatte. Eine Zeitlang nahm sie Unterricht bei Gottfried Wilhelm Völcker (1775–1849), einem Berliner Maler, der insbesondere durch die Kunst und Fertigkeit der Blumenmalerei bekannt geworden war. Er war Porzellanmaler und wurde später Direktor der Königlichen Porzellanmanufaktur. Doch wohin mögen die liebevoll von der Fürstin gefertigten Präsente geraten sein?

Allein im Neuen Pavillon, dem überschaubaren Palais im Schlossgarten von Charlottenburg, 1824 bis 1825 von Schinkel im Auftrag Friedrich Wilhelms III. erbaut, lassen sich einzelne Fundstücke ausmachen. Gestaltet nach dem Vorbild einer neapolitanischen Villa und unmittelbar an der Spree gelegen, ist der Pavillon ein idyllischer Ort, ein Platz der Abgeschiedenheit und Ruhe. Berührend war die Idee Schinkels, je nach Stand der Sonne eine sogenannte Morgen- und eine Abendseite für das Haus zu bestimmen. Während das Arbeitszimmer an der einen Seite des Hauses untergebracht wurde, befand sich das Schlafzimmer auf der anderen.

Im Zweiten Weltkrieg wurde das Palais bis auf die Außenmauern zerstört, doch 1957 bis 1960 nach Originalplänen wieder aufgebaut. Bis heute ist die private Atmosphäre in den Innenräumen spürbar.

Obwohl die Raumaufteilung auf den König als Einzelperson bezogen ist, heißt es gleich im Eingangsbereich, ausgerechnet Augustes Geschenke hätten dem Interieur eine persönliche Note gegeben. Genannt werden Schatullen, die mit Blumenmotiven bemalt worden waren, sowie ähnlich gestaltete Möbelstücke und Lampen. Hier also müssen sich die Tischchen oder zumindest eines davon zu Lebzeiten des Königs befunden haben.

Doch auch für anderweitige Geschenke finden sich im Neuen Pavillon Beispiele: Auguste war begeisterte Reiterin und ließ um 1838 von dem bekannten Tier- und Parademaler Franz Krüger (1797–1857) eigens ein Gemälde in Öl anfertigen, das sie hoch zu Ross zeigt. Sie schenkte es Friedrich Wilhelm III. zu Weihnachten. Es ist nur ein kleines Bild, etwa 60 mal 40 Zentimeter groß, und zeigt die junge Fürstin elegant in hohem Hut und dunkelblauem Reitkleid. Ihre Taille ist schmal, und um den Zylinder weht ein blassgrünes Tuch. Das Pferd prescht stürmisch voran. Doch der König hielt das Bild hoch in Ehren. Es soll in seinem Arbeitszimmer im königlichen Palais gehangen haben.

Ein weiteres Kunstwerk im Neuen Pavillon erinnert an die hübsche Auguste. Es ist eine Büste der Fürstin, gefertigt vom Bildhauer Rauch nach einem Gemälde von Wilhelm Schadow. Sie trägt die Haare zu Zöpfen geflochten, die über den Schläfen nach hinten geführt werden, und das Gesicht ist zart wie bei einem jungen Mädchen. Über ihrem Haupt liegt ein dünnes Tuch. Jungfräulich mutet es an, wie ein Brautschleier.

12.

Herrscherin von Siam –
Elisabeth Ludovika von Bayern
(1801–1873)
Ehefrau von Friedrich Wilhelm IV.
(1795–1861)

Das zweifelsohne schönste Anwesen in Potsdam ist Schloss Charlottenhof. Es liegt eingebettet in einen kunstvoll von Lenné und Hermann Sello (1800–1876) eigens auf diesen Ort abgestimmten Landschaftsgarten, der unmerklich in den Park von Sanssouci übergeht. Rosenstauden, schattige Laubengänge, geharkte Wege und das Geplätscher aus der Nachbildung eines wasserspeienden Satyrknaben weisen einem den Weg. Es ist ein Ort von außergewöhnlichem Zauber.

Wieder einmal hatte Schinkel hier seine Finger mit im Spiel, diesmal im Einklang mit Entwürfen des Kronprinzen Friedrich Wilhelm, der sich zeit seines Lebens intensiv mit Architektur und Kunst beschäftigte. 1825 schenkte Friedrich Wilhelm III. das Areal seinem Sohn zu Weihnachten, und gemeinsam machten sich zukünftiger König und Hofkünstler ans Werk. Darüber hinaus brachte Ludwig Persius (1803–1845) seine Fertigkeiten mit ein. Der Potsdamer Architekt war ein Schüler Schinkels und assistierte ihm bei zahlreichen seiner Bauten.

Der Kronprinz ließ das Haus nicht nur für sich, sondern auch für seine über alles geliebte Ehefrau Elisabeth Ludovika errichten. Die beiden hatten, wie schon erwähnt, trotz konfessioneller Konflikte 1823 geheiratet und waren ein Herz und eine Seele. Elisabeth Ludovika bewunderte Friedrich Wilhelm über alle Maßen und unterstützte ihn bei all seinen Vorhaben. Der Kronprinz sorgte dafür, dass sie in Charlottenhof das schönste Zimmer bekam. Es liegt übereck, hat Fenster in zwei Himmelsrichtungen, bekommt also viel Licht und ist komplett in Moosgrün und Dunkelrosa gehalten. Wände, Kissenbezüge, Fensterumrahmung – überall werden die beiden Töne wieder aufgegriffen und geben dem Raum etwas Harmonisches. Profilleisten und Bilderrahmen glänzen in Silber und verleihen den exotischen Farben darüber hinaus einen märchenhaften Schimmer. Ähnlich sind die beiden Doppeltüren mit reichhaltigem Arabeskenschmuck versilbert, nicht zuletzt die Möbel, die Schinkel eigens für diesen Raum entwarf. Der Schreibtisch, übersät mit kunstvoll gefertigten kleineren und größeren Objekten wie Kästchen und Buchkassetten, Milchglasvasen, Flakonbehältern und Schreibgarnituren, fügt sich ansatzlos in die Zimmerecke zwischen Tür und Fenster.

Die Farbkombination ist sensationell, ein weiterer Beleg für Schinkels Können, doch sie spricht auch für den Bauherrn, nicht zuletzt für seine Frau, der dieses Zimmer gefallen sollte. Gepaart mit dem Silber wirkt das Grün der Türumrahmungen orientalisch, das Rosa der Wände hingegen verbreitet einen warmen und anheimelnden Ton. Der Blick durch die Fenster beschenkt einen mit seinen Anspielungen auf südliche Gefilde. Man beschäftigte sich zwar geistig mit der Fremde und war gleichzeitig zu Hause und geborgen.

Elisabeth Ludovika stammte aus einer altehrwürdigen Familie, dem Haus Wittelsbach, doch da ihr Vater Maximilian Joseph als Nachgeborener nicht für die Thronfolge vorgesehen war, konnte er sich in Kindheit und Jugend zuerst nach seinen eigenen Bedürfnissen richten und entwickelte sich zu einem freundlichen, unprätentiösen Charakter. Er lernte Französisch, ging nach Straßburg und wurde Offizier. Als Oberst diente er im Corps d'Alsace und war also ein Mitglied der französischen Armee. 1795 starb überraschend sein ältester und einziger Bruder, und Maximilian übernahm unverhofft mit fast vierzig rasch wachsende Verantwortung. Erst wurde er Herzog von Pfalz-Zweibrücken und zog nach Brandenburg-Ansbach. Kurze Zeit später verstarb Kurfürst Karl Theodor von Bayern (1724–1799), dessen legitime Ehen kinderlos geblieben waren, und Maximilian musste, wiederum als nächster Verwandter, 1799 dessen Nachfolge antreten. Er zog nach München und beerbte Karl Theodor in allen Ämtern und

Gebieten. Maximilians französische Prägung schließlich hatte zu einer Anlehnung an Frankreich geführt. Kraft seines Bündnisses mit Napoleon stieg er 1806 zum ersten König von Bayern auf.

Zu diesem Zeitpunkt hatte Maximilian schon die zweite Ehe geschlossen. Seine erste Frau Auguste Wilhelmine von Hessen-Darmstadt (1765–1796) hatte fünf Kinder geboren und war dann an einem Lungenleiden verstorben. Maximilians zweite Ehefrau war ein Mitglied der Familie von Baden und hieß Karoline Friederike (1776–1841). Sie hatte zwei Söhnen das Leben geschenkt, die früh starben, und brachte dann, man glaubt es kaum, zweimal hintereinander Zwillingsmädchen zur Welt. Das war eine kleine Sensation, heute noch sind Mehrlingsgeburten eine heikle Angelegenheit, die vier bayerischen Königstöchter waren überdies gesund und kräftig und erreichten allesamt das Erwachsenenalter. Zwei weitere Töchter folgten noch hinterdrein, die Jüngere wurde allerdings leider nur elf Jahre alt.

Elisabeth Ludovika, oder Elise, wie sie innerhalb der Familie bald genannt wurde, gehörte zu dem älteren Zwillingspärchen. Sie kam am 13. November 1801 zur Welt. Ihre gleichaltrige Schwester hieß Amalie Auguste (1801–1877) und heiratete später den König von Sachsen. Zeit ihres Lebens würden die beiden innig miteinander verbunden sein, zahlreiche Briefe wechselten zwischen Spree und Elbe, und mehrfach besuchte Elisabeth Ludovika ihre Zwillingsschwester in Dresden.

Dank der unaufgeregten Art ihres Vaters wuchsen die fünf Mädchen unbeschwert in Schloss Nymphenburg auf. Die Sommermonate verbrachten sie am Tegernsee in einem ehemaligen Kloster, das wegen seiner Ausmaße ebenfalls Schloss genannt wurde. Sie wurden konsequent erzogen und hatten breit gefächerten Unterricht: Elisabeth Ludovikas Lehrmeister war unter anderem der Archäologe und Theologe Friedrich Wilhelm Thiersch (1784–1860). Bei ihm nahm sie Unterricht in Geschichte, Literatur und Geografie. Sie lernte gut, hatte vielerlei Interessen und war fleißig.

Allein ein geringfügiger körperlicher Makel war der Bayerntochter zu eigen. Eines ihrer Beine war ein wenig kürzer, und sie musste ihr Leben lang hinken. In manchen Quellen heißt es auch, sie habe ein Hüftleiden gehabt, doch das eine wird das andere nach sich gezogen haben.

Alle fünf Mädchen waren hübsch anzusehen und von elegantem Auftreten, sie brachten eine Mischung aus Zurückhaltung und selbstverständlichem Umgang mit höfischem Gebaren mit sich, und dem König gelang es, sie samt und sonders vortrefflich unter die Haube zu bringen. Während Elisabeth Ludovika nach Preußen und ihre Zwillingsschwester nach Sachsen heiratete, ehelichte Sophie (1805–1872) Erzherzog Franz Karl von Österreich (1802–1878) und Ludovika Wilhelmine (1808–1892) Herzog Max Joseph in Bayern (1808–1888). Ihre Tochter Elisabeth (1837–1898) stieg später an der Seite ihres Vetters Franz Joseph I. (1830–1916) zur umjubelten Herrscherin Österreich-Ungarns auf. Maria Anna (1805–1877), Sophies Zwillingsschwester, folgte Amalie Auguste 1833 an den sächsischen Hof.

Ernst Marischka (1893–1963) hat den zahlreichen königlich-herzoglichen Damen aus München in seinen »Sissi«-Filmen ein populäres Denkmal gesetzt. Am 30. August 1853 feierte Franz Josef I. – zu dem Zeitpunkt zählte der junge Mann 23 Lenze – in Bad Ischl Geburtstag. Die Feier wird im ersten der drei Filme aufwändig in Szene gesetzt, und eine Tante nach der anderen kommt in den Saal, um ihrem Neffen ihre Reverenz zu erweisen. Auch Elisabeth Ludovika, herrlich anzusehen in blassrosa Robe und silbern glänzendem Diadem, tritt herein, fällt tief auf die Knie, bevor der junge Kaiser ihr bedeutet, sich zu erheben und sie mit Handkuss begrüßt: »Willkommen, liebe Tante«, sagt Franz Joseph zur Königin von Preußen. Elisabeth Ludovika küsst ihn auf beide Wangen und sagt: »Ich freue mich, lieber Franz, dir meine Wünsche zum Geburtstag persönlich überbringen zu können.«

Wenig später tritt ähnlich vornehm Königin Amalie auf, wird ebenso lautstark vom Hofmarschall angekündigt, um gleich darauf vor dem jugendlichen Neffen zu Boden zu gehen. Sie trägt ein graues Seidenkleid und wird genau wie ihre Schwester von zwei prächtig gewandeten Hofdamen begleitet, die sich zwar ähnlich tief vor dem jungen Kaiser verbeugen, doch selbstverständlich an der Tür zurückbleiben. Auch Amalie wird begrüßt und geküsst – eine vornehme Verwandtschaft.

Einen entscheidenden Fehler weist Marischkas Film allerdings auf: Während Amalie Auguste von einer Schauspielerin gespielt wird, die dunkle Haare hat, wird Elisabeth Ludovika von einer eleganten Blonden gemimt, dabei waren die Schwestern schließlich Zwillinge. Sie glichen sich wie ein Ei dem anderen und hatten beide tiefschwarze Haare.

Ihren zukünftigen Ehemann lernte Elisabeth Ludovika im Sommer 1819 in Baden-Baden kennen, wohin der Kronprinz sich tatsächlich auf Brautschau begeben hatte. Die Geschichte scheint sich hier zu wiederholen. Ähnlich wie Friedrich Wilhelm III. Seite an Seite mit seinem jüngeren Bruder den Prinzessinnen Luise und Friederike von Mecklenburg-Strelitz zugeführt worden war, so wie Friedrich II. und sein Bruder August Wilhelm, die ebenfalls ein Schwesternpaar heirateten, kam Kronprinz Friedrich Wilhelm gemeinsam mit Bruder Wilhelm nach Baden-Baden und durfte sich eine der beiden bayerischen Prinzessinnen aussuchen. Um die Schwierigkeiten zu erhöhen, tragen die Zwillingsschwestern Kleider und Hüte in derselben Farbe, und wenn Friedrich Wilhelm nicht bei Tisch kurzerhand neben Elisabeth Ludovika platziert worden wäre, hätte er die beiden womöglich nicht auseinander halten, geschweige denn sich für eine der beiden entscheiden können. Doch so fand das Paar rasch zueinander, gleich nach dem ersten Treffen beschrieb der Kronprinz seinem Vater in einem Brief entzückt Elisabeth Ludovikas schöne Augen, und die Sache schien entschieden zu sein.

Auch Vater Maximilian freut sich über die mögliche Verbindung. Die Treue zu Napoleon hatte sein Land teuer bezahlen müssen. 30 000 bayerische Soldaten mussten an der Seite Frankreichs im Russlandfeldzug 1812 ihr Leben lassen. Kurz vor der Völkerschlacht bei Leipzig hatte der bayerische König Frankreich das Bündnis aufgekündigt und sich auf Österreichs Seite und damit zu Preußen geschlagen. Napoleon und sein Heer hatten die Flucht ergriffen. Eine Hochzeit zwischen den königlichen Familien beider Verbündeter konnte diesen Erfolg nur bekräftigen.

Doch es bahnten sich Hindernisgründe in den eigenen Reihen an. Elisabeth Ludovika wollte, wie schon erwähnt, nicht konvertieren, eine durchaus eigenartig starrköpfige Haltung, denn ihre eigene Mutter war bei ihrer Hochzeit Protestantin gewesen und blieb ihrer Konfession zeit ihres Lebens treu. In Karoline von Badens Ehevertrag war geregelt worden, dass sie ihre Konfession nicht zu wechseln brauchte, allein die Kinder müssten katholisch getauft werden. Sie durfte gar einen persönlichen Seelsorger mit nach München nehmen, den evangelischen Kabinettsprediger Ludwig Friedrich Schmidt (1764–1857). Der begabte Theologe war der Badenerin schon im heimischen Karlsruhe aufgefallen. In ihrem Dienst entwickelte er sich zu einer namhaften Persönlichkeit und wurde der erste protestantische Geistliche in München. Er betreute die im Umkreis der Königin entstandene evangelische Gemeinde, die unter seiner Ägide sukzessive wuchs.

Dennoch war das Leben mit ihrem Bekenntnis für Königin Karoline keineswegs frei von Konflikten. Sie starb am

13. November 1841 in München und sollte an der Seite ihres Gemahls in der Theatinerkirche beigesetzt werden. Auf Anordnung des Münchner Erzbischofs war jedoch der gesamte katholische Klerus in weltlicher Kleidung erschienen. Die evangelische Geistlichkeit durfte den Sarg nur bis zur Kirchentür geleiten, wo Schmidt die Beerdigungspredigt hielt. Danach löste sich der Leichenzug auf, und der Sarg wurde ohne Gebet in die Gruft gebracht. Die Beisetzung war ein derartiger Affront gegen die protestantische Kirche, dass es anschließend, selbst von Seiten der königlichen Familie, zu Protesten kam.

Elisabeth Ludovika war jedoch mit dem evangelischen Glauben von Kind an vertraut und muss sich darüber klar gewesen sein, dass die andere Konfession keine fremde und es keine Katastrophe war, Protestantin zu sein. Doch sie blieb beharrlich, beteuerte gegenüber dem Kronprinzen ihre Liebe, wollte aber von ihrem Glaubensweg nicht abweichen. Was den Thronfolger anging, war diese Haltung ein Glück. Gerade in diesem Punkt sah er die wahre Stärke seiner Elise, gerade so bewies sie in seinen Augen Charakter und weckte sein anhaltendes Interesse. Er blieb bei seiner Entscheidung, keine andere Frau kam mehr für ihn in Frage, und der Vater hatte schließlich ein Einsehen. Gemeinsam mit Rulemann Friedrich Eylert (1770–1852), Hofprediger und langjähriger Seelsorger des preußischen Königshauses, wurde ein Kompromiss gefunden, mit dem alle Beteiligten gut leben konnten. Elisabeth Ludovika versprach, am preußischen Hof Unterricht in Glaubenslehre zu nehmen und zu konvertieren, sobald sie es mit ihrer Überzeugung würde vereinbaren können. Daraufhin wurde Hochzeit gefeiert, in zwei Etappen: Zuerst empfing die Bayerntochter nach katholischem Ritus in München das Sakrament der Ehe. Dabei mimte ihr Bruder den Bräutigam. Vier Tage später ging es nach Berlin, wo Elisabeth Ludovika in der Kapelle des Berliner Schlosses noch einmal vor den Traualtar trat, diesmal an der Seite ihres rechtmäßigen Ehemannes. Das junge Paar strahlte vor Glück.

Auch der König zeigte sich mit der Entscheidung seines Sohnes restlos zufrieden. Ähnlich wie Friedrich Wilhelm betörte ihn die Schönheit Elisabeth Ludovikas: »So hübsch und charmant habe ich sie mir gar nicht gedacht. Wenn alles so günstig ist wie das Äußere, können wir uns gern gratulieren«,[42] sagte er zum Kronprinzen.

Ähnlich wie bei Luise und Friedrich Wilhelm III. war auch diese Ehe eine Liebesgeschichte, Elisabeth Ludovika war und blieb ihrem Mann innig verbunden, und beider Dasein ist nur schwerlich voneinander zu trennen. Wenn wir wissen wollen, womit Elisabeth Ludovika sich beschäftigte, müssen wir schauen, was ihr Gatte tat, denn sie wich ihm nicht von der Seite. Das lag nicht zuletzt daran, dass die Ehe kinderlos blieb – ein durchaus tragischer Umstand, insbesondere deshalb, weil sich Elisabeth Ludovika in der Frage der Konfession derart schwer getan hatte. Denn bei dieser Entscheidung geht es für dynastisch denkende Menschen nicht nur um die eigene Seele, sondern immer auch um Nachfolge und die Tradition des entsprechenden Hauses. So war es schließlich auch Elisabeth Ludovikas Vater letztlich gleichgültig gewesen, ob seine zweite Frau konvertieren wollte, solange sie nur einwilligte, dass die gemeinsamen Kinder, die schließlich Mitglieder und Nachfolger des bayerischen Königshauses waren, katholisch erzogen wurden.

Am 7. Juni 1840 erbte Friedrich Wilhelm seines Vaters Thron und wurde König. Selten war ein Regierungsantritt mit solchen Erwartungen herbeigesehnt worden. Nach der Niederlage gegen Napoleon war Preußen dank der Entscheidungen des Wiener Kongresses wieder ein echtes Imperium geworden. Seine Territorien reichten von der Memel über Polen bis jenseits der Elbe. Hinzu kamen im Westen die Rheinprovinzen und Westfalen. Entsprechend weit reichten die Entscheidungen des Königs. Man hoffte, der energische und kreative junge Mann werde dem altmodischen Regime ein Ende setzen und sich dem Gedankengut der Aufklärung öffnen, das insbesondere die Liberalen vertraten. Rufe nach größerer sozialer Gerechtigkeit und einer Verfassung für Preußen wurden laut, und eine Weile sah es auch ganz danach aus, als würde der neue Herrscher neue Zeiten einläuten. Die Demagogenverfolgung nahm ein Ende, der Freiheitskämpfer, Schriftsteller und Abgeordnete der Frankfurter Nationalversammlung Ernst Moritz Arndt (1769–1860) durfte wieder an der Universität Bonn unterrichten, und auch der Konflikt mit der katholischen Kirche konnte befriedet werden.

Doch bald zeigte sich, dass die Probleme der Zeit vielschichtiger waren, als sie Friedrich Wilhelm IV. zu bewältigen in der Lage war. Im Februar 1848 brach in Paris die Revolution aus und wirkte wie ein Fanal für ganz Europa. Auch in Berlin regten sich widerständische Kräfte. Die Preise für Nahrungsmittel hatten aufgrund verdorbener Ernten im Vorjahr eine Rekordhöhe erreicht. Läden wurden geplündert und Marktstände ausgeraubt, es gab Straßenblockaden und Überfälle auf Kartoffelhändler. Am 18. März 1848 versammelte sich eine wachsende Menschenmenge auf dem Schlossplatz, um zu protestieren. Der König suchte vom Schlossbalkon aus zu schlichten, doch in den Höfen standen Soldaten bereit, die im Ernstfall eingreifen sollten. Als die Menschen auf dem Platz dessen gewahr wurden, kippte die Stimmung. Die Hochrufe auf den Herrscher verwandelten sich in Kampfparolen, versehentlich lösten sich zwei Schüsse, und die Lage geriet außer Kontrolle. Die Auseinandersetzungen mit dem Militär forderten über 200 Opfer. Es wirkte, als hätten beide Parteien nur darauf gewartet, aufeinander loszugehen, und ausgerechnet der König habe das Signal dazu gegeben.

Friedrich Wilhelm IV. trug schwer an den Folgen der Märzrevolte. Sein romantisches Ideal von der Treue eines Volkes gegenüber seinem König war zusammengebrochen. Persönlich Leidtragender der Unruhen war allerdings sein Bruder Wilhelm. Ihm wurde die Verantwortung für die Schussbereitschaft der Soldaten übertragen, und er musste außer Landes fliehen. Für ein halbes Jahr ging er nach England ins Exil. Aufnahme fand er am Hof Königin Victorias (1819–1901) in London. Bei den Berlinern trug ihm sein hartes Durchgreifen den Beinamen »Kartätschenprinz« ein.

Friedrich Wilhelm IV. stellte sich den neu erwachenden Kräften. Am 19. März 1848 erhielt Preußen seine erste konstitutionelle Regierung, im Mai fanden die ersten Wahlen zu einer verfassungsgebenden Nationalversammlung statt, und 1850 trat eine Verfassung in Kraft, die bis 1918 Bestand hatte. Die Monarchie blieb erhalten, ihre Souveränität wurde indes deutlich eingeschränkt. Abgeordnetenhaus und Erste Kammer wirkten bei der Gesetzgebung mit. Rechtswirksame Regierungsbeschlüsse bedurften der Legitimierung durch den zuständigen Minister. Es blieb ein Privileg des Königs, diesen Minister zu ernennen oder zu entlassen, aber er durfte seine politischen Entscheidungen letztlich nicht mehr allein fällen. Obwohl die neue Verfassung der Monarchie noch einmal siebzig lange Jahre in Deutschland bescherte, muss Friedrich Wilhelm IV. das Gefühl gehabt haben, er unterschreibe sein eigenes Todesurteil.

Die Märzereignisse hatten das Königspaar noch stärker miteinander verbunden. Elisabeth Ludovika spürte, dass der kunstsinnige Intellektuelle seinen Aufgaben als Herrscher letztlich nicht gewachsen war. »Jetzt stütze mich, Elise«, hatte Friedrich Wilhelm am Sterbebett des Vaters zu ihr gesagt, und in der Tat hatte die Königin seit der Thronbesteigung ihre Aufgabe vornehmlich darin gesehen, ihrem Mann unverrückbar zur Seite zu stehen. Diesen Prinzipien blieb sie zeit ihres Lebens treu. Sie hatte keinerlei politischen Ehrgeiz, ihr Engagement trug stets privat-persönliche Züge und war nie durch Programme oder gar Visionen bestimmt. Sie war auf diffuse Art konservativ, das heißt gegen alles, was Macht und Stellung ihres Mannes in Frage stellen könnte. Für andere Sichtweisen fehlte es ihr an Phantasie und Selbstbewusstsein.

In Preußen machte sie sich durch diese Haltung ungewollt unbeliebt. Sie galt als schön und würdig, alle Welt schwärmte von ihren dunklen Rehaugen, aber durch ihre scheue Art wirkte sie unbeteiligt und oft melancholisch. Dauernd schien sie Heimweh nach ihrem katholischen Zuhause zu haben, den vielen Schwestern und dem freundlichen Vater, dabei gab es auch im heimatlichen Bayern längst keinen Ort mehr, wo die Familie vollständig versammelt war. Alle Töchter waren gut verheiratet, jede diente inzwischen einem neuen Regime oder mischte sogar kräftig in der entsprechenden Politik mit, wie beispielsweise ihre Schwester, Erzherzogin Sophie, in Österreich.

Nur Elisabeth Ludovika konnte sich mit den Konsequenzen ihrer Heirat nicht abfinden und schien ihr Schicksal, nicht zuletzt wegen ihrer Kinderlosigkeit, als tragisch zu empfinden. Wenn sie in Preußen offiziell in Erscheinung trat, wirkte sie nie wirklich glücklich.

Einträchtig mit Friedrich Wilhelm widmete sie sich indes der Förderung der Künste. Den Schinkelschen Museumsbau am Rande des Lustgartens – zuerst Neues, dann Königliches, heute Altes Museum genannt – ließen König und Königin durch den Bau des Neuen Museums gleich dahinter ergänzen. Auch Skulpturen und Denkmäler wurden in Auftrag gegeben, die Friedrich Wilhelm mit Blick auf die Stadtplanung wirkungsvoll positionieren ließ, so beispielsweise das Denkmal Friedrichs II. hoch zu Ross auf der Straße Unter den Linden. Bei sämtlichen Neuerungen brachte der König seine eigenen kreativen Ideen mit ein und ließ die Pläne nach seinen Vorgaben modifizieren. Dabei soll er wie ein gelernter Architekt gearbeitet haben. Fassadenentwürfe öffentlicher Bauten mussten ihm generell vorgelegt werden, bevor sie genehmigt wurden.

In seine Regentschaft fiel die Entstehung zahlreicher Sakralbauten sowie Schlösser und Burgen, auch in ganz anderen Regionen als rund um Berlin und Potsdam, ja sogar neuer Eisenbahnbauten. Im Gegensatz zu seinem Vater war Friedrich Wilhelm IV. ein großer Befürworter dieses neuen Transportmittels. Ab 1842 setzte sich Friedrich Wilhelm IV. für die Fertigstellung des Kölner Domes ein, ein Bauwerk der katholischen Kirche, das er selbst als »schönstes Schauspiel von der Welt« bezeichnete. Begonnen hatten die Kölner mit seiner Errichtung im 13. Jahrhundert. Elisabeth Ludovika begleitete Friedrich Wilhelm zum feierlichen Pontifikalamt am 4. September anlässlich der zweiten Grundsteinlegung. Für sie als einstige Katholikin war das ein Ereignis der besonderen Güte.

Eine weitere Leidenschaft stellte für den König der Ausbau von Schloss Stolzenfels bei Koblenz dar, ein prächtiges Anwesen in neugotischem Stil hoch über dem Rhein. Elisabeth Ludovika nutzte die Residenz später zeitweise als Witwensitz. Auch hier wirkten erst Schinkel, dann Stüler, schließlich auch Lenné, zumindest, was die Parkanlagen anbetrifft. Der zweischiffige, gewölbte Rittersaal entstand nach dem Vorbild der Marienburg in Polen.

1845 wurde nach den Entwürfen des Königs die Potsdamer Friedenskirche gebaut, in der er und später auch seine Frau bestattet wurden. Gleich daneben befindet sich, wie schon erwähnt, der Marlygarten. Diesmal verantwortete Persius die Bauarbeiten, unterstützt von Stüler, der sie nach Persius' Tod zu Ende führte. Ergänzt wurde die Anlage durch weitläufige Nebenbauten, die dem Ensemble den Charakter von oberitalienischen Klosteranlagen verleihen sollten. Die Arbeiten hieran fanden 1854, also erst nach dem Tod des Königs, ihren endgültigen Abschluss.

Zeugnis für die geradezu manische Baufreude legen die 4350 Zeichnungen des Königs ab, die bis heute von der Stiftung Preußische Schlösser und Gärten aufbewahrt werden. Sie enthalten vorwiegend architektonische Skizzen sowie figürliche und ornamentale Entwürfe. Hinzu kommen 3600 Blätter aus dem Nachlass der Königin mit Aquarellen von Landschaften und Stadtansichten. Bekannt ist, dass Friedrich Wilhelm in der Tat fortwährend zeichnete. Selbst bei Besprechungen oder während der morgendlichen Zeitungsschau fertigte er unentwegt nebenbei Skizzen an. Elisabeth Ludovika hob die vielen kleineren und größeren, in Teilen gewiss auch dilettantischen Ergebnisse seiner Kunstbegeisterung auf und verwahrte sie sorgfältig.

Während die Königin einerseits das kulturelle Engagement ihres Mannes unterstützte und seine Kreativität sinnstiftend begleitete, engagierte sie sich für soziale Zwecke. 1824 gründete sie das Elisabeth-Stift in Potsdam, eine Einrichtung, in der junge Mädchen zu Hausgehilfinnen ausgebildet werden konnten. Die finanziellen Mittel steuerte sie zum großen Teil aus ihrer Privatschatulle bei. Später setzte sie sich dafür ein, dass in allen größeren Städten Kinderbewahranstalten zur Betreuung armer und verwaister Jungen und Mädchen eingerichtet wurden. Elisabeth folgte darin dem Vorbild Königin Luises, die sich nicht nur für die Betreuung, sondern insbesondere die Ausbildung von Mädchen und Frauen, zum Beispiel zu Lehrerinnen, eingesetzt hatte.

1871 übernahm Elisabeth Ludovika die Schirmherrschaft für die Keppelsche Schul- und Erziehungsanstalt für Mädchen im Siegerländischen Hilchenbach, eine Einrichtung ähnlich wie die Königin-Luise-Stiftung in Berlin-Dahlem. Neben Handarbeiten und Haushaltslehre wurden die

Mädchen hier auch in Leibesübungen und Schwimmen unterrichtet. Beide Schulen existieren heute noch.

Die Ehe des königlichen Paares gestaltete sich dauerhaft harmonisch. Wenn die Königin in Preußen auch nicht restlos glücklich war – ihren Mann ließ sie es nie spüren. Die Briefe, die sie sich schrieben, wenn sie voneinander getrennt waren, zeugen von Herzlichkeit und aufrichtiger Zuneigung. Wenn man an Friedrich Wilhelm III. mit zunehmendem Alter eine gewisse Rastlosigkeit beobachten konnte, war sein ältester Sohn schon in der Kindheit von ungeheurer Bewegungsfreude, ja, aufbrausendem Wesen geprägt gewesen. Diese Hast steigerte sich später über alle Maßen. Oft ließ er an ein und demselben Tag seine Equipage für ein Mittagessen in einer seiner Residenzen vorfahren, um nachmittags schon wieder aufzubrechen und abends in einem ganz anderen Schloss zu dinieren. So ist davon auszugehen, dass er und die Königin in ihrem auf das Individuellste hergerichteten Charlottenhof oft zu Besuch waren, aber in all den Jahren dort nicht ein Mal übernachtet haben. Lieber residierten sie in Schloss Sanssouci, das eigens für den König umgebaut worden war. Er war ein ausgesprochener Verehrer Friedrichs II.

Was die Wutanfälle ihres Mannes betraf, wusste Elisabeth Ludovica ihn allerdings zu bremsen. »Ich suche den König«, sagte sie, wenn sich ihr »Alter«, wie sie Friedrich Wilhelm in ihren Briefen nannte, wieder einmal unnötig aufregte. Auf diesen Satz reagierte er sofort und riss sich zusammen.

Mit den Jahren wurde jedoch unübersehbar, dass der König sich zu sehr verausgabt hatte. Mitte der 1850er Jahre nahm seine Entourage erstmals vorübergehende Geistesschwächen bei ihm wahr. Kurze Ohnmachten traten bei dem 61jährigen auf. Elisabeth Ludovika reagierte sofort und fuhr mit ihm zur Kur ins böhmische Marienbad. Tatsächlich besserte sich seine Gesundheit, und sie hoffte, es habe sich lediglich um einen arbeitsbedingten Erschöpfungszustand gehandelt. Doch 1857 erlitt er, den Symptomen zufolge, einen Schlaganfall.

Umgehend wurde Wilhelm, der jüngere Bruder des Königs, der seit 1850 als Generalgouverneur der Rheinprovinzen in Koblenz residierte, nach Berlin beordert. Er sollte vorübergehend die Vertretung des Königs übernehmen, doch noch war die Situation nicht ganz geklärt. Rein rechtlich hätte auch Elisabeth Ludovika diese Aufgabe übernehmen können, und es gab Stimmen bei Hof, die für diese Variante votierten. Doch instinktiv wusste die Königin, was zu tun war. Sie überzeugte Friedrich Wilhelm IV., die notwendige Unterschrift zu leisten, und er trat dem Bruder für drei Monate seine Herrschaft ab. Dann fuhr sie mit ihrem schwerkranken Mann nach Italien.

Auch wenn Elisabeth Ludovika als preußische Herrscherin eine eher zurückhaltende Rolle spielte, kann man die Qualität ihres Handelns an dieser Stelle nicht stark genug unterstreichen. Nichts war für eine Monarchie bedrohlicher, als wenn der Regent ernsthaft erkrankte. Schließlich gibt es immer nur einen König, einen einzigen legitimen Herrscher. Sobald ausgerechnet die Person wankt, die diese Position rechtmäßig ausfüllt, befindet sich ein Land im Ausnahmezustand. Eine Regierungskrise ist unabwendbar.

Es ist ferner nicht einfach, einen König von seinem Krankheitszustand zu überzeugen und ihm deutlich zu machen, dass er gegebenenfalls irreversibel sei. Es war ein Glück für die Dynastie, dass Elisabeth Ludovika in dieser ausgesprochen kritischen Situation zur Stelle war. Hier kam das Vertrauensverhältnis, das über Jahre zwischen den Eheleuten gewachsen war, zum Tragen. Der König hörte auf seine Frau. Er wusste, dass sie nicht aus Eigennutz handelte, und so akzeptierte er ihren Rat. Zu Zeiten eines absolutistischen Regimes wäre das unmöglich gewesen.

An dieser Stelle offenbart sich nachträglich noch einmal die Bresche, die Luise während ihrer Ehe mit Friedrich Wilhelm III. in alte Riten und Usancen geschlagen hatte. Selbst Auguste war dahingehend vorbildhaft gewesen. Auf einmal war Heirat aus Liebe möglich geworden, plötzlich erwiesen sich emotional motivierte Verbindungen als tragbar für einen Regenten. Auch wenn die preußischen Herrscherinnen offiziell nicht mitregierten, konnten sie kraft ihres Selbstverständnisses durchaus Einfluss auf die Entscheidungen des Königs nehmen. Was die Innigkeit in Luises Verhältnis zu ihrem Mann anbetraf, eiferten ihre Kinder ihr unbedingt nach. Friedrich Wilhelm suchte und fand in seiner Ehe unbedingte Liebe, ähnlich erging es Charlotte, und auch Wilhelm strebte, wenn auch erfolglos, letztlich nach einer Liebesheirat.

Mehrfach verbesserte sich der Gesundheitszustand Friedrich Wilhelms IV. wieder, und jedesmal glaubte er, sein Amt erneut übernehmen zu können. Elisabeth Ludovika wuchs über sich selbst hinaus. Sie fand die Worte und den Respekt, Friedrich Wilhelm seinen sich zunehmend verschlechternden Zustand erträglich zu gestalten, ohne ihm seine institutionelle Bedeutung zu nehmen – eine Gratwanderung ganz eigener Natur.

Über drei Jahre lang hielt die Krankheit des Königs an, wiederholt wurde der Stellvertretervertrag mit dem Bruder verlängert, doch Friedrich Wilhelm IV. konnte nicht mehr gesunden. Ein erneuter Schlaganfall führte zur Lähmung der linken Körperhälfte. Der König saß nur noch im Rollstuhl. Auch das Sprachzentrum war stark beeinträchtigt. Allein Elisabeth Ludovika war es möglich, die Worte und Gesten zu deuten, die er noch von sich gab. Ein weiterer Anfall schließlich raubte ihm die Möglichkeit, sich seiner Umgebung überhaupt noch verständlich zu machen.

Mitten im Winter wurde der König endlich erlöst. Friedrich Wilhelm starb in den frühen Morgenstunden des 2. Januar 1861 in Schloss Sanssouci. Elisabeth Ludovika war körperlich und seelisch am Ende ihrer Kräfte. Am Totenlager des Gatten fiel sie ihrem Schwager Wilhelm um den Hals. »Mein Beruf ist zuende«, sagte sie. »Ich habe nur für ihn gelebt.«[43]

Nun erwies sich erneut, was die Beständigkeit dieser Königin für die Hohenzollern-Monarchie bewirkte. Rechtmäßig und in aller Form in das Amt des Stellvertreters eingeführt, konnte Wilhelm die Regierungsgeschäfte fraglos weiterführen. Auch die Thronfolge übernahm der Bruder des Königs ohne weitere verfassungsrechtliche Diskussionen und reiste wenige Monate später zu seiner Krönung nach Königsberg. In einem überaus kritischen Moment hatte Elisabeth Ludovika der Hohenzollern-Monarchie Kontinuität und Stabilität gesichert, und das weit über den Tod des königlichen Gatten hinaus.

Die Bayerin überlebte ihren Mann um dreizehn Jahre. Sie führte ein zurückgezogenes Leben und suchte sich und ihre Gesundheit zu schonen. Das jahrelange Hinken verursachte ihr inzwischen dauerhaft Schmerzen in Beinen und Hüfte, und sie war nicht mehr sehr beweglich. Bevorzugter Witwensitz war ihr Schloss Sanssouci. Obwohl dort heute vornehmlich der Zeit Friedrichs II. gedacht wird, war sie die letzte Bewohnerin des Hauses. Ähnlich wie in Schloss Charlottenhof hatten sie und Friedrich Wilhelm IV. sich auch hier ein gemeinsames Schlafzimmer eingerichtet, ein Vorhaben, das allein deshalb schwer umzusetzen war, weil der Alkoven, vorgesehen für die Schlafstätte Friedrichs II., für ein Doppelbett viel zu klein war. Mit ihrem ehelichen Harmoniestreben hatten die beiden alle Regeln aus dem alten Preußen in Frage gestellt.

Elisabeth Ludovika nutzte ihre Witwenzeit, um bei ihren nächsten Verwandten zu sein. Neben ihrer Zwillingsschwester Amalie Auguste hatte auch ihre Schwester Maria mit Friedrich August II. (1797–1854) ein Mitglied des sächsischen Königshauses geheiratet und war ebenfalls an die Elbe gezogen. Oft war Elisabeth Ludovika bei ihnen zu Gast. Endlich konnten sie wieder derart vertraut beisammen sein, wie sie es von Kindheitstagen her gewohnt waren. Viele gemeinsame Stunden verbrachten die drei Schwestern in Pillnitz, der zauberhaften Sommerresidenz des Königshauses direkt am Flussufer östlich von Dresden. Hier verstarb die bayerische Preußin schließlich am 14. Dezember 1873. Sie wurde nach Berlin überführt und mit allen Ehren neben ihrem Mann im Mausoleum der Potsdamer Friedenskirche beigesetzt.

Auch wenn Elisabeth Ludovika und Friedrich Wilhelm nie in Schloss Charlottenhof genächtigt haben, gilt es bis heute als der Lieblingsaufenthaltsort der Königin. Es ist eine Sommerresidenz im wahrsten Sinne, ein Gartendomizil, ein leichtes, lichtdurchströmtes Haus bescheidenen Ausmaßes, in dem man unwillkürlich Fenster und Türen aufreißen möchte, um das Drinnen und das Draußen gleichzeitig genießen zu können. Im nahe gelegenen Wildpark befand sich auch eine Berghütte im alpenländischen Landhausstil, die Friedrich Wilhelm 1847 hatte errichten lassen, um das Heimweh der Königin zu lindern.

Der Preuße hatte dem Sommersitz den exotischen Phantasienamen »Siam« gegeben und sah sich hier, halb scherzhaft, als Schöpfer eines freien und friedvollen Landes, in dem er seine Vision eines idealen Gemeinwesens realisieren konnte. Er wollte lediglich ein Bürger dieses Landes sein, Elisabeth Ludovika an seiner Seite eine einfache Bürgerin. Ein Parkplan, 1839 eigens angefertigt von Lenné-Schüler Gerhard Koeber, veranschaulicht die Anlage in ihrer streng symmetrischen Gesamtheit. Die Lithographie trägt die Überschrift: »Plan von Charlottenhof oder Siam«.

Nicht nur das Zimmer der Königin, auch sämtliche anderen Räume im Schloss sind von seltener Perfektion. Bis ins Detail wurde die Einrichtung des Hauses auf das Ideal abgestimmt, das den Bauherren vorschwebte. Türen, Klinken, Kamine, ja sogar einzelne Spiegel gehen allesamt auf Schinkels Entwürfe zurück. Im Arbeitszimmer Friedrich Wilhelms wirken der Schreibtisch und der dazugehörige Drehstuhl, als seien sie eigens und ausschließlich für die Zimmerecke gefertigt worden, in der sie platziert sind. In der Tat wurden beide Möbel zwischen 1820 und 1830 gebaut und gehören nachweislich zur Erstausstattung des Schlosses. Exzeptionell ist in diesem Raum auch der Lesesessel mit integrierter und verstellbarer Schreib- und Arbeitsfläche.

Ähnlich auffallend ist die Positionierung der Graphiken im Kupferstichzimmer. Sie zeigen Motive der italienischen Hochrenaissance und sind ausgesprochen dicht gehängt. Einzelne Werke – eine weitere Raffinesse Schinkels – wurden sogar an die Decke montiert. Nur wer den Kopf in den Nacken legt, kann sie betrachten.

Beeindruckend ist in fast allen Zimmern die Wahl der Wandfarben: Sowohl das Arbeitszimmer als auch das an-

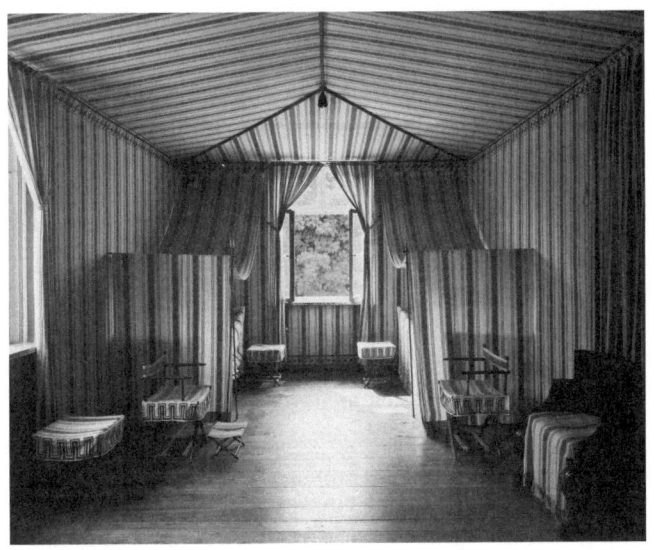

grenzende gemeinsame Schlafgemach des königlichen Paares leuchten in sogenanntem Schweinfurter Grün. Das Eckkabinett, das auf der anderen Seite des Speisesaales liegt, wurde einfarbig in Karminrot gestrichen, die Flügeltüren des Speisesaals mit knallrotem Tuch bespannt. Einen Höhepunkt bietet das Zeltzimmer, das gleich an das Eckkabinett anschließt. Es ist komplett an allen vier Wänden und sogar der Decke mit weißblau gestreifter Papiertapete ausgekleidet.

Dieses Zimmer ist ferner wie ein Zelt gestaltet, die Decke so geformt, als trüge sie ein spitzes Dach. Selbst die Möblierung sollte den Eindruck vermitteln, man befände sich nicht in einem festen, sicheren Schloss, sondern sei auf Forschungsreise fernab jeglicher Zivilisation. In manchen Beschreibungen ist auch von einem Feldherrenlager die Rede. Die beiden Betten, parallel zueinander rechts und links unter dem Fenster positioniert und mit baldachinartigen Überhängen versehen, sind schmal und wirken spartanisch. Man möchte keineswegs gezwungen sein, dauerhaft darin zu nächtigen. Als Notbehelf, rasch aufgestellt und danach wieder zusammengeklappt, um weiterzuziehen, mögen sie genügen. Ähnlich sind die beiden Hocker und Sessel, von denen jeweils einer den Betten beigestellt ist, eher praktisch als bequem. Es sind Reisemöbel, leicht und faltbar.

Ebenso wie Vorhänge, Baldachine und Bettüberwürfe tragen die Kissen dieser Sitze das gestreifte Muster der Wände. Ob der Kronprinz bei der Wahl der Farbtöne wieder einmal an seine geliebte Gattin gedacht hat? Blauweiß waren schließlich die Wappenfarben von Bayern. Zweifelsohne muss die Kronprinzessin angesichts dieses außergewöhnlichen Zimmers, komplett ausgestattet in ihren heimatlichen Farben, entzückt gewesen sein. Auch der Hauch von Orient und Fernreise, den das Zimmer vermittelt, wird ihr gefallen haben, wenn sie auch auf die Abenteuer, die gemeinhin mit derlei Eskapaden verbunden waren, gern verzichtete. Das gesamte Zimmer wirkt, als seien Wände, Decke und Möbel aus Leinen gewoben, als würden sie sich im Wind bewegen und als müsste man sich nicht wundern, wenn draußen Papageienrufe oder der Lärm von Zikaden zu hören wären.

Fest steht, dass die eigenwillige Dekoration auf den Gestaltungswillen des Kronprinzen zurückging. Allerdings war er mit seiner Idee nicht allein. Ein Zeltzimmer gab es auch im Marmorpalais, das sein Großvater Friedrich Wilhelm II. am Ufer des Heiligen Sees hatte bauen lassen, sowie im »Cottage« seines russischen Schwagers Nicki, einem neugotischen Schlösschen, das sich der Zar in Peterhof am Finnischen Meerbusen nahe St. Petersburg hatte bauen lassen. Die romantisch gestalteten Parkanlagen rund um den Landsitz nannte er übrigens »Alexandria« nach seiner Frau.

Beherbergt wurden in dem blau-weißen Raum in Charlottenhof Gäste, unter anderem Alexander von Humboldt (1769–1859). Er hielt sich hier auf Einladung des Kronprinzen in den Sommermonaten von 1835 bis 1840 auf. Der Wissenschaftler und Forschungsreisende wird sich in dem exotischen Zimmer besonders wohl gefühlt haben.

Zwei persönliche Gegenstände Elisabeth Ludovikas fallen in Charlottenhof ins Auge: ein Nähtisch, der sich im Schlafzimmer des Kronprinzenpaares befindet, und ein Reiseschreibtisch. Den Nähtisch schmücken die Initialen der bayerischen Prinzessin, er muss Teil ihrer Mitgift gewesen sein. Er ist aus Lindenholz gefertigt und mit feinsten Intarsien verziert – eine weitere Hilfe gegen das Heimweh.

Der Reiseschreibtisch befindet sich naheliegenderweise im Zeltzimmer und ist mit blauweiß gestreiftem Tuch bespannt. Obwohl die Farben nicht präzise der Papiertapete entsprechen, fügt er sich übergangslos in das Gesamtensemble. Zusammengeschoben steht er schmal und unauffällig parallel zur Wand und wirkt wie ein Paravent, doch wenn man die Arbeitsfläche herausklappt, kann man bequem daran sitzen und seine Korrespondenz erledigen. In einzelnen Fächern lassen sich Briefpapier, Umschläge, Tinte und Schreibwerkzeug verstauen.

Wer weiß, wie oft Elisabeth Ludovika den Tisch benutzt hat? Ob sie ihn auf die Fahrten zu den Schwestern nach Dresden mitgenommen hat? Oder war er sogar Bestandteil ihres Gepäcks, wenn sie Friedrich Wilhelm auf seinen Reisen in die westlichen Provinzen und nach Köln begleitete? Führte sie das praktische Möbelstück mit sich, als sie mit dem todkranken König nach Italien fuhr?

Kein anderes Erinnerungsstück ist derart typisch für Elisabeth Ludovika, die doch, wenn es nicht ausgerechnet der König von Preußen gewesen wäre, den sie geheiratet hatte und liebte, viel lieber bei ihrer katholischen Familie und im Süden geblieben wäre. Im Inneren blieb ihr Preußen zeitlebens fremd. Sie war dort nie ganz zu Hause.

13.

Die erste Kaiserin –
Augusta von Sachsen-Weimar-Eisenach
(1811–1890)
Ehefrau Kaiser Wilhelms I.
(1797–1888)

Es hat kurz geregnet, und die neu belaubten Buchenbäume im Babelsberger Schlosspark stehen da wie frisch gewaschen. Hell glänzend hebt sich das frühlingsgelbe Grün vom blauen Himmel ab. Obwohl die hügelige Landschaft, die hier in großzügig angelegten Terrassen zum Ufer des Tiefen Sees hin allmählich abfällt, auf ihren Höhen dicht mit Bäumen bepflanzt ist, fingert Licht durch die Blätter und zeichnet helle Streifen und Flecken auf das braune Laub.

Das Schloss im Park wurde aufwändig restauriert. Die Außenfassade prangt wieder in elegant eierschalenfarbenem Ton, von der rötlich-braunen und stellenweise dunkelgrauen Färbung, die der Stein über die Jahre angenommen hatte, ist nichts mehr zu erkennen. Die Spitzen und Zinnen der Türmchen und Mauern wirken in ihrem Cremeweiß heller noch als die Fassade und setzen lebhafte Akzente. Jede Rosette, jede Zierleiste ist präzise erkennbar, die geschwungenen Bögen über den Fenstern und Türen wieder deutlich nachvollziehbar – als habe man beim Anblick des Hauses früher eine unscharfe Brille getragen. Trotz der Schwerfälligkeit der englischen Gotik wirkt das Anwesen lebhaft und anmutig.

Kaum ein Platz in der Potsdamer Kulturlandschaft ist besser geeignet für einen herrschaftlichen Sommersitz. Weit geht der Blick von der Babelsberger Halbinsel über die Wälder und Inseln dieses malerischen Landstriches, in dem eher die Gewässer über die Topographie bestimmen als das Festland, in dem Flüsse sich gelassen zu Seen erweitern und dann wieder zu schmaleren Schiffspassagen verengen. Schräg gegenüber der Halbinsel löst sich die Havel unaufgeregt aus dem Jungfernsee, lässt die Einfahrt zum Griebnitzsee links liegen und fließt über die Untere Havel-Wasserstraße vorbei an dicht bewachsenen Ufern durch die Babelsberger Enge Richtung Stadtzentrum in den Tiefen See.

Wilhelm von Preußen musste bei seinem Vater lange betteln, bis Friedrich Wilhelm III. ihm die Halbinsel mit der schönen Aussicht zusprach. Erst 1833 konnte der Zweitgeborene Lenné den Auftrag erteilen, aus der Hügellandschaft einen Park zu machen. Der begabte Gartenarchitekt hatte darauf nur gewartet. Nachdem er für Kronprinz Friedrich Wilhelm rund um Charlottenhof im Park von Sanssouci hatte wirksam werden können und den Neuen Garten am Marmorpalais überarbeitet hatte, brannte er nun darauf, auch die weitere Umgebung von Potsdam in sein Gesamtkunstwerk einzubeziehen.

Begonnen hatte sein Plan mit der Gestaltung eines Parks schräg gegenüber von Babelsberg am anderen Ufer. Dort hatte Carl, Luises dritter Sohn, mit Schloss Glienicke 1824 als erster ein eigenes Anwesen erworben und Lenné zugleich gebeten, im Garten gestalterisch wirksam zu werden. Einer »Englischen Partie« mit Obstterrassen, einem weitläufigen Park mit freien Wiesenflächen und einzelnen Baumgruppen hatte der Meister gekonnt einen sogenannten »Pleasureground« hinzugefügt, einen kleinteilig gestalteten Garten, der mit Blumenrabatten in geometrischen Formen geschmückt war. Die Idee war, die Innenräume nach außen zu erweitern und die Wohnung quasi im Freien fortzusetzen. Wie ein bunter Teppich sollten die Beete, bestückt mit Blumen in unterschiedlichen Farben und Formen, wirken. Ähnlich wie in Charlottenhof beschrieb das Verhältnis von Haus zu Garten auch hier in Glienicke gleichermaßen das Verhältnis von Mensch zu Natur. Es zeigte die individuellen Vorlieben des Eigentümers, setzte ihn sinnreich in Beziehung zu seiner persönlichen Umgebung und, im übertragenen Sinne, auch zum Rest der Welt.

Nachdem ihm Babelsberg anvertraut worden war, konnte Lenné den Bogen noch weiter spannen und mit seiner Gestaltung auf das Anwesen in Glienicke Bezug nehmen. Er ließ in dem hügeligen Gelände Wege und Sichtachsen anlegen und eröffnete den Besuchern Ausblicke auf weitere Anwesen in nächster Umgebung. Nicht nur Schloss Glienicke fiel somit von Babelsberg aus ins Auge, sondern auch die Bauten des Neuen Gartens. Inzwischen haben sich Villen und Zweckbauten davor geschoben, die auf dem davor liegenden Festland gebaut worden sind, der Berliner Vorstadt.

Auch das rechts gegenüberliegende Ufer von Klein-Glienicke mit dem 66 Meter hohen Zehlendorfer Böttcherberg bezog Lenné in seine Pläne mit ein. Auf dem Berg entstand ein Plateau mit weiteren Blickachsen auf die Seen in der Umgebung. Hier befindet sich auch die Loggia Alexandra, die 1869 zum Gedenken an die Schwester Alexandra Fjodorowna (ursprünglich Charlotte) gebaut worden war.

Die Aussicht von der Babelsberger Schlossterrasse ist heute noch traumhaft schön. Sorgsam haben Restauratoren und Gartenhistoriker die Ideen Lennés berücksichtigt und sich bemüht, sie zu erhalten. Der Blick geht weit über die Seen und Wälder, harmonisch fügt sich die Glienicker Brücke, 1906 gebaut, in die Landschaft ein. Ein dünner Nebel scheint über der Wasserfläche zu liegen, denn die Ränder der jenseitigen Ufer lassen sich nur erahnen. Schiffe und Fähren kreuzen auf den Seen. Es ist ein Ort, so anmutig, dass man ihn malen möchte.

Ähnlich wie Lenné freute sich auch Augusta von Sachsen-Weimar-Eisenach, Ehefrau Wilhelms, auf die Gestaltung des neuen Anwesens in Babelsberg. Aufgewachsen am Weimarer Hof, stammte sie aus anspruchsvoll-gebildetem Hause und war auf ihre Rolle an der Seite eines Vertreters des preußischen Königshauses vortrefflich vorbereitet worden. Aus ihrer Sicht gehörten dazu selbstverständlich auch die Einrichtungen der Residenzen, in denen sie sich mit ihrem Mann und den Kindern aufhielt, und die kunstvolle Gestaltung der dazugehörigen Gartenanlagen.

Augustas Mutter stammte aus Russland. Sie hieß Maria Pawlowna Romanowa (1786–1859), war eine Schwester Alexanders I. und damit Enkelin von Katharina der Großen (1729–1796). Als die Zarentochter nach ihrer Hochzeit 1804 mit ihrem Tross in Weimar anlangte, staunte die Bevölkerung über die reichhaltige Mitgift, die sie mit sich führte. Sie reiste in einer komfortablen Brautkutsche und brachte Schmuck, Kleider, Textilien und Erinnerungsstücke mit sich, von einer Pracht und Fülle, wie sie kaum einer bislang gesehen hatte. Mehrere 100 000 Rubel soll der Brautschatz wert gewesen sein. Einiges davon ist heute noch im Weimarer Schloss zu besichtigen, so zum Beispiel eine Schlafzimmereinrichtung mit einem rundherum goldglänzenden Bett.

Vor einigen Jahren wurde der Brautschatz in Weimar ausgestellt. Um ihn in seinem gesamten Umfang zu präsentieren, komplettierte man die Ausstellung mit Leihgaben wie Silber oder kunstvollen Einrichtungsgegenständen aus den Niederlanden und Russland. Die Schwester Maria Pawlownas, Anna Pawlowna Romanowa (1795–1865), hatte nach Holland geheiratet und war 1840 an der Seite ihres Ehemannes Wilhelms II. von Oranien-Nassau (1792–1849) Königin des Landes geworden. Die Juwelen, die sie mit in ihre Ehe brachte, gehören heute noch zu den zentralen Kostbarkeiten des Niederländischen Kronschatzes. Eine weitere Schwester, Katharina Pawlowna (1788–1819), wurde Königin von Württemberg. Die Brautschätze der Geschwister waren nahezu identisch gewesen. 500 Exponate wurden 2004 für die Sonderschau im Weimarer Schloss zusammengetragen, 28 Räume damit bestückt.

Doch Maria Pawlowna brachte dem Großherzogtum nicht nur Reichtum, sondern auch politische Bedeutung. Während Augustas Vater, Karl Friedrich von Sachsen-Weimar (1783–1853), als zurückhaltender Mann beschrieben wird, entwickelte sie sich an seiner Seite zu einer einflussreichen Persönlichkeit. Dank ihrer verwandtschaftlichen Beziehungen zu Russland konnte sie Weimar nach der Niederlage von Jena und Auerstedt vor einer Übernahme Napoleons schützen. Sie nahm am Wiener Kongress teil und setzte sich dafür ein, dass bei den Verhandlungen für das Herzogtum territoriale Gewinne heraussprangen. Mit ihrer Förderung der Künste, ihrer Unterstützung für Bildung, Musik und die Bibliotheken mehrte sie den Ruf Weimars als einer Hauptstadt für Literaten und Literatur.

Maria Pawlowna folgte damit dem Vorbild Anna Amalias von Sachsen-Weimar (1739–1807), der Großmutter Karl Friedrichs, die schon zu ihren Lebzeiten begonnen hatte, aus der kleinen Stadt an der Ilm einen Musenhof zu machen. Anna Amalia war frühzeitig verwitwet, hatte die Vormundschaft für ihren minderjährigen Sohn Karl August (1757–1828) übernommen und ihm, aufgeschlossen und kunstsinnig wie sie war, gescheite Lehrer an die Seite gestellt. An ihrem Hof verkehrten bekannte Größen wie Christoph Martin Wieland (1733–1813), Johann Gottfried Herder (1744–1803) und Friedrich Schiller (1759–1805), die nacheinander hierher gezogen waren.

Der junge Herzog wurde auf Bildungsreisen geschickt und mit Geistesgrößen zusammengebracht, deren Gedankenwelt von Revolution und Aufklärung geprägt waren. Nachdem er die Regierungsgeschäfte selbst übernommen hatte, entwickelte sich Weimar zu einem der liberalsten Herzogtümer seiner Zeit. Karl August, inzwischen Großherzog von Sachsen-Weimar geworden, war es auch, der Goethe 1775 nach Weimar einlud und ihm eine Stellung bei Hof anbot. Seine Einladung galt dabei weniger dem berühmten Autor der *Leiden des jungen Werthers*, als dem jungen, staatspolitisch orientierten Juristen, der ihn bei der Ausarbeitung einer Verfassung beraten sollte.

Goethe folgte dem Angebot und gehörte bald zu den Hauptakteuren am Weimarer Hof. Er zog viele Schriftsteller und Wissenschaftler nach sich und machte die Stadt gemeinsam mit dem Großherzog zum Mittelpunkt liberaler zeitgenössischer Denkungsart. Wer weiß, ob aus dem jugendlich-schwärmerischen Autor jemals ein Schriftsteller und Universalgelehrter seines Ranges geworden wäre, wenn er nicht zeit seines Lebens ein regelmäßiges Salär vom Sachsen-Weimarer Hof bezogen hätte?

Neben ihrem Wirken als Mäzenatin setzte sich Maria Pawlowna für Verbesserungen in Landwirtschaft und Gartenbau ein und unterstützte Maßnahmen zur Landesverschönerung in der Umgebung der Residenzstadt. Nicht zuletzt engagierte sie sich für die Erziehung und Ausbildung ihrer Kinder. Sie brachte nacheinander zwei Mädchen und schließlich einen Sohn zur Welt, Marie (1808–1877), Augusta, Carl Alexander (1818–1901), und ließ sie im Geiste des Weimarer Hofes erziehen. Zu Augustas Kinderfrau wurde eine mütterliche Dame namens Amalie Batsch auserkoren, an der die Prinzessin bald innig hing. Neben Verstand und Scharfsinn konstatierte Amalie Batsch bei ihrem Schützling einen überaus starken Willen und ein heftiges Wesen. Diese Eigenschaften würden Augusta ihr Leben lang begleiten, wenn nicht gar behindern. »Feuerkopf« wurde sie dafür von ihren Nächsten genannt. Wenn Wilhelm diesen Namen später für seine Frau benutzte, machte er dazu meist eine bestimmte Handbewegung, mit der er andeuten wollte, dass sie nicht nur leicht aufgebracht und entflammbar war, sondern er daran auch nichts ändern könne.

In Augustas Kindheit in Weimar wurden diese Eigenschaften erst einmal positiv und als Zeichen wachsender Persönlichkeit gewertet. Entsprechend wurde das Mädchen für ihr klares Urteilsvermögen und ihre rasche Auffassungsgabe gelobt. Schließlich sollte aus ihr kein schüchternes Wesen werden. Gemeinsam mit ihrer älteren Schwester genoss Augusta Zeichenunterricht bei der Malerin und Goethe-Porträtistin Luise Seidler (1786–1866) und Musikunterricht bei dem österreichischen Komponisten Johann Nepomuk Hummel (1778–1837). Die Prinzessinnen lernten Französisch, Russisch, Geschichte, Geographie, Klavier spielen und tanzen, gar nicht zu reden von den Übungen zwecks Erwerb von sprachlicher Gewandtheit, Umgang mit fremden Persönlichkeiten und tadelloser Haltung. An vielen Tagen musste sich Augusta vor leeren Stühlen verbeugen und verbindlich Konversation führen. Zur aufrechten Haltung trug ein Holzstab bei, den die Prinzessin stundenweise zwischen den Schultern trug.

Im Rahmen ihrer religiösen Unterweisungen, das Herzogtum Sachsen-Weimar folgte dem protestantischen Glauben, entwickelte Augusta eine strikte Ablehnung gegenüber dem Krieg. Auch damit würde sie sich später am preußischen Hof nicht unbedingt beliebt machen. Ihre Vorstellungen, wie sich ein Land und seine Regierung ohne militärische Interventionen durchsetzen sollten, waren selbstredend noch kindlich-diffus, doch sie vertrat ihre Ansicht vehement.

In Sachen Naturwissenschaft nahm Goethe selbst sich der Mädchen an. Der Autor und Gelehrte gehörte gewissermaßen zur Familie und war Augusta ein großväterlicher Freund. Er mochte sie und freute sich über ihren hellen Verstand. Bisweilen verfasste er darüber auch Gedichte. Goethe erzählte den Prinzessinnen von fernen Ländern und dem Orient und schrieb ihnen chinesische und arabische Schriftzeichen auf. Am 7. September 1820 beobachteten sie gemeinsam eine Sonnenfinsternis. Freundlich erklärte der Gelehrte den aufmerksamen Kindern das ungewöhnliche Naturereignis.

Ihrem zukünftigen Ehemann begegnete Augusta zum ersten Mal im Winter 1826. Er kam in Begleitung seines jüngeren Bruders Carl nach Weimar, der Augustas Schwester Marie einen Heiratsantrag machen wollte. 1824 waren sich die beiden erstmals in Frankfurt an der Oder begegnet und hatten sich sofort ineinander verliebt. Überflüssig, daran zu erinnern, dass wieder einmal zwei Hohenzollernprinzen gemeinsam anreisen, um potentiellen zukünftigen Ehefrauen ihre Aufwartung zu machen. Manche Traditionen scheinen sich allein durch Wiederholung zu erhalten.

Augusta war bei diesem Weimarer Treffen siebzehn Jahre alt, Wilhelm vierzehn Jahre älter, und während sie gerade erst konfirmiert worden und damit ins heiratsfähige Alter gekommen war, hatte er beinahe ein ganzes Leben hinter sich. Als Kind war er gemeinsam mit seinen Geschwistern im Gefolge Luises vor Napoleon geflohen, hatte den Tod der über alles geliebten Mutter durchlitten und mit dreizehn Jahren an ihrem Grab den Franzosen ewige Rache geschworen. Wie jeder Preußenzögling hatte er sich frühzeitig zur Armee verpflichtet, war mit zehn Jahren zum Leutnant ernannt worden und dann sukzessive die Karriereleiter bis in den Rang eines Generals emporgeklettert. Er hatte 1814 in den Befreiungskriegen gekämpft, die Franzosen geschlagen und war am 31. März im Gefolge seines Vaters mit Alexander I. und dem Kaiser von Österreich hoch zu Ross als Sieger in Paris eingezogen. Wilhelm war auch mehrfach als Vertreter des preußischen Königshauses herangezogen worden, hatte weite Reisen mit mehrmonatigen Aufenthalten in Italien und Russland unternommen und war seiner Familie, insbesondere dem Vater, aber auch dem Kronprinzen gehorsam ergeben.

Mit achtzehn Jahren hatte sich Wilhelm in Prinzessin Elisa von Radziwiłł (1803–1834) verliebt und ihr ewige Liebe geschworen. Die bildhübsche und darüber hinaus einfühlsame und begabte Frau stammte aus einer alten polnisch-litauischen Magnatenfamilie, deren Besitzungen bis an die Grenzen Russlands reichten. Ihre Mutter war Luise Friederike von Preußen (1770–1836), die Tochter eines Bruders Friedrichs II., und damit Tante Friedrich Wilhelms III. Sie war gemeinsam mit Königin Luise im Exil gewesen, und ihre Kinder waren quasi wie Geschwister aufgewachsen. Elisas Vater war Fürst Anton von Radziwiłł (1775–1833) und unterhielt neben ansehnlichen Besitztümern in Schlesien ein hochherrschaftliches Haus in der Wilhelmstraße, in dem ein und aus ging, wer in Berlin Rang und Namen hatte. Darüber hinaus war der Fürst ein begabter Musiker und Komponist. 1815 ernannte ihn der König zum Statthalter Preußens in Posen. Elisa war eigentlich also eine ideale Partie.

Die hübsche Frau erwiderte Wilhelms Liebe von ganzem Herzen. Ihre Verbindung war in ihren Augen fast so etwas wie eine nahe Verwandtschaft, eine Art Selbstverständlichkeit. In einem Brief an ihre Freundin schreibt sie: »Am Abend vor seiner Abreise hat er hier gegessen und den Abend mit uns zugebracht. So haben wir gesessen bis nach 12 Uhr des Nachts und immer im Garten. Ohne Zwang und ohne Aufsehen haben wir da uns sprechen können, wie ein Bruder mit seiner Schwester spricht. Es war aber doch noch viel schöner! (...) Er sprach so schön, so herrlich, so ohne irgend einen Anstrich von selbstsüchtiger Liebe, daß ich mich nicht halten konnte, und meine Tränen fielen reichlich auf meine Hände. Ich habe auch nicht versucht, ihm zu verbergen, wie sehr seine Rede mich gerührt und habe ihm alles gezeigt, was in mir vorging. Er hat (...) von mir selbst erfahren, was er nur durch Mamas Versicherungen kannte! Er ist mir noch viel werter in dieser kurzen Zeit geworden, und fest ist der Vorsatz in mir eingewurzelt, allen Stürmen zum Trotz sein Andenken und meine Treue ihm im Herzen zu bewahren!« (Juni 1822).[44]

Doch in einem Jahre andauernden Auf und Ab wurde dem jungen Glück zuerst die Begegnung gestattet, dann wieder strikt untersagt. Elisa galt einem Sohn des preußischen Königshauses, zumal dem Bruder eines Kronprinzen, dessen Frau keinen Thronfolger gebar, als nicht ebenbürtig. Kaum einer hat die komplizierte Geschichte anschaulicher geschildert als Dagmar von Gersdorff in ihrem Buch *Auf der ganzen Welt nur sie* (Berlin 2013). Herzzerreißende Briefe wechselten zwischen den beiden, der gesamte Hof, sämtliche Salons der Stadt nahmen an der Tragödie Anteil. Unzählige Male wurden Elisas Herkunft und Stand überprüft, 28 Gutachten wurden verfasst, gelesen und in größeren und kleineren Gremien beratschlagt, elf Jahre warteten Wilhelm und Elisa auf eine Entscheidung. Selbst eine Adoption der jungen Frau wurde in Erwägung gezogen, nur damit sie familiär besser gestellt sei – doch zum Schluss kam 1826 die Absage. Wilhelm musste endgültig auf eine Eheschließung mit Elisa verzichten.

Am 24. Juni schreibt er: »Gottes Wille tut sich auf Erden kund durch die Entscheidungen und dadurch herbei geführten Schicksale der Menschen! Vor mir liegt der Brief geöffnet, der über Elisa, über mich entscheidet! (…) So nehme ich denn Abschied von Ihnen, von Elisa, aus (ist) mein Verhältnis, das das Glück meines Lebens bisher machte! Das Band der Liebe ist zwischen Elisa und mir gelöst – möge ihre Freundschaft mir bleiben – bis zum Tode!«[45]

Augusta war das Drama wohl bekannt. Nicht zuletzt ihre eigenen Eltern hatten gewissermaßen dazu beigetragen, indem sie ihrer Tochter Marie die Heirat mit Prinz Carl zunächst untersagen wollten. Womöglich würden Kinder aus einer nicht standesgemäßen Ehe des Zweitgeborenen, so fürchtete das Weimarer Großherzogspaar, irgendwann auf den preußischen Thron gelangen. Das könne man in Weimar niemals gutheißen. In solch ein Haus wolle man die älteste Tochter nicht geben.

Wilhelm selbst war Augustas Eltern als Partie für ihre Tochter anfangs nicht gut genug, denn er war ja »nur« der Zweitgeborene des preußischen Königs. Maria Pawlowna hatte sich – frei nach dem Vorbild ihrer Mutter – für ihre Töchter Ehemänner idealisiert, die Anwartschaften auf einen europäischen Thron mitbrachten. Damit konnte Wilhelm vorläufig nicht aufwarten.

Augusta versuchte die Gedanken an den unsympathischen Prinzessinnenhandel zu verdrängen. Sie hatte sich in Wilhelm verliebt, fand ihn attraktiv und interessant, und als 1829 ein Heiratsantrag aus Berlin eintraf, freute sie sich unbändig. Auf Dauer, so hoffte sie, würde sie Wilhelms Gegenliebe schon gewinnen.

Am 6. Juni 1829 war es schließlich soweit. Wilhelm reiste nach Weimar, um Augusta abzuholen, und sie bestieg tränenüberströmt die rosengeschmückte Kutsche, in der sie gemeinsam die Stadt verließen. Der Himmel trug das seinige zur allgemeinen Abschiedsstimmung bei: Es goss wie aus Kannen.

Geschmückt mit der diamantenen Prinzessinnenkrone zog Augusta am 11. Juni an der Seite ihres Mannes in die Charlottenburger Schlosskapelle ein. Wilhelm trug stolz seine Generalsuniform. Noch war nichts davon zu merken, dass er einst König von Preußen, ja sogar Deutscher Kaiser werden würde, doch die Ehefrau, die ihm zugeteilt worden war, passte exzellent dazu. Keine andere würde diese Stellung würdiger und überzeugender auszufüllen wissen als Augusta von Sachsen-Weimar.

Die ersten Jahre verliefen einigermaßen friedlich. Augusta und Wilhelm bezogen am Boulevard Unter den Linden unweit des Kronprinzessinnenpalais eine herrschaftliche Barockresidenz. Nach einigen Jahren ließ der Prinz das Haus abreißen und nach Plänen von Langhans einen zweigeschossigen Neubau im klassizistischen Stil errichten, der später nach seinem Eigner Kaiser-Wilhelm-Palais benannt wurde. Augusta engagierte sich stark bei der Wahl der Inneneinrichtung und entschied sich für Mahagonimöbel, Parkettfußböden, Marmorstatuen und ein maurisches Bad. Von außen schmückte das Gebäude zum Opernplatz hin eine begrünte Pergola.

Über fünfzig Jahre lang würde das Palais von nun an in den Monaten Oktober bis März Amts- und Wohnsitz des Prinzen sein. Unten links befanden sich seine Wohn- und Arbeitsräume, von denen er Mittag für Mittag am Fenster der Wachablösung an der Neuen Wache schräg gegenüber beiwohnte. Dieser Habitus wurde derart bekannt und populär, dass er schließlich in den Reiseführern vermerkt wurde und regelmäßig die Besucher der Stadt anzog. Eine private Wendeltreppe verbanden die Räume Wilhelms mit den Salons seiner Frau, direkt darüber.

Nach drei Jahren wurde Augusta ein erstes Kind geboren. Am 18. Oktober 1831 kam ein gesunder Junge zur Welt, er erhielt traditionsgemäß den Namen Friedrich (1831–1888), und alles atmete auf. Der Fortbestand der Dynastie war gesichert. Glücklich präsentierten die stolzen Eltern den kleinen »Muffi«, wie der Junge anfangs genannt wurde, der Öffentlichkeit. Getreu der soldatisch geprägten Hohenzollern-Monarchie trug er Militärmütze und einen winzigen Soldatenmantel.

Am 3. Dezember 1838 erblickte Luise (1838–1923) das Licht der Welt, das Kind, dem Augusta ihr Leben lang herzlich zugewandt bleiben würde. Nie trübte ein Missverständnis diese Verbindung. Da die Kinderfrau Luises aus Krankheitsgründen längere Zeit ausfiel, hatte Augusta Anlass und Gelegenheit, sich ihrer Tochter persönlich zu widmen. Vielleicht war das der Grund dafür, dass die beiden sich derart gut verstanden.

Zwei weitere Schwangerschaften endeten frühzeitig mit Fehlgeburten, und es blieb bei den beiden Kindern. Das war ungewöhnlich, doch schon einmal hatte eine Hohenzollernfürstin lediglich einen Thronfolger zur Welt gebracht, Sophie Charlotte, und daran war die Dynastie schließlich auch nicht zugrunde gegangen.

Allein mit dem Eheglück wollte es nicht recht werden. Wilhelm war zwar in der ersten Zeit von seiner jungen, schlanken Gattin sehr angetan, die mit ihrer perfekten Garderobe, ihrem Scharfsinn und der exzellenten Ausbildung bei Hof viel her machte und ihn darüber hinaus rückhaltlos verehrte, aber er spürte bald, dass er ihre Gefühle nicht erwidern konnte. Er hatte sein Herz an Elisa Radziwiłł vergeben und war der festen Überzeugung, man könne nur einmal im Leben wirklich lieben. Allein aus Gehorsam gegenüber seinem Vater und Gründen der Staatsräson hatte er auf sie verzichtet und sah sich nun nicht in der Lage, sein Herz ein zweites Mal zu teilen. Während seines gesamten weiteren Lebens stand ein Rahmen mit Elisas Bild auf seinem Schreibtisch.

Doch die zarte Magnatentochter hatte sich längst von ihm abgewandt. Sie verliebte sich in den charmanten Friedrich Karl von Schwarzenberg (1800–1870), und die beiden wollten heiraten, doch wieder gab es widrige Umstände. Der Fürst war hoch verschuldet und wagte nicht, eine Familie zu gründen. Darüber ging auch diese Liebe in die Brüche. Elisa erkrankte an Schwindsucht und starb mit 31 Jahren. In ihren letzten Lebensmonaten hielt sie sich zur Kur in Freienwalde auf, dem Ort, in dem ihr Wilhelm mit achtzehn Jahren erstmals seine Liebe bedeutet hatte. Das bescheidene Schlösschen der Königin Friederike Luise hatte es ihr angetan. Friedrich Wilhelm III. gewährte ihr dort gern eine Heimstatt. Elisa starb am 27. September 1834, morgens gegen 11 Uhr. Als Wilhelm sie zum letzten Mal sah, lag sie aufgebahrt in ihrem Sterbezimmer, umgeben von einem Meer von Blumen.

Augusta spürte, dass ihr Mann ihr emotional nicht wirklich verbunden war, doch sie ließ es sich nicht anmerken. Sie hatte im Gegenzug die Freundschaft zu Elisa gesucht, und die beiden Frauen hatten sich mehrfach zu einer Aussprache getroffen. Wilhelm sah es mit Freuden, hatte er schließlich unter der Tatsache gelitten, dass die einstige Geliebte ihm offensichtlich nicht nachtrauerte. Augusta fiel das Entgegenkommen nicht schwer, denn sie wusste, geprägt von streng dynastischen Strukturen, dass ihr letztlich keiner ihren Platz streitig machen konnte.

Schwerer fiel es ihr, einen eigenen Wirkungskreis zu finden, der ihren Ansprüchen entsprach. Ihr Mann war zwar eng mit dem Hof verbunden und wurde oft zu Regierungsaufgaben hinzugezogen, doch für seine Frau war dort kein Platz. Das lag nicht zuletzt an ihren konträren politischen Ansichten. Während das Großherzogtum Weimar seinem liberalen Weg treu geblieben war und 1816 als erstes deutsches Land eine landesständische Verfassung verabschiedet hatte, war Preußen davon noch weit entfernt. Das führte zwischen Wilhelm und Augusta wiederholt zu Differenzen und bestärkte ihn in der Ansicht, seine Frau von Hof und Regierung fernzuhalten. Damit konnte Augusta nicht umgehen. Ausgerechnet sie, die zu Hause in Weimar immer für ihre rasche Auffassungsgabe gelobt worden war und sich ständig mit aktuellen politischen Zusammenhängen auseinandersetzen musste, ferner mit dem höfischen Leben wohl vertraut war und das entsprechende Regelwerk perfekt beherrschte, darüber hinaus über ein Selbstbewusstsein verfügte, das nicht immer sympathisch wirkte, aber auch unerschütterlichen Mut bewies, hatte in Preußen keinerlei Aufgabe.

Erste Frau bei Hofe war die stille Elisabeth Ludovika, die mehr an ihrem Mann hing als jede andere Kronprinzessin. Sie erfüllte folgsam die karitativen Aufgaben, denen sich eine Frau ihres Standes zu widmen hatte. In ihrem Schatten existierte Auguste Fürstin von Liegnitz, die offiziell nicht in Erscheinung trat, aber dennoch dem König und auch seinen Kindern und dem Kronprinzen, nicht zuletzt ihrem Jugendfreund Wilhelm, immer gegenwärtig war. Augusta musste sich diesen allmählich gewachsenen Strukturen unterordnen.

Nicht zuletzt hatte sie sich mit der Bedeutung der Königin Luise auseinanderzusetzen, die das Selbstverständnis der Hohenzollern-Dynastie, aber auch den Austausch innerhalb der königlichen Familie weiterhin bestimmte. Obwohl längst erwachsen geworden und selbst verheiratet, begegneten sich die Geschwister in einer Offenheit, Zugewandtheit und Ausschließlichkeit, die Augusta aus Weimar nicht kannte. Gerade für Wilhelm spielte dabei insbesondere seine Schwester Alexandra Fjodorowna, respektive Charlotte, eine entscheidende Rolle. Sie hatte sich in den ersten Jahren nach Luises Tod bemüht, den Geschwistern die Mutter zu ersetzen und Ansprechpartnerin in emotionalen Dingen zu sein. Die Vertrautheit, die dadurch gerade zwischen den vier Ältesten entstanden war, spiegelte sich anhaltend in ihren Briefen, in denen sie sich gegenseitig das Herz ausschütteten. Gerade über seine Gefühle für Elisa Radziwiłł hatte Wilhelm ausführlich mit der Schwester korrespondiert und gesprochen. Jede kleinste Begegnung mit der Frau seines Herzens hatte Alexandra Fjodorowna kommentiert und stark Anteil daran genommen. Immer war sie auf seiner Seite gewesen. Gegen derlei enge Verbindungen konnte niemand ankommen. Augusta muss sich am preußischen Hof wie ein fünftes Rad am Wagen gefühlt haben.

Neben der Innengestaltung ihrer Berliner Stadtresidenz widmete sich die Prinzessin in den ersten Ehejahren ihren Kindern und, nicht zuletzt, dem Bau von Schloss Babelsberg. Schräg gegenüber in Schloss Glienicke waren längst ihre Schwester Marie und Schwager Carl eingezogen, Wilhelms Bruder. Sie hatten sich damals im Winter 1826 glücklich verlobt und im darauf folgenden Mai geheiratet. Marie hatte hintereinander zwei Kinder geboren, ein drittes würde folgen, und sie führte mit ihrem preußischen Prinzen eine überaus harmonische Ehe.

Den Auftrag für den Bau von Schloss Babelsberg hatte Schinkel erhalten. Ihm lagen Skizzen seines Meisterschü-

lers Persius vor, der 1831 ein Haus in gotischem Stil für das Prinzenpaar entworfen hatte. Neben den klaren Formen des Klassizismus setzte sich auf dem Kontinent allmählich eine Vorliebe für englische Tudorgotik durch, vermischt mit einer Idealisierung des Mittelalters. In der Romantisierung dieser Zeit, auch Burgenstil genannt, materialisierte sich in Architektur und Kunst die Hoffnung auf ein geeintes Deutschland. Das entsprach genau Wilhelms Wunsch und Geschmack.

Doch auch Augusta hatte sich mit dem englischen Baustil beschäftigt, hatte dazu eine eigene Meinung entwickelt und mischte sich mit dem ihr eigenen Eifer vehement in die Planung Schinkels ein. Während der Architekt in seinen Entwürfen maßvolle gotische Formen vorschlug, wünschte sie übersteigertes Dekor; während er ein kleines Domizil plante, wollte sie ein riesengroßes. Schinkel jedoch baute schließlich nicht zum ersten Mal für das preußische Königshaus und hatte neben den eigenen Ideen auch die strikten Vorgaben Friedrich Wilhelms III. zu berücksichtigen, der für seinen Zweitgeborenen lediglich die Finanzierung eines schlichten Landhauses vorgesehen hatte. Vergleicht man Schloss Paretz mit Babelsberg, kann man sich denken, dass die Vorstellungen unterschiedlicher nicht hätten sein können.

Das Projekt scheiterte. Allein ein kleiner Teil des Vorhabens konnte realisiert werden. Im Oktober 1835 wurde der Bau eingeweiht. Er bestand aus einem Backsteinbau mit angrenzendem Oktogon, hatte also durchaus schon Ähnlichkeiten mit einer kleinen Burg. Spitzbogenfenster, die bis zum Boden reichten und dicht aneinandergereiht waren, ließen viel Licht ins Innere und ermöglichten gleichzeitig den Blick in die Umgebung. Schinkel und Persius hatten mit Geschick die landschaftlichen Bedingungen mit ihren weit reichenden Ausblicken in ihrem Entwurf berücksichtigt.

Bald ging es an die Planung des zweiten Bauabschnittes. Da Schinkel inzwischen verstorben war, übernahm Persius die Ausführung, litt jedoch wie schon sein Vorgänger unter den ständigen Änderungswünschen Augustas. Neben vielen anderen Räumen wurden Zimmer für die Kinder des Prinzenpaares geplant, ein hallenartiger Speisesaal und ein Tanzsaal mit oktogonalem Grundriss, der sich über zwei Stockwerke erstreckte. Den Abschluss bildete ein runder Turm.

In diese Zeit fiel auch der Umbau des Gartenhauses am Wasser. Auf Geheiß von Augusta entstand ein Gebäude im englischen Tudor-Stil, das sogenannte Kleine Haus, das Sohn Friedrich später und bis kurz nach seiner Heirat als Wohnsitz diente. Danach beherbergte es Gäste und Hofdamen. Nach dem Zweiten Weltkrieg wurde das Domizil – allein schon wegen seiner Lage mit dem malerischen Blick über den See ein kleines Juwel – Erholungsheim der Deutschen Film AG. Heute dient es als Ausflugslokal.

Kaum standen die Grundfesten für das Schloss, segnete auch Persius das Zeitliche und ein dritter Architekt musste berufen werden. Immerhin hatte Augusta jetzt Gelegenheit, einen Mann zu beauftragen, dessen Entwürfe alle ihrem Geschmack entsprachen oder der sich ihr zumindest willenlos fügte. Ihre Wahl fiel auf Johann Heinrich Strack (1805–1880), ein gebürtiger Bückeburger, der zum Studium nach Berlin gekommen und an der Bauakademie bald in Schinkels Meisterklasse aufgestiegen war.

Zeit seines Lebens blieb Strack der klassischen Antike treu. Für Schloss Babelsberg, später auch das dortige Matrosenhaus und einzelne Kirchenbauten widmete er sich vorübergehend dem Historismus. Immerhin gewann er dadurch Wilhelms Aufmerksamkeit, und dieser übergab ihm die Verantwortung für die Innenausstattung seines Stadtpalais. Später – Wilhelm war längst König und schließlich Kaiser geworden – berief er ihn 1875 als Geheimen Rat ans Hofbauamt und ernannte ihn, nachdem Strack in den Ruhestand gegangen war, zum »Architekten des Kaisers«.

Auf Augustas Wunsch versah Strack das Schloss in Babelsberg mit Zinnen und Türmchen. Erker und unterschiedliche Fensterformen schmückten nun die Fassaden, und das Haus sah aus wie eine richtige Ritterburg. Augusta stellte sich mit Elan der Herausforderung, eine passende Einrichtung für die zahlreichen Turmzimmer zu finden, die allesamt runde Wände hatten. Nach kurzer Zeit war auch der Erweiterungsteil des herrschaftlichen Sommersitzes bezugsfertig.

Was die Gartengestaltung anbetraf, bewies Augusta ähnlichen Eigensinn und entließ Lenné. Nun muss man zugeben, dass der Landschaftsgärtner mit seinen ersten Anpflanzungen Pech gehabt hatte. Sie waren der Hitze des Sommers zum Opfer gefallen und mussten samt und sonders erneuert werden. Erst mit dem Bau des Dampfmaschinenhauses unweit des Schlosses, übrigens ebenso ein Entwurf von Architekt Persius, und dem Einzug entsprechend moderner Technik in den Jahren 1843 bis 1845 konnte das Problem der Bewässerung in Babelsberg nachhaltig gelöst werden.

Statt Lenné beauftragte Augusta Hermann Pückler, sich der Gartengestaltung anzunehmen. Pückler war eine schillernde Figur, die sowohl durch literarische Werke als auch einen höchst unorthodoxen Lebensstil von sich reden gemacht hatte. Er erbte eine der größten deutschen Standesherrschaften, übergab sie aber bald seinem Verwalter und zog als Oberstleutnant und Generaladjutant Karl Augusts von Sachsen-Weimar, Augustas Großvater, in die Völkerschlacht bei Leipzig. Dann begab er sich auf Reisen, unter anderem nach England. Neben seinen 1830 anonym publizierten und in Kürze weit bekannten *Briefen eines Verstorbenen* schrieb Pückler 1832/33 auch ein theoretisches Buch, *Andeutungen über Landschaftsgärtnerei*, mit dem er ähnlich viel Furore machte. Darin entwickelte er seine Theorien zur Gartenkunst nebst entsprechender Bepflanzung und Gestaltung.

Unterwegs in England studierte er die dortigen Landschaftsparks und setzte, zurück in seiner Herrschaft Muskau, das erworbene Wissen in die Tat um. Es entstand ein Gartenreich, das in seiner Pracht und Raffinesse Maßstäbe setzte und sich bis heute großer Beliebtheit erfreut. Es brachte den Fürsten allerdings auch an den Rand des Ruins.

Augusta war Pücklers Name durch seine Tätigkeit am Weimarer Hof bekannt geworden und, nicht zuletzt, durch seine Bücher. Zudem war er mit Lucie von Hardenberg (1776–1854) verheiratet, Tochter von Karl August von Hardenberg (1750–1822), ehemaliger preußischer Außenminister und Staatskanzler, der Eigentümer und direkter Vorbesitzer Carls von Schloss Glienicke gewesen war. Lucie und ihr Bruder Christian hatten das Anwesen nach dem Tod ihres Vaters an den Hohenzollernprinzen veräußert.

Augusta wurde sich mit Pückler rasch einig. Er bezog

eine Wohnung im ersten Stock des Dampfmaschinenhauses und ergänzte die Gartenarchitektur durch gewundene Wege, pittoresk anmutende Blumenrabatten und exotische Springbrunnen. Die klaren, einfachen Strukturen Lennés (die letztlich immer auch der Sparsamkeit Friedrich Wilhelms III. geschuldet waren) erfuhren nun Auflockerung und Verzierung. Mit Moosbeet, Goldener Rosenlaube und Gotischer Fontäne entstand ein speziell auf diesen Ort abgestimmter Pleasureground, allerdings trug er jetzt die Handschrift Pücklers. Dazu gehörte farbige Keramik, mit der er einzelne Beete umfassen ließ. Eine Anhöhe wurde mit Erinnerungsvasen ausgeschmückt und die Rasenfläche, die sich zu Füßen des Schlosses ausbreitet, Bowlinggreen genannt. Die steile Treppe hinunter zum See erhielt ein gebogenes Spalier und wurde rechts und links mit Kletterrosen bepflanzt. Rasch wuchsen die Blumen empor, wanden sich um die Spalierverstrebungen und bildeten einen duftenden, schattenspendenden Tunnel, angenehm für jeden, der an heißen Sommertagen die steilen Stufen zu erklimmen hatte.

Viele der historischen Pflanzwerke haben sich erhalten oder wurden rekultiviert. Faszinierend ist das Moosbeet, das sich sichelförmig im Schatten hoher Bäume ausbreitet. Durch eine klar begrenzte Fläche aus hellgelber Rentierflechte mäandert eine Reihe kurzer Buchsbaumsträucher. Wie eine fein gezogene Linie hebt sich das dunkle Grün von dem samtigen Hintergrund ab. Unweit davon leuchten die Blüten einer japanischen Kirsche in Rot, knallorange gleich daneben die Azalee – ein eindrucksvolles Farbenspiel.

In Babelsberg konnte Pückler wohl auch einige seiner selbst entwickelten Theorien in die Tat umsetzen. Während Lenné es vorzog, als Blickfang inmitten weiter Rasenflächen alleinstehende Bäume oder Büsche zu pflanzen, ließ Pückler Beete mit unterschiedlichen jungen Bäumen und Sträuchern anlegen, die eng beieinander standen. Das herabfallende Laub bildete über die Jahre eine ausgewogene düngende Mischung, wodurch sich die Pflanzen im Wachstum gegenseitig nach oben trieben. Durch ihre unterschiedlichen Größen entstand mitten auf dem Rasen eine lebendig anmutende Baum- und Strauchskulptur, sogenannte *Shrubberies*. Wurde der Raum zu eng, konnten einzelne Büsche wieder entnommen und an anderer Stelle eingepflanzt werden. So war die Strauchskulptur gleichzeitig Nährboden und Baumschule für neue Kreationen.

Am Rande des Babelsberger Pleasuregrounds erinnert ein Relief an das Wirken Pücklers. Ein Abbild des Fürsten, gegossen in schwarzes Metall, wurde auf weißen Stein montiert, die Inschrift darunter tituliert ihn mit »Schöpfer des Babelsberger Parks«. Auf dem Bild trägt er einen taillierten Mantel mit Schalkragen, dazu ein Paar schmal geschnittene Hosen und vorn spitz zulaufende Schuhe. Frech schaut er drein, trägt ein spitzes Bärtchen und kinnlanges Haar. In der Linken hält er einen halb entrollten Gartenplan. Die Darstellung entspricht exakt dem Bild, das viele sicher von dem ungewöhnlichen und exzentrischen Mann hatten.

Wie gelegentlich erwähnt, wurde Wilhelm Mitte des 19. Jahrhunderts nach Koblenz versetzt. Der Wiener Kongress hatte mit der staatlichen Neuordnung Europas auch für Gebietsänderungen in Preußen gesorgt. Was dem Land im Osten verloren gegangen war, wurde im Westen ergänzt. Die Hohenzollern übernahmen Verantwortung für die Kurlande Trier und Köln sowie das Bistum Münster. Daraus entstanden die neuen Provinzen Rheinland und Westfalen. Wilhelm wurde zu ihrem Generalgouverneur ernannt. Gemeinsam mit seiner Familie zog er in das Schloss des letzten Kurfürsten, das überaus elegant und herrschaftlich direkt am Rhein gelegen war.

Die Zeiten, die nun anbrachen, gehören zu den angenehmeren in Augustas Leben. Endlich hatte sie eine eigene

Aufgabe. Selbstbestimmt konnte sie über Haus, Personal und einzuladende Gäste entscheiden und ein Hofleben auf dem politisch-intellektuellen Niveau führen, wie sie es in Weimar kennengelernt hatte. Wie sehr hatte sie das in Berlin vermisst. Sie lud Historiker, Gelehrte und Schriftsteller liberaler Gesinnung ins Schloss und unterhielt sich mit ihnen unbekümmert über die Verfassungs- und Demokratiebestrebungen, die sich in den europäischen Ländern sukzessive Bahn brachen.

Und endlich einmal war sich Augusta dahingehend mit ihrem Mann einig. Am Hofe Königin Victorias hatte sich Wilhelm intensiv mit der englischen Verfassung beschäftigt. Zurück in den heimatlichen Gefilden nahm er eine durchaus gemäßigte Haltung ein. Er spürte, ähnlich wie sein Bruder, dass der veränderten politischen Lage anders zu begegnen war als mit den Mechanismen der tradierten Systeme. Längst gab der Geldadel im Land den Ton an. 1861 wurde die liberale Deutsche Fortschrittspartei gegründet. Es mussten dringend Formen gefunden werden, die dafür sorgten, dass Bürger und Adel im Konsens miteinander leben konnten.

Während der Märzunruhen waren in Berlin kurzzeitig Stimmen laut geworden, die den Rücktritt des Königs und seines Bruders forderten und vorschlugen, der junge Friedrich, damals gerade erst sechzehn Jahre alt, möge die Thronfolge antreten. Bis er mündig geworden sei, könne seine liberale Mutter doch das Regime führen. Wie Augusta auf derlei Forderungen reagierte, ist nicht überliefert. Sämtliche Briefe und Tagebucheinträge aus dieser Zeit hat sie vernichtet, doch die Vorkommnisse zeigen, dass Augusta mit ihren fortschrittlichen Ideen in Regierungskreisen hatte Anhänger gewinnen können. Das stärkte vorübergehend ihre Position auch innerhalb der königlichen Familie.

Neben ihren politischen Interessen konnte sich die

Prinzessin in Koblenz endlich auch ihrem Bedürfnis nach sozialem Engagement widmen. Sie nahm sich der Wohlfahrtsorganisationen der Provinzen an und unterstützte ihre Arbeit in den Krankenanstalten. Damit trug sie insgesamt zu Integration und Versöhnung bei, denn die Rheinländer hatten sich über die Neuordnung des Wiener Kongresses keineswegs nur gefreut. Eine gewisse Affinität zu den Franzosen war ihnen geblieben. Zwar hatte ihnen ihre Herrschaft Unfrieden gebracht, aber auch ein funktionierendes Staatswesen und die Belebung des Handels. Dank ihrer guten Taten gelang es Augusta, die Stimmung allgemein zu verbessern, und sie erreichte etwas, was ihr zeitlebens in Preußen verwehrt blieb: Die Menschen begannen, sie zu verehren.

Gerade gegenüber den Katholiken, die hierzulande die Mehrheit der Gläubigen ausmachten, zeigte Augusta Offenheit und Toleranz – ein wahrlich beispielhaftes Verhalten für ein Mitglied der königlich-preußischen Familie. Die liberale Protestantin hegte keinerlei Berührungsängste zu Vertretern anderer christlicher Konfessionen, war ihr schließlich schon als Kind dank des russisch-orthodoxen Glaubens ihrer Mutter ein unbefangener Umgang mit Andacht, Kerzenschein und Heiligenverehrung vermittelt worden. Auch in Maria Pawlownas Ehevertrag war vereinbart worden, dass sie ihre Konfession nach der Heirat weiterhin würde ausüben dürfen. Ein Teil ihres Brautschatzes bestand daher aus Ikonen, liturgischen Gewändern, Kerzenständern, Weihrauchfässern und anderen kostbaren Gegenständen, wie sie in der orthodoxen Kirche Verwendung finden.

Augusta respektierte die Rituale der Katholiken und hatte Verständnis für ihre ehernen Traditionen. Mit dieser Haltung machte sie sich im preußischen Stammland zwar nicht beliebt, doch Berlin lag von Koblenz aus ja weit in der Ferne.

Darüber hinaus widmete sich Augusta aufmerksam ihrer Familie. Sie ermutigte Sohn Friedrich, sich an der juristischen Fakultät der Universität Bonn zu immatrikulieren. Damit war und wurde er der erste Hohenzollernprinz, der ein Studium absolvierte. Auch unterstützte sie sein Werben um die Aufmerksamkeit der jungen Victoria von Großbritannien, Tochter Königin Victorias. Die Verbindung zu dem fortschrittlichen Königshaus, das Monarchie und Verfassung auf das Trefflichste zu vereinen wusste, war ein Vorhaben, gegen das Augusta naturgemäß rein gar nichts einzuwenden hatte.

Auch Tochter Luise fand in den Koblenzer Jahren einen Bräutigam und heiratete am 20. September 1856 den Prinzregenten und schließlich Großherzog Friedrich von Baden (1826–1907). Stolz richtete Augusta ihrem einzigen Mädchen ein wahrlich fürstliches Hochzeitsfest aus und überspielte damit tapfer die Trauer über den Abschied, der damit verbunden war. Sie fühle sich, als sei ein friedlicher Engel von ihr gegangen, meinte sie, nachdem Luise das Haus verlassen hatte.[46]

Bis heute erinnert die Kaiserin-Augusta-Anlage in Koblenz an diese harmonische und fruchtbringende Zeit. In dem Landschaftspark, der sich großzügig über zwei Kilometer entlang des Rheins erstreckt und den die Herrscherin selbst initiiert hatte, prangt ein schneeweißes Denkmal aus Marmor und istrischem Kalkstein, das gleichermaßen nach Augusta benannt wurde. Es zeigt die Herrscherin im Sitzen und schmückt genau die Stelle, an der sie für Luise einst eine Bank hatte errichten lassen. Das Denkmal überstand die Luftangriffe im Zweiten Weltkrieg, bei denen 87 Prozent der Stadt zerstört wurden, und musste lediglich in den siebziger Jahren renoviert werden. Entworfen und ausgeführt hatten es die Künstler Bruno Schmitz (1858–1916) und Karl Friedrich Moest (1838–1923).

Wie wohl sich Augusta in Koblenz fühlte, zeigt auch die

Tatsache, dass sie hier Lenné und Pückler gemeinsam engagierte, um die prächtigen Rheinanlagen zu entwerfen. Lenné erhielt den Titel Protektor, Pückler hingegen wurde zum Berater gekürt. Dergestalt ließen sich die preußische Gartenkunst Lennés und die Fertigkeiten des originellen und britisch geprägten Muskauers zu einem gemeinsamen Ganzen vollenden. Man könnte meinen, Augusta hätte einfach insgesamt mehr Gestaltungsraum zur Verfügung haben müssen, dann hätte es weniger Streit gegeben. Hier in Koblenz konnten sich alle Neigungen und hervorragenden Eigenschaften, sämtliche Prägungen und Kenntnisse dieser scharfsinnigen und klugen Frau zum Wohle der Gemeinschaft entfalten.

Die Rückkehr nach Berlin brachte Ernüchterung. Wilhelm war nun zwar der Stellvertreter seines Bruders Friedrich Wilhelm IV. geworden und trat nach seinem Tod die Thronfolge an. Am 18. Oktober 1861 krönte er in Königsberg erst sich, dann seine Gemahlin und legte daraufhin kniend am Altar in der Schlosskirche seinen Eid ab. Augusta war jetzt Königin von Preußen und endlich erste Frau bei Hofe, eine Möglichkeit, die bei ihrer Hochzeit mit dem »nur« Zweitgeborenen eigentlich ausgeschlossen gewesen war. Sie muss überaus stolz und zufrieden über den Akt der Krönung gewesen sein.

Doch nun wirklich in Amt, Würden und Verantwortung gepresst, schwenkte Wilhelm I. zurück auf seinen reaktionären Kurs und plädierte in alter Ängstlichkeit dafür, Konflikte sowohl innen- als auch außenpolitischer Art mit Militärgewalt zu lösen. Zuallererst galt es seiner Ansicht nach daher, umfangreiche Staatsmittel aufzubringen, um die Schlagkraft des Heeres zu verstärken.

Nun brach offener Streit mit Augusta aus. Nichts konnte Wilhelm seiner angriffslustigen Frau mehr recht machen. Überall mischte sie sich ein, meldete sich lautstark zu Wort und konnte nicht mit ihrer Meinung hinterm

Berg halten. Die permanente Opposition zermürbte ihren Mann. Zu allem Überfluss bestimmte er 1862 Otto von Bismarck (1815–1898) zum Ministerpräsidenten des Landes. Augusta tobte.

Bismarck war ein Mann der alten Schule. 1847 als entschiedener Gegner der Liberalen in den Landtag gewählt, war er in Kürze zum Sprecher der Traditionalisten avanciert, Gesandter im Frankfurter Bundestag, Petersburg und schließlich Paris geworden und machte sich nun mit imperialem Gestus daran, innerhalb des diffizilen Bündnissystems der nord- und süddeutschen Herrscher, Preußen als Hegemonialmacht durchzusetzen. Der König trottete ihm folgsam hinterher und tat alles, was von ihm verlangt wurde.

Dabei war der preußische Junker alles andere als ein Visionär. Sein Stil war der eines nüchternen Realisten, dessen Politik nicht auf Ersehntes, sondern allein auf Erreichbares ausgerichtet war. Für diese Zeit und die Bedingungen, unter denen er handeln und seine Entscheidungen treffen musste, war er überraschend klarsichtig und erfolgreich.

Augusta ließ keine Gelegenheit aus, Bismarck ihre Antipathie zu zeigen. Bei jeder Begegnung strafte sie ihn mit Verachtung und nannte ihn in seiner Abwesenheit ihren »Todfeind«. Ihre Schwiegertochter Victoria – mit Pomp und Glorie hatte Friedrich die königliche Prinzessin 1858 in London geheiratet – bezeichnete ihn als »das böse Genie«.

Preußens Königin war im modernsten Sinne des Wortes eine Pazifistin. Ihrer Ansicht nach galt es grundsätzlich, jegliche militärische Auseinandersetzung zu vermeiden. Ihr politisches Denken, ihre Visionen basierten allerdings vornehmlich auf theoretischen Erwägungen. Sie hatte keine berufliche Praxis erworben und konnte sich mit ihren Ideen nicht durchsetzen. Hätte Wilhelm an seinem liberalen Kurs festgehalten, wäre es unter Umständen möglich gewesen, Augustas Vorstellungen in die Regierungsarbeit zu integrieren. Dann hätten beide, König wie Königin, an einem Strang ziehen können. Doch Preußen blieb, insbesondere unter Bismarcks Einfluss, ein reaktionärer Staat. Das offenbarte sich nicht zuletzt an den mangelnden Möglichkeiten, Frauen an der Regierungsarbeit zu beteiligen.

Tragisch an Augustas Position war, dass die Königin im Grunde die gleichen Ziele hatte wie Bismarck. Auch sie wünschte sich Deutschlands Einheit unter der Führung Preußens, doch als die Regierung dieses Ziel erreicht hatte, konnte sie sich darüber nicht freuen. Es hatte Krieg mit Dänemark gegeben (1864), Krieg mit Österreich (1866) und, nicht zuletzt, den Deutsch-Französischen Krieg (1871/72), der das Verhältnis zwischen den beiden Nachbarstaaten nachhaltig belastete. Augusta hingegen hatte ihr Ziel auf friedlichem Wege erreichen wollen.

Entsprechend unzufrieden war sie mit der Kaiserproklamation. Einen moralischen Sieg hatte die Königin erringen wollen, durch Überzeugung gewinnen und nicht durch Säbelgerassel die Macht erzwingen. Tragisch war jetzt wiederum, dass Augusta sich in diesem Punkt mit ihrem Mann einig war. Auch Wilhelm wollte von der Proklamation nichts wissen. Noch am Vorabend hätte er das Zeremoniell in Versailles am liebsten abgeblasen. Allerdings hatte er dafür andere Gründe als seine Frau. Wilhelm spürte, dass mit diesem Akt das Ende der Monarchie eingeläutet wurde, und er hatte gewissermaßen recht. Einigermaßen verzweifelt beugte sich der fast 74-Jährige Bismarcks Entscheidung und wurde am 18. Januar 1871 zum Deutschen Kaiser ernannt.

Die Machtlosigkeit und Wut Augustas zermürbten ihre Psyche. Sie wurde traurig und krank. Schwermut und Melancholie machten sich in ihrem Leben breit. Dabei fehlte es ihr nicht an Selbstreflexion. Am 30. November 1840 schrieb sie ihrem Bruder Carl Alexander: »Da ich mich unaufhörlich beobachte und mich sehr genau kenne, habe ich herausgefunden, dass einem solchen Schwermutsanfall meistenteils einige Tage vorangehen, in denen ich mich leicht und unternehmenslustig fühle, als könne ich es mit der ganzen Welt aufnehmen. Ein schlimmes Zeichen. Erwache ich eines Morgens, ist diese Stimmung verflogen, und ich empfinde eine bleierne Schwere. Am nächsten Tag verfolgen mich schwarze Vorstellungen, Ängste, und überflüssige Verärgerungen, am folgenden Tag ziehen in dichten Reihen Erinnerungen an mir vorüber, natürlich nur quälende, wie sie in keinem Menschenleben fehlen, und ist alles richtig vorbereitet, kommt der Anfall … Er setzt sich überall fest, im Kopf im Herzen im ganzen Körper; (…).«[47]

Wiederholt reiste sie zur Kur nach Baden-Baden, um sich dort, im Umfeld der geliebten Tochter, zu erholen, doch zurück in Berlin, geriet sie sogleich wieder in Kampfstimmung. Die Kaiserin ließ sich ein Hörrohr anfertigen und durch die Wand in das Arbeitszimmer Wilhelms treiben, um seine Verhandlungen mit Bismarck vom Salon aus zu belauschen. Stundenlang saß sie oben auf der Wendeltreppe im Kaiser-Wilhelm-Palais und folgte heimlich seinen Gesprächen. Die Kammerfrauen mussten kommen und ihre Herrin dort auf den zugigen Stufen frisieren. Was muss diese Frau für eine Ausdauer gehabt haben, was für einen starken Willen – und doch konnte sie ihre Kraft nicht in die richtigen Bahnen lenken. Am Ende wandte sie sich gegen sie selbst.

Einen winzigen Sieg konnte Augusta für sich erlangen: 1864 gründete sie einen Verein zur Pflege verwundeter und erkrankter Soldaten, den »Vaterländischen Frauenverein«. Wenn sie Krieg und militärische Auseinandersetzungen schon nicht hatte vermeiden können, so wollte sie wenigstens jenen helfen, die zum Opfer solcher Auseinandersetzungen geworden waren. In enger Zusammenarbeit mit dem »Roten Kreuz« wurde ihr Frauenverein schon 1866 im Krieg gegen Österreich erstmals umfassend wirksam. Dank einfachster Hygienemaßnahmen und einer entsprechenden Ausbildung für die Krankenschwestern waren die Sterblichkeitsziffern in den Lazaretten deutlich gesenkt worden. In Berlin legte Augusta den Grundstein für das Kaiserin-Augusta-Krankenhaus und widmete sich dort hingebungsvoll den Verletzten. Zeit ihres Lebens verblieb der Vaterländische Verein unter ihrem Protektorat. Für ihr unermüdliches Engagement in diesem Punkt hegte sogar ihr Mann größte Bewunderung.

Bis ins hohe Alter blieb Augusta eine wahrhaft fürstliche Erscheinung, eine Kaiserin, wie sie im Buche steht. Sie hielt sich vornehm aufrecht, trat in prächtiger Robe auf, befolgte mustergültig die Regeln der Etikette und verzog bei öffentlichen Auftritten– so anstrengend und langwierig sie auch immer waren – keine Miene. Die eiserne Selbstdisziplin und Pflichterfüllung waren es, die Augusta auf der anderen Seite starke Stimmungsschwankungen und Launen bescherten. Wer sich zeit seines Lebens ständig zusammenreißen möchte, kann in emotionalen Dingen nicht auch noch ausgeglichen und fröhlich sein. Trotz des großen Altersunterschiedes überlebte sie ihren Mann nur um zwei Jahre. Wilhelm wurde 91, sie nur 78 Jahre alt.

Kaiserin Augusta starb am 7. Januar 1890 in Berlin. Zeitungen aus dem In- und Ausland nahmen Anteil an ihrem Tod. Die Beiträge zeugten von Respekt, aber auch von Durchblick. So war in der Wiener *Freien Presse* am 8. Januar 1890 zu lesen: »Sie gehörte zu jenen Naturen, die selbst auf einem Thron sich noch zurufen: Excelsior! und ihr hat die Kaiserkrone, die sich auf das Haupt ihres Gemahls niederließ, weit mehr Befriedigung gewährt, als dem innerlich schlichten Greise, der nur zögernd, fast scheu mit dem theuer erkauften durch kostbares Blut erworbenen Symbol der deutschen Einheit seine weißen Haare schmückte. (…) So lebhaften Antheil Kaiserin Augusta an allen Ereignissen nahm, so gut sie im Alter auch jede, noch so beschwerlichste Pflicht ihrer hohen Stellung erfüllte und mit so regem Geiste sie den politischen Vorgängen folgte – in die Politik hat sie niemals eingegriffen. Bei ihrem selbstständigen Denken wäre diese Enthaltsamkeit fast nicht erklärlich, wenn man nicht wüßte, wie ängstlich und strenge Fürst Bismarck dagegen auf der Huth ist, daß irgend ein weiblicher Einfluß in seine Kreise hinübergreife. (…) Daß die Verstorbene den Fürsten Bismarck nicht liebte, so sehr sie gleich allen übrigen Mitgliedern des Hauses Hohenzollern seine Staatskunst anerkannte, kann man als ein öffentliches Geheimniß bezeichnen. Zu Intriguen hat sich jedoch die Kaiserin nicht herabgelassen.«[48]

Ihre Ausbildung hatte Augusta vortrefflich auf ihre Aufgaben bei Hofe vorbereitet, doch sie trug einen Panzer, der kaum zu durchdringen war. Sie wirkte nie authentisch, hatte nichts Natürliches an sich. Auch von Freundschaften ist in ihren Biographien kaum die Rede. Selbst die Schwiegertochter, auf deren Eheschließung mit Friedrich sie erst so hoffnungsfroh geblickt hatte, strafte Augusta im Alter mit Verachtung. Victoria hatte sich wiederholt um höfische Pflichten gedrückt. Das konnte ihr die Kaiserin nicht nachsehen. Allein ihren Enkeln, allen voran Wilhelm, schenkte sie Zuwendung und Liebe. Er war einer der ganz Wenigen, der sich später noch mit Freuden an sie erinnerte.

Schloss und Park Babelsberg fielen nach dem Zweiten Weltkrieg der deutsch-deutschen Geschichte zum Opfer: In unmittelbarer Nähe der prächtigen Anlage befand sich die Staatsgrenze. Das Gebiet war umfassend gesichert, parallel zum Uferweg eine hohe Mauer gezogen worden.

Gebäude wie das Maschinenhaus zerfielen. Das Gelände konnte nur bedingt betreten werden.

Ähnlich wie bei den meisten Schlössern und Gärten in und rund um Berlin mussten nach dem Ende der DDR erst die Eigentumsverhältnisse geklärt werden. Entsprechend verzögert konnte mit der Renovierung begonnen werden. Wie gewohnt übernahm auch hier die Stiftung Preußische Schlösser und Gärten die Verantwortung. Vergleichbar mit Schloss Schönhausen, das seine einstige Schönheit nach der Jahrtausendwende zurückerlangte, wurde auch in Babelsberg erst 2013 mit der Sanierung begonnen. Sie orientierte sich am Erscheinungsbild zu Beginn der Kaiserzeit.

Insbesondere unter den Anwohnern entbrannten wilde Diskussionen über die Nutzung des Parks. Naturgemäß hatten sie längst vor der Stiftung von dem öffentlichen Gelände wieder Besitz ergriffen. Würde der neue Eigentümer erlauben, dass auf den Wiesen Fußball gespielt oder gepicknickt wird? Würde man mit dem Fahrrad durch den Park fahren dürfen? Oder würde womöglich irgendwann sogar Eintritt erhoben?

Wie stark der Park frequentiert wird, wie genau es die Besucher mit ihrem persönlichen Bezug zu dem Gelände meinen, zeigt eine grüne Bank im südlichen Teil. Sie wurde von Privatleuten 2013 zur Geburt der Zwillinge Nicolaus und Nikita gestiftet und »Bank an der Doppeleiche« getauft. Eine kleine Plakette verweist darauf.

Fest steht, dass sich in dem weitläufigen Gelände – möglicherweise gerade wegen der jahrzehntelangen Sperrung – ein einzigartiges Naturparadies erhalten hat. Wer sich nur wenige Schritte von dem intensiver kultivierten Teil des Parks rund um das Schloss entfernt, befindet sich plötzlich mutterseelenallein mitten im lichten Grün. Nistkästen hängen in den Bäumen, Vögel fliegen geschäftig auf und ab, Eichhörnchen klettern durchs Geäst, und eine dicke Ringeltaube watschelt den Weg entlang, in einer Gemütsruhe, als gehöre ihr der ganze Park allein. Im Hintergrund trommeln lautstark Spechte.

Auch die Pflanzenwelt ist von einem Artenreichtum geprägt, wie er sich nur in Abgeschiedenheit entwickeln kann. Wilde Anemonen blühen im Frühling dicht beieinander zwischen den Stämmen und bilden einen Teppich aus makellosem Weiß, Märzenbecher halten ihre schweren Köpfe dem Wind entgegen, knallgelb leuchten Löwenzahndolden am Wegesrand. Einzelne Narzissen in Gelb und Weiß wuchern unverhofft dort, wo besonders viel Sonnenlicht hingerät. Die Rotbuche glänzt zu dieser Jahreszeit noch rosa. Fast hilflos wirkt die jungfräuliche Färbung gegen den dunkelrot-mächtigen Ton, mit dem sich das Blattwerk im Sommer und Herbst zu schmücken pflegt.

In diesem Teil des Parks befinden sich auch die massiven Steinbänke in gotischem Stil, auf denen man erst Platz nehmen kann, wenn man ein, zwei hohe Stufen erklommen hat. Künstlich angelegte Seen wie das Schwarze Meer schmücken das Gelände oder Ausblicke und Ruheplätze mit Symbolcharakter, die so pittoreske Namen tragen wie Augustablick, Feldherrnbank, Siegessäule, Luisenhöhe, Victoriahöhe oder Fürstenhöhe. Eine »Bismarckbrücke« erinnert daran, dass Wilhelm hier im Park von Babelsberg den damals jungen, vielversprechenden Politiker fragte, ob er sein Ministerpräsident werden würde. Ein künstlicher Wasserfall wurde nach dem Hausherrn selbst benannt.

Unverhofft stößt man beim Spaziergang auf einzelne neugotische Architekturen, schmückendes Beiwerk oder Refugium für den, der vom Regen überrascht wurde. Von fast überall her ist der Flatowturm zu sehen, 1853 bis 1856 entstanden, etwas kleiner sind das Matrosenhaus, das 1842 und die Gerichtslaube, die 1871 bis 1872 gebaut wurden.

Gleich hinter dem Schloss erhebt sich Erzengel Michael mit hochmächtigen Flügelspitzen, der gerade im Begriff ist, dem Drachen das Schwert in den Schlund zu jagen. Zu seinen Füßen erstreckt sich eine Empore aus Stein, auf der man in aller Gemütsruhe Tee trinken könnte. Das Original des Mahnmals steht auf dem Karlsruher Friedhof und wurde zum Gedenken an die preußischen Soldaten errichtet, die 1848 beim Badischen Aufstand gefallen waren.

Einzig die Schlossküche erinnert noch daran, wie es vor der Renovierung hier ausgesehen haben muss. Ein gepflasterter Weg führt zu dem alleinstehenden Bau, der in demselben englischen Stil entstanden ist wie Schloss und Kleines Haus. Unter die Steine haben Bäume ihre Wurzeln geschoben, und das Pflaster wölbt sich an mehreren Stellen, als wolle es der Natur freie Bahn gewähren. Der Innenhof liegt verborgen hinter einem rostig-grünen Gitter. Offensichtlich sind hier der Verfall und das Schwinden ehemaliger Perfektion und Schönheit. Wie viel Mühe und Kosten würde es erfordern, auch hier noch restaurierend und renaturierend tätig zu werden. Die Geschichte der Hohenzollern in Brandenburg und Preußen umfasst eine lange Zeit.

14.

Die Engländerin –
Victoria von Großbritannien
(1840–1901)
Ehefrau von Kaiser Friedrich III.
(1831–1888)

Am äußersten Ende des Parks von Sanssouci erhebt sich ein mächtiger rostroter Barockbau. Seine Größe wirkt im Vergleich zum lang hingestreckten, zierlich anmutenden Hauptschloss des Gartens im feinsten Rokoko, neben Friedenskirche, Neuen Kammern, Orangerie, Chinesischem Teehaus, Römischen Bädern und, nicht zuletzt, dem eleganten italienischen Landhaus Charlottenhof, ja auch im Verhältnis zu den Brunnen und Weinberganlagen, den hohen Bäumen und nachdenklich gestalteten Heckenanlagen, dem verschlungenen Wegenetz mit seinen urplötzlich aufscheinenden Sichtachsen, die den Park zu dem Kleinod machen, das er ist, derart übertrieben und wuchtig, dass man für einen Moment glaubt, man habe sich an einen anderen Ort verirrt. Ein Schloss mit derlei Dimensionen passt einfach nicht hierher.

In der Tat gab Friedrich II. 1763 das Neue Palais in Auftrag, um zu beweisen, wie mächtig und bedeutsam Preußen während seiner Regentschaft geworden war. Die 240 Meter lange Frontseite mit ihrem reichen Pilaster- und Figurenschmuck, sowohl im ersten wie im zweiten Stock unterbrochen von unendlich vielen bodentiefen Fenstern, die viel Licht in die reich geschmückten Innenräume lassen, die drei Kuppeln und 276 überlebensgroßen Attikafiguren zuzüglich 196 Puttengruppen an den beiden Nebenflügeln, die 163 Skulpturen, die im Erdgeschoss platziert worden waren nebst 244 figürlich gestalteten Fensterschlusssteinen – all dies diente einzig und allein dazu, Hof und Gäste zu beeindrucken. Friedrich selbst war dort lediglich eine überschaubare Wohnung im Südflügel vorbehalten, in der er jedoch nicht residierte. Sein Lieblingsaufenthaltsort blieb Schloss Sanssouci.

Kein Wunder, dass die Anlage wie ein Potemkinsches Dorf wirkt, ein wenig seelenlos, ein bisschen leer. In der Tat umhüllt die monumentale Kuppel, 55 Meter hoch und geschmückt von drei Grazien, die auf einem Kissen die riesige goldene Königskrone präsentieren, keinen zentralen Kuppelsaal, sondern sie ist innen hohl und besteht lediglich aus einem Dachgebälk. Ähnlich erhielten einzelne Mauern einen Anstrich, der das rote Backsteinmauerwerk, das den Anblick des Schlosses von außen prägt, nur vortäuschte. Allein der südliche Seitenflügel wurde komplett aus Ziegeln gemauert. Das lag daran, dass die feuerrot gebrannten Steine teuer waren und nicht rasch genug nachgeliefert werden konnten.

Auch bei der Ausstattung der Innenräume konnte es Friedrich nicht schnell genug gehen. Der Boden im prächtigen Marmorsaal wurde derart rasch hintereinander abgeschliffen, dass das Wasser, das man dazu benötigt, ins Gebälk drang. Das Holz begann zu schimmeln und die Feuchtigkeit zog bis hinauf in die Wände. Der Saal ist daher heute einsturzgefährdet und kann nicht mehr betreten werden. Das prunkvoll golden eingefasste Leinwanddeckengemälde, das mit seiner Spannweite von 240 Quadratmetern das größte jenseits der Alpen sein soll, kann nur durch die offenen Seitentüren besichtigt werden.

Nähert man sich dem Neuen Palais nicht von der Gartenseite, sondern über die Hauptzufahrt von Süden aus, gelangt man auf den Ehrenhof, die »Mopke«. Sie wird parallel zum Palais im Westen von einem Ensemble aus schlossähnlichen Bauten mit doppelläufigen Freitreppen, Säulengängen und Kuppeln umschlossen. Hierin befanden sich jedoch keineswegs, wie das Aussehen vermuten ließe, weitere Säle und Salons, sondern die Wirtschaftsräume, Küchen und einzelne Gastzimmer. Der prosaische Zweck der Gebäude wurde hinter barocken Fassaden versteckt. Die sogenannten Communs dienten darüber hinaus dazu, den Blick auf das sumpfige Ödland zu verdecken, das sich dahinter befand.

Doch das Neue Palais, 1769 fertiggestellt unter der Leitung des Architekten Carl von Gontard (1731–1791), tat seinen Zweck. Alljährlich lud der König zwischen April und Oktober zu den sommerlichen Festwochen ein. Dann strömten die Gäste, und ganz Berlin und Potsdam geriet in Bewegung. Es kamen die Geschwister des Königs nebst ihrer Familien und weitere Verwandte. Einzelne, wie seine unverheiratete Schwester Anna Amalie (1723–1787), Äbtissin von Quedlinburg, oder sein Bruder Heinrich hatten sogar ihre eigene Wohnung im Schloss, andere wurden in den Gästezimmern untergebracht. Auch Friedrich Wilhelm, der Prinz von Preußen, wurde gesondert geehrt. Er residierte mit seiner Familie in der Thronfolgerwohnung. Allein die Königin, Elisabeth Christine, durfte das Palais nicht betreten.

200 Räume standen den Besuchern zur Verfügung, vier Festsäle gaben den prächtigen Rahmen für prunkvolle Feierlichkeiten. Im eigens eingerichteten Rokokotheater im Südflügel fanden eindrucksvolle Aufführungen und Konzerte statt. Manche Paraden oder Spektakel wurden gar im Freien auf der Mopke abgehalten. Dann dienten die Säulengänge und Fensterfronten der Communs, die Freitreppen und Terrassen am Schloss den Gästen als Tribüne.

Im Grotten- und Muschelsaal, komplett ausgestattet mit glitzernden Steinen und Mineralien, sowie im Marmorsaal, auf der Oberen Galerie mit ihren sechs überlebensgroßen barocken Wandgemälden sowie in der Marmorgalerie feierten die Hohenzollern ihre Dynastie. Hier im Neuen Palais demonstrierte der König Kunstsinn und Kultiviertheit, Macht und Potential, sowohl gegenüber der eigenen Familie als auch nach außen. Schließlich gaben derlei Veranstaltungen dem ganzen Hof Gelegenheit, die prächtigsten Gewänder anzulegen, den kostbarsten Schmuck aus den Schatullen zu holen, Reichtum und Vermögen zu zeigen. Nachkommen wie Heranwachsenden wurde in diesem Kontext der Sinn für vornehmes Benehmen, Rituale und herrschaftliche Ansprüche vermittelt. Nur bei solchen

Anlässen machten schließlich elegante Haltung, vornehmes Schreiten, korrekt durchgeführte Tänze und Referenzen in präzise abgestimmten Abfolgen einen Sinn. Bei allem gebotenen Vergnügen waren Hoffeste stets eine ernste Angelegenheit, alles diente der Selbstdarstellung.

An solchen Festtagen wurden auch Hierarchien bei Hof geklärt und Zuständigkeiten bestimmt. Wer außer der Familie in solch handverlesenen Kreisen bei Hofe verkehrte, durfte sich wirklich als etwas Besonderes fühlen. Wer unter der Dienerschaft hier konkrete Aufgaben hatte, konnte stolz darauf sein.

Nach Friedrichs Tod fanden die alljährlichen Festwochen nicht mehr statt, doch auch seine Nachkommen wussten die prunkvolle Kulisse zu nutzen. Sie versammelten sich hier an Geburts- und Feiertagen und begingen im und rund um das Neue Palais ihre höfischen Feste. Einen Höhepunkt dieser Kultur stellte »Der Zauber der Rose« dar, ein Fest, das am 13. Juli 1829 zu Ehren Alexandra Fjodorownas begangen wurde. Die älteste Tochter Friedrich Wilhelms III. war gemeinsam mit ihrem Mann Zar Nikolaus I. angereist, um der Heirat ihres ältesten Bruders Friedrich Wilhelms beizuwohnen. Einen Monat nach der Hochzeit versammelte sich der preußische Hof nebst Gästen auf der Mopke, die Geschwister der Zariza hatten sich verkleidet, und alle miteinander mimten sie, gemeinsam mit ausgewählten Verwandten und Freunden, ein mittelalterliches Ritterspektakel.

Während einer Parade mit zehn Reiterquadrillen hatten die Darsteller die Aufgabe, mit Lanze, Wurfspeer und Schwert nach Ringen, Scheiben und hölzernen Köpfen zu stechen. Die besten Ritter wurden ausgezeichnet. Anschließend ging es in verkleinerter Runde in das Rokokotheater, wo die Lieblingsszenen der Preußentochter in Form von Lebenden Bildern auf die Bühne gebracht wurden.

Den Abschluss bildete ein prächtiger Kostümball, ebenfalls im Stil des Mittelalters, zu dem sich die Festgesellschaft im Grottensaal einfand. Nach Quadrilletänzen und Reigen, in denen die Formationen und Farben des Ritterturniers wieder aufgegriffen worden waren, setzten sich alle an eine lange Tafel, um gemeinsam zu speisen. Danach wurden die Ritter, die sich am besten geschlagen hatten, mit Preisen ausgezeichnet. Feierlich überreichte ihnen Alexandra Fjodorowna je eine silberne Rose, in deren Stiel das Datum des Tages eingraviert worden war.

Das mehrtägige Fest galt als das bedeutendste und prächtigste, das je an einem brandenburgisch-preußischen Hof begangen wurde, und erfreute sich weitreichender Aufmerksamkeit. Der Titel ging zurück auf die Erzählung *Der Zauberring* von Friedrich de la Motte Fouqué (1777–1843), die noch zu Lebzeiten Königin Luises Lieblingslektüre ihrer Kinder gewesen war. Ihre Älteste, Charlotte, hatte sich damals eine weiße Rose als Sinnbild gewählt und wurde in Familienkreisen nach der Hauptperson des Textes »Blanch-Fleur« genannt.

Trotz dieser schönen Erinnerungen blieb das Neue Palais mit all seinen prächtigen Räumen ein Theaterschloss, keiner wollte dort ernsthaft einziehen oder gar dauerhaft wohnen. Erst ein Jahrhundert später fühlten sich die Hohenzollern der machtvollen Kulisse allmählich gewachsen. Dazu hatte schon Königin Augusta beigetragen, die hier bisweilen residierte. Victoria schließlich, Tochter der englischen Königin Victoria und Ehefrau des preußischen Kronprinzen Friedrich, liebte das Neue Palais und machte daraus ein echtes Wohnschloss. Der wuchtige Bau mag sie möglicherweise an Buckingham Palace erinnert haben, den ihre Mutter bei ihrer Thronbesteigung 1837 zur offiziellen Residenz der britischen Monarchen erhoben hatte. Vielleicht aber schätzte sie daran auch die Verbindung zu Friedrich II. Der Preuße war schließlich mit dem Beinamen »der Große« in die Geschichtsschreibung eingegangen. Selbst Napoleon hatte sich seiner Fama nicht entziehen können.

Jedenfalls flossen viele britische Taler in die Modernisierung des Neuen Palais. »Licht, Luft und Seife« war dabei das Motto der Kronprinzessin. Bis kurz zuvor hatte Waschen ja noch als gesundheitsschädigend gegolten. Victoria ließ eine Dampfheizung, elektrisches Licht, Badezimmer und Toiletten einbauen. Zuvor wurde ein Wassergraben zugeschüttet, der um das Schloss herumführte. Die Badezimmer waren nicht viel größer als die Wanne selbst, praktisch mit blauweißen Kacheln ausgekleidet, mit einem Duschkopf versehen und lediglich durch eine Doppeltür vom Schlafzimmer getrennt. Öffnete man die Tür und betrat das Bad mit Schwung, lag man auch schon in der Wanne. Sie war quasi direkt in die Wand eingelassen worden.

Sohn Wilhelm setzte die Modernisierungsmaßnahmen später fort und ließ 1903 für seine Frau einen hydraulischen Lift einbauen. Er kann heute noch im Nordtreppenhaus bewundert werden. Zwei kleine Türen führen hinein, und gleich daneben befindet sich ein handliches Rad mit Holzrahmen. Auf einer Anzeige, die in die Wand eingelassen wurde, ist mit römischen Ziffern vermerkt, in welchem Stockwerk der Aufzug sich gerade befindet.

Victoria liebte das Palais und füllte es mit Leben. 1859, gleich ein Jahr nach der Hochzeit, zog sie mit ihrem Mann dort ein. Bis zum Ende der Regentschaft Friedrichs blieb es ihre bevorzugte Sommerresidenz. Dank ihrer vielen Kinder wusste sie die weitläufigen Räumlichkeiten sinnvoll zu nutzen. Das umfangreiche Personal, das bei ihrer Art der Hofhaltung zum Einsatz kam, fand hinreichend Platz in den Räumlichkeiten der Communs. Nachdem der Kronprinz seinem Vater 1888 auf den Thron gefolgt und Deutscher Kaiser geworden war, taufte Victoria das Schloss »Friedrichskron«. Nicht zuletzt hatte gerade er ein besonderes Verhältnis zu dem Schloss. Seine Mutter Augusta hatte ihn dort zur Welt gebracht. Da in Berlin zu der Zeit die Cholera wütete, hatte sie mit Wilhelm übergangsweise Zuflucht im Neuen Palais gesucht. Eine Tafel in einem der Schlafzimmer im Erdgeschoss verweist auf das freudige Ereignis.

Victoria selbst erblickte das Licht der Welt im Londoner Buckingham Palace. Am 21. November 1840 als ältestes Kind der Königin und gesundes Mädchen mit Freude erwartet, hieß sie insbesondere ihr Vater, Albert von Sachsen-Coburg und Gotha (1819–1861), glücklich willkommen. Albert war zwar Königin Victorias große Liebe, sie tauschte sich intensiv mit ihm aus und suchte seinen Rat, doch in seiner Rolle als königlicher Ehemann hatte er in England keinerlei Entscheidungsgewalt und war damit zu Beginn seiner Ehe notorisch unterfordert. Mit der Geburt der Kinder hatte der Deutsche am britischen Hof endlich einen Verantwortungsbereich gefunden, in dem er seiner Gattin ebenbürtig war. Hinzu kam, dass sich die Queen nicht sonderlich für kleine Kinder interessierte. Sie fand Gebären lästig und war herzlich froh, dass Albert sich der Kleinen annahm.

Der Coburger machte seine Sache ausgezeichnet. Er nahm die kleine Vicky in den Arm, trug sie im Zimmer herum, sprach auf sie ein und sang ihr Lieder vor. Auch den anderen Kindern, von denen sich in rascher Folge acht weitere einstellten, darunter vier Söhne, widmete er sich hingebungsvoll, spielte mit ihnen Blinde Kuh, las ihnen vor und war als Vater ausgesprochen präsent. Er ließ mit ihnen Drachen steigen, sie gingen gemeinsam Schlittschuh laufen und rodeln. Kein Wunder, dass die Kinder zweisprachig aufwuchsen, denn selbstverständlich verständigte sich Albert mit ihnen in seiner Muttersprache.

Albert nahm seine Rolle derart ernst, dass er für alle Personen, die in pädagogischer Hinsicht Umgang mit den

Kindern hatten, ein mehrseitiges Memorandum verfasste. Darin legte er fest, wie die königlichen Hoheiten zu erziehen und zu behandeln seien. Selbstredend setzte auch Mutter Victoria ihre Unterschrift unter dieses Schreiben.

Ähnlich stark machte sich der Einfluss Alberts auch in anderen kulturellen Bereichen bemerkbar, die in Verbindung mit Familie und Kinderstube stehen. Er gilt als derjenige, der England die Tradition ins Land brachte, zu Weihnachten einen geschmückten Tannenbaum aufzustellen. Allerdings kann seiner Frau diese Sitte nicht völlig unbekannt gewesen sein, denn auch ihre Mutter Victoire von Sachsen-Coburg-Saalfeld (1786–1861) war zwar mit einem Engländer verheiratet, aber gebürtige Deutsche, übrigens Alberts direkte Tante.

1845 erwarb Königin Victoria Osborne House auf der Insel Wight im Süden Englands und ließ das Anwesen zu einem stattlichen Sommersitz im italienischen Stil ausbauen. Ziel war es, den Kindern den förmlichen Umgang mit Hof und Gesellschaft zeitweise zu ersparen. Unweit von Osborne House ließ Albert daher ein kleines Haus im Schweizer Stil errichten, das ihnen in seinen Dimensionen eher entsprach als denen von Erwachsenen. In dem Häuschen befand sich eine echte Küche, in der die Jungen und Mädchen selbst kochen und backen konnten, und sogar eine veritable Schreinerwerkstatt. Sie sollten das Leben eines Handwerkers kennen lernen und ein ganz gewöhnliches Dasein führen.

Vicky wuchs frohgemut in ungezwungener Atmosphäre auf und erwies sich schon bald als dankbare Elevin. Sie wurde intensiv unterrichtet in Fächern wie Französisch, Arithmetik und Geographie und legte großen Ehrgeiz an den Tag. Ihrem Vater stand sie treu zur Seite und entwickelte sich für ihn zu einer Art Alter ego. Schon mit vierzehn Jahren durfte sie ihn jeden Morgen in sein Arbeitszimmer begleiten und kleinere und größere Aufgaben für ihn erledigen. Frühzeitig bezog Albert sie in die politischen Pläne und Absichten des britischen Königshauses mit ein.

Die Queen erfreute sich an Vickys rascher Auffassungsgabe. Sie betrachtete insbesondere ihre Töchter als Teil ihres Hofstaates. Es konnte ihr nicht schnell genug gehen, dass sie erwachsen wurden und zu Diensten waren. Als es später für eine nach der anderen hieß, das Haus zu verlassen und zu heiraten, bestand Victoria wiederum darauf, dass mindestens eine immer in ihrer Nähe bleiben müsse – eine eigentlich absurde Vorstellung. Vicky, die nicht einmal in England, geschweige denn am Hof ihrer Eltern bleiben konnte, verpflichtete sich, der Mutter regelmäßig zu schreiben. Es gehört zu einem wesentlichen Charakterzug Vickys, dass sie diese Verpflichtung ungeheuer ernst nahm. Die Korrespondenz, die zwischen den beiden Frauen entstand, umfasste an ihrem Lebensende ein Konvolut von mehr als siebentausend Schreiben. Detailliert schildert Vicky in ihren Briefen sämtliche Vorkommnisse am Berliner Hof, alle politischen Ereignisse und Debatten. Einerseits sind die Texte ein großartiges Zeitdokument. Sie wurden lückenlos aufbewahrt und zeigen, was für eine aufmerksame Beobachterin Vicky war, wie präzise ihr Urteilsvermögen und unerschrocken ihre Einschätzung der jeweiligen allgemein-politischen Lage sein konnten. Andererseits offenbaren sie auch, wie stark sich die Tochter ihrer Mutter ihr Leben lang verpflichtet fühlte. Ohne es zu beabsichtigen oder sich bewusst dafür entschieden zu haben, scheint sie in der Tat eher ein Mitglied des britischen Hofes geblieben zu sein. So klingt ihr Brief am 22. Mai 1899 zum achtzigsten Geburtstag der Mutter wie eine öffentliche Ansprache: »Achtzig Jahre der Gnade und Ehre, der Nützlichkeit und Güte, der Prüfungen und Trauer, untermischt mit viel Glück und vieler Freude, wie sie nur wenigen gegeben sind, obgleich diese mit Unruhen und Ängsten gemischt waren, die von der einzigartigen Stellung einer Herrscherin und Mutter unzertrennlich sind! Das ist gewiss ein Grund für uns, Gott zu loben, und ihm für so viele Gnaden zu danken und ihn zu bitten, daß frohe und friedliche Jahre den Rest Deines Lebens krönen mögen. Ich weiß, daß der Gedanke an alle die, welche Deinen Geburtstag gerne mit Dir gefeiert hätten, die aber nicht mehr unter uns weilen, Dich nicht verlassen wird und daß ihr teures Andenken mit all Deiner Zuneigung, die sie in unserem lieben Hause von Dir empfingen, und die immer vermißt werden wird, Dir ins Gedächtnis zurückgerufen werden. Ich vereinige mich mit meinen Schwestern in der Gabe eines Kandelabers für das indische Zimmer und schicke Dir außerdem ein kleines Medaillon, das Du, wie ich hoffe, an ein Armband oder eine Uhrkette hängen wirst. Möge der Tag schön und das liebe Windsor nicht zu anstrengend für Dich sein.«[49]

Mit elf Jahren begegnete Vicky zum ersten Mal ihrem zukünftigen Mann. Friedrich und seine Eltern waren 1851 zur Weltausstellung nach London gereist, und die junge Prinzessin bekam die Aufgabe, den Kronprinzen durch die Schau zu geleiten. Während Friedrich sich im Vorfeld Sorgen gemacht hatte, sein Englisch würde nicht ausreichen, um mit Vicky angemessene Konversation zu halten, überraschte sie ihn mit ihrem fehlerfreien Deutsch. Schon damals beeindruckte und belustigte ihn die Mischung von Kindlichkeit, enormem Wissen und erwachsener Gewandtheit, die Vicky an den Tag legte.

Möglicherweise wurde dieser Eindruck noch durch die Tatsache verstärkt, dass die Prinzessin, ähnlich wie ihre Mutter, körperlich sehr klein war. Es gibt Bilder aus Victorias Kindheit, auf denen die zukünftige Königin Englands einer Zwergin ähnelt. Ein Foto, das während Friedrich und Vickys Flitterwochen aufgenommen wurde, vermittelt einen ähnlichen Eindruck. Zwar trägt die Kronprinzessin einen hoch aufragenden Kopfschmuck, doch auch das konnte nicht über die Tatsache hinwegtäuschen, dass sie nur 157 Zentimeter groß war: Vicky reichte ihrem Mann bis knapp über den Bauchnabel. Auf dem Foto hat es den Anschein, sie sei nicht Friedrichs Gattin, sondern seine Tochter oder zumindest eine wesentlich jüngere Schwester. Die beiden wirken wie ein Zirkuspaar.

Wie dem auch sei – sie fanden zueinander und wurden ein Herz und eine Seele. Friedrich goutierte an Vickys Elternhaus, dass sich ihr Vater und ihre Mutter wohlgesonnen waren. Derart harmonische Familienverhältnisse hatte der junge Mann bei seinen eigenen Eltern schmerzlich vermisst. Vicky bewunderte ihren Mann. Außerdem schätzte sie seine Stellung. Sie sah für sich an seiner Seite eine wichtige Position, die sie reizte und der sie sich mit Begeisterung stellte. Schließlich hatte sie ihr Vater frühzeitig an solche Herausforderungen herangeführt. Noch in der Verlobungszeit hielt er sie dazu an, ihr Wissen über Preußen zu vertiefen. Vicky musste die Politik und Geschichte des Landes memorieren und Aufsätze dazu schreiben.

Am 25. Januar 1858 schritten Victoria und Friedrich gemeinsam an den Traualtar und bezogen kurz darauf strahlend ihr Berliner Quartier. Während ihnen zuerst eine Wohnung im Schloss eingerichtet worden war, stellte ihnen Augusta später eine Bleibe in Schloss Babelsberg zur Verfügung. Mittelfristig war ihnen das Kronprinzenpalais Unter den Linden vorbehalten. Hier sollten die beiden, zusätzlich zum Neuen Palais, ein dauerhaftes Zuhause finden. Hofdame Walpurga von Hohenthal (1839–1929) lieferte in ihren Erinnerungen eine präzise Beschreibung der frisch gebackenen Ehefrau: »Die Prinzessin erschien außerordentlich jung; die ganze kindliche Rundlichkeit war noch an ihr und ließ sie kleiner erscheinen, als sie wirklich war. Sie war in einer Weise gekleidet, die auf dem Kontinent lange nicht mehr in Mode ist, nämlich in ein pflaumenfarbiges seidenes Kleid, das auf dem Rücken geschlossen wurde. Ihr Haar war aus der Stirn gekämmt. Am meisten berührten mich ihre Augen, die Iris schimmerte grün wie die See an einem sonnigen Tage, und das Weiße hatte einen besonderen Glanz, der zugleich mit ihrem Lächeln, das kleine und schöne Zähne zeigte, alle bezauberte, die sich ihr nahten. Die Nase war ungewöhnlich klein und leicht nach oben gewandt; ihr Teint war nicht allzu zart, erweckte aber den Eindruck völliger Gesundheit und Kraft. Der Fehler des Gesichtes lag in der Viereckigkeit der unteren Züge; um das Kinn war sogar ein Zug von Entschlossenheit sichtbar. Die außerordentlich liebenswürdigen, manchmal sogar schüchternen Manieren der Prinzessin hinderten indessen, dass man ihn sogleich bemerkte.«[50]

So innig das herrschaftliche junge Paar auch miteinander verwoben war, von außen war ihre Ehe ständigem Gegenwind ausgesetzt. Neben Augusta, die wegen ihrer liberalen Ansichten zu Beginn größte Hoffnung auf die Schwiegertochter aus politisch aufgeklärtem Hause setzte, muss es weder in England noch in Preußen auch nur irgendjemanden gegeben haben, der sich über diese Verbindung ernsthaft gefreut hat. Schließlich hatten die Engländer noch kürzlich im Krimkrieg (1853–1856) Stellung gegen Russland bezogen und die Türkei unterstützt. Das konnten ihnen die Hohenzollern nicht verzeihen, die, nicht nur aus verwandtschaftlichen Gründen, per se auf der Seite Petersburgs standen.

Schon die Entscheidung, in London zu heiraten, hatte allgemein zu Unfrieden geführt. Ein preußischer Prinz, hieß es in Berlin, habe gefälligst in der Hauptstadt seines Landes zu heiraten, zumal, wenn es sich um den Kronprinzen handele. An der Themse war man gänzlich anderer Ansicht: Die älteste Tochter der Königin von England müsse selbstverständlich ihr Jawort in der Kapelle von St. James Palace geben. So war es nun einmal Tradition.

Ungeschickt an der Meinungsverschiedenheit war, dass die Queen Friedrich Wilhelm IV. damit unwillkürlich zu verstehen gab, sein Reich sei dem ihrigen nicht ebenbürtig. In der Tat empfanden die Briten im Stillen, die Preußen seien Emporkömmlinge und politisch-kulturell noch nicht sehr weit gekommen. Ein Land, dessen Monarchen im Alltag Uniform trugen, könne man nicht als sonderlich weit entwickelt ansehen.

Victoria und Albert hegten darüber hinaus die Absicht, ein wenig Entwicklungshilfe zu leisten und in Preußen eine konstitutionelle Monarchie durchzusetzen. Albert hatte dazu sogar eine Art Komplott geschmiedet, den »Coburger Plan«, den er Wilhelm schon in der Zeit seines Exils am britischen Hof 1848 unterbreitet hatte und in den auch Vicky, sobald sie intellektuell dazu in der Lage war, miteinbezogen wurde. Alberts Wunsch und erklärter Wille war, dass sich seine Tochter vor Ort für diesen Plan einsetzte.

Das Britische Empire gilt als die älteste konstitutionelle Monarchie im modernen Sinne. Während diese Staatsform auf dem Kontinent in konservativen Kreisen als bedrohlich modern und libertär angesehen wurde, hatte sie sich in England mit der Magna Charta von 1215 sowie der Bill of Rights von 1688 über viele Jahrhunderte lang entwickelt. Sie war aus dem Selbstverständnis des Landes nicht mehr wegzudenken.

Bei Staatsneugründungen hatten die Briten mit ihrer Verfassung durchaus beispielgebend gewirkt. So sind Magna Charta und Bill of Rights auch Grundlage der Gesetzgebung in den Vereinigten Staaten von Amerika geworden. Eine Herrschaft, die im 19. Jahrhundert immer noch keine Verfassung verabschiedet hatte, konnte man aus britischer Sicht nicht ernst nehmen. Schließlich bewiesen Länder wie Polen mit seiner Verfassung von 1791 oder auch deutsche Kleinstaaten wie das Großfürstentum Weimar, dass auch auf dem Kontinent fortschrittliches Denken möglich war.

Doch Albert und Victoria hatten die Zahl der Freidenker und Liberalen in Deutschland überschätzt. Möglicherweise hatte gerade der Briefwechsel, in dem Victoria und Augusta über viele Jahre hinweg standen, diesen einseitigen Eindruck noch verstärkt. Bis ins hohe Alter hoffte Augusta schließlich, sich mit ihren politischen Ansichten in Preußen durchzusetzen. Ähnliches wird sie auch Victoria zu vermitteln gesucht haben. Mit einem Herrscher wie Wilhelm I. und einem Ministerpräsidenten wie Bismarck war allerdings, wie schon erwähnt, vorerst nur bedingt an Reformen zu denken. Während sich Wilhelm bei seinem Aufenthalt in England durchaus aufgeschlossen für Alberts Pläne gezeigt hatte, war er, nachdem er seinem Bruder auf den Thron gefolgt war, wieder auf streng konservativen Kurs geschwenkt.

Um die Position ihrer Tochter an der Seite des Kronprinzen zu stärken, verlangte die Queen von Preußen, dass Victoria selbst nach der Eheschließung eine Royal Princess bleiben müsse. Darüber hinaus ließ sie ihr Kind mit Geldern ausstatten, die weit über der Norm lagen. Nach zähen Verhandlungen im eigenen Parlament setzte sie eine Mitgift in Höhe von 40 000 Pfund durch. Das entsprach einer Kaufkraft von heute etwa 2 955 833 Pfund (3,5 Millionen Eurodollar). Hinzu kam eine Apanage von jährlich 8 000 Pfund (heute etwa 717 522 Euro). Auch wenn Victoria das viele Geld wirkungsvoll zur Verschönerung Preußens einsetzte – es war letztlich keine kluge Entscheidung. Ihrem Ehemann wurde eine Apanage von 9 000 Talern bewilligt, was etwa der heutigen Kaufkraft von 264 600 Euro entsprach. Der Reichstaler war bei allen kalkulierbaren Ungenauigkeiten nur etwa ein Drittel so viel wert wie das Britische Pfund. Das war nicht nur erheblich weniger als die Summe, die Victoria zur Verfügung stand, sondern reichte überdies nicht aus, um die Ausgaben eines standesgemäßen Haushaltes in Preußen zu bestreiten. Die beiden waren also dauerhaft von Victorias finanziellen Zuwendungen abhängig.

Das junge Paar schien in seinen ersten Ehejahren indes über derlei erhaben. Die beiden liebten sich, sie waren einander sicher und bildeten im Vergleich zum ewig zankenden Königspaar Wilhelm und Augusta geradezu eine Allianz des Friedens. Glänzend ausgebildet und mit dem nötigen Selbstverständnis ausgestattet, zog Victoria im vollen Bewusstsein ihrer Bedeutung am Berliner Hof ein. Fast auf den Tag genau ein Jahr nach ihrer Hochzeit gebar sie einen Sohn, Wilhelm mit Namen, und machte damit faktisch alles richtig. Dieses Kind würde als Wilhelm II. seinem Vater auf den Thron folgen. Die Zukunft der Hohenzollern-Dynastie war damit gesichert. Dass während seiner Regierung ein Weltkrieg ausbrechen und seine Abdankung der Monarchie in Deutschland für immer ein Ende setzen würde, konnte schließlich noch niemand ahnen.

Doch mit den Kindern kamen auch die Sorgen. Ihre erste Geburt kostete Victoria fast das Leben. Der Säugling war in Steißlage geraten, und die Kronprinzessin quälte sich stundenlang mit erfolglosen Wehen. Obwohl die besten Geburtshelfer des Landes zur Stelle waren, mit Queen Victorias Leibarzt und ihrer persönlichen Hebamme Mrs. Innocent Hilfe sogar eigens aus England angereist war, wagte niemand, sie aus ihrer entsetzlichen Lage zu befreien. In der Endphase musste der Säugling derart übereilt ans Licht gezerrt werden, dass sein linker Arm nachhaltig verletzt wurde. Er blieb verkümmert und war wegen einer Muskelschwäche nicht voll einsetzbar. Außerdem hatte der Säugling über der Geburt acht bis zehn Minuten lang akuten Sauerstoffmangel erlitten. Entsprechende neurobiologische Schäden waren nicht zu leugnen.

Schlimmer aber war Victorias Reaktion auf die Geburt des verkümmerten Kindes. Monatelang hielt sie die

Tatsache vor ihren Eltern geheim, weil sie sich dafür so schämte. In ihrer Unerfahrenheit versuchte sie, den Jungen mit Hilfe schauriger Therapien zu heilen. Dazu gehörten animalische Bäder, bei denen Wilhelms Arm in den Leib eines frisch erlegten Hasen gehalten wurde. Andere Ärzte empfahlen, ihm das verkümmerte Gliedmaß an den Leib zu schnallen, damit die Muskulatur sich kräftige. Das erschwerte ihm das Erlernen vieler anderer Bewegungsabläufe, wie das Laufen und später das Reiten. Kein Mensch vermag zu sagen, wie oft dieser Junge in seiner Kindheit hingefallen oder vom Pferd gestürzt ist.

Auch mit ihrem zweiten Kind, diesmal ein Mädchen, hatte Victoria große Sorgen. Zwar verlief die Geburt wesentlich leichter, doch Charlotte (1860–1919) blieb im Wachstum zurück, lernte nur schwer, hatte eine schwache Konstitution und einen Hang zu extremen Wutanfällen. Auch nachdem sie älter geworden war, erkrankte sie oft und blieb kapriziös und schwierig. Victoria hatte größte Schwierigkeiten mit ihrem Verhalten.

Heute geht man davon aus, dass Charlotte an einer besonders starken Ausprägung von Porphyrie litt, einer erblich bedingten Stoffwechselstörung, die auch Victoria selbst das Leben schwer machte. Oft klagte die Kronprinzessin über Kopfschmerzen, Hautausschläge und Neuralgien, unter denen sie bisweilen derart litt, dass sie sogar zu Morphium griff. Charlotte muss es noch schlimmer ergangen sein.

Wie sich inzwischen herausgestellt hat, stammte Victoria bei aller Sicherheit, die sie an den Tag legte, keineswegs aus gesundheitlich stabilen Verhältnissen. Ihre Mutter litt an Hämophilie, der Bluterkrankheit, und gab sie über ihre Nachkommen in mehrere Herrscherfamilien weiter. So erbte ihr Enkel, der letzte Zarewitsch, Alexej Romanow (1904–1918), diese Art der Anfälligkeit und musste als potentieller Thronfolger Tag und Nacht vor Stürzen und Verletzungen geschützt werden. An Porphyrie hatte schon Victorias Urgroßvater, Georg III. von England (1738–1820), gelitten und die Krankheit über Generationen weitervererbt.

Hinzu kam, dass die Kronprinzessin keine dauerhafte Bindung zu ihren Kindern aufbauen konnte. In ihren Briefen schwärmte sie immer nur von ihnen, solange sie noch klein waren. Sobald ein neues geboren war, wurde ihr das nächstältere allmählich gleichgültig. Die Kinder bekamen das deutlich zu spüren. Trotz ihrer unbeschwerten Kindheit machte sich nun doch allmählich die Tatsache bemerkbar, dass Victoria in den ersten Lebensjahren kaum Kontakt zu ihrer Mutter gehabt hatte. Sie hatte nie gelernt, eine liebevolle und verbindliche Beziehung zu den eigenen Kindern aufzubauen.

Ein schwerwiegender Fehler war auch, die beiden älteren Söhne in Absprache mit Friedrich in die Obhut des gestrengen Calvinisten Georg Hinzpeters (1827–1907) zu geben. Der Erzieher war zwar fachlich hervorragend ausgebildet, versagte aber auf menschlicher Ebene völlig. Nie bekamen die Kinder ein Wort des Lobes zu hören, ständig forderte er mehr von ihnen, als sie zu leisten vermochten. Außerdem waren Hinzpeters Ansichten politisch-kulturell keineswegs im Lager der Liberalen anzusiedeln. Man fragt sich, wie den Eltern ein derartiger Missgriff hatte unterlaufen können.

Acht Kinder sollte Victoria insgesamt bekommen, vier Töchter und vier Söhne. Einer der Jungen starb zu ihrer Verzweiflung nach 21 Monaten, ein zweiter erreichte nur das elfte Lebensjahr. Erst ab dem vierten Kind stillte sie selbst, was ihre Mutter vollkommen überflüssig fand. Später erwies sich das jedoch als weise Entscheidung, denn allein die jüngeren Kinder standen ihr dauerhaft zur Seite. Die drei Älteren wandten sich von ihren Eltern ab und orientierten sich an den Großeltern Wilhelm und Augusta.

Ausgerechnet in dieser Zeit starb überraschend Victorias Vater, erste Bezugsperson und zeit ihres jungen Lebens engster Vertrauter. Albert hatte sich eine Typhuserkrankung zugezogen und schloss am 14. Dezember 1861 für immer die Augen. Neuere Erkenntnisse lassen vermuten, dass die Todesursache Magenkrebs war. Krankheit und Tod kamen vollkommen überraschend. Der Coburger war nur 42 Jahre alt geworden.

Victoria versank in tiefe Lethargie. Erstmals wurden Anwandlungen von Schwermut bemerkbar, die sie in späteren Jahren noch oft befallen würde. Nun hatte sie niemanden mehr, der sie bei der Durchsetzung ihrer Pläne beraten konnte. Ohne Albert erschien der gesamte Coburger Plan obsolet.

Es gab wohl nur einen Menschen, der noch mehr um Alberts Ableben trauerte: ihre Mutter. Queen Victoria zog sich von sämtlichen Geschäften zurück und suchte die schottische Einsamkeit auf Schloss Balmoral. Obwohl die Königin auf ausdrückliches Bitten nach einem Jahr an ihren Schreibtisch zurückkehrte, trug sie bis an ihr Lebensende Witwentracht. An der Einrichtung in Alberts ehemaligen Zimmern in Windsor Castle durfte sich nichts ändern, Bettwäsche und Handtücher sollten regelmäßig gewechselt, jeden Abend warmes Wasser bereit gestellt werden. 22 Jahre lang waren die beiden verheiratet gewesen. Es gab nach seinem Tod keinen Tag, an dem die Queen ihren Mann nicht vermisste.

Kronprinzessin Victoria fand in dieser Zeit große Unterstützung bei Friedrich. Unverrückbar stand er ihr zur Seite. Doch auch er konnte ihr nicht bei der Verwirklichung ihrer politischen Pläne helfen. Sensibilisiert durch die Auseinandersetzungen mit Augusta, hatte Bismarck mit Geschick ein feines Netz aus Intrigen um das Kronprinzenpaar gesponnen, das sich sukzessive zu seinen Ungunsten auswirkte und es damit aufs Abstellgleis bugsierte.

Das Kronprinzenpaar wurde politisch systematisch isoliert. Wilhelm bemerkte das wohl, sah jedoch tatenlos zu. Er vertraute seinem Ministerpräsidenten aufs Wort und ließ alles mit sich geschehen.

Tragisch für Victoria und Friedrich war, dass diese Auswirkungen allgemeiner politisch-historischer Differenzen unmittelbar ihr Privatleben bestimmten. Sie wurden als Schachfiguren eingesetzt und mussten sich persönlich für das deutsch-britische Verhältnis verantworten. Victoria hatte während ihrer Ehe kaum eine Chance, jemals ein ernstzunehmendes Mitglied der Familie Hohenzollern zu werden.

Auch mit dem Versuch, sie finanziell möglichst fürstlich auszustatten und ihr damit in Berlin eine gewisse Unabhängigkeit zu wahren, hatten ihre Eltern ihr nicht unbedingt geholfen. Ein Mitglied der Familie, das dauerhaft vom britischen Hof finanziert wurde, konnte keine Vertraute, keine Verwandte werden. Victoria blieb in Berlin eine Fremde. Manch einer dort empfand sie sogar als Spionin. Man nannte sie »die Engländerin«.

Die einzige Person, die an dieser Stelle hätte vermitteln können, war Schwiegermutter Augusta. Schließlich stimmten beide Frauen in ihren politischen Ansichten überein und kämpften für die Sache der Liberalen. Auch war die britische Prinzessin ihrer Schwiegermutter herzlich zugetan. Niemand schien so viel Verständnis für Augusta zu haben wie Victoria. In ihren Briefen bildet sich ein gelungenes, einfühlsames Porträt der Königin ab. Auch später, als Augusta Kaiserin geworden war, zollte ihr Victoria in ihren Schilderungen Respekt und Hochachtung.

Es bleibt ein Rätsel, warum Augusta mit der jungen, engagierten Prinzessin keine Allianz bildete. Wer weiß, wieviel sie gemeinsam hätten erreichen können. Ob es die höfischen Hierarchien und Rituale gewesen waren, die solch eine Verbindung unmöglich machten? War Victoria der

Königin in einer Form unterstellt beziehungsweise zugeordnet, die keine Zusammenarbeit zuließ? Doch warum schufen die beiden dann keine Formen, innerhalb derer sie agieren konnten? Wie wichtig war Augusta ihr Streben wirklich? War es am Ende doch nur irrationales Gezänk?

In erster Linie wurde Victoria an der Erziehung ihrer Kinder gemessen. Als sie dahingehend versagte, reagierte die Schwiegermutter sofort. Sie nahm sich der Enkel an und verbündete sich mit Wilhelm. Der Keil, den sie dadurch zwischen ihn und seine Eltern trieb, war offensichtlich, seine Auswirkungen verheerend.

Später bekam Victoria Vorhaltungen zu hören, sie hielte sich nicht an die Regeln der Etikette. Als sie sich angesichts der wachsenden Isolierung bei Hofe der ein oder anderen Verpflichtung entzog und durch Abwesenheit glänzte, sparte Augusta nicht an Kritik. Wer gegen diese Formalien verstieß, fand bei der alten Dame keine Gnade. Doch war das alles?

Frauen konnten in dieser Zeit und an diesem Hof offenbar nur als Einflüsterer über ihre Männer agieren und sich nur indirekt, ja, geradezu heimlich über gemeinsame Ziele und Absichten miteinander abstimmen. Dazu war Augusta in ihrer impulsiven Art keinesfalls in der Lage. Ihre Art von politischem Engagement zog nichts als Streit und Ablehnung nach sich. Was Victoria vorfand, war verbrannte Erde.

Hinzu kam, dass jede Dynastie auch ganz gewöhnlichen familiären Problemen unterlag. Victoria war nicht nur die mögliche Nachfolgerin ihrer Schwiegermutter bei Hofe, sondern auch die Frau ihres Sohnes, und Augusta hielt von Friedrich nicht viel: »Ich beklage seinen Mangel an geistiger Energie«, schrieb sie in ihren Briefen. Vielleicht wollte Augusta ihrer Schwiegertochter sogar helfen, indem sie sich verstärkt ihrer Enkel annahm. Möglicherweise war genau das Zeichen ihrer persönlichen Unterstützung, doch auch darüber gab es keine Absprachen oder gemeinsame Beschlüsse. Die beiden Frauen konnten nicht zueinander finden.

Einen einzigen Punkt gibt es, in dem Victoria politisch nachhaltig von Augusta differierte. Während die Königin jede Art von Krieg ablehnte, sah die Kronprinzessin darin durchaus ein hilfreiches Mittel, eigene Machtinteressen durchzusetzen. Als Bismarck 1864 Krieg gegen Dänemark provozierte, fand er bei Victoria starke Unterstützung. Plötzlich war sie eine glühende Patriotin geworden und betete für den Sieg der preußischen Truppen – obwohl ihr leiblicher Bruder mit einem Mitglied des dänischen Königshauses verheiratet war. Am 8. Februar 1864 schreibt sie ihrer Mutter: »Der Verlauf, den der Feldzug nimmt, hat uns alle sehr erstaunt, da wir glaubten, daß die Eroberung der Danewerke sehr schwierig sein würde und niemand daran dachte, die Dänen könnten ihre Stellung aufgeben. Ich hoffe und bete, daß der Krieg für unsere braven Truppen ehrenvoll enden und alle Resultate zeitigen möge, welche Deutschland erwartet. Du sagst, liebe Mama, daß Du froh bist, nicht das Blut so vieler Unschuldiger auf Deinem Gewissen zu haben. Wir haben dafür niemandem anderem zu danken als Lord Palmerston und dem Kaiser Nikolaus. Wenn sie sich nicht in Dinge gemischt hätten, die sie im Jahr 1848 gar nichts angingen, wären diese Folgen nicht eingetreten.«[51]

Zwei Jahre später im Krieg gegen Österreich sympathisierte Victoria wieder begeistert mit Preußens Soldaten, nicht zuletzt deshalb, weil Friedrich, ihr Mann, selbst die Truppen anführte. In ihren Briefen war jetzt von den »wertvollen und guten Eigenschaften« dieses Staates die Rede, ein Land, das man achten und respektieren müsse. Dass sie mit dieser Haltung bei der Pazifistin Augusta auf Widerstand stoßen würde, war nicht weiter verwunderlich.

Victoria und Friedrich blieben dauerhaft isoliert. Gleichzeitig mussten sie sich für die Thronfolge bereit halten – eine denkbar widersprüchliche Situation. Zu ihrem Pech, muss man aus ihrer Perspektive sagen, erreichte Wilhelm I. ein ausgesprochen hohes Alter. Mit den Jahren wuchs auch seine Popularität, und die Sache der Liberalen verlor zunehmend an Anhängern und Überzeugungskraft. Wiederholt schildert sie in ihren Briefen an die Mutter, wie sehr sie unter jedweden englisch-deutschen Differenzen litt, so am 31. Oktober 1870: »Die Erbitterung gegen England ist noch sehr groß, und die Bevölkerung sehr ungnädig gegen alles Englische. Ich halte das für ungerecht; es macht mich sehr unglücklich. Ich kann nichts dafür, wenn ich bei solchen Gelegenheiten heftig werde und unangenehme Bemerkungen, die ich höre, mit einer Vehemenz zurück gebe, die nicht immer klug ist. Solche Reden rühren einen wilden Trotz in mir auf und bringen mich außer Fassung.« Und weiter schreibt Victoria am 7. November: »Was Du über die Stimmung, die zwischen Deutschland und England herrscht, sagst, ist nur zu wahr! Sie macht mir das Herz schwer. Man kann nur Geduld haben! Ich weiß, daß sie auf die Dauer nicht bestehen bleiben wird. Sobald in Deutschland die Leidenschaften und Nerven der Bevölkerung sich ein wenig beruhigt haben und die Menschen Zeit haben werden, zu untersuchen, worauf ihr eingebildeter Zorn gegen England beruht (…) werden sie erkennen, wie kindisch die Gründe und wie geringfügig die Tatsachen waren, die sie in maßloser Übertreibung so ärgerlich gemacht und außer sich gebracht haben. Ich bin fest davon überzeugt, daß sie sich ihrer Ungerechtigkeit gründlich schämen und dankbar für Englands freundliche und herzliche Sympathie sein werden, ebenso wie für seine große und glänzende Mildtätigkeit und die meisterhaften Beschreibungen unserer Taten in seiner unvergleichlichen Presse, der ersten Presse der Welt. Auch jetzt kann, wie ich sicher bin, viel getan werden, um Mißverständnisse aufzuklären und Schwierigkeiten aus dem Wege zu räumen.«[52]

In all diesen Jahren bot das Neue Palais dem Kronprinzenpaar über den Sommer Schutz und Rückzugsort. Hier draußen am äußersten Rand des Parks von Sanssouci, in räumlicher Distanz selbst zu Potsdam und dem dortigen Hofleben, konnten die beiden ganz sie selbst sein. 1867 hatte das Paar seinen Sommersitz mit Hilfe des Krongutes Bornstedt vergrößert. Es befindet sich nur wenige hundert Meter von Sanssouci entfernt, ist malerisch an einem See gelegen und umfasste schon zu Zeiten des Großen Kurfürsten eine Brennerei, eine Hopfenanlage und eine Brauerei. Nach einem Brand im 19. Jahrhundert hatte es Friedrich Wilhelm IV. im italienischen Stil neu aufbauen lassen. Anpflanzungen von schnell aufschießenden Pappeln trugen das Ihrige dazu bei. Es gibt Abbildungen von Bornstedt, die wirken, als befände sich das Gut inmitten der Toscana.

Der Stil des Krongutes ist aber auch mit dem Aussehen von Osborne House in England zu vergleichen. Die Umbauten beider Anwesen fanden etwa zeitgleich statt. Nicht umsonst machte Victoria aus Bornstedt ein landwirtschaftliches Mustergut und verbrachte dort mit den Kindern viele Sommermonate. Neben der höfischen Erziehung sollten sie – ähnlich wie auch sie selbst es als Kind erfahren hatte – das einfache Leben der Landbevölkerung und Handwerker kennenlernen, ja, am besten unmittelbar daran teilhaben. Die Vorstellung, ihre Hohenzollernsprösslinge würden bei der Ernte mithelfen, gefiel Victoria ausgezeichnet.

Das Engagement der Kronprinzessin trug erheblich zur Verschönerung der landschaftlichen Umgebung bei. Sie nahm Hofgärtner Emil Sello (1816–1893) unter ihre Fittiche und beauftragte ihn 1875, den Garten in Bornstedt nach englischem Vorbild neu zu gestalten. Auch hierbei griff sie vorbehaltlos auf die eigene Kasse zurück. Victoria

hatte königlich-britische Ansprüche, doch sie war auch bereit, erhebliche Anteile ihrer eigenen Apanage dafür zu opfern. Preußen konnte davon nur profitieren.

Während in nächster Nähe des Herrenhauses ein Rosengarten und eine Seebühne entstanden, wurde die weitere Umgebung nach dem Vorbild einer »Ornamental farm« gestaltet. Dabei flossen Ideen ein, die Victoria selbst entwickelt hatte. Sie war eine kluge und wissbegierige Person, hatte großes Interesse am Gartenbau und profunde Kenntnisse darüber erworben. Sello bemühte sich gänzlich uneitel, ihre Entwürfe umzusetzen.

Über die Jahre der Zusammenarbeit entstand fast so etwas wie eine Freundschaft zwischen dem Gärtner und dem Kronprinzenpaar. Auch im unmittelbaren Umfeld des Neuen Palais entstanden in Victorias Auftrag und unter Sellos Leitung Neuheiten wie Heckenquartiere, ein Rosengarten und ein Spiel- und Turnplatz für die Söhne der Familie. Spuren davon finden sich heute noch.

Victoria nutzte die Abgeschiedenheit ihres Sommersitzes auch, um sich intellektuell fortzubilden. Sie las Goethe, Gotthold Ephraim Lessing (1729–1781) und Heinrich

Heine (1797–1856), pflegte Bekanntschaft mit Schriftstellern wie Gustav Freytag (1816–1895) und Gustav von Putlitz (1821–1890) und beschäftigte sich gar – ein in ihren Kreisen keineswegs populäres Thema – mit der Evolutionslehre von Charles Darwin (1809–1882). Die Kronprinzessin blieb eine kluge und wache Frau, die den Dingen gern auf den Grund ging. Um die Ideen der Sozialisten zu begreifen, las sie, zum Erstaunen ihrer Zeitgenossen, sogar die Schriften von Karl Marx (1818–1883).

Ihr soziales Engagement richtete Victoria auf den Lette-Verein. 1866 auf Initiative des Sozialpolitikers Wilhelm Adolf Lette (1799–1868) gegründet, setzte sich der Verein zur Förderung der Erwerbsfähigkeit von Frauen ein – zu jener Zeit ein geradezu revolutionärer Gedanke. Bislang waren die Ehemänner für ihre Frauen aufgekommen. Wer nicht verheiratet war, musste sehen, wo er blieb. Schon ein Jahr nach seiner Gründung setzte sich Victoria nachhaltig für die Idee ein, übernahm das Protektorat und unterstützte den Verein auch finanziell.

Ablenkung fand Victoria in der Malerei. Viele Stunden widmete sie sich diesem Vergnügen und entwickelte ihre Neugier und Begabung darin weiter. Sie nahm Unterricht unter anderem bei Anton von Werner (1843–1915), dem Historienmaler, der sich durch das fotografisch exakte Festhalten von politisch-geschichtlich bedeutenden Szenerien einen Namen gemacht hatte. Bekanntheit erlangte insbesondere sein Gemälde von der Kaiserproklamation in Versailles. Eine besondere Herausforderung stellte für Victoria das Kuratorium der Königlichen Museen dar, das ihr an der Seite ihres Mannes Anfang der siebziger Jahre übertragen worden war. Während sie sich der Aufgabe mit Eifer annahm, muss Friedrich sie als Herabwürdigung angesehen haben. Trotz seiner militärischen Erfolge im Krieg gegen Frankreich erhielt er kein Kommando in Preußen. Jegliche Aufgaben im Staatsgeschäft wurden ihm weiterhin vorenthalten. Wilhelm I. begründete seine Entscheidung mit der Tatsache, sein Sohn orientiere sich politisch-ideologisch zu stark an England.

1887 empfahl Victoria ihrem Mann, einen Arzt zu konsultieren. Friedrich war starker Raucher, und zu seinem notorischen Husten hatte sich heftige Heiserkeit gesellt. In der Tat fanden die Ärzte Knötchen an seinen Stimmbändern, Hinweise auf eine mögliche Krebserkrankung, doch der Kronprinz wollte sich nicht operieren lassen. Er begab sich nach England und unterzog sich der Behandlung des britischen Laryngologen Morell Mackenzie (1837–1892). Die Therapie des Spezialisten schlug an, und schon im September fuhr das Paar zur Erholung nach San Remo.

Bald jedoch verschlimmerte sich der Zustand des Kronprinzen. Zunehmend fiel es ihm schwerer, sich vernünftig zu artikulieren. Erneut musste er sich untersuchen lassen. Jetzt entdeckten die Ärzte eine rasch wachsende Geschwulst im Hals und empfahlen dem Kranken, den Kehlkopf entfernen zu lassen, doch Friedrich widersprach heftig. Wie sollte er in Zukunft ein Land regieren, wenn er keine Stimme mehr hatte? Victoria unterstützte ihn bei dieser Entscheidung.

Ausgerechnet in dieser Krisensituation erreichte das Kronprinzenpaar die Nachricht von Wilhelms Tod. Am 9. März 1888 war der alte Mann in den frühen Morgenstunden gestorben. Umgehend reisten die beiden nach Berlin, um seine Beerdigung vorzubereiten. Nun durften sie endlich selbst die Verantwortung für das Kaiserreich übernehmen.

Jahrelang hatte Victoria auf diesen Tag gewartet, doch an der Seite ihres todkranken Mannes war es kein Grund zur Freude. Schon war Friedrich kaum mehr in der Lage, auch nur einfachste Amtshandlungen vorzunehmen. Er erließ eine Amnestie für politische Häftlinge, entließ den reaktionären Innenminister und verlieh dem Justizminister den Schwarzen Adlerorden, doch verständigen konnte er sich nur mehr schriftlich oder mit Handbewegungen. Bis zu seinem Tod vergingen nur noch wenige Monate. Friedrich starb am 15. Juni 1888. Seine Regentschaft hatte nur 99 Tage lang gedauert. Verzweifelt schreibt Victoria ihrer Mutter: »Ich kann Dir nicht sagen, was für Stunden ich durchgemacht habe, welche Bilder meinen Sinn quälen, welche Empfindungen mein Herz bewegen. Oh! Sie werden mich immer verfolgen. Die Qual ist zu schrecklich, wenn zwei Leben, die eins geworden sind, so auseinander gerissen werden; nun muß ich bleiben und mich erinnern, wie er von mir ging!«[53]

Victoria blieb nicht viel Zeit, um zu trauern. Noch an dem Tag, an dem Friedrich verstorben war, ließ Sohn Wilhelm das Neue Palais von Wachposten umstellen. Sämtliche Zimmer seiner Eltern wurden durchsucht, alle Schränke durchforstet. Später wurde behauptet, Wilhelm habe nach staatsdiffamierenden Unterlagen suchen lassen, doch in Wahrheit wollte er sich offenbar vergewissern, dass die Schriftstücke vernichtet wurden, die seine Reputation hätten bedrohen können. Victoria wurde behandelt wie eine Landesverräterin. Personen aus ihrem engsten Umfeld wurden verhört, bei einzelnen die Häuser durchsucht. Am 18. Juni schreibt sie ihrer Mutter aus Bornstedt: »Ich bin mit meinen drei lieben Töchtern hierher auf unser kleines Gut geflohen – ihre Gouvernanten, Frau von Stockmar und drei andere mir befreundete Damen sind mitgekommen. Nun wird man ihn begraben! – und ihn aus dem lieben Hause, in dem er geboren wurde, in dem er gestorben ist, in dem wir fast dreißig glückliche Sommer verbracht haben, das wir als unser Heim betrachteten, hinaustragen. Wie froh und stolz war er, als er es zum ersten Male sein Eigen nannte. (...) Ich sehe, daß andere seinen Platz einnehmen und weiß, daß sie ihn nicht ausfüllen können, wie er es imstande gewesen wäre. Ihre Ziele und Wünsche, ihre Prinzipien sind andere; das ganze Volk fühlt mit mir, mit Ausnahme derjenigen, die uns nicht liebten und uns entgegengesetzt und feindlich waren – dreißig Jahre lang. Sie haben nun die Macht!«[54]

Wilhelms Leute konnten nichts finden, denn Victoria und Friedrich hatten vorgesorgt. Als sie zur Behandlung des Kronprinzen nach England gereist waren, hatten sie drei große Kisten mit privaten Papieren mitgenommen und in Windsor Castle deponieren lassen. Um ihre Unschuld zu beweisen, ließ Victoria die Unterlagen später zurück nach Berlin bringen. Ein Teil der Dokumente vermachte sie sogar dem Hohenzollern-Archiv.

Die Beerdigung des Kaisers fand unter Ausschluss der Öffentlichkeit statt. Selbst Victoria war nicht persönlich zugegen. Lieber wohnte sie dem Trauergottesdienst in Bornstedt bei. Noch im selben Jahr beschloss sie, Berlin zu verlassen. Sanssouci war ihr als Witwensitz abgesprochen worden, das Neue Palais hatte Wilhelm übernommen. Es wäre nicht leicht für sie gewesen, in dieser Umgebung überhaupt ein neues Zuhause zu finden. »Wohin ich gehen soll, wo mein Heim sein wird, weiß ich nicht und kümmere mich auch nicht darum. Ich bin seine Witwe, das genügt mir! Meine drei lieben Töchter empfinden wie ich; sie liebten ihn so zärtlich wie ich und werden mich nicht verlassen, bis sie ihre eigenen Heimstätten gefunden haben werden.«[55]

Mit Hilfe einer Erbschaft erwarb sie im September 1888 ein Grundstück in Kronberg im Taunus und ließ von Architekt und Hofbaumeister Ernst von Ihne (1848–1917) dort ein stattliches Herrenhaus in neugotischem Tudor-Stil errichten. In Erinnerung an ihren geliebten Mann taufte sie das Schloss »Friedrichshof« und zog sich vollkommen dorthin zurück.

Viele Jahre lebte Kaiserin Friedrich, wie sich Victoria nach dem Tod ihres Mannes nannte, noch im Taunus.

Sie widmete sich weiterhin der Malerei, sammelte Kunstgegenstände und Kunsthandwerk und korrespondierte regelmäßig mit ihrer Mutter. Noch zu Lebzeiten gab sie ein monumentales Denkmal für ihren Mann in Auftrag, das heute den Park des Anwesens prächtig schmückt, eingeweiht wurde es jedoch erst nach ihrem Tod.

Selbst nachdem die Kaiserin sich längst von allem zurückgezogen hatte, musste sie noch zahlreiche Demütigungen über sich ergehen lassen. Als Augusta starb, beerbte sie ihre Enkel Wilhelm und Heinrich großzügig, aber ihre Schwiegertochter sollte ausdrücklich leer ausgehen. Auch die Verantwortung für den Vaterländischen Verein übertrug sie in ihrem Testament nicht der Frau ihres Sohnes, sondern ausdrücklich der Frau ihres ältesten Enkels. Das verletzte Victoria tief. Am 13. Januar 1890 schrieb sie ihrer Mutter: »Also hielten es meine Schwiegertochter und meine Schwiegermutter für richtig, mich zu ignorieren und zu schneiden; sie verhinderten, daß ich ein Werk fortführen solle, das natürlich mit der Zeit sehr wichtig werden und mir einen gewissen Einfluss sichern könnte. Die Herren und Damen meines Gefolges sind darüber so gekränkt und bekümmert, daß sie die Tatsache kaum glauben wollten. Du siehst, liebste Mama, wie ich behandelt werde, und wieviel Wilhelms Versicherungen wert sind, wenn er behauptet, alles tun zu wollen, um mir eine Freude zu machen. Es wird lange dauern, bis ich das überwunden habe.«[56]

Kaiserin Friedrich starb am 5. August 1901, wenige Monate nur nach ihrer Mutter, und wurde neben ihrem Mann im Mausoleum der Friedenskirche in Potsdam beerdigt. Friedrichshof vermachte sie samt seinem Inventar mit all den kostbaren Kunstgegenständen allein ihrer jüngsten Tochter Margarethe (1872–1954). Damit gelangte es in den Besitz der Landgrafen von Hessen, deren Familienoberhaupt bis heute die Verantwortung für das geschichtsträchtige Anwesen trägt. Nach dem Krieg wurde daraus ein namhaftes Schlosshotel, ein »Small Luxury Hotel of the World«, in dem sich bedeutende Staatsleute, ausländische Gäste und Politiker die Klinke in die Hand geben. Victorias Erbe wird hier auf das Respektvollste bewahrt.

Im Neuen Palais wird heute immerhin Friedrichs gedacht. Im Parkett seines Sterbezimmers, das sich wie sein Geburtszimmer im Erdgeschoss befindet, ist vor dem Alkoven, in dem sich sein Bett befand, ein schwarzes Kreuz eingelassen. Eine Büste gleich daneben erinnert an den Herrscher.

Gegenüber hängt eines der berühmten Bilder des Künstlers Adolph von Menzel (1815–1905) an der Wand. Es zeigt die Krönung Wilhelms I. in Königsberg. Sämtliche damals lebenden Mitglieder der Hohenzollerndynastie sind darauf abgebildet. Mitten in der dargestellten Szenerie blickt Victoria aus dem Bild. Sie trägt ein Kleid, komplett aus Hermelin. Es wirkt furchteinflößend kostbar und königlich, als säße Victoria von England persönlich dort. Die junge preußische Kronprinzessin jedoch wirkt auf dem Bild frei und fröhlich und schaut dem Betrachter direkt in die Augen.

15.

Die Kirchenjuste – Auguste Victoria
von Schleswig-Holstein-Sonderburg-Augustenburg
(1858–1921)
Erste Ehefrau von Kaiser Wilhelm II.
(1859–1941)

Nördlich der Hauptallee, die zentral von der Großen Fontäne auf das Neue Palais im Park von Sanssouci zuläuft, liegt
in einem stillen Winkel, nahezu unbeachtet vom Strom der
Besucher, ein bescheidener Rundbau, der Antikentempel.
1768/69 zwecks Beherbergung seiner Antikensammlung
im Auftrag von Friedrich II. erbaut, ließ Friedrich Wilhelm
III. den Kuppelraum mit seinen schneeweißen Säulen
1828 zu einer Erinnerungsstätte für seine Frau, die Königin Luise, umgestalten. Anfang des 20. Jahrhunderts erhielt er eine dritte Funktion: Hier wurde am 19. April 1921
Auguste Victoria, die letzte deutsche Kaiserin und Königin
Preußens, bestattet. Verheiratet mit Wilhelm II., war sie
ihrem Mann nach seiner Abdankung ins niederländische
Exil gefolgt und nie wieder nach Deutschland zurückgekehrt, hatte jedoch in ihrem letzten Willen den Wunsch
geäußert, »in heimischer Erde« bestattet zu werden. Obwohl die aktuellen politischen Umstände einem solchen
Ansinnen keineswegs entsprachen, gewährte man ihr den
Wunsch und überführte den Sarg nach Potsdam. Unendlich viele Menschen, Offiziere, öffentliche Würdenträger,
nicht zuletzt Mitglieder ihrer eigenen Familie gaben der
Kaiserin damals das letzte Geleit, Bürger campierten mas-
senhaft im Park, um der Beisetzung persönlich beizuwohnen. 200 000 nahmen daran teil, Tausende Beileidsschrei-
ben aus der ganzen Welt ergingen an das Kaiserhaus.

Übersät mit Kränzen und Schleifen, umstellt von Blumen und Gestecken, hochaufragend dahinter ein goldenes
Stehkreuz, flankiert von zwei Kerzenleuchtern, fand der
Sarg im Antikentempel Aufstellung. Rechts und links davon hatten zwei Soldaten in bodenlangen Uniformmänteln
und mit Helmen die Totenwache übernommen. Mit all
dem Tannenschmuck und Kranzaufbauten wirkte der
kreisrunde Raum bis an den Rand gefüllt. Mauern und
Säulen, ja sogar der quadratische Anbau an der Rückseite
des Antikentempels waren von außen dicht mit Efeu be-

wachsen. Er sah tatsächlich aus wie ein ewig währendes Mausoleum, wie eine immergrüne Grabskulptur.

Inzwischen wurde der Tempel von allen Pflanzen und Schlinggewächsen befreit. Rund um das rosarote Gebäude mit seinen grünen Fenstergittern und den beigen Säulen verläuft ein sorgfältig geharkter Weg. Er wirkt wieder so klar und unspektakulär, wie er zu Friedrichs II. Zeiten wohl gemeint gewesen war. Auguste Victoria indes liegt dort immer noch bestattet. Ein schlichter Marmorblock in dem nüchternen runden Raum erinnert an die Kaiserin. Sanft fällt, dank der vier querovalen Fensteröffnungen in der Laterne, die das gewölbte Dach krönt, das Licht darauf. Zu allen Jahreszeiten stehen am unteren Ende frische Blumen.

Hinzu kamen weitere Verstorbene aus der Familie, zwei ihrer zahlreichen Söhne, Joachim (1890–1920) und Eitel (1883–1942), sowie ihr ältestes Enkelkind Wilhelm (1906–1942). Auch ihrer wird an dieser Stelle gedacht. Der Tempel ist offiziell letzte Ruhestätte der Familie geworden.

Kaum ein Gebäude bildet derart schlicht und präzise die Geschichte der Hohenzollern in Preußen ab. Es steht für den jahrhundertelangen Aufstieg über kampf- aber auch kulturbesessene Herrscher wie Friedrich zu einem Reich, das dank einer vielgeliebten Königin nicht nur Eindruck, sondern auch echte Verehrer hinterließ und ihren Sohn, der zu seinem eigenen Erstaunen, wenn nicht gar Erschrecken, zum Deutschen Kaiser ernannt wurde, um die Krone schließlich in ein und demselben Jahr seinem Sohn und dann seinem Enkel zu vererben, der in einer bizarren Mischung von Wankelmut und Plötzlichkeit in einen Weltkrieg geriet und der allmählich entwickelten Vormachtstellung, ja nicht zuletzt der gesamten Monarchie in Deutschland schlagartig ein Ende bereitete.

Darüber starb nicht zuletzt auch seine Frau, Kaiserin Auguste Victoria. Sie verschied in den Niederlanden, zufällig oder nicht zufällig in dem Land, aus dem die Frau stammte, die dem Großen Kurfürsten qua Eheschließung 300 Jahre zuvor nach Brandenburg gefolgt war: Louise Henriette von Nassau-Oranien. Auguste Victorias Mann hingegen, Wilhelm II., zum Zeitpunkt seines Todes schon nicht mehr Kaiser, nicht mehr König, sondern nur noch Prinz von Preußen, fand seine letzte Ruhestätte im niederländischen Exil, im Mausoleum von Haus Doorn. Sein Heimatland hat er niemals wiedergesehen.

Auguste Victoria, geboren am 22. Oktober 1858, stammte aus dem Hause Oldenburg und war die älteste Tochter des Herzogs zu Schleswig-Holstein-Sonderburg-Augustenburg, also durchaus hochadliger Abstammung, doch in den Jahren vor ihrer Geburt war es zu Auseinandersetzungen um die Thronfolge in Dänemark gekommen, die dazu geführt hatten, dass Auguste Victorias Großvater auf seine Erbansprüche verzichten und das Land verlassen musste. Ihre Familie befand sich demnach historisch-politisch in einer höchst schwachen Position. Der Herzog hatte 1853 das Rittergut Primkenau in Schlesien erworben, ein neugotisches Anwesen mit vielen Erkern, Spitzen und Türmen, wohin sich die Familie bis auf weiteres zurückzog. Zwar bemühte sich Auguste Victorias Vater Friedrich VIII. von Schleswig-Holstein (1829–1880) darum, die Besitzungen der Familie nebst Erbansprüchen zurückzuerlangen, und tatsächlich ging es für die Familie 1863 noch einmal zurück in die Heimat. Kurzzeitig lebte Auguste Victoria mit den zwei jüngeren Geschwistern, die inzwischen geboren worden waren, in Kiel, und alles sah danach aus, als würden sie bald dauerhaft auf die einstigen Latifundien wie die prächtigen Schlösser Augustenburg und Gravenstein zurückkehren können, doch nach dem Sieg Preußens im deutsch-dänischen Krieg veranlasste Bismarck 1866 die Eingliederung der Provinz Schleswig-Holstein in den preußischen Staat, und der Herzog musste wieder fliehen. Gekränkt und demoralisiert zog er sich mit seiner inzwischen siebenköpfigen Familie wieder nach Primkenau zurück. Bismarck hatte nie ernsthaft in Erwägung gezogen, dem Holsteiner seine Herrschaft zurückzugeben.

Was gemessen an diesen Ereignissen sowie an Auguste Victorias späterem Lebensweg auffällt, sind ihre beiden Vornamen. Sie klingen, als habe man die Namen beider deutscher Kaiserinnen, Augusta und Victoria, darin vereinen wollen, als habe die Familie damit gerechnet, dass ihre Tochter einst die Nachfolge dieser Frauen antreten würde. In der Tat waren sowohl Augusta als auch ihre Schwiegertochter Patinnen der kleinen »Dona«, wie Auguste Victoria als Kind genannt wurde. Das lag daran, dass zumindest das preußische Kronprinzenpaar mit den Eltern eng befreundet war. Friedrich von Schleswig-Holstein-Sonderburg-Augustenburg hatte gemeinsam mit Friedrich von Preußen in Bonn die Universität besucht.

Auch wurde Dona gerade zu dem Zeitpunkt geboren, in dem der Holsteiner Preußen durchaus als Zufluchtsort empfand, als ein Land, das ihn und seine Familie wohlwollend aufgenommen hatte, nachdem er erstmals aus seiner Heimat vertrieben worden war. Ferner war er ein Adliger liberaler Gesinnung und fühlte sich mit der Königin und dem Kronprinzenpaar auf politisch-kultureller Ebene solidarisch. Woher hätte er wissen sollen, dass sich das Blatt rasch wenden würde und dass sich letztlich nicht Augusta, Victoria oder Friedrich, sondern Wilhelm und Bismarck allein mit ihren politischen Ansichten durchsetzen würden.

Die Sache mit Donas Patinnen und Vornamen zeigt, wie rasch die Mitglieder einer alten Familie, hatte sie auch noch so einen guten Namen und eine lange Geschichte, jederzeit aufsteigen oder fallen konnten. Letztlich entschied auch in diesen Konstellationen das Schicksal über das Leben jedes einzelnen, nicht allein Ausbildung oder Herkunft.

Donas Kindheit entsprach dem Leben einer Adligen im Exil. Sie wuchs unter bescheidenen Bedingungen auf, wurde standesgemäß erzogen, lernte Englisch und Französisch und entwickelte eine selbstverständliche, tiefe Frömmigkeit. Trotz ihres zurückhaltenden Wesens war Dona eine leidenschaftliche Reiterin. Auch orientierte sie sich stark an ihrem Vater. Während ihre Mutter Adelheid (1835–1900), Mitglied der süddeutschen Familie von Hohenlohe-Langenburg, keine emotional stete Verbindung zu den Kindern pflegte, nahm sich der Vater, all seiner Amtsgeschäfte enthoben und in seinem öffentlichem Engagement entmutigt, intensiv ihrer Erziehung an.

Nach wie vor pflegten die Holsteiner Freundschaft zum preußischen Thronfolgerpaar Victoria und Friedrich, und so war es kein Wunder, dass die und der jeweils Älteste der Familie, Dona und Wilhelm, schon während ihrer Kindheit miteinander bekannt wurden. Dennoch war es für alle Beteiligten eine große Überraschung, als Wilhelm im April 1879 in Primkenau seinen Heiratsantrag vorbrachte. Dona nahm ihn unverzüglich an. Aufgeregt schrieb Victoria ihrer Mutter nach London: »Willy hat sehr rührende

Briefe (in seinem eigenen merkwürdigen Stil) über sein großes Glück geschrieben. Er verlobte sich selbst am 14. mit der lieben Victoria, mußte aber am nächsten Tag, um keine Aufmerksamkeit zu erregen, wieder abreisen, da alles noch geheim gehalten werden soll. Wir erhielten die Briefe gestern; die Nachricht erregte uns sehr, wie Du Dir denken kannst, wir sind aber auch sehr dankbar und erleichtert.«[57]

Mit seiner Verlobung stieß das junge Paar keineswegs auf allgemeine Begeisterung und musste sie recht lange vor der Öffentlichkeit geheim halten. Zum einen bestand der kaiserliche Großvater Wilhelm darauf, die Verbindung eingehend auf sämtliche möglichen Widrigkeiten hin überprüfen zu lassen. Schließlich hatte er sich selbst einst in eine Frau verliebt, die er mangels Ebenbürtigkeit dann nicht heiraten durfte. Andere Stimmen wiederum befanden, Auguste Victoria sei zu einfach strukturiert für ihre neue Aufgabe, eine Mädchen vom Lande eben. Entsprechend groß war das Misstrauen gegenüber der stillen Holsteinerin.

Victoria hingegen setzte sich stark für die Verbindung ein. Sie freute sich, dass die Wahl ihres Sohnes ausgerechnet auf eine Frau aus liberalem Hause gefallen war, und hoffte, in der künftigen Schwiegertochter eine Vertraute und Gleichgesinnte zu finden. Allerdings muss man dazu sagen, dass ähnliche Erwartungen auch schon Augusta bei der Verlobung ihres Sohnes Friedrich gegenüber Victoria gehegt hatte. Wie sehr hatte sie sich geirrt, wie außerordentlich würde sich auch Victoria irren und wie stark würde der Ärger über den eigenen Irrtum das Verhältnis später belasten. Es ist ein Trauerspiel, dass sich zwischen den drei Kaiserinnen so gar keine Kontinuität in Sympathie und oder gar Zuneigung für die jeweilige Nachfolgerin einstellen wollte. Frauensolidarität war hier offenkundig ein Fremdwort.

Zu allem Überfluss verstarb Auguste Victorias Vater im Frühjahr 1880 mitten über den Hochzeitsvorbereitungen an den Folgen eines Herzinfarkts. Sie war kaum zu trösten. Doch schon kurz darauf galt es für sie, mit ihrer nächstjüngeren Schwester Caroline Mathilde (1860–1932) zu ihrem Onkel Christian von Schleswig-Holstein-Sonderburg-Augustenburg (1831–1917), der mit Queen Victorias Tochter Helena (1846–1923) verheiratet war, nach Cumberland Lodge in England zu reisen. Hier sollte die junge Braut auf ihre neuen Aufgaben bei Hof vorbereitet werden. Dazu gehörten Schulungen in Etikette, korrekter Anrede und Begrüßung oder auch anlassgerechter Garderobe. In derart unmittelbarem Umfeld des britischen Königshauses fiel es nicht schwer, derlei Weisheiten und Kenntnisse glaubhaft zu vermitteln. Vor allem aber war Auguste Victoria eine ausgesprochen folgsame Schülerin.

Aus England erhielt Wilhelm die ersten Briefe von seiner Verlobten. Inzwischen war ihre Verbindung kein Geheimnis mehr, und sie konnte ihm ganz offiziell schreiben. Tag für Tag beteuerte Auguste Victoria dem Preußenzögling in ungelenken Schreiben ihre Liebe. Die Briefe enden mit Grußformeln wie »Deine Dich von ganzem Herzen liebende Dona«, oder »Mit innigsten Küssen auf Deine lieben Augen« oder »Mit 1 000 000 Küssen stets Deine (…)«.[58] Der junge Prinz hatte eine Frau gefunden, die ihm bedingungslos ergeben war.

Zu Beginn des Jahres 1881 war es dann endlich so weit. Am 26. Februar 1881 wurde die Braut mit großem Protokoll in Berlin in Empfang genommen. In einem Achtspänner mit glänzenden Rappen ging es unter dem Jubel der Menschenmenge durch die geschmückten Straßen. Am Morgen des 27. Februar zog das junge Paar feierlich um 11 Uhr in die Kapelle des Berliner Schlosses ein. Dort gaben die beiden sich ihr Jawort, Auguste Victoria prächtig gewandet in einem Kleid aus weißem und silbernem Brokat – ein

Geschenk übrigens von Großmutter Victoria aus London, die das neue Familienmitglied äußerst wohlwollend aufgenommen hatte.

Auf den Kirchgang folgte das Galadiner im Weißen Saal, abends wurde eine Sondervorstellung in der Oper gegeben, und nach dem Familiendiner im Palais des Kronprinzen am 1. März ging es zum Ball im königlichen Schloss. Die Hochzeit von Auguste Victoria und Wilhelm entsprach exakt den traditionellen Riten des Hauses: Abschluss der Feierlichkeiten bildete der nächtliche Fackeltanz, das uralte Ritual, mit dem auch all die anderen Frauen zukünftiger Herrscher Preußens in den Stand der Ehe eingeführt worden waren. Es war weniger ein Tanz als vielmehr eine Prozession, ein feierliches Schreiten durch die Dunkelheit, lediglich erhellt vom Licht der Fackeln und begleitet von eigens hierfür komponierter Musik. Erst zum Abschluss drehten sich die Paare noch ein wenig miteinander.

Wie viele Generationen Hohenzollern waren diesen Regularien am brandenburgisch-preußischen Hof inzwischen schon gefolgt? Wie viele junge Bräute hatten in diesem Augenblick bebend ihrer Ehe an diesem Hof entgegen gesehen? Keiner der Anwesenden, nicht eine Menschenseele, hätte in diesen Februartagen geglaubt, dass Auguste Victoria die letzte Hohenzollernherrscherin und preußische Königin gewesen sein würde, ja auch die allerletzte Kaiserin. Nach Abdankung des Kaisers im November 1918 waren jegliche Zeremonien dieser Art nur noch Schauspiel, nur noch kläglicher Versuch, an Zeiten und Prinzipien anzuknüpfen, die längst vergangen und abgeschafft waren. Auguste Victoria war die letzte Monarchin des Landes.

Ihr selbst wird es wie allen anderen ergangen sein. Einerseits erfüllt von Stolz und Glück, fürchtete sie andererseits sicher pausenlos, einen Fehler zu begehen. Doch dank ihrer freundlich-zurückhaltenden Art hatte sie längst alle Vorbehalte aus dem Weg räumen können. Der alte

Kaiser mit seinen inzwischen 84 Jahren, die Kaiserin, die Kronprinzessin, ja, selbst die unbestechliche Berliner Bevölkerung waren hingerissen von ihr. In ihrer Mischung aus Liebreiz und Sanftmut, ihrem wohlerzogenen Auftreten und ihrer unprätentiösen, wenn auch einfachen Art konnte Auguste Victoria alle Herzen für sich gewinnen. Als künftiger Wohnsitz wurden dem jungen Paar das Potsdamer Schloss und das Marmorpalais zur Verfügung gestellt. Victoria hatte sich persönlich der Einrichtung angenommen und alles daran gesetzt, es den beiden dort so behaglich wie möglich zu machen. Mit Freuden nahm sich Auguste Victoria der neuen Räumlichkeiten an.

Insbesondere das Marmorpalais hatte es ihr angetan. Das hübsche Domizil mitten im Neuen Garten und direkt am Heiligen See wurde zu ihrer bevorzugten Wohnstätte. Seit Friedrich Wilhelm II. verstorben war, der es im 18. Jahrhundert für sich hatte errichten lassen, war dem Schloss keinerlei spezifische Nutzung mehr widerfahren. Lediglich Wilhelm und Augusta hatten hier kurzzeitig gewohnt, bis ihre Sommerresidenz in Babelsberg fertig geworden war. Zu diesem Zweck musste damals eigens ein zweites Schlafzimmer eingerichtet werden. Friedrich Wilhelm II. empfing dort zwar die Besuche seiner Mätresse Wilhelmine, doch Wohnraum für eine Frau, gar seine eigene Ehefrau, ein Schlaf- oder Anziehzimmer, ein zusätzliches Schreibkabinett waren nicht vorgesehen gewesen.

Im Juni 1881 waren die Renovierungsarbeiten abgeschlossen, es gab neuerdings sanitäre Anlagen sowie eine Heizung, und Auguste Victoria konnte mit Wilhelm dort einziehen. Sogar Elektrizität war im Marmorpalais gelegt worden. Nun begann die wohl glücklichste Zeit ihres Lebens. Im Gegensatz zu ihrer Schwiegermutter hatte die Prinzessin weder Interesse an Kunst und Literatur noch an Wissenschaft oder gar Politik. Gesellschaften interessierten sie nur in Maßen. Lieber widmete sie sich ihrem häuslichen Glück. Wie früh Wilhelm auch aufstehen musste – sie nahm gemeinsam mit ihm das Frühstück ein und stand ihm treu zur Seite. Sobald er an den Schreibtisch oder zu Besprechungen nach Berlin verschwunden war, kümmerte Auguste Victoria sich um das Personal und machte die Speisepläne. Später ging sie spazieren oder ritt aus, spielte Klavier, machte Handarbeiten und wartete geduldig darauf, dass ihr Mann wieder nach Hause kam.

Zeit ihres Lebens würde Auguste Victoria voll und ganz für Wilhelm da sein. Sie übersah seine Schwächen und mischte sich nicht in seine Entscheidungen ein. Sie nahm auch die späteren Seitensprünge ihres Mannes nicht zur Kenntnis. Obwohl Wilhelm dafür bekannt war, dass er es mit der Treue nicht besonders ernst nahm, blieb ihm Auguste Victoria zuverlässig verbunden. Wenn er auf Reisen und längere Zeit abwesend war, schrieb sie ihm liebevolle Briefe und stellte auch damit ihre Anhänglichkeit unter Beweis.

Schon bald wurden die ersten Kinder geboren. Ein gutes Jahr nach der Hochzeit bekam Auguste Victoria einen gesunden Sohn und verbreitete auch durch diese Tatsache wieder nichts als Freude und Erleichterung. Und es sollte keineswegs bei einem einzelnen männlichen Nachkommen bleiben. Fünf weitere Söhne brachte die junge Holsteinerin in den nächsten Jahren zur Welt. Sechs Jungen in Folge, alle gesund und kräftig, die einer wie der andere das Erwachsenenalter erreichen würden – das war schon eine kleine Sensation. Zwei Jahre nach dem Jüngsten folgte ein siebtes Kind, diesmal ein Mädchen namens Victoria Luise (1892–1980). Auch sie blieb am Leben, heiratete später standesgemäß und bekam fünf gesunde Kinder. Fast alle wurden im Marmorpalais geboren, in einem eigens eingerichteten Geburtszimmer im ersten Stock.

Was für eine Dynastie: sechs Namensträger in erster Generation. Sechs Männer, die den Titel und den Ruhm dieser Familie in alle Welt tragen konnten. Auf solchen Säulen ließ sich ein Kaiserreich eigentlich getrost errichten und erhalten. Und doch waren auch diese Kinder die letzten Hohenzollern, die den Beinamen Kaiserliche Hoheit tragen würden. Mit Ende der Monarchie musste jeder von ihnen einen neuen Lebensentwurf entwickeln. Sämtliche Adligen wurden über Nacht »arbeitslos«.

Es gibt ein Bild vom 1. Januar 1913, auf dem der letzte Hohenzollernherrscher mit seinen Söhnen zu Fuß über die Schlossbrücke in Berlin geht. Längst ist er deutscher Kaiser geworden, inzwischen 54 Jahre alt, und befindet sich in voller Montur, trägt Handschuhe, Säbel, Stiefel und Orden. Die Federn seines Paradehelms fliegen im Wind. Neben ihm laufen sechs erwachsene Männer. Auch sie sind ordengeschmückt, tragen knielange Wintermäntel, glänzende Stiefel, Mützen und Helme, passend zur Uniform. Auch ihnen weht der Wind die Haarbüsche um die Pickelhauben. Der Kaiser schaut nach rechts, sein Blick ist weder siegessicher noch militaristisch, sondern scheu und freundlich. Er strahlt wie ein Kind, das seine Zinnsoldaten aufgestellt hat. Wie stolz muss er auf seine sechs Söhne gewesen sein.

Dabei war Wilhelm kein sonderlich guter Vater. Er wirkte einschüchternd auf die Kinder, solange sie klein waren. In seiner Nähe waren sie befangen und fühlten sich unsicher. Doch es gab ja die Mutter, und die hatte sich zum Ziel gesetzt, sich trotz ihrer Stellung all ihrer Kinder persönlich anzunehmen. Sie spielte, sang und las mit ihnen, schob eigenhändig den Kinderwagen durch den Park und kümmerte sich intensiv um ihre Erziehung. Sie war sich nicht zu schade, die Geburtstagsfeiern vorzubereiten, die Geschenke selbst einzupacken und die Feste auszurichten. Was diese sechs Prinzen und ihre kleine Schwester an Nestwärme mitbekamen, war in diesen Kreisen absolut ungewöhnlich. Manch ein Monarchenkind hätte sich solch eine Kindheit gewünscht.

Solange sie lebte, blieb Auguste Victoria ihren Kindern verbindlicher Mittelpunkt. Mit ihr teilten sie ihre Freuden oder Nöte, sie korrespondierten regelmäßig. Immer fühlte sie sich verantwortlich. Selbst Jahre später, als sich Sorgenkind Joachim während einer Depression das Leben nahm, meinte Auguste Victoria, wenn sie da gewesen wäre, wäre das nicht passiert.

Und so wagte die letzte Kaiserin auch nur einmal in ihrem gesamten Eheleben den Aufstand – als ihre Söhne im Alter von zwölf Jahren zu den Kadetten gehen mussten. Sie wusste, dass dieses in Preußen eine eherne Tradition war. Zu ihrem zwölften Geburtstag erhielten die männlichen Nachfahren des Königshauses ihre erste Uniform und zogen in den Militärdienst. Doch Auguste Victoria konnte das eiserne Verdikt nicht ertragen. Sie wollte für ihre Söhne eine andere Behandlung erwirken, eine persönlichkeitsspezifische, altersgerechte Erziehung. Sie hätten doch auch, meinte sie, später noch in den Militärdienst gehen können.

Zur Jahrtausendwende, in dem Jahr, in dem sie gleich zwei Jungen auf einmal, zumal die jüngeren, ziehen lassen musste, setzte sie sich zur Wehr. Ein Wort gab das andere, das junge Kaiserpaar muss sich heftige Szenen geliefert haben. Wilhelm war ratlos, und Auguste Victoria wurde selbstverständlich nicht gehört. Daraufhin erlitt sie einen Nervenzusammenbruch.

1888, das Dreikaiserjahr, war auch für Auguste Victoria selbst ein Schicksalsjahr. Mit dem Tag der Krönung Wilhelms II. veränderte sich ihr Leben nachhaltig. Nun war Schluss mit dem häuslichen Dasein in der Abgeschiedenheit der Potsdamer Paläste und Gärten. Als Kaiserin hatte sie ein wesentlich breiteres Aufgabenspektrum abzudecken. Sie zog mit ihren Kindern und dem gesamten Haushalt nach Berlin und richtete sich im Königlichen Schloss ein.

Zu ihren Pflichten gehörte der Empfang ausländischer Gäste und Monarchen, mit denen sie sich bei ausufernden Diners oder am Rande der entsprechenden Gala-Vorstellungen anhaltend auszutauschen hatte. Ähnlich galt es, den Kaiser bei Staatsbesuchen zu begleiten. So ging es für sie erstmals nach St. Petersburg, London, Wien, Brüssel, Athen, Kopenhagen, Rom oder Venedig. Überall musste sie sich als vornehme, disziplinierte Regentin beweisen, musste sie das Land und die Dynastie repräsentieren, in die sie qua Heirat hineingeraten war. Kinder waren in diesem Kontext nicht erwünscht.

Anfangs fiel es ihr schwer, sich in ihre neue Rolle hineinzufinden. Schließlich war Auguste Victoria weiterhin keine gebildete Intellektuelle, die bei den vielen Begegnungen mit internationalen Gästen oder Gastgebern gewusst hätte, worüber man interessanterweise hätte reden können. Auch fehlte ihr die Persönlichkeit, mit der sie bei derartigen Terminen glänzen und daraus für sich persönlichen Gewinn hätte ziehen können. Mit welchem Tischherrn hätte sie schon über die ihr so kostbaren Erlebnisse im Zusammensein mit ihren zahlreichen Kindern plaudern können? Das waren bei Gott keine Themen, auf die man im Gespräch mit der deutschen Kaiserin zurückgekommen wäre.

Jetzt lernte Auguste Victoria die luxuriöse Seite an ihrem Leben zu genießen und entwickelte entsprechendes Selbstbewusstsein. Sie ließ sich neu einkleiden, erwarb Pelze und Schuhe, aufwändigen Schmuck und extravagante Parfüms. Sie informierte sich über die neuesten Moden und ließ sich ausführlich beraten. Auch hier handelte sie aus einer gesunden Mischung aus Pflichtbewusstsein und Eigeninitiative. Bei den Festlichkeiten, die von der Kaiserin am preußischen Hof ausgerichtet wurden, sollte es an Eleganz und Kultiviertheit nicht mangeln.

Auch bargen die Reisen an Wilhelms Seite für sie durchaus spannende Erlebnisse. Wenn sie auch immer politischen Motiven folgten und keine selbstgewählten Freizeitvergnügen waren, bei denen sie allein mit ihrem Liebsten durch die Weltgeschichte touren konnte, bekam Auguste Victoria immerhin viel zu sehen und machte Erfahrungen, von denen andere Frauen ihrer Zeit nur träumen konnten. So wurde ihr beim Besuch des Kaisers beim Sultan von Konstantinopel ein umfangreiches Begleitprogramm geboten. Gemeinsam mit den Männern, die zu ihrem Schutz abkommandiert worden waren, zogen sie und ihre Hofdamen durch die Bazare und Straßen der Stadt. Auguste Victoria sah Männer in orientalischen Gewändern, Turbanen und farbigen Pluderhosen. Sie trugen pantoffelähnliche Schuhe, saßen im Schneidersitz auf Teppichen oder Kissen und rauchten Tabak aus langstieligen Pfeifen. Der weibliche Part der Bevölkerung ließ sich hinter den dunkel vergitterten Fenstern seiner Gemächer nur erahnen. Selten waren Frauen und dann nur tief verschleiert auf der Straße zu sehen.

Was Auguste Victoria irritierte, war die überschwängliche Gastfreundschaft des Sultans. Was auch immer sie in die Hand nahm oder auch nur näher betrachtete, wurde gleich, war es auch noch so wertvoll und teuer, von den Mitgliedern seines Stabs eingepackt und ihr als Geschenk für den kaiserlichen Hof überreicht. Auguste Victoria hätte gern die eine oder andere Kostbarkeit besessen, doch sie hätte sie lieber gekauft und selbst entschieden, ob sie sie wirklich behalten wollte. Einige der Teppiche, Schmuckgegenstände, kostbaren Schalen oder Gefäße hatte sie nur näher angeschaut, weil sie derart exotisch aussahen und kunstvoll gefertigt waren. Schließlich traute sie sich nicht einmal mehr, die Schönheiten, die ihr präsentiert wurden, auch nur zu goutieren. Daraufhin gab man dem Sultan umgehend zur Kenntnis – selbstredend zu seiner größten Enttäuschung –, der Kaiserin würde in seinem Land offenbar nichts sonderlich gefallen.

Eine Zeichnung von Fritz Bergen (1857–1941), deutscher Genremaler, Illustrator und gebürtig aus Dessau, zeigt Auguste Victoria hoch zu Ross im Damensattel auf einem kräftigen Rappen an der Seite Wilhelms. Der Kaiser sitzt auf einem Schimmel. Beide, wie auch der gesamte Tross, der sie begleitet, tragen Sonnenschutz, Wilhelm einen hellen Staubmantel und ein Tuch, das seinen Nacken vor den brennenden Strahlen schützt, seine Gemahlin einen weißen Schirm. Sie sind unterwegs von Jaffa nach Jerusalem. Der Weg ist steinig, die Hitze groß, die Reiterkolonne ist lang und erstreckt sich bis weit in das karge Hügelland hinein. Dichte Schwaden bilden die Staubwolken, die sie aufwirbelt. Es wirkt, als sei die Kaiserin auf einer Pilgerreise.

In der Tat nutzte das Paar seinen Aufenthalt in Jerusalem, um am Reformationstag 1898 dort die evangelische Erlöserkirche einzuweihen. Sie war zum Teil auf dem Gelände errichtet worden, auf dem sich im Mittelalter das Hospiz des Johanniterordens befand. Auf Auguste Victorias Anregung und ein Versprechen des Kaisers hin, ausgesprochen bei dieser Palästinareise, wurde 1907 in Jerusalem der Grundstein für eine weitere Kirche gelegt, die evangelische Himmelfahrtskirche, ferner ein Hospital gestiftet. Es sollte der Gesundung von Malariakranken dienen sowie als Herberge für christliche Pilger.

Kirche und Spital existieren heute noch. Das Auguste-Victoria-Hospital liegt in Ostjerusalem und dient vorrangig der Versorgung der palästinensischen Bevölkerung. Während es zuerst auf der Basis einer Stiftung, der »Ölbergstiftung«, verwaltet wurde, die 1907 eigenhändig von der Kaiserin sowie all ihren Kindern unterschrieben worden war, nahm sich später der Johanniterorden seiner an. 1950 übernahm der »Lutherische Weltbund« die Trägerschaft in enger Zusammenarbeit mit dem Hilfswerk der Vereinten Nationen für Palästinaflüchtlinge. Bis heute ist es eine lebendige und nützliche Einrichtung. Auf dem Gelände befinden sich außerdem ein öffentliches Café, ferner ein Gästehaus und ein Kindergarten.

Bei dieser einzelnen Stiftung sollte es keineswegs bleiben. Wie eingangs erwähnt, engagierte sich Auguste Victoria in ihrer Kaiserinnenzeit für den Bau unzähliger Kirchen. Hinzu kamen soziale Einrichtungen und Krankenstationen. Zur Finanzierung ihrer Projekte steuerte sie bereitwillig Mittel aus ihrer Privatschatulle bei. Ein besonderes Anliegen waren ihr die Kirchneubauten in den neuen Arbeitervierteln. Mit wachsender Industrialisierung war die Anzahl der Fabrikarbeiter in Berlin sprunghaft gestiegen. Der Großteil dieser Menschen war neu hinzugezogen, und ihnen fehlte naturgemäß in der Großstadt die persönliche Bekanntschaft mit einem Geistlichen. Hinzu kam die Eintönigkeit der neuen Beschäftigung, die extremen Arbeitszeiten, die schlechte Bezahlung. Angesichts solcher Belastung geriet der sonntägliche Gang zum Gottesdienst schnell in den Hintergrund. Gerade unter der Arbeiterschaft war eine starke Entfremdung von der Kirche zu konstatieren.

Dieser Entwicklung wollte Auguste Victoria mit ihrem Programm entgegenwirken. Da sie nicht nur Königin Preußens, sondern auch deutsche Kaiserin war, fand ihr Einsatz bald Mitstreiter und Nachahmer im ganzen Land. Sie gründete den späteren »Evangelischen Kirchenbauverein«, übernahm das Protektorat und ließ gezielt Bauaufträge verteilen. Über sechzig Kirchen und Kapellen entstanden in der Zeit ihrer Regentschaft, viele davon stehen heute noch. Allein Krieg und Zerstörung haben ihre Anzahl dezimieren können.

Zu nennen wären die Erlöserkirche (Lichtenberg), Immanuelkirche (Prenzlauer Berg), Emmauskirche (Kreuzberg), Kirche zum Guten Hirten (Friedenau), die Lutherkirche (Schöneberg), die Kaiser-Friedrich-Gedächtniskirche (Tiergarten), die Neue Nazarethkirche (Wedding) und viele andere mehr. Der Einsatz der Kaiserin beschränkte sich nicht nur auf Berlin. Auf Initiative des Kirchenbauvereins entstanden eine Erlöserkirche in Gerolstein, eine in Bad Homburg, die Erlöser-Kapelle in Mirbach und die Weihnachtskirche in Bethlehem.

Jedes Gotteshaus, das auf die Initiative der Kaiserin entstanden ist, hat eine eigene Geschichte zu erzählen, jedes seinen besonderen Architekten, seine spezifische kostbare Innenausstattung, seine Türme und Glocken. Zu jedem gehörten engagierte Geistliche und anhängliche Gemeindemitglieder. Hier wurden feierlich die immer wiederkehrenden Höhepunkte des Kirchenjahres begangen, Weihnachten, Karfreitag, Ostern gefeiert, hier wurde getauft, konfirmiert, geheiratet und beerdigt. Sowohl der Einzelne als auch die Gruppe mit ihren spezifischen Freuden und Nöten wurden wahrgenommen und fanden hier Halt.

Manche der Kirchen und ihre Gemeinden haben es zu großer Bekanntheit gebracht, wie die Kaiser-Wilhelm-Gedächtniskirche am Kurfürstendamm. Ihre Turmruine wurde mahnende Erinnerung an den Zweiten Weltkrieg, Wahrzeichen insbesondere auch des Berliner Westens. Im Volksmund wird sie »Hohler Zahn« genannt. Als die Ruine nach dem Krieg abgerissen werden sollte, erhob sich in der Bevölkerung ein Sturm der Entrüstung. Auch die Entwürfe von Architekt Egon Eiermann (1904–1970) für den Neubau der Kirche wurden kritisch beäugt. Sein Bauensemble befindet sich in unmittelbarer Nähe des alten Turms und umfasst ein achteckiges Kirchenschiff in Kombination mit einem freistehenden sechseckigen Glockenturm. Auch dieses Ensemble hatte bald seinen Spitznamen weg. Es trägt die Bezeichnung »Lippenstift und Puderdose«. Auguste Victoria selbst erhielt von den spöttischen Berlinern den Beinamen »Kirchenjuste«.

Neben ihrem Einsatz für den Bau von Gotteshäusern widmete die Kaiserin sich auch direkt sozialen Gebieten. Besonderes Interesse brachte sie der Säuglingspflege entgegen. In diesem Bereich hatte sie gewissermaßen eigene Kompetenzen erworben. Noch als Prinzessin hatte sie das Protektorat über das Elisabeth-Hospital in Berlin übernommen. Als Kaiserin nun förderte sie das nach ihr benannte Kaiserin-Auguste-Victoria-Haus in Charlottenburg. Mit seinen mustergültigen hygienischen Vorgaben wurde es zum Vorbild für zahlreiche andere Einrichtungen dieser Art im ganzen Land.

Wie schon berichtet, wurden der Kaiserin 1890 noch zwei weitere Protektorate anvertraut: Neben der Deutschen Rot-Kreuz-Gesellschaft widmete sie ihre Aufmerksamkeit dem von Kaiserin Augusta gegründeten Vaterländischen Frauenverein. Ursprünglich erdacht, um Frauen die Möglichkeit zu geben, sich mit den neuesten Erkenntnissen der Krankenpflege vertraut zu machen und in Lazaretten auszuhelfen, suchten beide Vereine zunehmend ihre Schwerpunkte zu verlagern und sich auch für Notsituationen im zivilen Leben einzusetzen. In Victoria Augustes Zeit entstanden neue Säuglingsheime, Kindergärten, Jungen- und Mädchenhorte, Ferienheime und Volksküchen. Sie galten der Fürsorge Erwerbsloser, Kranker, Witwen, Waisen und verwahrloster Kinder.

Die Kaiserin regte ferner die Einrichtung von Krankenpflegestationen an, die unentgeltlich die Hauspflege für mittellose Kranke übernahmen. Bald mangelte es hier wie in vielen ihrer neuen sozialen Einrichtungen an Personal. In katholisch geprägten Gefilden konnte man in solchen Fällen auf Kloster- und Missionsschwestern oder Pfarrhelferinnen zurückgreifen. Dort gab es entsprechend gewachsene Strukturen. In protestantischen Gegenden wie Preußen reduzierten sich derlei Einsätze auf die Arbeit der Diakonissen und waren äußerst begrenzt.

Doch Auguste Victoria wusste dem Mangel wirkungsvoll zu begegnen. Sie stattete die Frauen als Schwesternschaft mit einer eigenen Tracht aus, ließ sie für den beruflichen Dienst im Bereich der Diakonie ausbilden und wertete ihre Arbeit durch unmittelbare Unterstützung und öffentliches Lob auf. Das hatte zur Folge, dass die Sozialstellen bald großes Ansehen genossen und Zulauf an couragierten Helferinnen bekamen. Diese Frauen übten ihre Dienste aus religiösen Motiven aus und erhielten lediglich ein wenig Taschengeld. Ein regelmäßiges Gehalt hätte ihren Dienst moralisch entwertet.

Bei ihren Auftritten und Gesprächen bewies Auguste Victoria in diesem Kontext immer ehrliche Anteilnahme. Sie war von der Bedeutung sozialer Einsätze persönlich überzeugt und hätte wohl selbst gern als Diakonissin gearbeitet. Wohltätigkeit auf christlicher Grundlage war für sie als gläubige Protestantin eine Pflicht. Oft suchte sie akute soziale Probleme auf die Schnelle mit kleineren Zuwendungen aus der eigenen Schatulle zu lösen.

Auf der anderen Seite gelang es ihr durch ihr Vorbild, potentielle Förderer zu motivieren. Wenn die Kaiserin rief, gab man gern. Allein der Ölbergstiftung steuerte die Kölner Unternehmerswitwe Laura Oelbermann (1846–1929), eine ähnlich wie die Kaiserin gläubige Protestantin, eine Million Mark aus ihrem Privatvermögen bei. Auch der Bau der Berliner Gedächtniskirche wurde im Wesentlichen von Einzelpersonen und aus den Provinzen finanziert. Das Kaiserpaar engagierte sich lediglich bei der Ausführung und besuchte wiederholt die Baustelle. Damit erhöhte sich die allgemeine Aufmerksamkeit für diese Kirche. Wer auch immer sich in diesem Zusammenhang engagierte, machte sich damit einen Namen und gewann an Bedeutung.

Festzuhalten ist in diesem Zusammenhang, dass Auguste Victoria zwar die Position vieler Frauen stärkte, sich aber keineswegs als treibende Kraft der zeitgleich erstarkenden

Frauenbewegung sah. Sie setzte sich beispielsweise nie dafür ein, dass Frauen wählen gehen konnten. Vielmehr definierte sie ihr Selbstverständnis über die Rolle einer Mutter. Sie sah ihre Aufgabe darin, für andere Menschen zu sorgen und ihre Not zu lindern. Damit entsprach sie dem Idealbild ihrer Zeit. Mutterschaft galt damals für nahezu alle Frauen als die Erfüllung ihres Lebens. Sie stand in direkter Verbindung mit allgemeiner Fürsorglichkeit und Hilfsbereitschaft. Das waren die Bereiche, in denen Frauen tätig werden konnten.

Gleichzeitig prägte die Kaiserin selbstredend dieses Bild. Wer sich als Mutter intellektuell unterfordert sah, wer eine Ausbildung machen wollte oder auch arbeiten musste, konnte sich mit diesem Bild nicht identifizieren. In ihren Augen war die Kaiserin eine altmodische Person, die keine Ahnung hatte von den wirklichen Problemen des Lebens.

Diese Haltung spiegelte sich auch in der Enttäuschung, die Victoria, inzwischen Kaiserin Friedrich genannt, für ihre Schwiegertochter hegte. Wie gerne hätte sie eine Frau in dieser Position gesehen, die ähnlichen liberalen Ideen huldigte wie sie selbst. Damit war sie nicht die Einzige im Land.

Doch Frauenwahlrecht war Politik, und davon wollte Auguste Victoria nichts wissen. Die Beschäftigung mit derartigen Themen gehörte nicht zu ihrem Selbstverständnis. Außerdem war sie kein konfliktfreudiger Mensch. Zu Beginn ihrer Ehe war sie der politisch starken Differenzen zwischen Wilhelm und seinen Eltern durchaus gewahr geworden. Anfangs hatte sie noch versucht zu vermitteln, doch sie war ihrer Schwiegermutter intellektuell nicht gewachsen. Daraufhin hatte sie sich dauerhaft auf Wilhelms Seite geschlagen. Damit war sie vielleicht gut beraten, doch mit den Jahren wurde sie fast noch konservativer als er. Von ihr kamen erst recht keine Impulse, die der Rechtfertigung einer Monarchie im 20. Jahrhundert hätten dienen können. Das System hatte sich offensichtlich überlebt.

In ihrer Rolle als Kaiserin entsprach Auguste Victoria allerdings dem Ideal. Sie war eine der ganz wenigen Herrscherinnen in Preußen, die in Harmonie mit ihrer Position und den entsprechenden Verpflichtungen und Möglichkeiten lebte. Alles, was sie musste, tat sie willig und mit Perfektion. Was sie nicht konnte oder durfte, versuchte sie auch nicht zu erlangen. Sie lebte in steter Eintracht mit ihrem Mann und schien wunschlos glücklich. Als das System kollabierte, dem sie diente, gab es für sie keinen Grund mehr zu leben. Selbst ihr Ende entsprach exakt den Vorgaben. Allein ihrem Wilhelm wäre sie gern weiterhin treu zur Seite gestanden. Um zu vermeiden, dass er nach ihrem Tod allein sein würde, brachte sie ausdrücklich den Wunsch zum Ausdruck, er möge rasch wieder heiraten.

Am 1. August 1914 brach der Erste Weltkrieg aus. Mit Kriegsbeginn wurden die Männer naturgemäß von den Frauen getrennt. Auguste Victoria trat noch ein letztes Mal deutlich in Erscheinung. Mit bizarr anmutender patriotischer Geste rief sie in einer ausführlichen Schrift alle Frauen des Landes zur Mithilfe auf: »Darum rufe ich euch, deutsche Jungfrauen und alle, denen es nicht vergönnt ist, für die geliebte Heimat zu kämpfen, zur Hilfe auf. Es trage jeder nach seinen Kräften dazu bei, unseren Gatten, Söhnen und Brüdern den Kampf leichtzumachen. Ich weiß, daß in allen Kreisen unseres Volkes ausnahmslos der Wille besteht, diese hohe Pflicht zu erfüllen.«[59] Millionen Menschen sollten in den nun folgenden Jahren ums Leben kommen, Städte zerstört und ganze Landstriche verwüstet werden. Der Krieg brachte nichts als Elend und Verzweiflung.

Im November reiste die Kaiserin in den Westen und besuchte die ersten verwundeten Soldaten in den Lazaretten. Insbesondere den Schwestern und Ärzten, die vom Roten

Kreuz eingesetzt worden waren, machte sie ihre Aufwartung. Noch war alles gewisslich in Ordnung, das Land zwar in Aufruhr, doch das System funktionierte, nicht zuletzt der von ihr eigens protegierte Verein. Doch je hoffnungsloser die Lage war, desto mehr wandte sich die Stimmung gegen den Deutschen Kaiser. Viele gaben ihm die Schuld an dem Krieg.

In einer Mischung aus Einfalt und Trotz hielt Auguste Victoria die Stellung. Bis in den Sommer 1918 hinein verharrte sie im Berliner Schloss. Umgeben von ihren Hofdamen verblieb sie in ihren Gemächern und Empfangszimmern, stets in der Hoffnung, alles könne sich wieder zum Guten wenden. Im August 1918 erlitt sie einen Schlaganfall, von dem sie sich nur mühsam erholte. Obwohl sie instinktiv wusste, dass es mit der Monarchie zu Ende ging, verlangte ihr Verstand, das Gegenteil zu behaupten. Am 22. Oktober 1918, mitten im Krieg, feierte sie, gesundheitlich stark geschwächt, ihren 60. Geburtstag, ein letzter Versuch der Selbstbehauptung.

Der Kaiser reiste am 29. Oktober in das belgische Spa, wo die Oberste Heeresleitung Paul von Hindenburg (1847–1934) und Erich Ludendorff (1865–1937) im »Hotel Britannique« ihr Hauptquartier eingerichtet hatte. De jure waren die beiden Generäle dem Kaiser unterstellt, doch zu diesem Zeitpunkt des Krieges fällten sie ihre Entscheidungen schon vollkommen unabhängig. Wilhelm II. zog mit seinem Stab ins »La Fraineuse«, ebenfalls ein Bäderhotel mit herrschaftlichen Empfangsräumen und zahlreichen Schlafzimmern, nicht all zu weit vom Britannique entfernt. Hier, in diesem uralten Traditionskurort, in dem schon Louise Henriette von Oranien wiederholt Erholung gesucht hatte, fand sich nun der letzte Hohenzollernherrscher ein, um sich dem Ende seiner Dynastie zu stellen.

In seinem Friedensangebot hatte der amerikanische Präsident Woodrow Wilson (1856–1924) in einem Vierzehn-Punkte-Programm die Einführung eines demokratischen Regierungssystems verlangt. Nun rächte sich die Tatsache, dass sich Preußen in all den Jahren derart hartnäckig dem britischen Parlamentarismus entgegengestellt hatte. Ohne Mitsprache der Volksvertreter würde es in Deutschland keinen Kaiser mehr geben. Die Oberste Heeresleitung hatte Max von Baden (1867–1929) als Reichskanzler eingesetzt. Zum ersten Mal hatte das Land einen Kanzler, der nicht mehr dem Kaiser, sondern dem Parlament verantwortlich war.

Als Auguste Victoria davon erfuhr, reagierte sie wütend und schimpfte über die Amerikaner, doch es war höchste Zeit zu reagieren. Schon kam es an der Front zu ersten Gehorsamsverweigerungen. Die Soldaten wollten nur noch, dass der Krieg endlich vorbei war. Als die deutsche Schlachtflotte zu einem letzten Einsatz gegen England eingesetzt werden sollte, verweigerte die Besatzung auf einzelnen Schiffen die Gefolgschaft. In den Großstädten bildeten sich Arbeiter- und Soldatenräte, bereit, die Macht an sich zu reißen. Die Lage drohte außer Kontrolle zu geraten.

Am 9. November 1918 übertrug Max von Baden sein Amt in Berlin kurzerhand dem Sozialdemokraten Friedrich Ebert (1871–1925). Philipp Scheidemann (1865–1939) und Karl Liebknecht (1871–1919) riefen die Republik aus, der eine vom Balkon des Reichstagsgebäudes, der andere, auf einem Auto stehend, vor dem Berliner Schloss. Daraufhin ergriff der Kaiser in Spa die Flucht. Er bestieg den Hofzug, den Sonderzug mit eigens ausgestattetem Salonwagen, der ihm während seiner zahlreichen Regierungsreisen immer zur Verfügung gestanden hatte, übernachtet darin und fuhr am nächsten Morgen an die belgisch-niederländische Grenze nach Ejsden. Von dort aus bat er Königin Wilhelmina um Aufnahme und Internierung. Die Niederlande waren im Kriege neutral geblieben und gewährten politischen Flüchtlingen prinzipiell Asyl. Auf die Vermittlung der Regentin hin fand Wilhelm II. Aufnahme bei Graf Godard von Bentinck auf seinem Schloss in Amerongen. Hier unterschrieb der Kaiser am 28. November 1918 die Abdankungsurkunde.

Sohn Wilhelm (1882–1951), Kronprinz von Preußen, war dem Vater am 22. November 1918 ins niederländische Exil gefolgt und in einem ehemaligen Pfarrhaus auf der Insel Wieringen interniert worden. Dort verzichtete er gleichermaßen qua Unterschrift auf die Thronfolge. 1919 bestätigte die Weimarer Verfassung diese Entscheidung. Fortan trugen die Mitglieder der brandenburgisch-preußischen Hohenzollern den bürgerlich-rechtlichen Familiennamen Prinz respektive Prinzessin von Preußen.

Auguste Victoria hatte ihre Stellung im Berliner Schloss aufgegeben und war in die Villa ihres Sohnes Eitel in Potsdam gezogen. Von dort hatte sie Wilhelm geschrieben, sie würde ihm ins Exil folgen, selbst wenn sie »in einer Hütte bei Wasser und Brot« würde leben müssen. Am 27. November 1918 setzte sie sich mit einer kleinen Gruppe von Bediensteten abends in einen Sonderzug und verließ Potsdam. Am nächsten Morgen hatte sie die Grenze erreicht, reiste in Holland ein und bezog gemeinsam mit ihrem Ehemann Schloss Amerongen. Das war das Ende.

Niemandem, am allerwenigsten Auguste Victoria selbst, war zu diesem Zeitpunkt die Endgültigkeit ihrer Entscheidung bewusst. Sie handelte einerseits aus Anhänglichkeit, andererseits aus Loyalität gegenüber einer Person, die eben nicht nur der Mann war, den sie liebte, sondern auch der einstige Deutsche Kaiser. Auch wenn sie lieber bei ihren Kindern und Enkeln geblieben wäre – als seine Frau sah sie sich bedingungslos an der Seite Wilhelms.

Anhänger und Mitglieder des Herrscherhauses waren froh, dass sie sich derart verhielt. Niemand aus ihrem Umfeld hätte sie daran gehindert. Ihnen allen ging es darum, das Paar in Sicherheit zu bringen, um die Monarchie in Kürze wieder inthronisieren zu können. Keiner ahnte, dass in Deutschland fortan Reichskanzler und frei gewählte Volksvertreter für die Geschicke des Landes verantwortlich sein würden.

Über ein Jahr verblieb das ehemalige Kaiserpaar im Schloss des Grafen Bentinck, streng überwacht von Vertretern des niederländischen Militärs. Es war eine bange Zeit. Auguste Victoria sehnte sich nach ihren Kindern und fürchtete um ihre Familie. Erst hier wurde ihr deutlich, in welcher Gefahr sie und ihr geliebter Mann eigentlich schwebten. Sie litt physisch unter der aussichtslosen Lage, hatte Schwindelanfälle und empfand Atemnot. Nun machte sich bei ihr dauerhaft eine Herzschwäche bemerkbar. In dieser Zeit schrieb sie ihren Kindern einen verzweifelten Brief: »Falls Papa und ich durch Gottes Willen Euch nicht wieder sehen sollten, soll dieser Brief Euch unsere letzten Grüße und Segen überbringen. Es sind so namenlos schwere Tage, aber der Glaube an Gott, der doch noch einmal helfen kann, hält uns aufrecht. Für Papa ist es am schwersten, so machtlos sein zu müssen und alles über sich ergehen zu lassen. Nun hoffen wir, daß, wenn Wilson landet, vielleicht eine Erleichterung eintritt; aber ausliefern lassen wir uns nicht; (…) Nochmals einen innigen Kuß an Euch alle – danke Euch, dass Ihr so liebe Kinder wart … Und nun, Gott schütze Euch, auf ein Wiedersehen bei Gott.«[60]

Auguste Victorias Ängste waren durchaus berechtigt. Mehrfach verlangten die Alliierten eine Auslieferung des Kaisers, um ihn vor ein internationales Tribunal zu stellen. Hätte man ihn dort als Kriegsverbrecher überführt, was naheliegend war, wäre er hingerichtet worden. Allein, die niederländische Regierung verweigerte sich dem hartnäckig.

Anfang 1920 schließlich erwarb der Kaiser für 500 000 Gulden in Holland das Anwesen Haus Doorn. Das ehemalige Wasserschloss liegt fünfzehn Kilometer entfernt von Utrecht und ist heute ein Museum. Wilhelm ließ wieder einmal einen Fahrstuhl für seine Frau einbauen. Im Neuen Palais sollte sie damals keine Treppen steigen müssen, jetzt wäre sie dazu wegen ihrer Herzschwäche gar nicht mehr in der Lage gewesen. Hinzu kamen technische Verbesserungen wie beispielsweise die Installation einer Zentralheizung. Aus Berlin wurden mit dem Zug Möbel, Bilder und andere Einrichtungsgegenstände aus dem Besitz der Hohenzollern nach Doorn gebracht. Insgesamt sollen es 59 Güterwaggons voll gewesen sein. Schließlich, im Mai 1920, konnten Wilhelm und Auguste einziehen. Hier in Doorn sollte das Paar in den nächsten Jahren Zuflucht und eine Art Zuhause finden.

Doch für die letzte Kaiserin war es schon zu spät. Wenige Tage nach dem Einzug erlitt sie einen weiteren Schlaganfall, von dem sie sich nie wieder erholen sollte. Bald musste ein Rollstuhl angeschafft werden, weil sie nicht mehr länger gehen und stehen konnte. Die Tage, an denen es ihr besonders schlecht ging, verbrachte sie in einer Art Dämmerzustand, halb wach, halb schlafend. Allein die Liebe zu ihrem Mann hielt sie am Leben: »Wenn ich nur solange lebe wie der Kaiser mich braucht«, schrieb sie ihren Kindern.

Ihr Leben ähnelte nun wieder dem Dasein, das die beiden zu Beginn ihrer Ehe im Potsdamer Marmorpalais geführt hatten. An guten Tagen folgte Auguste Victoria tapfer dem Tagesablauf ihres Mannes, hielt morgens mit ihm Andacht, dann frühstückten sie zusammen, und anschließend ging es in den Garten. 35 Hektar groß war das Land, das Doorn umgab. Allein schon wegen der weitläufigen Parkanlagen, in die das Haus eingebettet war, hatte Wilhelm das Anwesen erworben. Hier machte das Kaiserpaar, je nach Gesundheitszustand Auguste Victorias, gemeinsam oder in Begleitung von Personal ausgedehnte Spaziergänge. Wenn die Kaiserin weniger gut beisammen war, blieb sie im Haus, las oder schrieb Briefe.

Darüber hinaus gerierte sich der letzte Kaiser als Holzfäller, eine Tätigkeit, die Wilhelm mit seinem verkürzten Arm nur in Grenzen wird allein ausgeübt haben. Aber es entstand viel Kleinholz. Jedes tausendste Stück wurde feierlich mit Datum und Unterschrift versehen, die Scheite bei der Bevölkerung rund um Doorn verteilt.

Ein Jahr nach dem Einzug ließ Wilhelm noch ein Torhaus hinzufügen, erbaut in dem neo-mittelalterlichen Stil, der für seinen Geschmack und seine Zeit typisch war. Zunehmend hatten sich Gäste eingestellt, Freunde und nächste Verwandte, für die eine Unterbringung notwendig geworden war.

Innenaufnahmen des Hauses zeigen, dass Wilhelm und Auguste Victoria so lebten, wie sich typischerweise auch nach dem Zweiten Weltkrieg viele adlige Exilanten oder Flüchtlinge einzurichten pflegten. Einerseits versuchten sie, den alten Riten und Gebräuchen treu zu bleiben und einen entsprechend herrschaftlichen Stil zu pflegen, anderseits waren sie räumlich erheblich eingeschränkt. So war auch Wilhelms Arbeitszimmer vollgestopft mit alten Möbeln, geradezu überhäuft von Ziergegenständen, Uhren, Schalen, Vasen und Kunstobjekten. Jede Freifläche, jedes Tischchen oder Regal war gefüllt mit Stellbildern, die, reich geschmückt in silbernen und fein ziselierten Rahmen, Fotografien von den unendlich zahlreichen herrschaftlichen Verwandten zeigten. Am Boden lagen Teppiche, womöglich in mehreren Schichten übereinander, einer kostbarer als der andere. Die Wände waren dicht bestückt mit Bildern, sie hingen Rahmen an Rahmen unfreiwillig in Petersburger Hängung. In einem Haus, das man mehr oder weniger unfreiwillig zum Refugium gewählt hatte, ließen sich eben nicht so viele Gegenstände unterbringen wie in einem ganzen Schloss. Die Einrichtung in

Doorn ähnelte eher der eines Antiquitätengeschäftes als tatsächlich bewohnten Zimmern.

Allein ein Bild in Oval hing bei Wilhelm zentral und hoch geehrt direkt über dem Türrahmen: Es war ein Porträt von Auguste Victoria. Wenn er von seinem Schreibtisch aufblickte und ins Nachbarzimmer hinüberschaute, hatte er es unmittelbar vor Augen.

Auguste Victoria verstarb am 11. April 1921 friedlich im Alter von 62 Jahren, ohne Kampf oder Verzweiflung. Sie war im Exil geboren, freimütig in ein anderes zurückgekehrt und hatte hier ihren Tod gefunden. Während ihres gesamten Lebens hat sie sich an den Bedürfnissen ihres Mannes und der Kinder orientiert. Sie starb in der Überzeugung und sicheren Hoffnung, Wilhelm würde bald auf den Thron zurückkehren. Auguste Victoria glaubte, ihre alte Welt würde wiederauferstehen.

16.

Kaiserin ohne Thron – Hermine von Reuß
ältere Linie, verwitwete Prinzessin
von Schoenaich-Carolath
(1887–1947)
Zweite Ehefrau von Kaiser Wilhelm II.
(1859–1941)

36 Kanonenschläge donnerten am Mittag des 7. Januar 1907 vom hohen Reißberg im Thüringer Städtchen Greiz. Dreimal zwölf Schüsse verkündeten die frohe Nachricht, dass Hermine, Tochter des letzten Fürsten Reuß ältere Linie, sich mit Prinz Johann Georg von Schoenaich-Carolath (1873–1920) vermählt hatte. Lange war es her, dass die kleine, feine Residenzstadt mit den drei Schlössern und dem eleganten Landschaftspark entlang der Elster solch einen Glanz erfahren hatte. Mehrheitlich traurige Nachrichten waren zuvor aus dem hohen Fürstenhaus in die Wohnstuben der herrschaftstreuen Greizer gedrungen. Der Bruder Hermines und einzige Sohn des Hauses war von Geburt an debil und würde zeit seines Lebens regierungsunfähig bleiben. Fürstin Ida, die hinreißende Mutter der Kinder aus dem Hause Schaumburg-Lippe, war 1891, kurz nach der Geburt ihres sechsten Kindes verstorben. Damit ging auch die letzte Hoffnung verloren, das Haus könne über den Tod des Fürsten hinaus weiter bestehen. Der alte Herr versank in Trauer.

Liebevoll nahm er sich seiner fünf Töchter an, kümmerte sich um ihre Ausbildung und Erziehung, doch er grämte sich furchtbar über den Tod seiner Frau. Ihr Sterbezimmer im Unteren Schloss – im thüringischen Greiz befinden sich heute allein drei Schlossbauten – blieb in all den Jahren unverändert, eine stille, traurige Weihestätte inmitten des kinderreichen Haushaltes. Schließlich segnete auch der Fürst das Zeitliche, die Familie starb aus, und die Herrschaft des Hauses ging an Heinrich Reuß jüngere Linie über. Die ältere Linie galt als im Mannesstamm erloschen.

Dabei war Heinrich XXII. von Reuß ältere Linie (1846–1902) im Grunde kein Kind von Traurigkeit gewesen, sondern ein eigensinniger Kopf, latent renitent und mutig genug, sich gegen Preußen aufzulehnen. Er sympathisierte mit Österreich und begegnete dem plötzlich erstarkenden neuen Deutschen Reich, zu dem sein Fürstentum rein geographisch gesehen gehören sollte, mit gesundem Misstrauen. So erschien er nicht zur Kaiserwahl in Versailles und votierte 1877 dafür, dass das Reichsgericht seinen Sitz nicht in Berlin, sondern in Leipzig erhielt. Er stimmte gegen die Zivilehe, gegen das Bürgerliche Gesetzbuch (BGB), gegen die Kulturkampfgesetze (Auseinandersetzung zwischen Preußen und der Katholischen Kirche) und auch gegen Bismarcks Sozialistengesetze. Oft machte gerade seine Stimme das Zünglein an der Waage aus und führte eine Entscheidung herbei, mit der niemand gerechnet hatte.

Unwillig reagierte er auch auf die Expansionsbestrebungen Preußens und kritisierte seine Außenpolitik. Als einziger Landesfürst stimmte er 1900 im Bundesrat gegen die China-Expedition, stemmte sich gegen den Etat des Auswärtigen Amtes und ebenso gegen den Kolonialetat. Er zeigte dem Kaiser nachdrücklich, wie unterschiedlich die landesweiten Interessen waren, die er zu vertreten hatte, und bewies, dass Konsens eine Seltenheit war, die es in einem föderalistisch geprägten Land wie dem Deutschen Reich hart und kontinuierlich zu erstreiten galt. Er erinnerte Berlin daran, dass in jedem einzelnen Fürstentum ein eigener Kopf saß, ein Mann, der selber auch zu bestimmen hatte, umsichtige und kluge Entscheidungen fällen musste und dass genau dadurch Politik im Kaiserreich solch eine interessante Herausforderung war.

Zwei Töchter hatte Fürst Heinrich verheiraten können. Die drei jüngeren verblieben nach seinem Tod zwar in Greiz, kamen aber unter die Vormundschaft ihres Onkels Georg von Schaumburg-Lippe (1846–1911), Bruder von Mutter Ida, der in Bückeburg lebte. Er sah seine wesentliche Aufgabe darin, die Prinzessinnen eher bald als gut zu verheiraten. So geriet die hübsche, zarte Caroline (1884–1905), drittälteste Schwester Hermines, 1903 an Wilhelm Ernst von Sachsen-Weimar-Eisenach (1876–1923), einen über die Grenzen Weimars hinaus bekannten Wüterich, rabiat und aufbrausend, der ihr das Leben schon vor der Hochzeit derart schwer machte, dass sie ihren Vormund kurz vor der Trauung in Bückeburg anflehte, von ihrem Eheversprechen zurücktreten zu dürfen. Da mischte sich der Kaiser persönlich ein – als naher Verwandter des Hauses Sachsen-Weimar und Ehrengast war Wilhelm II. selbstverständlich zur Hochzeit geladen worden –, sprach streng und begütigend auf die Brautleute ein, und Caroline fügte sich ihrem Schicksal. Prunkvoll wurde der Ehebund vollzogen.

Bei dieser Gelegenheit begegnete auch Heinrichs vierte Tochter Hermine zum ersten Mal in ihrem Leben dem Kaiser. Die damals knapp Fünfzehnjährige konnte sich vor Bewunderung kaum retten. Wie viele Mädchen in ihrem Alter verehrte sie den Monarchen wie einen Popstar, hatte Fotos von ihm in ihrem Zimmer aufgestellt und war der festen Überzeugung, eigentlich selbst die ideale Gattin für Wilhelm zu sein – wenn da nicht der vermaledeite Altersunterschied gewesen wäre. Der Hohenzollernprinz war 28 Jahre älter als sie.

Zwei Jahre nach der Hochzeit verstarb Caroline jäh an einer Grippe. Sie hatte das Zusammenleben mit Wilhelm Ernst nicht ertragen. Hermine und Ida, die beiden Jüngsten, waren untröstlich. Bis an ihr Lebensende sollten sie einander besonders eng verbunden bleiben. Obwohl Hermine selbstbewusst aufzutreten wusste und ein starkes Geltungsbedürfnis hatte, Ida hingegen durch einen Hörschaden stark beeinträchtigt und eher zurückhaltender Natur war, hielten sie fest zusammen.

Bei der Beerdigung Carolines in Weimar fiel Hermine Luise von Baden ins Auge, einzige und sehr geliebte Tochter der Kaiserin Augusta, sie lud die junge Frau an ihren Hof ein und nahm sie in ihre Obhut. Die Großherzogin war inzwischen über siebzig, ihre Eltern lebten längst nicht mehr, aber sie residierte wie eh und je an der Seite ihres

Mannes über ihr kleines Reich in Karlsruhe und Baden-Baden. Das badische Haus galt, ähnlich wie Weimar, als ein aufgeklärtes, liberales Fürstentum.

Der Hof der Tochter des ersten deutschen Kaisers war naturgemäß eine herrschaftlichere Umgebung, als Hermine aus Greiz gewohnt war. Hier erfuhr sie eine Prägung, die ihrem Geltungsbedürfnis entsprochen haben muss, wenn nicht die Großherzogin selbst es war, die ihr die Fähigkeit zum selbstverständlichen Umgang mit Etikette und Hofzeremoniell bescheinigte. Sie kümmerte sich hingebungsvoll um die verwaiste Prinzessin und betraute sie gar mit der Aufgabe, ihr die Korrespondenz vorzulesen, die sie regelmäßig von der kaiserlichen Verwandtschaft aus Berlin erhielt. Darüber hinaus hatte Hermine Umgang mit zeitgenössischen Künstlern und Gelehrten, die am badischen Hof verkehrten, hörte Vorlesungen von Heidelberger und Tübinger Professoren und nahm wie ein enges Familienmitglied selbstverständlich am gesellschaftlichen Leben des Hofes teil.

Ihren zukünftigen Mann lernte Hermine schließlich auf Vermittlung von Prinzessin Marie Alexandrine Reuß jüngere Linie (1849–1922) kennen. Sie lebte in Trebschen in Schlesien, in unmittelbarer Nachbarschaft der Schoenaich-Carolaths, und brachte die beiden jungen Leute bei einem Besuch Hermines zusammen. Johann Georg galt mit seinen 33 Jahren als exzellente Partie. Er stammte aus schlesischem Uradel und residierte als Erbprinz über zwei Majorate im Kreis Grünberg, die Herrschaft Saabor und Gut Mellendorf mit insgesamt 21 000 Morgen Land. Die Mitglieder der Familien Reuß und Schoenaich-Carolath waren sich sowohl konfessionell als auch standesgemäß ebenbürtig.

Umso größer war die Freude, als Hermine und Johann Georg sich im November 1906 verlobten. Bei der strahlenden Hochzeit in Greiz dachte nun niemand mehr an die traurige Vergangenheit. Schon zwei Tage vor der Trauung begann das Fest mit einem abendlichen »Thée dansant« am Samstagabend im Sommerpalais. Das zauberhafte Schlösschen im Greizer Park mit seinem Anflug von Leichtigkeit und Freude bot dem freudigen Anlass eine exzellente Kulisse. Hermine hatte ein hellblaues Kleid aus Crêpe de chine mit Silberflitter und Spitzen an, im Arm hielt sie einen Strauß aus langstieligen roten Rosen. Der Bräutigam trug naturgemäß Uniform. Nach Empfang und Tanz im Saal in der ersten Etage, die das Greizer Philharmonische Orchester mit seinen wohleinstudierten Weisen begleitete, begab sich die Festtagsgesellschaft zum Diner hinunter in den Weißen Saal im Erdgeschoss. In Analogie zu Wappen und Namen der Familie Schoenaich waren Wände und Tafel prachtvoll mit Eichenlaub und leuchtend roten Bändern dekoriert worden.

Am nächsten Tag wurde eine Wohltätigkeitsveranstaltung im Greizer Theater gegeben, zu der Kapellmeister Erler eigens eine Jubel-Ouvertüre komponiert hatte. Am Montag schließlich zog die gesamte Hochzeitsgesellschaft feierlich in die Stadt- und Hofkirche ein. Während draußen die Kanonen vom Reißberg donnerten, gaben sich Hermine und Johann Georg drinnen am Traualtar das Jawort.

Nach Abschluss der Feierlichkeiten zog Hermine zu ihrem Mann nach Schloss Saabor. In rascher Folge wurden fünf Kinder geboren, drei Jungen und zwei Mädchen, doch schon wenige Jahre nach der Hochzeit senkte sich ein Schatten über die Ehe. Johann Georg war schwer lungenkrank. Er litt an Schwindsucht.

Unzählige Aufenthalte in Krankenhäusern und Sanatorien, zudem Reisen zu Kuraufenthalten in Italien bestimmten die Zeit Hermines an der Seite ihres Mannes. Immer wieder hofften die beiden neu auf Heilung. Solange es sein gesundheitlicher Zustand erlaubte, widmete sich Johann Georg seinen Aufgaben in der Schloss- und

Gutsverwaltung sowie seiner Familie. Als 1914 der Erste Weltkrieg ausbrach, meldete er sich trotz Warnungen seiner Ärzte zum Militärdienst. Kurzzeitig war er im Einsatz bei der Landwehr und erlebte so den Einmarsch in Polen, doch ein Blutsturz zwang ihn, die Front wieder zu verlassen. Nachdem er sich erholt hatte, meldete er sich erneut zur Stelle und wurde zum Bürodienst für das Generalkommando in Breslau berufen. 1917 übernahm er die Aufgaben des Verpflegungskommissars der deutschen Besatzer in Rumänien.

Wo immer ihr Mann auch im Einsatz war, besuchte ihn Hermine und stand ihm zur Seite. Neben Breslau waren Budapest und Wien Orte, die sie im Zuge dessen bereiste. Zeitgleich widmete sie sich ihren Kindern und hielt in Saabor die Fahnen hoch. Angesichts des Elends der Soldaten richtete sie gegen Kriegsende im Schloss ein Lazarett ein, doch schon nach einem Dreivierteljahr musste sie das Vorhaben wieder aufgeben. Sie konnte die vielen Verwundeten einfach nicht hinreichend verpflegen. Diese Erfahrung des persönlichen Scheiterns angesichts der Übermacht von Not und Verzweiflung prägten sich Hermine tief ein.

1918 ging der Krieg zu Ende, und die alte Welt mit ihrer Monarchie versank im Ungewissen. Doch Hermine hatte andere Sorgen. Der Krankheitszustand ihres Mannes hatte sich erheblich verschlimmert. Zu seinen physischen Defiziten gesellten sich angesichts der Niederlage seines Landes Mutlosigkeit und Mangel an Perspektive. Johann Georg verlor jegliche Hoffnung, jemals wieder gesund zu werden. Monatelang verbrachte Hermine an seiner Seite im Sanatorium, während sich seine Mutter inzwischen daheim in Saabor um die Kinder kümmerte. Wegen der Ansteckungsgefahr mussten sie dem Vater dauerhaft fern bleiben. Am 6. April 1920 starb Johann Georg. Nach dem elendigen Zustand, in dem er sich in den letzten Lebensmonaten befunden hatte, war es für ihn fast eine Erlösung.

Nun war die Greizer Reußentochter mit 32 Jahren schon verwitwet und ganz auf sich allein gestellt. Doch sie hatte nicht viel Zeit, darüber nachzudenken. Jetzt musste sie sich um die Schoenaich-Carolath'schen Güter kümmern. Dank einer Erbschaft war noch ein dritter Besitz hinzugekommen. Ihr Ältester, Hans Georg (1907–1943), war mit seinen dreizehn Jahren noch zu jung, um die Leitung zu übernehmen.

Doch Hermine verfügte über ein erstaunliches Maß an Unerschrockenheit und Geschäftssinn. Ohne dazu ausgebildet worden zu sein, verschaffte sie sich rasch einen Überblick über Einnahmen, Abgaben, Steuern und Gesetze, stellte hier einen neuen Bevollmächtigten ein, entließ dort einen anderen und hielt die Verwaltung ihrer Güter bald fest in Händen. Auf einmal war sie die Herrin über Saabor. Kein Mensch wagte, an ihrer Autorität und Kompetenz zu zweifeln.

Gleichzeitig behielt sie die Erziehung ihrer fünf Kinder im Auge und sorgte dafür, dass sie gut ausgebildet wurden. So besuchte Hans Georg das Greizer Gymnasium und legte dort Ostern 1925 sein Abitur ab, Georg Wilhelm (1909–1927), ihr Zweitgeborener, war Gymnasiast in Dresden.

Nicht zuletzt fand Hermine Gelegenheit zu verreisen. Sie besuchte ihre Schwestern, die eine in Südtirol, die andere in Österreich, besuchte Ausstellungen und Konzerte. Zunehmend gewöhnte sie sich an ihre Unabhängigkeit. In ihren Memoiren behauptet sie, sie habe keinen Augenblick daran gedacht, sich erneut zu vermählen.

Im April 1921, etwa ein Jahr nach dem Tod von Hermines Mann, verstarb Auguste Victoria von Preußen im Exil in Doorn. Wie ein Lauffeuer verbreitete sich die Nachricht in sämtlichen europäischen Adelshäusern. Auch Hermine muss sie erreicht haben, doch bei ihr löste sie eine unvorhergesehene Reaktion aus. Endlich war der Kaiser, der

Mann, für den sie als Kind geschwärmt hatte, frei. Und wie vom Schicksal gefügt, hatte auch sie zu diesem Zeitpunkt keinen Mann mehr an ihrer Seite.

Wir werden nie erfahren, was genau Hermine trieb, doch sie begann offensichtlich, einen Plan zu schmieden. Wie könnte es ihr gelingen, Kontakt zu Wilhelm von Preußen aufzunehmen? Wie könnte sie unauffällig in sein persönliches Umfeld vordringen, ihn auf sich aufmerksam machen und gleichzeitig vornehm Distanz wahren, wie es sich für eine Frau ihrer Herkunft gebührt? Schließlich war es nicht irgendein Mann, dem sie sich nähern wollte. Wenn es mit der Monarchie auch vorbei war, für eine gebürtige Prinzessin Reuß war der Kaiser immer noch der Kaiser. Entsprechend respektvoll und standesgemäß hatte sie sich ihm gegenüber zu verhalten.

Doch vielleicht war es kein Kalkül, das Hermine trieb, vielleicht war es wahre Liebe und hat sich genau so zugetragen, wie sie es in ihren Memoiren später beschrieb. Vielleicht konnte sich ihr Zweitgeborener angesichts der Einsamkeit, in der sich seine Mutter nach dem Tod ihres Mannes oder auch er selbst nach dem Tod seines Vaters befand, tatsächlich in die Lage des Kaisers versetzen, und vielleicht verfasste er ganz und gar freiwillig einen Brief an Wilhelm. Fest steht, dass im Frühjahr 1922 ein Schreiben Doorn erreichte, in dem der dreizehnjährige Georg Wilhelm an Wilhelm von Preußen schrieb, wie leid er ihm täte: »Ich finde es schrecklich, dass Du so allein bist.«[61]

Fest steht auch, dass Wilhelm gerührt gewesen sein muss, denn er ließ dem Jungen ein Foto mit seiner Unterschrift nach Saabor schicken. Und fest steht schließlich, dass er daraufhin einen Dankesbrief erhielt. Diesen jedoch hatte dann schon Hermine selbst verfasst. Die Korrespondenz, die sich daraufhin zwischen der der jungen Reußin und dem alten Herrn im Exil entspann, führte dazu, dass die Witwe Anfang Juni nach Doorn eingeladen wurde.

Dankend nahm sie an und reiste in die Niederlande. Hermine war am Ziel.

Schon bei diesem ersten Wiedersehen handelte es sich nicht um ein gewöhnliches Zusammentreffen von alten, neuen Bekannten. Das zeigte allein Wilhelms Verhalten. Ungeduldig erwartete er die junge Dame, er hatte ihr zur Begrüßung an die Bahnstation einen Wagen entgegen schicken lassen, und empfing sie mit einem Strauß roter Rosen. Anschließend ordnete er an, mit Hermine allein speisen zu wollen, auch das eine Seltenheit unter den sorgsam sortierten und mit dem kaiserlichen Personal eigens abgesprochenen alltäglichen Ritualen. Im Haus Doorn folgte man selbstverständlich weiterhin dem gestrengen Regelwerk höfischer Etikette. Dieses Verhalten setzte sich in den nun folgenden Tagen fort. Wiederholt warf Wilhelm das gewohnte Zeremoniell über den Haufen und machte deutlich, dass er sich seinem Gast persönlich widmen wollte, am liebsten rund um die Uhr. Er befand sich offensichtlich in höchster Aufregung.

Hermine für ihren Teil sparte nicht an Gelegenheiten, ihm zu zeigen, dass sie bemüht und in der Lage war, den höfischen Gepflogenheiten zu entsprechen. Sie begrüßte Wilhelm mit Hofknicks, sprach ihn mit »Kaiserliche Hoheit« an und erschien am ersten Abend zum Souper selbstverständlich in großer Robe. Von dem herrlichen schwarzen Kleid mit Schleppe und tiefem Ausschnitt, das sie nebst ihren ellenbogenlangen Handschuhen trug, sollte noch lang die Rede sein. Dabei konnte sie dank ihrer Erziehung und Erfahrungen, nicht zuletzt im Hause Baden, gewiss sein, dass diese Art der Aufmachung um diese Tageszeit an einem kaiserlichen Hof vollkommen adäquat und gleichzeitig höchst elegant war.

Der Hohenzoller schien sichtlich beeindruckt. Schon wenige Tage nach ihrer Ankunft war er vollkommen überzeugt: Hermine sollte seine zweite Frau werden. Ohne lange Vorrede trug er ihr seinen Antrag vor, und die Witwe schlug strahlend ein. Wer hätte gedacht, dass eine Reuß jemals die Aufmerksamkeit ausgerechnet eines Mitgliedes des Hauses Preußen gewinnen würde, die Tochter eines Fürsten, der sich dem Kaiserhaus derart beharrlich und andauernd widersetzt hatte. Doch Hermine dachte in diesem Moment sicher nicht an ihren Vater. Sie dachte nur an sich und an Wilhelm, den einstigen Kaiser. Ihr Mädchentraum war in Erfüllung gegangen. Sie schwebte.

Da seit dem Tod Auguste Victorias kaum ein Jahr vergangen war, beschlossen Wilhelm und Hermine, mit der Hochzeit noch ein paar Monate zu warten. Auch wollten sie ihren Kindern und der restlichen Verwandtschaft Gelegenheit lassen, sich mit der neuen Situation vertraut zu machen. Ein Brief aus dieser Zeit, den Hermine an Kronprinzessin Cecilie (1886–1954) schrieb, zeigt, wie ernst es den beiden damit war: »Ich habe mich zu diesem Schritt entschlossen, da wir uns beide innerlich gefunden haben, ich glaube, daß wir zusammen passen, und weiß, daß ich mein Möglichstes tun werde, um ihm sein unsagbar schweres Los zu erleichtern. Die Schwere meiner Aufgabe, die ich mir nicht ausgesucht, die an mich herangetreten ist, ist mir voll bewußt ... Euer Bedenken verstehe ich durchaus, ich bitte aber um das Vertrauen, daß ich mein Bestes geben werde und daß der Kaiser den Schritt nie bereuen soll ... Daß Du auch in so gütiger Weise meiner Kinder gedenkst, danke ich Dir sehr. Gewiß ist es auch für sie schwer, sie hätten auch mich lieber allein. Sie lieben mich aber doch so sehr, daß sie mir das Glück gönnen. Der eine erst nach schweren Kämpfen. (...)«[62]

Wilhelm begründete seine Entscheidung mit den Worten, er habe in Hermine eine Frau gefunden, die sich verlässlich ihren fünf Kindern widme und gleichzeitig drei Güter in Schlesien zu verwalten wisse. Das habe ihn maßlos beeindruckt. Auch wussten die Nachkommen des

Kaiserhauses, dass sich seine erste Frau Auguste Victoria nichts sehnlicher gewünscht hatte, als dass Wilhelm wieder heirate. Lediglich an der Eile, mit der dieser Wunsch erfüllt wurde, stieß sich der ein oder andere.

Hermine konnte warten. Schwieriger war es für sie, in ihrer veränderten Situation mit einer relativ neuen und zunehmend erstarkenden Macht im Staat umzugehen: der Presse. Kaum hatten sich die Gerüchte um eine erneute Vermählung Wilhelm II. verdichtet, geriet Hermine auch schon in den Strudel der öffentlichen Berichterstattung. Kompliziert war für sie wie für viele andere Adlige auch, dass die Mitglieder regierender Häuser, nachdem der Kaiser abgedankt hatte, eigentlich zu Privatpersonen geworden waren und im Grunde offiziell gar nichts mehr zu sagen hatten. Sie waren darin auch keineswegs geübt.

Doch die Presse war gänzlich anderer Ansicht. Es schien, als sei der Adel gerade weil oder zumindest seitdem er offiziell abgeschafft worden war, zum besonderen Liebling von Fotografen und Reportern avanciert. Das würde sich in den folgenden Jahren noch verstärken. So gleichgültig wie aussagekräftig der eine oder andere Abkömmling einer alten Familie war – die Journalisten stürzten sich auf ihn wie Fliegen auf den Kuchen.

Hermine bekam das schon zu spüren, bevor sie mit Wilhelm verheiratet war. Mitten an einem friedlichen Morgen stürzte Anfang September 1921 gut zweihundert Meter von der Schlosskapelle in Saabor ein Flugzeug ab. Hermines Leute liefen gleich herbei und nahmen sich der beiden Insassen, Siegfried Dunbar Weyers und des Piloten Antonius Raab (1897–1985), an. Die Männer waren kaum verletzt, doch Hermine ließ sie selbstverständlich ins Haus bitten und einen Arzt rufen.

Die beiden aber hatten keinerlei medizinische Hilfe nötig. Der Absturz war fingiert. Weyer war Korrespondent des International News Service der amerikanischen Presse und hatte sich unauffällig Zugang zu Hermines Privaträumen verschaffen wollen. Prompt entdeckte er ein aktuelles Foto von Wilhelm II. im silbernen Rahmen, das im Salon in Schloss Saabor auf dem Klavier stand. Das war ihm Beweis genug. Er verabschiedete sich eiligst von der Prinzessin und verfasste sofort einen Sensationsbericht zur offenkundigen Neuverlobung des letzten Kaisers. Nach kurzer Zeit ging die Nachricht um die Welt und war in allen Zeitungen zu lesen. Selbstredend gelangte sie auch in die Schreibstuben deutscher, insbesondere Berliner Redakteure.

Als man in Doorn davon Kunde erhielt, suchte Wilhelm seine Familie und nicht zuletzt Hermine zu schützen und dementierte die Nachricht. Schließlich handelte es sich um eine Privatangelegenheit. Das wiederum erreichte auch Hermine und traf sie bis ins Mark. Hatte ihr Verlobter etwa die Absicht, von seinem Heiratsversprechen zurückzutreten? Unter dem Druck der Öffentlichkeit gab Wilhelm schließlich klein bei. Eilig wurde die Verlobung bekanntgegeben, der Hochzeitstag auf den 5. November 1922 festgelegt.

Zeit ihres Lebens fiel es Hermine schwer, mit den Mechanismen und der Wirkung der öffentlichen Berichterstattung umzugehen. Wiederholt versuchte sie die Macht der Presse zu nutzen, um für die Sache des Adels zu werben. Dabei beging sie schwere Fehler. Später versuchte sie, sich dafür offiziell zu entschuldigen. Überzeugend war ihr Auftritt dabei keineswegs. Vielmehr steht ihre Haltung für die Ambivalenz, die das Verhältnis zwischen Adel und Presse bis heute prägt. Einerseits müssen Mitglieder einstmals regierender Häuser zur Kenntnis nehmen, dass weiterhin großes Interesse an ihrem Leben besteht, andererseits wollen sie ihre Privatsphäre schützen.

Im Zuge der Hochzeitsfeier selbst konnte Wilhelm sie vor dem Zugriff der Presse schützen. Er schickte seiner Zukünftigen am 4. November 1922 einen Wagen an die Grenze entgegen. Die Fotografen, die in Amersfoort warteten, wo der Zug normalerweise endet, gingen leer aus. Später belagerten die Journalisten das Torgebäude von Doorn, um das Brautpaar zu fotografieren. Manche hatten sich einen Stuhl mitgebracht, auf den sie geklettert waren, um einen Blick auf das Brautpaar zu ergattern, andere waren zu diesem Zweck auf das Dach ihres Autos gestiegen. Schließlich nahmen Wilhelm und Hermine geduldig Aufstellung für das offizielle Pressefoto.

Eine zurückhaltende, fast schüchterne, wenn auch elegante und durchaus zeitgemäß gekleidete Reußenprinzessin ist hier zu sehen. Sie trägt eine knöchellange Robe aus Chiffon Velvet in samtenem Mauve, die Wilhelm eigenhändig für sie entworfen und in Breslau hatte anfertigen lassen. Ihren Hals schmückt das Smaragdcollier aus dem Familienschmuck des Hauses Reuß, ihren Kopf ein großer schwarzweißer Hut. Den Fächer aus Straußenfedern, den Hagenbecks Tierpark gestiftet hatte, hält sie verlegen in der ellenbogenhoch behandschuhten Rechten. Der Arm hängt herab, und es wirkt, als wolle die »Kaiserin« das exotische Accessoire, das Wilhelm aus seinen Beständen zur Aufmachung beigesteuert hatte, verbergen. Ihr Gatte erschien natürlich – wie könnte es für einen Preußen anders sein – in Uniform, dicht behängt mit Orden und Auszeichnungen.

Interessant war der Ehevertrag, auf dessen Basis die Vermählung stattfand. Hermine wie Wilhelm hatten jeder schon eine Ehe hinter sich, beide hatten hinreichend eigene Besitztümer und Verantwortlichkeiten, um ihr Leben und das Leben ihrer Kinder zu bestreiten. Hinzu kam, dass das Vermögen der Hohenzollern weiterhin beschlagnahmt war. Auch herrschten in Deutschland Wirtschaftskrise und Inflation. Es gab keinerlei Veranlassung, die Besitztümer beider Familien in einen Topf zu werfen.

Hermine behielt ihre wirtschaftliche Selbständigkeit, ein Novum zu jener Zeit, doch sie wollte ihren Kindern und rechtmäßigen Erben das Vermögen der Schoenaich-Caroloths vollständig erhalten. Auch der Hohenzollernprinz hatte die Rechte seines Hauses zu berücksichtigen. So entstand ein Vertrag, der einerseits Eheversprechen und andererseits Erbverzicht manifestierte. Die beiden vereinbarten vollständige Gütertrennung. Selbst Gegenstände, die sich die beiden gegenseitig während der Ehe schenkten, hatten im Sterbefall an die Familie dessen zurückzufallen, der das Geschenk überreicht hatte.

Der Vertrag brachte einerseits zum Ausdruck, dass es sich hier auf beiden Seiten um Angehörige regierender Häuser handelt, in denen darauf geachtet werden muss, dass ein Vermögen bestehen bleibt, das von Generation zu Generation weiter vererbt wird. Nur so konnten diese Familien über Jahrhunderte hinweg ihre Vormachtstellung aufrecht erhalten. Andererseits berücksichtigte er die aktuelle politische Lage, die ausschloss, dass es in Zukunft noch regierende Adelshäuser geben würde. Er klingt ein wenig wie das Abkommen zwischen den Nachkommen zweier wohlhabender Industriellenfamilien.

Immerhin verpflichtete sich Wilhelm dazu, Hermine wenigstens vor Ort bei sich in Doorn voll und ganz zu versorgen. Zum Bestreiten ihrer Kosten für persönliche Bedürfnisse wie die Anschaffung von Strümpfen, Hüten, Wäsche und ähnlichem wurde ihr das übliche Nadelgeld zugesprochen. Auch wurden ihr eine Kammerfrau und ein persönlicher Diener zur Seite gestellt. Sogar der Kinder Hermines nahm sich Wilhelm an. Auch wenn im Ehevertrag vereinbart worden war, dass Hermine für ihren Unterhalt, Betreuung und Ausbildung selbständig aufzukommen hatte, sorgte der einstige Monarch dafür, dass es ihnen zumindest in Doorn an nichts mangelte. Während sie zuerst im Torgebäude untergebracht waren, ließ er schon 1923 gleich die Orangerie umbauen, ein Gebäudeteil, das direkt an das Haupthaus anschloss. Dort wurden wohnliche Zimmer für sie eingerichtet und Gästequartiere geschaffen. Auch ein Sandkasten fand vor der Orangerie seinen Platz.

Schon das erste Weihnachtsfest nach der Hochzeit feierte die gesamte Familie gemeinsam in Doorn. Bei dieser Gelegenheit lernte Georg Wilhelm seinen Stiefvater auch persönlich kennen, jener Sohn Hermines, der damals mit seinem Brief den ersten Kontakt hergestellt hatte. Wilhelm freute sich über den Familienzuwachs. Er war nie ein Freund von Einsamkeit gewesen. Zwar war er in Doorn nicht allein, schon zu dem Personal, das ihn umgab, zählten gut vierzig Frauen und Männer, doch eine eigene Familie in der Nähe zu wissen, mit der man Höhepunkte des Jahres wie Ostern und Weihnachten gemeinsam feiern konnte, war schon etwas anderes. Hermines Kinder waren schließlich noch klein, Henriette (1918–1972), die Jüngste, die kurz vor Ende des Krieges in Berlin geboren war, erst vier Jahre alt. Auch ihr Ältester war längst noch nicht erwachsen. Der Anblick der vielen Kindergesichter, die erwartungsvoll zu ihm aufblickten, muss wie eine Verjüngungskur auf den alten Mann gewirkt haben.

Auf einer Aufnahme ist zu sehen, wie der inzwischen 64jährige mit Hermine und ihren Kindern gemeinsam spazieren geht. Henriette hat er liebevoll an die Hand genommen. Sie würde später einen seiner Enkel heiraten, Franz Joseph von Preußen (1916–1975), einziger Sohn des unglücklichen Joachim. Bei ihrer Hochzeit nahm Wilhelm sie in einer rührenden Rede in aller Form in die Preußenfamilie auf.

Auch gesellschaftlich bereicherte Hermine Wilhelms Alltag. Dank ihrer Existenz als seine Gemahlin verschaffte sie ihm Zugang zu den benachbarten Herrscherhäusern und Familien. Die beiden machten gemeinsam Besuche und luden im Gegenzug auch zu festlichen Mahlzeiten nach Doorn ein. Im Gästebuch ist festgehalten, wer in dieser Zeit im ex-kaiserlichen Exil verkehrte. Die Gespräche, die bei solchen Gelegenheiten geführt wurden, boten Abwechslung und Unterhaltung. Während seiner Zeit als Witwer war Wilhelm ein solch geselliges Leben nicht möglich gewesen. Allein mit direkten Verwandten hatte er Umgang gepflegt, doch die wohnten naturgemäß nicht in nächster Umgebung.

Hermine suchte auch Kontakt zu den Familienmitgliedern des Doorner Personals und machte sich ein Bild von ihren Lebensumständen. Sie nahm Anteil an den privaten Ereignissen wie Geburten und Hochzeiten und lernte viele Menschen kennen, die in allernächster Umgebung wohnten. Regelmäßig schwang sie sich aufs Fahrrad und fuhr mit einzelnen ihrer Kinder im Schlepptau ins Städtchen. So fand die Familie Anschluss in der Region, und Wilhelm lebte nicht mehr derart isoliert wie zu Beginn seines Aufenthaltes.

Nicht zuletzt engagierte sich Hermine sozial. Damit trat sie in die Fußstapfen ihrer Vorgängerinnen am preußischen Hof. Teil des Selbstverständnisses von Frauen aus adligem Haus war und ist, dass sie, sobald sie verheiratet und ihre Kinder und Verwandten hinreichend versorgt waren, begannen, in ihrem Umfeld Gutes zu tun. Schon daheim in Schlesien hatte Hermine sich selbstverständlich für den Vaterländischen Frauenverein eingesetzt. Jetzt legte sie einen »Kaiserin-Hermine-Fonds« auf und stiftete dem Verband der Provinz Schlesien 300 000 Mark für das Augusta-Hospital in Breslau. Darüber hinaus richtete sie einen gleichnamigen Wohlfahrtsfonds ein, der dem Verband jährlich 50 000 Mark zusprach. Der Betrag stand Einzelpersonen und Vereinen zur Verfügung, die sich der Kranken- und Säuglingspflege, der Studentenfürsorge sowie der Tuberkulosebekämpfung widmeten. Hier wirkte die Hilflosigkeit nach, die Hermine im Ersten Weltkrieg angesichts der Verwundeten verspürt hatte, die sie in ihrem Lazarett in Saabor nicht anhaltend hatte versorgen können.

Sie war eine tatkräftige Person und kluge Geschäftsfrau, gleichzeitig aber auch ein hilfsbereiter Mensch, der Not lindern und Elend nachhaltig beseitigen wollte.

Ihr Engagement widmete sich im Kern alleinstehenden Müttern, insbesondere Frauen aus dem Mittelstand, die durch die Geburt ihres Kindes in Not geraten waren und nicht wussten, wie sie nun ihren Lebensunterhalt verdienen sollten. Schon 1919 war Hermine auf die Idee gekommen, diesen Frauen gezielt Aufträge zu erteilen, die sie in Heimarbeit ausführen konnten, ohne dabei die Betreuung ihres Kleinkindes vernachlässigen zu müssen. Die Ergebnisse dieser Arbeit, meist handelte es sich um Handarbeiten, Decken, Taschen, bestickte Stuhlbezüge, verkaufte sie dann auf selbst initiierten Basaren.

Als Kind hatte Hermine in Greiz selbst gelernt, solche Webarbeiten und Stickereien anzufertigen. Sie wusste also genau Bescheid, wie viel Material vonnöten, wie groß der zeitliche Aufwand bei solchen Arbeiten und woran die Qualität zu bemessen war. Sie war im Grunde selbst Expertin und versuchte das Fachwissen, das sie erworben hatte, zu professionalisieren. Die Bekanntheit und der Wohlstand, die sie durch ihre beiden Ehen gewonnen hatte, konnte sie dabei zielführend einsetzen. Interessant ist, dass Hermine das Handwerk nicht in einer Lehre oder Werkstatt erworben hatte, sondern dass es Teil ihrer höfischen Erziehung gewesen war. Trotzdem oder gerade deshalb fand sie damit mühelos Anschluss an ein Zeitalter, in dem Verkaufsgeschick und wachsende Industrialisierung im Mittelpunkt standen, und zeigte damit, dass sich Adlige weiterhin nützlich machen konnten. Obwohl ihr Stand abgeschafft worden war, musste sie sich keineswegs überflüssig fühlen.

1929 gründete Hermine das »Herminen-Hilfswerk«, das ausdrücklich dem Handel mit den Handarbeiten allein erziehender Frauen diente. Was sich erst auf der Basis von kleinen Verkaufsständen und Basaren entwickelte, konnte Hermine zwei Jahre später in Berlin schon als eine kunstgewerbliche Verkaufsausstellung eröffnen. Sie diente unter anderem dem Wiederaufbau einer alten Gobelinwerkstatt. Dabei konnte Hermine zu Beginn auf die Unterstützung zahlreicher Damen zurückgreifen, die in ihren Salons mit Verwandten und Freundinnen ohne Entgelt für das Hilfswerk stickten und häkelten, allein um das Projekt der »Kaiserin« zu unterstützen. Entsprechend fanden ihre Veranstaltungen auch in anderen Städten des Landes Verbreitung. Einen persönlichen Höhepunkt stellte für sie der Basar dar, der alljährlich in Greiz stattfand. Bei der Gelegenheit konnte sie sich mit alten Bekannten treffen und Freunde aus der Jugend wiedersehen.

Das Hilfswerk fand auch in den Niederlanden Verbreitung. Die ersten Verkaufsstände stellte Hermine noch im kaiserlichen Wohnhaus auf. Später nutzte sie eine Garage hinter der Orangerie. Regelmäßig im Frühjahr und im Advent legte sie hier ihre Ware aus. Bei den Terminen richtete sie sich nach der jährlichen Baum- oder Tulpenblüte in den Niederlanden, zu denen viele Deutsche über die Grenze kamen. Auch hatte sie festgestellt, dass für eine zunehmend wachsende Anzahl an Touristen Doorn und der Sitz des ehemaligen Monarchen einen Anziehungspunkt darstellte. Entsprechend erweiterte Hermine ihr Verkaufssortiment sukzessive um Blumen und Zwiebeln aus der Gärtnerei des Hauses.

Die größte Nachfrage erzielte sie indes mit aktuellen Fotos aus dem Leben der kaiserlichen Familie, ein besonders günstiges Produkt, denn es konnte ohne nennenswerten Aufwand vervielfältigt werden. Wilhelm unterstützte sie bei ihrem Unterfangen, in dem er eigens für neue Bilder posierte und die Porträts anschließend signierte.

Im Ehevertrag war festgehalten worden, dass Hermine zweimal im Jahr für zwei Monate nach Deutschland fahren durfte, um sich der Verwaltung ihrer Güter zu widmen. Die Kosten dafür trug sie selbstverständlich selbst. Hermine genoss diese Reisen. Sie gaben ihr die altgewohnte Unabhängigkeit zurück und erlösten sie vorübergehend von der höfischen Enge, die in Doorn herrschte. Selbstredend konnte sich Hermine an der Seite des einstigen Monarchen längst nicht so frei bewegen, wie sie es von Saabor oder noch aus den Greizer Jahren gewohnt war.

Gleichzeitig genoss sie es, während ihrer Aufenthalte in Berlin als »Kaiserin« neuerdings im Wilhelmpalais an der Straße Unter den Linden wohnen zu dürfen, der Residenz der Großeltern ihres Mannes. Sie lud zu Empfängen ein, pflegte Kontakte zu Anhängern der Monarchie oder auch Mitgliedern ihrer weitläufigen neuen und alten Verwandtschaft. Leider nutzte sie ihre Selbstsicherheit und Position auch für unkluge Vorhaben. Sie engagierte sich lautstark politisch, gab Presseinterviews und glaubte, sich für eine Wiedereinrichtung des Kaiserreiches einsetzen zu müssen. Dabei hielt sie sich vertrauensvoll auch an die Nationalsozialisten.

Nun kann man zu ihrer Verteidigung sagen, dass die Politik Adolf Hitlers für viele Menschen im Vorfeld seiner Machtergreifung nicht klar zu durchschauen war. Die Nationalsozialisten schienen anfangs mit Parteigängern nahezu jeder politischen Richtung zu sympathisieren und gingen damit gewissermaßen auf Stimmenfang. Mitgliedern der Familie Preußen versprachen Hitler und seine Kombattanten, ihnen wieder neu zu Ansehen und Bedeutung zu verhelfen.

Hermine war eine derjenigen, die zu spät erkannte, wie leer diese Versprechungen waren. Auf ihr Betreiben hin wurde sogar Hermann Göring (1893–1946) nach Doorn eingeladen, und er war 1931 und 1932 bei Wilhelm zu Besuch. Während sich der ehemalige Kaiser bald nach der Machtergreifung von Hitlers Politik distanzierte, hoffte

Hermine weiter, dass sich alles zum Guten wenden würde. Später entschuldigte sie sich wiederholt öffentlich für diese Fehleinschätzung.

Im Mai 1940 eröffnete Hitler seine Offensive gegen die Niederlande. Daraufhin stellte Königin Wilhelmina ihren Exilanten frei, das Land zu verlassen. Sie fürchtete um Wilhelms Sicherheit, zumal Doorn nach dem Einmarsch der Deutschen unmittelbar in die Kampfzone geraten war. In der Tat passierten sowohl niederländische als auch deutsche Truppen das Gelände rund um das Anwesen.

Auch der britische Gesandte in Den Haag bot seine Hilfe an. Er unterbreitete Wilhelm den Vorschlag, für die Dauer des Krieges mit seiner Frau nach England zu übersiedeln, doch der einstige Monarch schlug beide Angebote dankend aus. Er fühle sich mit seinen 81 Jahren zu alt, um noch einmal umzuziehen. Nachdem die Deutschen die Niederlande besetzt und Doorn erreicht hatten, ließ Hitler das Anwesen abriegeln. Ob im Krieg oder im Frieden – Wilhelm blieb ein Gefangener.

Am 4. Juni 1941 starb der letzte deutsche Kaiser im Alter von 82 Jahren. Der Tod kam nicht überraschend. Schon drei Monate zuvor hatte er beim Holzhacken einen Schwächeanfall erlitten. Ende Mai waren alle seine Kinder angereist und hatten nacheinander von ihm Abschied genommen. Auch von Hermine schied er im Frieden. Am Abend vor seinem Tod rief er sie zu sich und verabschiedete sich von ihr bei vollem Bewusstsein. Dann versank er in einen Dämmerzustand.

Die Beisetzung fand im engsten Familienkreis statt. Einen Festakt hatte sich der letzte Kaiser ausdrücklich verbeten. An seinem Grab sollten keinesfalls Hakenkreuzfahnen wehen. Ein Jahr nach seinem Tod wurde der Sarg des letzten deutschen Monarchen in das Mausoleum überführt, das zu diesem Zweck im Park von Doorn gebaut worden war. Daneben blieb Platz für einen zweiten Sarg.

Hermine war nun zum zweiten Mal Witwe geworden. Neunzehn Jahre war sie Wilhelms Frau gewesen, ein Ehe, die länger währte als ihre erste. Nachdem sie ihren Mann zu Grabe getragen hatte, zog sie sich auf ihre schlesischen Latifundien zurück. Zwar hatte Wilhelm verfügt, dass ihr Doorn als zweite Heimat erhalten bleiben solle, doch sein Ältester, Friedrich Wilhelm, entschied, das Anwesen zu einem Museum zu machen. Nur noch als Gast kehrte Hermine jeweils zu Wilhelms Geburts- und Sterbetagen im Januar und im Juni in sein holländisches Exil zurück. Dann konnte sie immerhin im Torhaus von Doorn übernachten, wo ihr ein Appartement bereit gehalten wurde.

Nachdem sich Wilhelms Sterbetag zum ersten Mal gejährt hatte, schrieb sie in einem Brief: »Es war sehr, sehr wehmütig, in diesen märchenhaft schönen Park, den Er erst geschaffen, den Er geliebt, in dem wir so viel zusammen gegangen, gesessen, besprochen haben, und in das nun Museum gewordene, vereinsamte Haus zurückzukehren, wo alles von Ihm spricht, wo jeder Schritt, jeder Tritt Erinnerungen an die gemeinsam verlebten 19 Jahre zurückrufen, ohne Ihn zu weilen. (…) Der Abschied wird mir schwer. Doorn ist Heimat geworden und geblieben und ich fühle mich dem geliebten Heimgegangenen hier näher als irgendwo anders.«[63]

Schloss Saabor war inzwischen auf Hitlers Geheiß hin in Fürsteneich umbenannt worden. Das ganze Land, insbesondere die Grenzregionen, befanden sich im Kriegszustand. Lebensmittel gab es nur noch auf Karten, überall herrschte bitterste Not. Wieder war Hermine, wie schon im Ersten Weltkrieg, den Schrecknissen des Krieges allein ausgesetzt. Sämtliche Gutsarbeiter waren an die Front, selbst das Personal zum Schaufeln von Verteidigungsgräben abkommandiert worden. Doch sie hielt sich tapfer, harrte im Schloss aus, hielt Verbindung zu ihren Kindern und Verwandten und beobachtete in unerschütterlichem

Selbstvertrauen wachsam die Bewegungen an der Front. Selbst das Weihnachtsfest im letzten Kriegswinter 1944, als das Dröhnen der Geschütze immer näher gedrungen war und unzählige Menschen sich schon auf die Flucht begeben hatten, beging sie noch im Schloss. Nicht nur der Besitz war es, der sie hielt, sondern auch die Verantwortung für das Anwesen und die Menschen, denen es über Jahrzehnte Bezugspunkt, Arbeitsplatz oder Zuhause gewesen war.

Im Januar 1945 schließlich kam von der Wehrmacht der offizielle Räumungsbefehl, und Hermine machte sich auf den Weg. Noch fand sich ein funktionierender Wagen, der nicht zu Kriegszwecken konfisziert worden war, sowie hinreichend Benzin. Platz darin fanden Tochter Hermine Caroline (1910–1992), genannt Carmo, sowie Hermines Sekretärin Ursula Topf (*1911), ferner Fritz Junge, der Chauffeur der Familie.

Der Anhänger mit dem Gepäck sowie Hermines Archiv mussten wegen Mangels an Treibstoff auf dem Hof zurückbleiben. Er fiel mit allem verbleibenden Hab und Gut den nachfolgenden Soldaten in die Hände. Schloss Saabor wurde von der Roten Armee geplündert. Hermine würde es nie wiedersehen.

Die Witwe fand Aufnahme bei ihrer jüngsten Schwester Ida. Sie war seit 1911 mit Christoph Fürst zu Stolberg-Roßla (1888–1949) verheiratet und lebte in Roßla bei Sangerhausen, zu Füßen des Kyffhäuser Gebirges. Das Schloss, in dem die beiden lebten, steht heute noch und birgt neben diversen anderen Kulturstätten eine Gaststätte. Rund herum an den Wänden hängen unzählige Fotos von Mitgliedern der Fürstlich Reußschen Familie. Unverhofft fühlt man sich dort, als befände man sich nicht in Roßla, sondern in Greiz.

Es sind alte Aufnahmen in Schwarzweiß, sie sind allesamt sorgfältig gerahmt, die Menschen darauf beschrieben und ihre Herkunft erklärt. Sie wirken wie aus einer längst verlorenen Zeit. Hier wird einer Kultur gedacht, von der dort, wo sie einst selbstverständlich gelebt wurde, sonst nichts mehr zu finden ist.

In Roßla traf Hermine nicht nur ihre Schwester an, sondern auch zwei ihrer eigenen Enkel. Tochter Henriette hatte ihre beiden Söhne Wilhelm und Franz Friedrich in der Obhut der Tante gelassen und war zu ihrem Mann nach Italien gereist. Die beiden Jungen waren noch klein, der Jüngere, Fritzi genannt, war noch kein Jahr alt, und Hermine freute sich maßlos über das unverhoffte Wiedersehen. Ein Bild zeigt sie ganz in Schwarz auf einem Sessel sitzend vor dem Schloss; beide Enkel hält sie vergnügt lachend auf dem Schoß.

Im Mai war der Krieg endlich zu Ende. Die Familie freute sich, dass der Schrecken vorüber war, doch wie andere Adlige auch schwebte sie jetzt erst recht in Gefahr. Roßla lag zunächst im Verantwortungsbereich der Amerikaner. Dann verschoben sich die Grenzen Mitte des Jahres Richtung Westen, und Christoph Stolberg wurde von den neuen Besatzern, der Sowjetischen Militärverwaltung, am 11. Oktober 1945 aufgefordert, seinen Besitz zu verlassen.

Hermine hatte einen Brief an die Militärverwaltung geschrieben, mit der Bitte, auf ihre Besitzungen in Schlesien zurückkehren zu dürfen. Als am 19. Oktober ein Lastwagen in Roßla vorfuhr, in dem zwei Männer saßen, einer davon in russischer Uniform, glaubte sie, Marschall Schukow (1896–1974), Chef der Sowjetischen Militäradministration in Berlin, habe sie zum Gespräch vorgeladen. Sie schlug alle Warnungen ihrer Angehörigen in den Wind, ließ einen Koffer mit Kleidung für zwei Tage packen und stieg zu den Männern in den Wagen. Im letzten Moment noch folgte ihr Walter von Plessen, bisheriger Generalbevollmächtiger der Witwe, der sich gerade zufällig in Roßla befand.

Das war das Ende. Hermine wartete in Berlin selbstredend vergeblich auf ein Gespräch mit Schukow. Sie wurde in einem Gebäude des sowjetischen Geheimdienstes in Friedrichsfelde untergebracht und durfte das Haus nur in Begleitung eines Dolmetschers verlassen. Am 3. November 1945 ging es weiter nach Frankfurt an der Oder, wo sie dauerhaft in einer Etagenwohnung in der Blumenthalstraße 4 interniert wurde. Unten im Erdgeschoss saßen russische Begleitpersonen, unter anderem wechselnde Dolmetscher, die zu ihrer Überwachung abgestellt worden waren.

Kurioserweise befand sich die Wohnung in einer Villa der Gartensiedlung Paulinenhof, die derselbe Architekt entworfen hatte, der auch bei dem Bau des Mausoleums für Wilhelm II. im Park von Doorn federführend gewesen war: Hanns Martin Kießling (1879–1944).

Zwei letzte Lebensjahre verblieben Hermine noch, die sie tapfer in Frankfurt aushielt. Im Gegensatz zu den meisten anderen Adligen, die die sowjetisch besetzte Zone nicht rechtzeitig verlassen hatten und im Lager gelandet waren, konnte sie Spaziergänge durch Frankfurt machen und sich relativ frei bewegen, doch sie führte ein elendes Dasein. Ab November 1945 wurde es bitter kalt, und Hermine fror jämmerlich in ihren dünnen Kleidern. Schließlich hatte sie nur Sachen für zwei Tage eingepackt.

Erst der Antrag auf einen Wagen bei der sowjetischen Kommandantur in Roßla, mit dem Ursula Topf einen Monat später nach Frankfurt reisen konnte, brachte Veränderung. Am 25. Dezember traf die tapfere Sekretärin abends in der Oderstadt ein und fand in der leeren Wohnung eine völlig abgemagerte Hermine vor, die ein Bild des Jammers bot.

Jetzt besserte sich allmählich die Lage. Auf Frau Topfs Initiative hin traf im Januar 1946 ein Laster samt einiger Möbel, Bettwäsche und persönlicher Habseligkeiten aus Roßla ein. Mit von der Partie waren die dreiköpfige Familie des Chauffeurs Junge aus Saabor und, nicht zuletzt, der einjährige Fritzi. Während Henriette den älteren Sohn zwischenzeitlich in Roßla abgeholt hatte, war der Jüngere in Frau Topfs Obhut verblieben. Ihn galt es jetzt zwar mit durchzufüttern, was bei der eingeschränkten Versorgungslage und der Tatsache, dass er sich schließlich noch im Wachstum befand, nicht einfach war, doch allein seine Anwesenheit bereitete Hermine eine solche Freude, dass darüber alles andere unwichtig erschien. Immerhin hatten ihr die sowjetischen Besatzungsoffiziere die höchste Lebensmittelkarte bewilligt.

So richtete sich die alte Dame mit ihren treuen Begleitern in Frankfurt ein. Dank der entliehenen Möbel entstand ein provisorischer Salon, der auch als Esszimmer fungieren konnte, daneben ein Schlafzimmer, und in dem dritten Raum der Wohnung schlug Ursula Topf mit Fritzi ihr Lager auf. Familie Junge zog ins Erdgeschoss, aus dem die russischen Soldaten zum Glück abgezogen waren und wo sich nur noch ein regelmäßig wechselnder Dolmetscher aufhielt. Walter von Plessen, der die Preußenwitwe pflichtbewusst auch nach Frankfurt begleitet hatte, war von Anfang an im Nachbarhaus einquartiert worden.

Auf ihren regelmäßigen Spaziergängen durch Frankfurt konnte Hermine wieder Kontakte knüpfen und Bekanntschaften mit Menschen aus ihrer Nachbarschaft machen. Sie blieb eine soziale, hilfsbereite Person. Heute noch erinnern sich einzelne Frankfurter an die Gespräche, die sie mit der alten Dame führten. Später, als ab 1947 die ersten Care-Pakete und Sendungen aus der Schweiz in Frankfurt anlangten, sorgte Hermine dafür, dass bedürftige Personen und Familien auf die Listen der ausländischen Hilfsorganisationen gesetzt wurden.

Hermine durfte auch Besuch empfangen, nicht zuletzt Gäste und Verwandte aus der westlichen Besatzungszone. Viele nahmen den weiten Weg in den äußersten Winkel

Deutschlands auf sich, brachten Geschenke und erzählten von gemeinsamen Freunden und Verwandten. So blieb Hermine mit dem Rest der Welt in Kontakt.

Frühzeitig schon hatte sie auch Verbindung zur evangelischen Kreuzkirchengemeinde in Frankfurt aufgenommen, mit der sie regelmäßig Gottesdienst feierte. So konnte sie auch erwirken, dass Fritzi am 27. Januar 1946 getauft wurde.

Hermine blieb bei allem Unbill innerlich sicher und war davon überzeugt, dass sich ihre Lage mittelfristig wieder bessern müsse. Sie glaubte ganz ernsthaft, sie habe ob ihrer Stellung und der einstigen Position ihres zweiten Ehemannes quasi selbstverständlich ein Recht darauf. Auf der Basis dieser Überzeugung schrieb sie wiederholt nach Berlin und verlangte den Grund für ihre Internierung zu erfahren. Insgeheim hoffte sie, man würde ihr gestatten, nach Saabor zurückzukehren.

Doch diese Zeiten waren endgültig vorüber. Im Juli 1946 erhielt Hermine Besuch von einem sowjetischen Offizier. Anstatt die Internierung aufzuheben, ordnete er eine Verschärfung der Haftbedingungen an. Fortan durfte sie nicht mehr allein spazieren gehen, und sämtliche Besucher mussten sich beim Dolmetscher im Erdgeschoss offiziell anmelden. Manchen Gästen aus dem fernen Westen wurde der Besuch bei Hermine gleich ganz verboten. Einer Bekannten aus Doorn schrieb sie am 2. September 1946: »Mein Aufenthalt ist schwer, freiheitsberaubt, und ich glaube, Sie kennen mich genug, um zu wissen, wie ich Freiheit brauche. Gegen die Unfreiheit des Hoflebens habe ich mich immer mit Erfolg gewehrt. Jetzt in Zeiten der Republik, der Revolutionen, werde ich ausgerechnet festgehalten, darf jetzt z. B. wochenlang keine Besuche bekommen ...«[64]

Wieder wehrte sich die Witwe, bewies Mut und brachte sich gleichzeitig neu in Gefahr: Über den Küster der Kreuzkirche verabredete sie heimliche Treffen in einem Nachbarzimmer neben dem Altarraum. Hier waren sie und ihre Besucher sicher. Das Gotteshaus hätte der russische Dolmetscher niemals betreten.

Die vielen kleinen und großen Repressalien waren für die alte Frau nicht leicht zu ertragen, aber sie beklagte sich nicht. In ihr war ein Wille zur Selbstbehauptung, eine unerschütterliche Sicherheit, die teilweise beeindrucken, teilweise an die Naivität eines Kleinkindes erinnern. Hermine konnte nicht glauben, dass die Zeiten, in denen Adel und Monarchie noch etwas zu sagen hatten, für immer vergangen waren.

Anfang August erkrankte die Preußenwitwe an einer eitrigen Mandelentzündung. Der Arzt, den Frau Topf herbeigerufen hatte, diagnostizierte einen Abszess im Hals, den er am nächsten Tag öffnen wollte, doch in der Nacht verschlimmerte sich Hermines Zustand dramatisch. Wegen der rasch wachsenden Schwellung konnte sie kaum noch atmen. Wieder rief die treue Gefährtin den Arzt, doch als er in den Morgenstunden eintraf, war es für jegliche Hilfe zu spät. Das Herz der Tochter des letzten Reuß ältere Linie, der letzten Herrin auf Saabor und der Witwe Wilhelms von Preußen, des letzten deutschen Kaisers, hatte seinen letzten Schlag getan.

Hermine wurde neben Auguste Victoria im Antikentempel von Sanssouci bestattet. Von einer Überführung des Sarges nach Doorn, wo ihr eine Stelle neben Wilhelm freigehalten worden war, musste wegen der politischen Verhältnisse zu der Zeit, in der sie starb, Abstand genommen werden. Sie scheiterte, wie Friedhild den Toom und Sven Klein es in ihrer sorgfältig recherchierten Biographie über Hermine formulieren: »... an den komplizierten Bedingungen der Besatzungspolitik im Nachkriegsdeutschland. Die letztendliche Entscheidung lag beim Alliierten Kontrollrat. Es hätte Wochen gedauert, bis sich alle Instanzen einig geworden wären.«[65]

Zur Beerdigung am 15. August 1947 war nur eine höchst begrenzte Anzahl von Personen zugelassen. Den Wagen mit dem Sarg hatte Chauffeur Junge begleitet. Da kein Leichenwagen aufzutreiben war, musste auf einen Laster zurückgegriffen werden. Die einzige direkte Nachfahrin Hermines, die an dem Tag dabei sein konnte, war Tochter Carmo. Das Haus Preußen war durch den kleinen blondgeschopften Fritzi vertreten. Der Dreijährige folgte dem Sarg an der Hand von Sekretärin Ursula Topf.

III.
Schluss

Mit dem letzten Kapitel über die Ehefrauen der Hohenzollernherrscher sind wir in der Gegenwart angelangt. Die
Schilderungen über das Leben Hermines von Reuß ältere
Linie, die einen Kaiser heiratete, der keiner mehr war,
und dann 1947 in einer Etagenwohnung in Frankfurt an
der Oder verstarb, ist typisch für die Situation vieler Mitglieder ehemals regierender Häuser nach Abschaffung
der Monarchie. Hermines Bereitschaft, Verantwortung zu
übernehmen, war exemplarisch, gleichzeitig auch ihr Geltungsbedürfnis und die Überzeugung, dass sie zur Kaiserin tauge, wenn die alte Welt nur wieder auferstehen würde. Sie glaubte unerschütterlich, der Adel werde weiterhin
etwas darstellen können, seine Mitglieder würden früher
oder später wieder auf ihre Posten zurückkehren.

Das Kapitel zu Hermine beweist, dass Frauen wie sie sowohl in der Lage waren, bei entsprechenden Anlässen die
richtigen Kleider aus dem Schrank zu holen und vornehm
Konversation zu machen, als auch in Zeiten der Not und
Verzweiflung mit Sparsamkeit und Bescheidenheit zu überleben. Gleichzeitig weist es zurück in die Geschichte, denn
allein wer die Reußenprinzessin in einer Linie mit Frauen
wie Louise Henriette, Dorothea, Sophie Charlotte oder Augusta und Victoria sieht, kann ihr Verhalten verstehen.

Zusammenfassend kann man festhalten, dass Töchter
von Adel bei der Wahl ihres zukünftigen Ehegatten kei-

nerlei Entscheidungsfreiheit hatten. Sie waren Figuren im Schachspiel zwischen den Dynastien, und ihre Hochzeit diente dem Oberhaupt der Familie ihres Mannes dazu, territoriale Gewinne ohne kriegerische Aktionen zu erzielen. Eine erfolgreiche Heiratspolitik war im Allgemeinen darauf angelegt, Macht und Einfluss der einzelnen Herrscher auf zwischenstaatlicher Ebene zu vergrößern und dauerhafte bilaterale Bündnisse zu schließen.

Nach der Hochzeit übernahm das Familienoberhaupt ihres Mannes die Verantwortung für die junge Frau. Sie stand, wie man es im Mittelalter nannte, unter seiner »Muntgewalt«. Der Gatte hatte die Pflicht, sie zu schützen und zu versorgen. Im Gegenzug hatte sie die Aufgabe, für legitime Nachkommen zu sorgen und war ihm zu unbedingter Treue verpflichtet. Die Kinder wurden dem Mann zugesprochen. Ihre Erziehung lag im Verantwortungsbereich seiner Familie. Im Übrigen war der Gatte seinem Land als Teil oder Oberhaupt der Regierung verpflichtet, und das Ehepaar begegnete sich mehrheitlich im Rahmen streng formal geregelter Zeremonien und offizieller Auftritte. Selbst die gemeinsam eingenommenen Mahlzeiten unterlagen präzisen Abfolgen und Regeln.

Die Erziehung des zukünftigen Erben und Thronfolgers oblag dem regierenden Oberhaupt der Dynastie. Die Kinder wurden direkt nach der Geburt Ammen und zu diesem Zweck engagierten Erziehern oder Erzieherinnen übergeben. In vielen Häusern existierten eigens verfasste Regularien darüber, wie Heranwachsende zu behandeln und auszubilden seien. Wenn die Mutter nicht ausdrücklich darum bat, sah sie ihre Kleinen selten wieder. Wollte eine Kronprinzessin oder Königin selber stillen, kam das schon einer Revolution gleich.

Befreit von den Haushalts- und Erziehungspflichten blieben der legitimen Gemahlin in der Regel nur noch die Repräsentationsaufgaben bei Hofe und die Vertretung des

Gatten in seiner Abwesenheit. Zu diesem Zweck stand ihr ein eigener Hofstaat zur Verfügung, der ihr eine rangniedrigere Öffentlichkeit als dem Ehemann sicherte sowie ihrer Bedienung und Unterhaltung diente. Neben der emotionalen Distanz, die aufgrund dieser Umstände zwischen den Eheleuten herrschte, führte auch das zur sozialen und räumlichen Separierung der beiden. Symbol dafür waren die getrennten Schlafzimmer und Appartements in den Residenzschlössern, eine Raumaufteilung, die selbst Luise und Friedrich Wilhelm III. nur in ihrem Paretzer Refugium ignorieren konnten.

Aus heutiger Sicht wirken derartige Umgangsformen geradezu unmenschlich, insbesondere für die betroffenen Ehefrauen. Andererseits ermöglichte ihnen die formal gesicherte Distanz eine eigene, selbstbestimmte und einigermaßen unabhängige Lebenssphäre. Die Nischen und Freiräume, die sich ihnen – aus dem direkten Bannkreis des Gatten gelöst – eröffneten, gaben ihnen die Möglichkeit, eine eigene höfische Lebensführung zu entwickeln. Ihre herausragende Stellung, ihre relative ökonomische Unabhängigkeit und ihre grundherrlichen Rechte ermöglichten ihnen, je nach Persönlichkeit, aus dem Schatten ihrer Ehemänner herauszutreten und sich eine eigene Öffentlichkeit oder Mobilität zu erschließen. Frauen, die das nötige Selbstverständnis und Machtdenken mitbrachten, konnte es gar gelingen, mit Hilfe höfischer Instrumente, Intrigen, Bestechungen oder auch überzeugender Argumente Einfluss auf die Politik des Gatten zu nehmen.

All dies bilden die Biographien der Hohenzollern-Frauen in sämtlichen Schattierungen ab. Vielfach gebildeter als ihr Gemahl, trugen einige von ihnen erheblich zur Entwicklung von Kultur, Kunst und Wissenschaft in Brandenburg-Preußen bei. Dank ihrer Herkunft und Netzwerke sowie emsig geführter Korrespondenzen sorgten sie für die Einführung und den Erhalt einer europäischen Hofkultur. Allesamt wirkten sie identitätsstiftend und gaben dem meist gestrengen, wirklichkeitsfremden Auftreten der Männer eine menschliche Komponente.

Obwohl die Hohenzollerinnen alle eine ähnliche Position bekleideten, waren die Unterschiede groß. Von außen besehen waren sie alle mächtig, aber die wenigsten von ihnen haben sich dauerhaft mächtig gefühlt. Manchen hat das Schicksal übel mitgespielt wie Sophie, die den Intrigen bei Hofe zum Opfer fiel, oder Elisabeth Christine und Friederike Luise, deren Gatten nichts von ihnen wissen wollten. Andere wurden nicht gehört und blieben trotzdem unverzagt wie Augusta oder Victoria. Beliebt machten sie sich damit nicht. Vielleicht waren sie auch ein wenig ungeschickt?

Andere starben zu früh wie Louise Henriette und Elisabeth Henriette. Eine überstrahlte alle – es war Luise –, aber wir wissen heute, dass ihr die Strahlen eigens von ihren Landsleuten und der Familie aufgesetzt worden sind. Ihr Andenken wurde poliert und gepflegt und diente der Wiedererstarkung nach den Niederlagen des Landes im Krieg gegen Napoleon. Schließlich wurde die »Preußische Madonna« gar Teil des Gründungsmythos des Kaiserreichs. Dabei muss man sich im Nachhinein fragen, was sie eigentlich geleistet hat? Als sie starb, blieb keine wirtschaftsstarke Stadt wie Schwedt mit seiner prachtvollen Residenz zurück, die wir Dorothea verdanken, kein Musenhof wie Charlottenburg, den Sophie Charlotte schuf, und auch keine aus der Kaiserin Privatschatulle subventionierten Frauenvereine wie der Vaterländische Frauen- oder der Lette-Verein. Trotzdem war Luise ein Phänomen, eine Frau, die alles auf den Kopf stellte und dank ihrer verbindlichen Haltung gegenüber ihrem Mann, den Kindern und letztlich auch den Bürgern jäh mit althergebrachten Traditionen und Usancen brach.

Fest steht, dass es kein Rezept oder Prinzip gab, kein Regelwerk, dessen Anwendung mit Sicherheit zu Anerkennung, Beliebtheit oder gar Erfolg führte. Es lohnt sich vielmehr, jede Herrscherin einzeln zu studieren, die Zeit, in der sie lebte, und die Möglichkeiten, die ihr aufgrund ihrer Persönlichkeit gegeben waren. Alle diese Frauen waren auf ihre Art einzigartig. Obwohl die Dynastie und das Herrschaftsgebiet, in die sie qua Heirat geraten waren, nicht ihr Zuhause waren, setzten sie sich vorbehaltlos dafür ein und hinterließen ein kulturelles Erbe, an dem wir uns bis heute erfreuen.

Anmerkungen

1 Biereigel 2005, S. 91.
2 Clark 2007, S. 64 f.
3 Fontane 2009, S. 156–157.
4 Schwedter Chronik 2012, S. 37.
5 Philippe de la Chièze (1629–1679) war Kammerjunker und General-quartiermeister im Dienst des Großen Kurfürsten.
6 Fontane 2009, S. 407.
7 Tagebuch Dieterich Sigismunds von Buch 1865, S. 184.
8 Feuerstein-Praßer 2009, S. 78 f.
9 Clark 2007, S. 97.
10 Ebenda, S. 97.
11 Feuerstein-Praßer 2009, S. 99.
12 Ebenda, S. 102.
13 Ebenda, S. 139.
14 Bayreuth 2012, S. 27.
15 Ebenda, S. 19 f.
16 Poseck 1952, S. 364.
17 Feuerstein-Praßer 2009, S. 191.
18 Leithäuser 2001, S. 173.
19 20. April 1757, Lehndorff 1982, S. 76.
20 Ebenda, S. 94.
21 Neunundsechzig Tage am Preußischen Hofe. Aus den Erinnerungen der Oberhofmeisterin Sophie Marie Gräfin von Voss. Leipzig 1887.
22 Voss 2009, S. 56 f.
23 Lehndorff 1982, S. 44.
24 Poseck 1952, S. 490.
25 Deus 1996, S. 84.
26 Feuerstein-Praßer 2009, S. 234.
27 Fontane 2003, S. 65 f.
28 Badstübner-Gröger 1996, S. 12–13.
29 Vgl. Bad Freienwalder Heimatkalender 2014, S. 61 f.
30 Ebenda, S. 65.
31 Friedrich Wilhelm III. von Preußen 1926, S. 61.
32 Bruyn 2001, S. 74 f.
33 Kleist 1984, S. 35 f.
34 Harrach 1987, S. 31.
35 Ebenda, S. 11.
36 Ebenda, S. 40.
37 Ebenda, S. 39.

38 Ebenda, S. 56.

39 Ebenda, S. 76–77.

40 Ebenda, S. 74.

41 Ebenda, S. 161.

42 Feuerstein-Praßer 2009, S. 320.

43 Ebenda, S. 340.

44 Gersdorf 2013, S. 86.

45 Ebenda, S. 175 f.

46 Vgl. Feuerstein-Praßer 2008, S. 69.

47 Ebenda, S. 87.

48 ANNO, Österreichische Zeitungen und Zeitschriften, www.anno.onb. ac.at

49 Briefe der Kaiserin Friedrich 1929, S. 486 f.

50 Ebenda, S. 12.

51 Ebenda, S. 55.

52 Ebenda, S. 104 f.

53 Ebenda, S. 335.

54 Ebenda, S. 339 f.

55 Ebenda, S. 340.

56 Ebenda, S. 424.

57 Ebenda, S. 188.

58 Vgl. Weiberg 2007, S. 79 ff.

59 Feuerstein-Praßer 2008, S. 238.

60 Ebenda, S. 244.

61 den Toom; Klein 2007, S. 44.

62 Ebenda, S. 52.

63 Ebenda, S. 89 f.

64 Ebenda, S. 96.

65 Ebenda, S. 100. f.

Bibliographie

Bad Freienwalder Heimatkalender 2014, hrsg. von der Albert Heyde-Stiftung, Kunersdorf 2013.

Badstübner-Gröger, Sibylle (Hg.): Freienwalde. Schlösser und Gärten der Mark. Freundeskreis Schlösser und Gärten der Mark in der Deutschen Gesellschaft e. V., Berlin 1996.

Bailleu, Paul: Königin Luise. Ein Lebensbild, Berlin und Leipzig 1908.

Bayreuth, Wilhelmine von: Memoiren einer preußischen Königstochter. Markgräfin Wilhelmine von Bayreuth. Übersetzung, Anmerkungen und Nachwort von Günter Berger, Bayreuth 2012.

Benjamin, Walter: Berliner Kindheit um Neunzehnhundert, Frankfurt am Main 1987.

Bentzien, Hans: Das ungleiche Königspaar. Der schiefe Fritz und die allerschönste Prinzessin, Bad Münstereifel 2001.

Biereigel, Hans: Luise Henriette von Nassau-Oranien. Kurfürstin von Brandenburg, Erfurt 2005.

Briefe der Kaiserin Friedrich, hrsg. von Sir Frederick Ponsonby, eingel. von Wilhelm II., Berlin 1929.

Bunsen, Maie von: Kaiserin Augusta, Berlin 1940.

Bruyn, Günter de: Als Poesie gut, Frankfurt am Main 2006.

Bruyn, Günter de: Preußens Luise. Vom Entstehen und Vergehen einer Legende, Berlin 2001.

Chronik der Stadt Schwedt/Oder in Daten, Dokumenten und Bildern. Hrsg. von der Stadt Schwedt/Oder, Der Bürgermeister, Schwedt 2012.

Clark, Christopher: Die Schlafwandler. Wie Europa in den Ersten Weltkrieg zog. München 2013.

Clark, Christopher: Preußen. Aufstieg und Niedergang 1600–1947, München 2007.

Demandt, Philipp: Luisenkult: Die Unsterblichkeit der Königin von Preußen, Köln 2003.

Deus, Ruthild: Elisabeth Christine. Königin von Preußen, Berlin 1996.

Erbstößer, Elizza: Auguste Victoria. Die letzte deutsche Kaiserin, Erfurt 2008.

Eylert, Rulemann Friedrich: Charakterzüge und historische Fragmente aus dem Leben des Königs von Preußen Friedrich Wilhelm III., Magdeburg 1843.

Feuerstein-Praßer, Karin: Die deutschen Kaiserinnen 1871–1918, München 2008.

Feuerstein-Praßer, Karin: Die preußischen Königinnen, München 2009.

Feyl, Renate: Aussicht auf bleibende Helle. Die Königin und der Philosoph, Köln 2006.

Fontane, Theodor: Wanderungen durch die Mark Brandenburg, Erster Teil, Die Grafschaft Ruppin, Berlin 2005.

Fontane, Theodor: Wanderungen durch die Mark Brandenburg, Zweiter Teil, Das Oderland. Barnim-Lebus, Berlin 2003.

Fontane, Theodor: Wanderungen durch die Mark Brandenburg, Dritter Teil, Havelland. Die Landschaft um Spandau, Potsdam, Brandenburg, Berlin 2009.

Gersdorff, Dagmar von: Auf der ganzen Welt nur sie. Die verbotene Liebe zwischen Prinzessin Elisa Radziwill und Wilhelm von Preußen. Berlin 2013.

Griewank, Karl (Hg.): Briefwechsel der Königin Luise mit ihrem Gemahl Friedrich Wilhelm III. 1793--1810, Leipzig 1929.

Gundermann, Iselin: Sophie Charlotte. Preußens erste Königin, Neuruppin 2005.

Habermann, Paul und Gisela: Fürstin von Liegnitz. Ein Leben im Schatten der Königin Luise, Berlin 1988.

Hammer, Ulrike: Kurfürstin Luise Henriette. Eine Oranierin als Mittlerin zwischen den Niederlanden und Brandenburg-Preußen, Waxmann 2001.

Harrach, Wichard Graf von: Auguste Fürstin von Liegnitz. Preußische Köpfe, Berlin 1987.

Kemper, Thomas: Schloss Monbijou. Von der königlichen Residenz zum Hohenzollern-Museum, Berlin 2005.

Kirchner, Ernst Daniel Martin: Die Churfürstinnen und Königinnen auf dem Throne der Hohenzollern, im Zusammenhange mit ihren Familien- und Zeit-Verhältnissen. Theil 1: Die Churfürstinnen und Königinnen auf dem Throne der Hohenzollern von der Kirchen-Versammlung zu Costnitz bis zur Durchführung der Reformation in der Mark Brandenburg. Mit deren Bildnissen, Berlin 1866.

Kirchner, Ernst Daniel Martin: Die Churfürstinnen und Königinnen auf dem Throne der Hohenzollern, im Zusammenhange mit ihren Familien- und Zeit-Verhältnissen. Theil 2: Die letzten acht Churfürstinnen. Mit deren Bildnissen, Berlin 1867.

Kirchner, Ernst Daniel Martin: Die Churfürstinnen und Königinnen auf dem Throne der Hohenzollern, im Zusammenhange mit ihren Familien- und Zeit-Verhältnissen. Theil 3: Die ersten sechs Königinnen. Mit deren Bildnissen, Berlin 1870.

Kleist, Heinrich von: Sämtliche Werke und Briefe, München 1984.

Köhler, Marcus (Hg.): Historische Gärten um Neubrandenburg, Berlin 2002.

Köhler, Marcus (Hg.): Orangerien. Glashäuser, Gewächshäuser, Wintergärten in Mecklenburg Vorpommern, Berlin 2003.

Königin Friederike Luise von Preußen (1751–1805) – Ein Leben zwischen Zurücksetzung und Selbstbehauptung. Begleitschrift zur gleichnamigen Ausstellung. Konzeption, Recherchen und Text: Cecilia Genschow, Karl Friedrich Hinkelmann. Redaktion: Stephan Diller, Reinhard Schmook, Prenzlau und Bad Freienwalde 2010.

Kossert, Andreas: Ostpreußen. Geschichte und Mythos, München 2005.

Lehndorff, Ernst Graf von: Aus den Tagebüchern des Grafen Lehndorff. Herausgegeben und eingeleitet von Haug von Kuenheim, Berlin 1982.

Leithäuser, Gustav: Verzeichnis sämtlicher Ausgaben und Übersetzungen der Werke Friedrichs des Grossen, Königs von Preussen. Mit einem Vorwort neu hrsg. von Gerhard Knoll, Osnabrück 2001.

Nadolny, Burkhard: Louis Ferdinand. Das Leben eines preußischen Prinzen, München 1993.

Ohff, Heinz: Der grüne Fürst. Das abenteuerliche Leben des Hermann Pückler-Muskau, München 1996.

Ohff, Heinz: Ein Stern in Wetterwolken. Königin Luise von Preußen, München 1992.

Pakula, Hannah: Victoria. Tochter Queen Victorias, Gemahlin des deutschen Kronprinzen, Mutter von Wilhelm II. Berlin 1999.

Poseck, Ernst: Die Kronprinzessin. Elisabeth Christine. Gemahlin Friedrichs des Großen, Stuttgart 1952.

Preußen, Friedrich Wilhelm III. von: Vom Leben und Sterben der Königin Luise. Eigenhändige Aufzeichnung ihres Gemahls König Friedrich Wilhelms III. Mitgeteilt und erläutert von Heinrich Otto Meisner, Berlin und Leipzig 1926.

Preußen, Friedrich Wilhelm IV. von, Elisabeth von Baiern: Briefwechsel des Königspaares, hrsg. und kommentiert von der Königin Elisabeth von Preußen Gesellschaft e. V. Berlin, Norderstedt 2014.

Preußen, Hermine Prinzessin von: Der Kaiser und ich. Mein Leben mit Kaiser Wilhelm II. im Exil. Hrsg., aus dem Niederländ. übers. und kommentiert von Jens-Uwe Brinkmann, Göttingen 2008.

Preußen, Luise von: Briefe und Aufzeichnungen 1786–1810, München 1985.

Pückler-Muskau, Hermann Fürst von: Andeutungen über Landschaftsgärtnerei verbunden mit der Beschreibung ihrer praktischen Anwendung in Muskau. Hrsg. von Günther J. Vaupel, Frankfurt am Main 1988.

Rabe, Martin Friedrich: Paretzer Skizzenbuch. Bilder einer märkischen Residenz um 1800. München Berlin 2000.

Schönhausen – Rokoko und kalter Krieg. Die bewegte Geschichte eines

Schlosses und seines Gartens. Herausgegeben von der Generaldirektion der Stiftung Preußische Schlösser und Gärten Berlin-Brandenburg. Redaktionell betreut von Alfred P. Hagemann, Detlef Fuchs und Alexandra Schmörger. Berlin 2009.

Schönpflug, Daniel: Luise von Preußen. Königin der Herzen, München 2010.

Senn, Rolf Thomas: Sophie Charlotte von Preußen, Weimar 2000.

Tagebuch Dieterich Sigismunds von Buch aus den Jahren 1674 bis 1683, hrsg. von Gustav von Kessel, Jena und Leipzig 1865.

Toom, Friedhild den, Klein, Sven Michael: Hermine – die zweite Gemahlin von Wilhelm II. Greiz 2007.

»Unglaublich ist sein Genie fürs Zeichnen«, Text zur Ausstellung zum 150. Todestages König Friedrich Wilhelms IV. von Preußen im Park Sanssouci, Römische Bäder. Stiftung Preußische Schlösser und Gärten Berlin-Brandenburg. Hrsg. von Jörg Meiner, Potsdam 2011.

Urbach, Karina: Queen Victoria. Eine Biographie. München 2011.

Voss, Sophie Marie Gräfin von: Neunundsechzig Tage am Preußischen Hofe. Aus den Erinnerungen der Oberhofmeisterin Sophie Marie Gräfin von Voss. Reprint der fünften, unveränderten Auflage, Leipzig 1887. Berlin 2009.

Weiberg, Thomas: … wie immer Deine Dona. Verlobung und Hochzeit des letzten deutschen Kaiserpaares. Herausgegeben von der Gesellschaft für Wilhelminische Studien e. V., Oldenburg 2007.

Windt, Franziska: Die Königin und ihr Schloss – Elisabeth Christine in Schloss Schönhausen. In: *zeitenblicke* 7 (2008), Nr. 1, [05. 06. 2008].

Wintzingerode, Heinrich Jobst Graf von: Die märkische Amazone. Kurfürstin Dorothea von Brandenburg, Göttingen 2012.

Wittwer, Samuel: Das Porzellankabinett. Europäischer Herrschaftsanspruch im asiatischen Porzellanrausch. In: MuseumsJournal 4/2000.

Ziebura, Eva: Prinz Heinrich von Preußen. Berlin 2004.

Zuchold, Gerd H.: Der Zauber der weißen Rose: Das letzte bedeutende Fest am preußischen Hofe. Tradition und Bedeutung. Ausstellungsführer der Universitätsbibliothek der Freien Universität Berlin 37/2002.

Bildnachweis

akg-images, Berlin S. 27, 57, 109, 121, 235, 243, 297, 317 (Foto: Erich Lessing), 321, 337

Ullstein Bild, Berlin S. 51, 73, 91 (Foto: Christian Bach), 99, 147, 177, 223 (Foto: Karl F. Schöfmann), 357, 381, 389, 391, 419

Stiftung Preußischer Kulturbesitz, Potsdam S. 79, 129 (Foto: Jörg P. Anders), 193, 244, 291, 313 (Foto: Julie Woodhouse)

Picture alliance, Frankfurt/Main S. 88, 139, 159, 203, 213, 269

Dank

Ein Buch ist nie das Werk eines Einzelnen. Ohne die Hilfe und Unterstützung zahlreicher Freunde und Bekannter hätte ich vorliegenden Titel nicht schreiben und vollenden können. Ich danke allen, die mir zur Seite gestanden haben, allen voran meiner Familie, meiner Lektorin, meiner Agentin und dem Verlag. Nicht zuletzt danke ich von ganzem Herzen für Inspirationen, wertvolle Informationen und Führungen, Begleitung bei der Recherche durch Schlösser und Gärten bei Regen oder Sonnenschein, früh morgens und auch spät, bis kurz vor Sonnenuntergang: Mechthild Wolf, Markus Köhler, Samuel Wittwer, Heike Borggreve, Anne und Harald Kunde, Nikolaus Graf Ballestrem, Dietmar Aust, Renata Gräfin Dohna, Gisela Baronin Schenck zu Schweinsberg, Rudolf G. Scharmann, Cornelia Knöfel, Eleonore Schrader, Antje Lachowicz, Gisela und Wilfried Pucher, Maria-Oktavia Gräfin Brühl, Bettina Marwinsky und, nicht zuletzt, Philipp Lange, der mich auf die Bedeutung der schieren Anzahl von Orangenbäumen in den Orangerien der Höfe Europas aufmerksam machte. Je mehr Bäume ein Herrscher (oder eine Herrscherin!) besaß, je mehr Früchte geerntet wurden, desto größer war sein respektive ihr Ansehen.

CHRISTINE VON BRÜHL
Die preußische Madonna

Auf den Spuren der Königin Luise

250 Seiten, Broschur
ISBN 978-3-7466-3114-1
Auch als E-book erhältlich

Königin der Herzen

Charismatische Herrscherin, Ikone Preußens, Leitfigur der Befreiungskriege. Kaum eine Herrscherin hat in nur 34 Lebensjahren so viel Sympathie und Aufmerksamkeit auf sich gelenkt wie Luise von Preußen. Christine Gräfin von Brühl, deren Familiengeschichte mit der Luises verbunden ist, wirft einen ganz persönlichen Blick auf eine der faszinierendsten Persönlichkeiten der deutschen Geschichte.

Mehr Informationen erhalten Sie unter www.aufbau-verlag.de oder in Ihrer Buchhandlung.

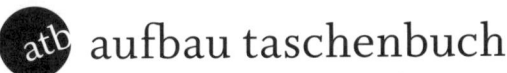

Mit 34 Abbildungen

MIX
Papier aus verantwor-
tungsvollen Quellen
FSC® C083411

ISBN 978-3-7466-3306-0

Aufbau Taschenbuch ist eine Marke
der Aufbau Verlag GmbH & Co. KG

3. Auflage 2018
© Aufbau Verlag GmbH & Co. KG, Berlin
Die Originalausgabe erschien 2015 bei Aufbau,
einer Marke der Aufbau Verlag GmbH & Co. KG
Umschlaggestaltung hißmann, heilmann, Hamburg
Abbildung von © Fine Art Photographic Library / CORBIS
Gesetzt aus der Whitman und der Antenna
durch Greiner & Reichel, Köln
Druck und Binden CPI books GmbH, Leck, Germany
Printed in Germany

www.aufbau-verlag.de